虚假信息泡沫
与投资者损失研究

RESEARCH ON FALSE INFORMATION BUBBLES
AND INVESTOR LOSSES

张文珂　著

重庆大学出版社

内容简介

证券市场虚假陈述侵权民事赔偿案件存在因果关系确定难、责任范围划定难、损失赔偿测算难等亟须解决的理论和实践问题。突破相关理论研究瓶颈，为监管与司法实践提供指南是本书出版的现实意义。本书在资产定价泡沫理论基础上，拓展了相对定价泡沫理论。在奥尔森模型的基础上，拓展了虚假信息被持续定价的理论模型。本书既通过传统实证分析方法如倾向评分匹配、Logit模型等实证检验信息披露违法违规与资产定价泡沫的关系，也采用深度学习技术对信息披露违法违规进行智能预测。同时，大量针对性的经济后果分析、机理分析和泡沫分析增强了研究的理论深度。

图书在版编目(CIP)数据

虚假信息泡沫与投资者损失研究 / 张文珂著 . --重庆:重庆大学出版社,2022.4
ISBN 978-7-5689-3298-1

Ⅰ.①虚… Ⅱ.①张… Ⅲ.①上市公司—会计分析—研究—中国 Ⅳ.①F279.246

中国版本图书馆CIP数据核字(2022)第082662号

虚假信息泡沫与投资者损失研究
XUJIA XINXI PAOMO YU TOUZIZHE SUNSHI YANJIU
张文珂 著
责任编辑:龙沛瑶　　版式设计:龙沛瑶
责任校对:王　倩　　责任印制:张　策
*
重庆大学出版社出版发行
出版人:饶帮华
社址:重庆市沙坪坝区大学城西路21号
邮编:401331
电话:(023)88617190　88617185(中小学)
传真:(023)88617186　88617166
网址:http://www.cqup.com.cn
邮箱:fxk@cqup.com.cn(营销中心)
全国新华书店经销
重庆天旭印务有限责任公司印刷
*
开本:787mm×1092mm　1/16　印张:18.5　字数:357千
2022年4月第1版　　2022年4月第1次印刷
ISBN 978-7-5689-3298-1　定价:69.00元

前　言

本书是关于虚假信息泡沫与投资者损失之间机理关系的理论研究。以虚假信息泡沫为理论核心,以投资者损失赔偿测算为实践应用,将理论与实践有效地结合起来。内容包括信息披露违法违规的预测分析、经济后果、民事赔偿依据、投资者损失的组成、相对定价泡沫的理论分析以及实证分析等。

本书在资本市场运作过程中对会计舞弊、虚假陈述等信息披露违法违规行为的监管与司法需求中应运而生。在满足信息披露违法违规的法律前置条件下,投资者想要通过法律途径维护自身权益,仍然需要强而有力的证据证明投资损失与信息披露违法违规存在关联性以获取合理的损失赔偿。投资者索赔之路依然不平坦,究其原因是学术界对于信息披露违法违规与投资者损失之间的关系缺乏合理的理论阐释。证券市场虚假陈述侵权民事赔偿案件存在因果关系确定难、责任范围划定难、损失赔偿测算难等亟须解决的理论和实践问题。突破相关理论研究瓶颈,为监管与司法实践提供指南是本书出版的现实意义。

本书对信息披露违法违规导致的错误定价行为给出理论解释并完成实证分析,为信息披露违法违规行为(包括虚假陈述、会计舞弊等)造成的投资者损失提供理论支持和索赔依据。在资产定价泡沫理论的基础上,拓展了相对定价泡沫理论。在奥尔森模型的基础上,拓展了虚假信息被持续定价的理论模型。本书既通过传统的实证分析方法如倾向评分匹配、Logit分析模型等实证检验了信息披露违法违规与资产定价泡沫的关系,也采用了深度学习技术对信息披露违法违规进行智能预测。同时,大量有针对性的经济后果分析、机理分析和泡沫分析增强了本书的理论深度。厘清了信息披露违法违规与资产定价泡沫的关系问题,给出了信息风险导致并购重组活动和监管机构处罚的结果。因此,对信息披露行为及其后果相关研究领域特别感兴趣的会计、金融等相关领域的学生、研究人员和实务工作者都可能找到自己所需要的内容。同时,这些理论以及案例分析也会让资本市场的广大股民、投资受损的当事人等非专业人士和非经济学家感兴趣。

对理论文献的大量评述和归纳为深入研究信息披露违法违规打开了研究思路。由于虚假信息导致了持续的错误定价并产生虚假信息泡沫,信息披露违法违规造成的损失有别于市场狂热等行为造成的泡沫损失;虚假信息泡沫是理性资产定价泡沫,投资者无法通过套利交易来规避相关风险。信息披露违法违规与投资者损失之间的关系需要新的理论解释,这将成为突破虚假信息泡沫研究的关键。运用相对定价泡沫思想对虚假信息泡沫进行理论解释、测度和刻画,在以下四个方面取得虚假信息泡沫与投资者损失研究新进展。

第一,本书基于相对定价泡沫的理论分析视角,将信息披露违法违规引致的投资者损失测算难问题上升为虚假信息泡沫的理论问题。相对定价泡沫能够合理地解释因信息披露违法违规引致的投资者损失过程,有别于事件研究法的视角,为构建虚假信息泡沫分析方法提供了理论基础,有助于厘清信息披露违法违规的责任界限。信息披露违法违规的责任主体或主要行为人应当承担相应的损失赔偿责任。

第二,虚假信息泡沫的存在性可以通过实证分析加以印证。虚假信息泡沫是信息披露违法违规事实背景下的资产定价泡沫排除其他潜在的特质性泡沫后得到的相对结果。通过两种方法剔除非信息披露违法违规(守法合规)同质企业的泡沫得到相对泡沫,得到的结果可以相互验证,并且与信息披露违法违规行为相契合,使准确定位信息披露违法违规引致的投资者损失成为可能。

第三,本书基于资产定价泡沫理论和对 Ohlson 模型的修正阐释了为什么市场能够识别盈余管理而不能识别虚假陈述。由于虚假陈述能够让市场产生持续的错误定价预期,投资者因此而发生损失。两阶段倾向评分匹配模型的分析结果表明,虚假陈述企业相对于非虚假陈述企业而言拥有正的詹森阿尔法效应。错误信息能够放大詹森阿尔法,意味着虚假陈述与资产定价泡沫之间有因果关系。虚假陈述具有泡沫效应也得到回归验证。通过对比虚假陈述和盈余管理两种信息操纵行为能否出现"吹泡泡"现象,研究发现以操纵性应计度量的盈余管理对詹森阿尔法不具有显著影响,而以长期信息风险指标度量的盈余管理对詹森阿尔法具有显著的负面效应。理论上,这是市场对于前期信息操纵行为的一种负面评价。盈余管理对詹森阿尔法不具有正向的影响作用,说明盈余管理并非上市公司"吹泡泡"的有效途径。虽然同为信息操纵行为,但盈余管理与虚假陈述出现了不同的经济后果,原因在于盈余管理不能让市场产生错误定价预期,不具备形成资产定价泡沫的基础。

第四,本书从信息风险角度揭示了信息披露违法违规的经济后果。基于对信息风险的分解,研究发现长期信息风险的不利影响导致企业在市场资源配置中处于被整合的地位。该结果表明信息风险对市场的负面影响是全方位的。在分析信息披露违法违规"后果"的同时,也不能忽视信息披露违法违规的"前因"以及造成损失的系统性风险因素。研究结果也表明,上市公司信息披露违法违规的行为选择是可以预测的,企业规模紧缩、净利润下滑、股权融资需求和产权转化等对行为选择均有不同程度的影响。在投资者损失组成中,系统性风险损失与信息披露违法违规损失等都是信息披露违法违规前置条件下重要的损失成分,在损失分析中不能忽视任何一个组成成分。

全书共分为九章,从虚假信息与泡沫的因果关系出发,为信息披露违法违规民事赔偿提供坚实的理论依据,最终给出虚假信息泡沫损失的测度方法。每个章节又能分别聚焦重要的子问题。第一章,重点评述了虚假信息披露违法违规和资产定价泡沫的相关理论文献,为其他章节提供研究基础。第二章,采用 Logistic 回归、深度学习和 Logistic 曲线三种方法对信息披露违法违规进行预测。第三章,基于实证研究,从信息风险如何引致并购重组活动和监管机构的处罚,阐释信息披露违法违规的经济后果。第四章,广泛地讨论了信息操控包括盈余管理和信息披露违法违规具有的不同法律后果。通过扩展Ohlson模型,阐述同为信息操控的信息披露违法违规和盈余管理为什么会具有不同的资产定价泡沫效应,并通过实证分析加以验证。第五章,从信息披露违法违规的市值管理动机和外部扩散机制阐释信息披露违法违规行为产生的机理。第六章,对投资者损失组成的机理及关系进行详细分析,并在此基础上给出损失赔偿测算方法。第七章,提出了相对资产定价泡沫理论以解释虚假信息引致的定价泡沫。第八章,在相对资产定价泡沫的理论基础上,通过虚假信息泡沫的案例分析给出虚假信息泡沫损失的测算方法。第九章,对如何设置合理的监管水平以遏制信息披露风险给出了详细的分析,并给出结论和政策建议。这本书相当全面地结合运用了主流的实证研究、案例分析、机理机制分析和预测分析方法。

虽然无法仅通过一个或几个简单的模型就能够完整刻画复杂的现实问题,但我们希望本书能够为会计和经济现实问题提供一个简单的解释,为政策制定者提供可供参考的指导意见,这就足够了。书中难免出现近乎理想条件下的正确解,但这并不妨碍整体研究结果和事实上的一致性。泡沫相关理论是很多数学学者的研究方向,有待后续考虑更加严谨和深奥的数学方法,深入挖掘研究内容。总之,本研究为信息披露违法违规与投资者损失的关系研究提供了新的分析思路,也依据法律法规提供了更加明确的损失测算方法。本书如果得到社会广泛的认同和接受,有助于公平地维护投资者和上市公司的利益,最终实现有效、合理、及时的损失赔偿效果。

本书得到浙江省自然科学基金项目"交叉持股企业信息披露违法违规风险传染及智能监测研究"(项目编号为 LY21G020007)的资助。

张文珂

2022 年 3 月 26 日

目　录

第一章

1

导

论

第一节　研究动机与研究意义

一、问题提出及选题意义

(一)问题提出

信息披露违法违规给企业、投资者和市场造成了严重的损失。从中国证券监督管理委员会(简称"中国证监会")官网上可以看到,涉嫌信息披露违法违规的企业其违法行为和手段五花八门,但无外乎两类造假行为,一类属于以虚增资产或虚构利润为主的对财务报表的直接造假行为,一类属于信息披露违法和遗漏行为。两类行为虽然在途径、技术和严重程度上存在差异,但它们本质上都是对投资者的欺骗和侵权行为。因信息披露违法违规遭受中国证券会处罚的上市公司,属于会计信息舞弊的和属于其他违法信息披露的几乎各占一半。另据CSMAR国泰安数据库违法违规子数据库,在2001—2017年共发生的被从中央到地方的各类监管机构揭露或处罚的上市公司违法违规事件中涉及利润造假、资产造假、误导性陈述、延迟披露、重大遗漏、不实披露等行为的信息披露违规事件占比超过四分之三。随着资本市场的发展,信息披露违法违规的案件数量和涉案金额不仅没有下降,反而呈现逐年大幅上升的趋势。

信息披露违法违规包括会计舞弊、不当披露等违法违规行为,无论在发展中国家的资本市场还是在发达国家的资本市场中都是无法杜绝甚至是严重影响资本市场秩序的基本问题。例如,美国信息披露违法违规案件的数量也达到了令人无法忽视的程度。奥伦·巴-吉尔和卢西恩·A.别布丘克(2002)指出,美国在1990—1997年出于会计舞弊、不当披露、会计错报等原因涉及会计重述的企业年均不足百家,1997年以后逐年快速增加,至2002年萨班斯法案颁布之前,会计重述的企业达到了十之有一的严重程度[①]。萨班斯法案又称为"上市公司会计改革与投资者保护法案",足见美国作为一个有近230年资本市场发展史的发达的经济体,上市公司会计信息披露已经到了不得不进行重大改革的时候,对投资者保护的问题也到了无法回避甚至需要增强立法的地步。萨班斯法案设立在

[①] BAR-GILL O, BEBCHUK L A. Misreporting Corporate Performance [R]. Rochester, NY: Social Science Research Network, 2002.

2000年泡沫危机后，与美国在1929年经济危机后加强蓝天法案(Blue Sky Law)和增设1933联邦证券法案(The Federal Securities Act of 1933)的逻辑如出一辙。美国在这两次大的泡沫危机后都进行了亡羊补牢，而亡羊补牢的关键内容还是严厉制裁舞弊行为、增强监管信息披露以及加强投资者保护。可见做好投资者保护的关键前提还是努力做到信息披露的及时性、准确性和真实性。投资者保护是资本市场健康发展的根基，而信息披露违法违规从未停止过侵蚀这一根基。

信息披露违法违规不仅是法律界而且是经济界和会计界共同关注的一个热点话题。表面上看，信息披露出现错误的原因有两类，一类是欺诈和舞弊，一类是错误和疏失。无心之过产生的错误能够很快地被信息披露方发现并予以纠正，对投资者所造成的伤害也能够控制在非常有限的范围内。但是，大多数的无意过错事实上后来都被证明是上市公司有预谋、有计划或"不得已而为之"的有意过错。上市公司信息披露违法违规一般都被认定为一种严重的信息欺诈行为，由于其不当的信息披露，给相关各方带来了很多不利的后果和经济损失。例如，赔偿投资者24.59亿元的康美药业最初暴露出299亿元的"错误"会计处理，事后证明是康美药业连续多年在收入、费用、成本和资金收付上存在严重的账实不符，最终虚增业绩。信息披露违法违规的载体形式包含错误发布或隐匿的某些重要信息，尤其是存在于财务报告上的虚假记载和歪曲的会计结果，这些虚假的信息严重地误导了投资者，最终会给投资者造成损失。不仅如此，整个上市公司也会因为信息披露违法违规而蒙受各种显性和隐性的巨额损失。首先，除行为主体遭受来自证券监督管理部门的行政处罚外，其民事乃至刑事上的法律责任也将得到一定程度的追究。其次，信息披露违法违规行为主体中包括大股东、董事会、经理人和公司本身也将遭受名誉上的损失，部分行为主体人将会被限制进入资本市场或发行新的股份。在所有遭受损失的各方中，由于信息披露违法违规造成的公司股价下跌，广大中小股东成为承担损失最多的受害方，这种经济损失理论上应当由上市公司主体给予相应的补偿。然而，在信息披露违法违规民事赔偿的十多年司法实践中，投资者的索赔之路异常艰辛。

自从《最高人民法院关于审理证券市场因虚假陈述引发的民事赔偿案件的若干规定》(2003)[1]实施以来，广大投资人作为信息披露违法违规受害方的损失补偿问题成为信

---

① 最高人民法院. 最高人民法院关于审理证券市场因虚假陈述引发的民事赔偿案件的若干规定[J]. 司法业务文选,2003(8):21-30.

息披露违法违规案件的核心问题。原告与被告在法律上为确定信息披露违法违规实施日、揭露日而进行的辩论本质上也是投资者损失赔偿的范围和大小之争。显然,法院、原告和被告三方在如何确认信息披露违法违规引致的损失及其度量方面存在着极大的分歧。相关问题已困扰着法律界十多年,至今没有达成统一有效的解决办法。2022年1月21日最高人民法院发布《最高人民法院关于审理证券市场虚假陈述侵权民事赔偿案件的若干规定》,除了支持投资者为维护自身的合法权益而进行信息披露违法违规索赔外,在第三十一条中明确规定:"人民法院应当查明虚假陈述与原告损失之间的因果关系,以及导致原告损失的其他原因等案件基本事实,确定赔偿责任范围。被告能够举证证明原告的损失部分或者全部是由他人操纵市场、证券市场的风险、证券市场对特定事件的过度反应、上市公司内外部经营环境等其他因素所导致的,对其关于相应减轻或者免除责任的抗辩,人民法院应当予以支持。"关于信息披露违法违规损害赔偿的因果关系确定问题在美国的实践至今仍是一个极具争议的问题[1]。关于因果关系的举证不仅对于诉讼双方而言举证困难,而且对于法院的审理也造成了不小的困扰。中美两国的高级法院在损失因果关系的确定上都只给出了审理规则。法院通常让诉讼方举证被诉讼方有哪些信息披露行为存在过错,让被诉讼方自行举证进行免责。从中看出,中美两国的法院都缺乏鉴定损失因果关系的能力,只能大致给出损失的责任范围和赔偿框架。

《最高人民法院关于审理证券市场虚假陈述侵权民事赔偿案件的若干规定》(2022)第三十一条明确指出法院在确定损失赔偿范围时应当排除"由他人操纵市场、证券市场的风险、证券市场对特定事件的过度反应、上市公司内外部经营环境等其他因素所导致的"的损失。《最高人民法院关于审理证券市场因虚假陈述引发的民事赔偿案件的若干规定》(2003)明确指出可能造成投资者损失的重要客观因素包含系统性风险[2]。持续多年的世界级金融危机在2008年后对全球资本市场产生了沉重影响,2012年以后的众多信息披露违法违规赔偿纠纷几乎都涉及系统性风险损失与信息披露违法违规损失的划分问题,使得《最高人民法院关于审理证券市场因虚假陈述引发的民事赔偿案件的若干规定》(2003)中原本客观的表述变得不可回避。由于缺乏可靠的理论阐释,投资者损失的原因确定和大小计算成为突出的难题。对信息披露违法违规的损失构成成分及其损失效应之间的关系进行深入的机理分析并给予相应的理论解释就成为亟待解

---

[1] ZEBERKIEWICZ J M. Delaware Supreme Court Clarifies Standard for Liability for Disclosure Violations[J]. INSIGHTS, 2020,34(8):22-26.

[2] 最高人民法院. 最高人民法院关于审理证券市场因虚假陈述引发的民事赔偿案件的若干规定[J]. 司法业务文选,2003(8):21-30.

决的迫切问题。显然,信息披露违法违规与投资者损失的因果关系、投资者损失的机理关系及其划分、虚假信息泡沫的大小和度量都需要围绕投资损失进行深入的展开和研究。

从资产定价角度看,不必要的投资损失是因为资本市场中的资产没有被正确有效地定价。资本市场中隐蔽的信息披露违法违规行为恰是造成资产价格虚增和扭曲的主要原因之一。信息披露违法违规在主观上是对投资者的欺骗行为,在客观上是对信息的扭曲行为。股价变动与信息发布息息相关。与企业相关的信息会直接引起股票价格发生变动,其中由企业权威主体发布的信息往往造成股价的剧烈波动或形成一定的价格趋势。这些重要的信息包括有:会计利润信息、企业并购重组信息、企业与合作单位的关联方交易、新产品开发信息。在信息不完全的背景下,投资者天然地具有信息不对称劣势,上市公司占据着信息发布的主导地位;如果上市公司的行为不从维护投资者的利益出发,那么为市场提供公正有效的价值信息就得不到基本的保障。这样,资本资产的市场价格就会偏离反映其本身价值的真正有效价格,这种价格对价值的长期偏离就是定价泡沫,如果这种泡沫相对比较巨大,就会超越一般的风险成为投资者的梦魇。信息披露违法违规行为往往是一种应受到法律和法规制裁的比较严重的信息造假行为,一般已被监管部门认定存在严重的价格扭曲结果。因此,市场中能够观察到的信息披露违法违规行为都会存在一定的资产定价泡沫,在其被揭露时都会产生价格泡沫破裂现象,如股价的持续非正常下跌。信息披露违法违规引致的资产定价泡沫带给投资者的损失往往是巨大的。

泡沫风险是长期的股价变异现象,这种风险已不能简单地用传统的风险分析方法进行度量,需要从一种全新的角度去分析。从股票价格形成前的持续上涨与价格破灭后的持续下跌的相对长期趋势上,可以判断一个泡沫的生灭过程。但是这一泡沫生灭过程会让一部分人得到本不该拥有的财富,让另一部分人承担本不该承担的损失,发生了不合理、不公正的财富转移。信息披露违法违规造成投资损失的载体也是以价格的非正常下跌来实现的。泡沫过后,投资者的财富都化为了灰烬。但愿少一些这样的悲剧,多一些维护市场稳定发展的公平正义。如何从理论上解释和分析这一信息披露违法违规损失的形成过程、如何帮助投资者找出索赔的理论依据、如何帮助法律实现有效遏制违法行为的目的都是摆在我们面前的待解问题。

(二)选题意义

随着资本市场的繁荣及基于此的金融衍生品市场的发展,资产价格泡沫对于实体经济的影响越来越大。历史上的众多泡沫大多都是从资本市场产生或者扩散开来的,如美国等西方国家的1929年经济大危机、1987年黑色星期一、2000年互联网泡沫破裂。历次经济危机所发生的股市价格崩溃皆是如此,股市价格泡沫也越来越多地引起经济学者的关注和重视。最近的泡沫危机是2007—2009年狂卷全球的金融危机,从最初的房地产市场崩溃到金融市场海啸,最后蔓延成为全球实体经济的大减速和严重衰退。人们逐渐认识到这次危机的深层次根源在于价格泡沫的存在,而且其对经济的破坏作用已经远超出了资产本身价格下跌造成的影响。尽管如此,学者们仍然没有弄清楚大多数泡沫的机理及其给投资者造成的损失。在世界经济遭受泡沫危机的重创后,价格泡沫问题成为学术研究领域亟待突破和解决的重要经济问题。对一个经济泡沫而言,泡沫产生的根源在于信息不完全。资产信息的不完全造成市场中的投机者、狂热的非理性投资者、盲目的普通投资者共同将资产的价格抬高到偏离基础价值的泡沫水平。信息不完全并非仅仅由自然界时空发展的局限造成,也存在特定的始作俑者故意而为之的可能性。而且,始作俑者、信息不完全、价格泡沫、投资者损失以及其他方方面面的影响因素之间存在着纷繁复杂的不确定性和需要去探索和分析的未解规律。解决或厘清其中任何两者之间的影响机理和作用关系都能够为市场的繁荣稳定和发展提供有意义的建设性意见。

由于信息披露违法违规和投资者损失之间的关系缺乏可靠的理论解释,在损失原因模糊、损失效应难以测算的背景下,信息披露违法违规公司及责任人容易逃避责任,进而造成违法违规成本过低。民事索赔责任难以界定是资本市场违法违规成本过低的一个重要原因。2019年2月22日,习近平总书记在中共中央政治局集体学习时首次提出“要解决金融领域特别是资本市场违法违规成本过低问题”。对信息披露违法违规与投资者损失的因果关系、损失成分及损失效应大小等进行理论解释和测算成为亟待解决的迫切问题。从国内资本市场发展过程中存在的严重侵害投资者利益的违法违规行为来看,信息披露违法违规及其给投资者造成的损失是众多问题中的重要典型。尽管《最高人民法院关于审理证券市场虚假陈述侵权民事赔偿案件的若干规定》(2022)、《最高人民法院关于审理证券市场因虚假陈述引发的民事赔偿案件的若干规定》(2003)已经明确了损失测算的基本原则,但是由于缺乏财务理论的解释与支持,投资者损失的推定、计量与具体测算问题一直是法律实践中阻碍投资者顺利获得赔偿的重要原因。十来年的司法实践表明,如果不对信息披露违法违规给投资者带来的损失效应进行深入的理论阐释,那么信息披露违法违规的损失赔偿不仅对投资者而且对投资双方都存在制约各自合理诉求的法理障碍。只有对信息披露违法违规造成投资者损失的前因后果进行理论解释才能从根本上破除投资者索赔的障碍,将法律法规上的客观要求变为有利于投资者的实际利益保障,同时解决这一困扰财务金融学者的难题。法律界将所涉及的投资损失分析问题留给了广大学者,这不仅为财务理论研究增添了丰富的实践素材,同时是对现代财务理论的一大挑战。国外涉及会计舞弊等相关法律问题的财务理论分析方法(如事件研究法)本质上都是基于其自身的法律背景要求的,目前还没有适合我国法律和市场环境下解决此类问题的财务理论和方法。如果能够从理论阐释上对信息披露违法违规的损失效应进行机理分析,如果能从理论分析上突破在信息披露违法违规如何造成投资损失问题上的研究瓶颈,如果能为信息披露违法违规损失赔偿的司法实践提供理论支持,那么本研究将从根本上解决这一困扰经济学界和法律界的重要难题。

二、相关概念与范畴

(一)相关概念的界定

1.虚假信息泡沫

正确和有效的信息是行为决策的前提、基础,甚至是行动的指令。错误的信息会影响人们做出正确的判断,也会让社会运作的秩序出现意外的混乱。作为错误的信息表述,信息披露违法违规对经济信息事实的歪曲只是表象,造成利益相关方中的另一方产生经济损失是其直接作用的结果。对于上市公司而言,信息披露违法违规双方中的一方经常是代理人,另一方经常是委托人。上市公司的信息披露违法违规可能源于代理人的主观信息欺诈,也可能源于代理人的不作为或者隐瞒事实。虚假信息使用方或者委托人的投资损失本来是可以通过正确的信息披露加以避免的,本应维护委托人利益的代理人却成了蓄意侵害委托人利益的加害者。由信息披露违法违规行为给投资者造成的直接经济后果即投资损失即为信息披露违法违规损失效应。但是,在信息披露违法违规的前期阶段,由于信息没有被正确地披露出来,可能会造成相应的资产价格虚化,虚假信息的纠正需要一个过程,因此会形成暂时的信息披露违法违规收益效应。这种信息披露违法违规收益效应和损失效应统一称为虚假信息泡沫。如果投资者受信息披露违法违规的影响最终遭受了净损失,则虚假信息泡沫就是净损失效应。因此,虚假信息泡沫是投资者遭受的一种综合效应。信息披露违法违规最有可能在前期产生收入效应,在中期产生损失效应,在后期产生净损失效应。

2. 系统性风险效应

系统性风险是投资者无法回避的市场风险,当资本市场中不存在其他投资方通过提供套期保值类衍生资产工具来吸纳系统性风险的前提下,这种风险带来的损失不是普通投资者能够通过简单改变投资策略就能够加以避免的。系统性风险伴生于市场的波动,单个股价的波动部分原因是随波逐流,这是系统性风险一种比较形象的解释。既然无法回避系统性风险,那么投资者的收益必然包含系统性风险补偿,否则投资者会退出市场。系统性风险是造成投资者产生收益或损失的部分原因。或者说,投资者在市场内既有可能获得系统性风险收益,也有可能要承担相应的系统性风险损失。这种潜在的损失概率与其可能获得的收益是相匹配的,而这种匹配性往往是必要的。系统性风险造成的单位资产的收益或损失即为单位资产的系统性风险效应。

3. 价格泡沫

传统的财务学理论认为,股票的内在价值等于其未来股利现金流的现值,其中未来股利的大小是满足一定概率的合理预期值,而且该股票的价值相对于预期股利现金流而言是稳定收敛的。在满足传统经济学假设的条件下,股票价格在长期内都是收敛于股票的内在价值的。这样,就存在三者相一致的收敛过程,即有股票价格长期收敛于预期的未来股利现金流现值。一般正统的财务管理学教材中在论述证券价值评估的章节部分都有相应简化的表述。然而,现实中的股票价格在短期内都与股票价值存在或多或少的偏离,经济学认为这并不违背投资者理性预期的传统经济学假设。但是,当股票价格与预期的未来股利现值发生长期偏离时,采用传统的经济学理论就无法再加以解释了。可以简单地把这种价格与价值的长期偏离描述为泡沫。也有学者从随机数学角度对泡沫的折现价格过程进行了定义,例如,亚历山大·M.G.考克斯和戴维·G.霍布森(2005)将泡沫定义为风险中性测度下的严格局部鞅,同时指出了泡沫的一些特性,例如泡沫下的价格波动性随价格的上升而增加,在泡沫使得传统的经济理论变得无效的情况下,传统的定价方法必须通过修正才能使用[1]。显然,价格泡沫是资产价格中不可或缺的组成部分,存在正的价格泡沫也存在负的价格泡沫。虽然短期内价格泡沫违反了有效市场的经济学假设,但在相对较长的时间内,价格泡沫无法为继,都将消失在有效市场的理论条件下。

---

[1] COX A M.G, HOBSON D G. Local Martingales, Bubbles and Option Prices[J]. Finance and Stochastics, 2005,9(4): 477-492.

4.资产定价泡沫

当市场流通过程中的交易价格超过资产的真实价格时就会产生价格虚化,或者称为泡沫化。从整个市场来看,投资者行为的失调和市场供需的失衡会导致价格发生较大的暴涨暴跌。但这并不是资产泡沫化的全部原因,资产泡沫化不是一种简单的经济失衡现象。因为资产泡沫化很多情况下不是由一种短期行为或者一种过激行为产生的。现实中有很多的泡沫现象不完全是投资者行为导致的,如股价对股东回报现值的长期偏离,房价对房屋租金现值的长期偏离。这种泡沫价格不具备给投资者带来同值现金流的真实价值基础,随着投资者对其价值认知的深入和市场价格的相应回归,很容易导致虚化的价格泡沫破灭。这种价格泡沫既有可能是基于无效市场的错误信息传导导致的结果,也有可能是有效市场下投资者的非理性行为结果。有学者给出了资产定价泡沫的定义,如罗伯特·A.贾罗等(2007)将资产定价泡沫表示为资产的交易价格与真实价值的偏离,即 $B_t = S_t - V_t$[①]。泡沫是资产定价泡沫在一定时间段内造成的收益或损失,是累加的结果。在罗伯特·A.贾罗泡沫定义的基础上,泡沫可以进一步表示为: $BE_t = \int_{t_0}^{t} B_t = \int_{t_0}^{t} \left(S_t - V_t \right)$。

(二)信息披露违法违规研究的相关范畴

国内外对于信息披露违法违规的研究存在多个角度,而且存在不同的研究领域,包括经济学、法学、会计学、管理学等学科。由于国外资本市场的起步较早,伴随而来的问题也就较早。除法律界外,国内其他学科对于相关问题的讨论仍处于起步阶段,亟需深入的研究。尤其是在经济与管理学科领域,国外关于信息披露违法违规方面的研究无论是从广度上还是从深度上都大大超过了国内。在名称上,国外涉及信息披露违法违规的研究也采用了不尽相同的称呼,如法律界和经济学界通常所采用的表述就包括有:"information disclosure violations""misrepresentation""misstatement",而会计学界和财务金融学界也有不尽相同的表述:"accounting fraud""misreporting""financial misrepresentation""Fraudulent Financial Reporting"等。尽管在称呼和含义上千变万化,但是,各种表述都是围绕着虚假信息披露行为这一中心问题展开的。国外相关的研究并未局限于信息披露违法违规行为本身,领域已经扩展到了公司治理、股权激励、薪酬和外围影响等多个

[①] JARROW R A,PROTTER P,SHIMBO K. Asset Price Bubbles in Complete Markets[M]//Advances in Mathematical Finance,2007:97-121.

方面。

由于深受虚假财务报告的危害,美国在信息披露违法违规研究方面已经形成了一套参与方多、涉及面广的体系。包括美国注册会计师协会、美国会计协会等在内的五大会计机构分别于1985年和1987年发起和设立了反虚假财务报告委员会以及发起人组织委员会(Committee of Sponsoring Organizations, COSO)。该委员会从内部控制、风险管理、财务报告舞弊等几个方面进行研究,分析如何遏制信息披露违法违规行为。至今,该委员会于1987、1999和2010年分别发布了3个具有影响力的财务信息披露违法违规行为研究报告。这三份研究报告分别就美国财务信息披露违法违规行为的界定、前因后果、案例情况、发展趋势都做出了概括和分析,并为美国的企业、投资人、监管机构、独立的注册会计师都相应地提出了反信息披露违法违规的政策建议。COSO委员会在1987年的研究报告中指出,"无论是在有意、无意、主动还是在疏忽中造成的,只要财务报表存在显著的误导性都被认为是虚假财务报告"[1]。而在1999年的研究报告中COSO委员会根据1987—1997年被美国证券交易委员会调查的上市公司情况全方位地阐述了信息披露违法违规的原因与后果,同时指出财务信息披露违法违规往往牵连多个会计年度,绝大多数都涉及公司的核心决策层、公司创立者或董事会成员,通过两种基本造假手段即虚增利润和高估资产进行舞弊的案例都占到了一半以上[2]。COSO委员会在2010年的报告中指出在1998—2007年间被美国证券交易委员会指控的信息披露违法违规案例有347例,无论是案例数还是涉案规模都远高于上一个十年,涉及收入造假的案例以超过60%的比例高居信息披露违法违规之首,涉及高估资产项目的案例也不低于50%,造假手段及其程度并没有弱化[3]。综上,即使在发展程度和监管两方面都比较成熟的美国资本市场,涉及信息披露违法违规的企业数量及其金额仍然在增加,说明信息披露违法违规是比较严重的经济痼疾。美国对于信息披露违法违规的研究从概念剖析到具体的案例均已写入了长篇累牍的研究报告。这种研究报告也为比较中美信息披露违法违规的异同提供了素材。

已经发表的论文中存在大量有理论价值的研究文献。部分研究文献专注于会计信

---

[1] Committee of Sponsoring Organizations(COSO). Report of the National Commission on Fraudulent Financial Reporting [R], 1987.

[2] Committee of Sponsoring Organizations(COSO). Fraudulent Financial Reporting: 1987-1997—An Analysis of U.S. Public Companies[R], 1999.

[3] Committee of Sponsoring Organizations(COSO). Fraudulent Financial Reporting: 1998-2007—An Analysis of U.S. Public Companies[R], 2010.

息舞弊的原因和后果。例如,梅森·盖瑞提和肯尼思·莱恩(1997)通过对一个信息披露违法违规案例集的深入分析发现,一般均衡情况下,影响市场的外部因素对于企业的会计欺诈行为具有决定性作用,而内部的公司治理、薪酬激励机制等几乎没有什么影响[1]。其中的原因在于,信息披露违法违规行为本身存在着经济理性,经营管理层实施信息披露违法违规行为必然符合信息披露违法违规收益大于信息披露违法违规成本的潜在要求[2]。因此,信息披露违法违规的研究并不局限于信息披露违法违规本身,信息披露违法违规也不是一个单纯的信息披露或会计问题。信息披露违法违规从其形成到结束的整个过程包含着复杂的经济问题和管理问题。对于信息披露违法违规分析需要结合经济学、法学、会计学、管理学等多个专业学科知识,从多个专业角度进行综合分析。从经济学视角看,信息披露违法违规是实现企业价值和经济效用最大化的一种途径;从法学角度看,信息披露违法违规是行为人主观故意或无意过失产生的侵害投资者利益的行为;从会计学角度看,信息披露违法违规是会计数据造假和舞弊行为;从管理学角度看,信息披露违法违规是企业存在公司治理漏洞进而触发的企业经营管理层系统性腐败。对信息披露违法违规进行研究,无法将其局限于某一研究视角或某一研究领域,有必要进行系统和全面的分析。

三、创新点

从相对定价泡沫的分析角度,本研究将信息披露违法违规引致的投资者损失测算问题转化为虚假信息泡沫的理论问题,并通过实证分析印证虚假信息泡沫的存在性,为信息披露违法违规损失赔偿测算提供理论依据。长期以来,即使在得到法律法规支持的情况下,信息披露违法违规背景下的投资者索偿机制仍然不顺畅。其主要原因在于投资者与上市公司、法院、律师等无法明确投资者的损失构成以及损失赔偿的计算原则,也没有相关的理论为信息披露违法违规的损失效应给出相应的解释。鉴于此,本研究提出了区别于事件研究法的虚假信息泡沫分析方法,为会计舞弊行为造成的投资者损失提供了理论支持和索赔依据。首先,创新性地分析了投资者损失组成成分的机理关系,为基于当前信息披露违法违规法律法规的投资者损失明确了理论依据。然后,将资本资产定价泡沫的理论思想用于分析投资者损失的形成过程,为信息披露违法违规的损

---

[1] GERETY M, LEHN K. The Causes and Consequences of Accounting Fraud[J]. Managerial and Decision Economics, 1997,18(7/8)5:587-599.

[2] 同①。

失效应及其赔偿提供理论解释和支撑。全文也力图解释投资者损失赔偿的基本原则和范围,为信息披露违法违规的顺利赔偿扫除理论障碍。明确后的虚假信息泡沫分析方法将可以用来避免近些年投资者无法获得赔偿的法律悲剧。本研究提出的相对定价泡沫的思想能够有效地分离潜在同质的非信息披露违法违规(守法合规)下的资产定价泡沫,更清晰地阐释了信息披露违法违规下的泡沫损失效应。从理论分析和计算方法上,相对定价泡沫的思想都为解释因信息披露违法违规引致的投资者损失提供了一种新的理论途径。

四、应用价值及成果去向

研究成果作为一种理论宣传资料让民众对信息披露违法违规如何引致投资者损失有一个正确、全面的认识,培养社会对投资者保护的重视意识,既有助于健全保护投资者权益的相关法律制度,也有利于资本市场的健康发展和完善。①作为理论文献。可供国内同行专家学者进行交流和探讨,为信息披露违法违规与投资者损失的相关理论研究提供有价值、有意义的参考文献。②提供给司法机关。有助于解决资本市场违法违规成本过低问题,指导司法机关正确行使职能,制定更加完善合理的司法解释,公正审判信息披露违法违规赔偿案件,最终达到遏制企业信息披露违法违规、改善资本市场治理机制的目的。③提供给索赔的投资者。广大受损投资者在索赔过程中可以使用本课题的测度方法计算损失情况。投资者也可以根据判定原则使用评估模型对投资行为进行正确的指引。④提供给监管机构。资本市场监管机构借由此建立规范化的信息披露违法违规监管与处罚标准,改进对上市公司的管理方法,提升资本市场的治理机制。有针对性地约束企业违法违规行为,通过监管机构统筹实施相应的风险防范机制以稳定资本市场。⑤促使企业完善内部控制。让企业重视信息披露违法违规可能给投资者带来的持续损失与负面影响,接受合理的内部控制成本支出,做出正确的行为选择,达到促使企业主动维护投资者利益的目的和效果。

第二节　研究方法与研究结构

一、研究工具和理论方法

由上节可知,现有的信息披露违法违规与投资者损失研究主要是法律界和实务界进行的规范性理论研究,着重从损失的因果关系、损失的理论原因界定、损失赔偿的法理依据和逻辑等方面进行分析。法学所采用的分析方法主要是规范性的分析方法,与经济学和管理学中已深入发展和运用的数量分析方法存在明显的区别。本研究将避免重"理"而轻"据"、重"逻辑"而轻"模型"的问题,克服方法路径和分析工具的不足。在进行信息披露违法违规与投资者损失研究的过程中,本研究力求采用现代财务数学的思想和方法来弥补其他相关研究中的分析缺陷,采用时间序列、随机过程等实证和数理分析方法。基于真实具体的案例运用状态空间时变参数模型、GARCH类模型等进行实证分析,采用资产定价理论等进行数学逻辑分析。需要指出的是,文中采用的研究方法是针对具体问题而选取的。

基于现有的研究成果,本研究采用的核心理论方法是资产定价泡沫的相关思想和理论。资产定价泡沫理论是在资产定价理论基础上逐渐发展起来的,是用于解释现实市场中价格泡沫现象的新兴理论思想。该定价泡沫理论随着20世纪末至21世纪初的一系列金融危机以及资本市场泡沫的起伏而逐渐得到经济学家的关注和广大财务金融学者的研究兴趣。目前,该理论已成为计量财务学者的热门分析内容。结合信息披露违法违规信息扭曲引发的价格泡沫思想,本研究提出了建立在资产定价泡沫理论基础之上的相对定价泡沫的分析思路,通过排除基础的资产定价泡沫可以分离出相对的信息披露违法违规价格泡沫,以此进一步精确地得出信息披露违法违规引致的投资者损失效应。

二、逻辑思路和研究框架

本研究将以被中国证监会、上海证券交易所、深圳证券交易所、财政部和其他机构行政处罚的上市公司为研究对象,以信息披露违法违规民事赔偿在具体实践过程中遇到的问题为突破口,对虚假信息披露与定价泡沫之间的关系进行理论阐释,深入分析信息披露违法违规致使投资者遭受损失的前因后果,有效测算信息披露违法违规引致的损失大小。对于虚假信息披露引致的资产定价泡沫和投资者损失的分析,从传统的资本资产定价模型出发,基于资产定价理论和随机分析,运用现代统计和数理方法进行扩展,全面阐释各损失构成成分间的机理关系,确定投资者损失赔偿的理论基础。本研究组织的框架结构和逻辑关系如图1-1所示。

提出问题

绪论

选题背景与意义　相关概念界定　目标与创新点　工具与方法　框架与路线图　其他说明

理论文献综述

虚假信息披露相关理论阐释　资产定价泡沫的相关阐释　虚假信息披露研究中的问题与方法选择

文献述评与逻辑阐释

信息经济学相关　虚假陈述的因果　内部交易人及内幕信息　CAPM、APT 等均衡定价理论　资产定价泡沫理论　风险的时变性与收益的波动性　事件研究法的适用性

有序多分类logistic选择模型

理论构建和实证分析

虚假信息披露民事赔偿的理论依据

Ohlson模型PSM分析

投资者损失组成成分的机理关系

虚假信息披露预测及其影响因素的实证分析

虚假信息引致的定价泡沫　相对定价泡沫确定的效应

资产定价泡沫

错误定价　虚假陈述产生错误信息　虚假信息泡沫效应

Jensen-α

状况空间时变参数模型

泡沫效应　相对定价泡沫　虚假信息引致损失效应

GARCH类模型

投资者损失测算的实证分析和案例研究

损失测算模型与案例分析

结论

研究结论、政策建议、研究局限与未来展望

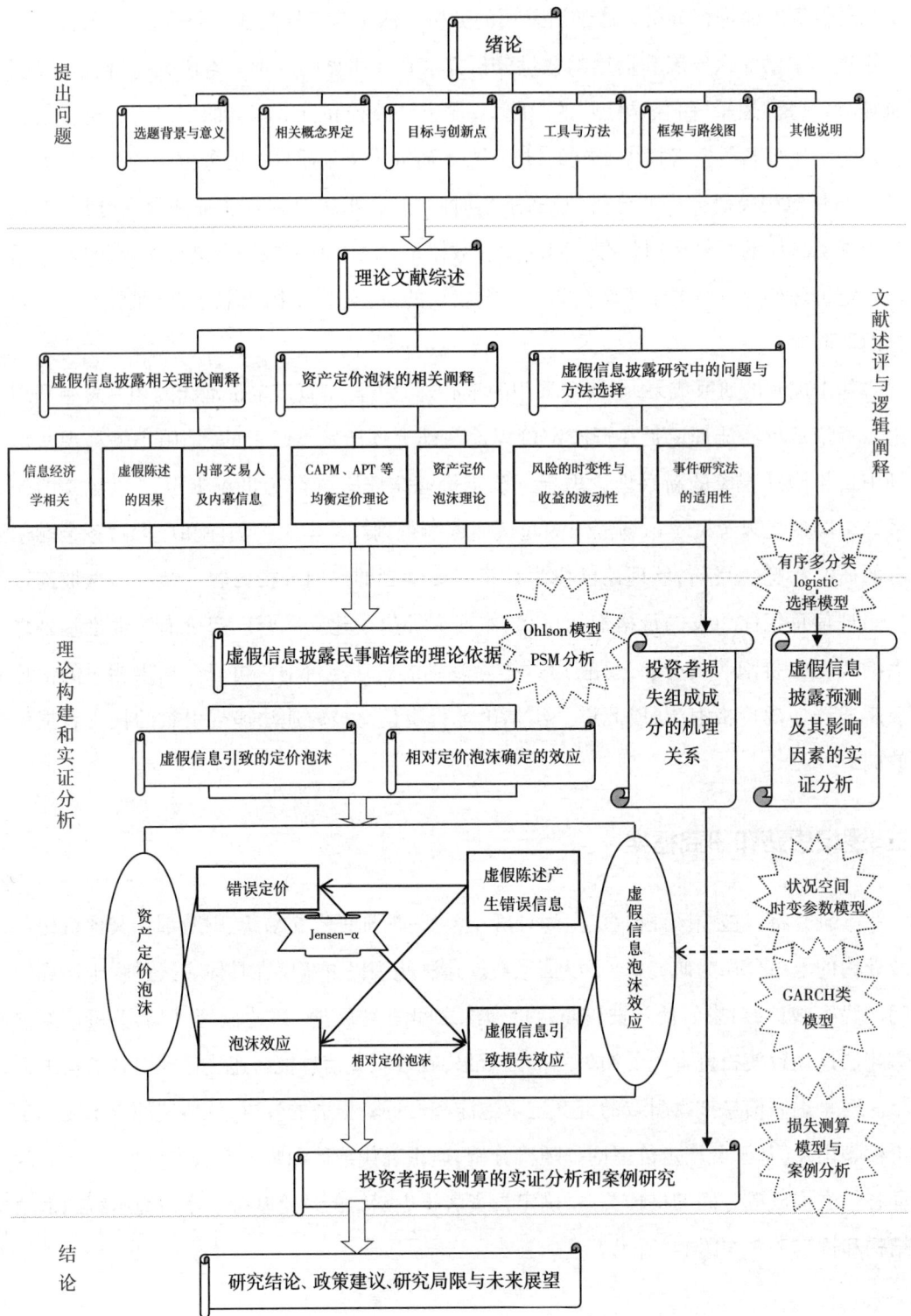

图1-1　研究的框架结构和逻辑关系图

本研究的框架结构既是可以灵活分割的块状堆积结构,也是前后整体划一的信息披露违法违规及其损失效应的分析体系。本研究的焦点也即最核心的分析对象是给投资者造成损失的虚假信息泡沫,无论是理论解释还是损失测算都是研究的关键内容。首先从信息披露违法违规赔偿所涉及的相关问题出发,找出急需解决的理论问题,确立研究目标和研究内容。然后通过梳理以往的研究文献,找出可以为信息披露违法违规损失提供解释的潜在理论,树立本研究分析的理论基础。本研究的核心部分是创新性地提出信息披露违法违规损失效应的理论解释和分析方法。这里包括投资者损失组成成分的机理关系分析、相对定价泡沫的理论分析、虚假信息泡沫的实证分析等。最后,在研究结论的基础上总结出可供信息披露违法违规法律赔偿借鉴、有利于资本市场健康发展的政策建议。除此之外,找出未来进行相关研究的可能突破口。

三、其他说明

(一)信息披露违法违规相关的法律规定

国内外很多法律法规都禁止信息披露违法违规行为,有些法律法规甚至明确要求信息披露违法违规行为人对于投资者给予赔偿。国内涉及信息披露违法违规的法律法规包括证券法、刑法、最高人民法院的规定和通知等多种形式。在给出的信息披露违法违规定义和侵权形式方面,上述法律和法规都是相通的。法律条文中对于信息披露违法违规行为的界定也为信息披露违法违规类别的划分提供了参考,如对应新修订的《中华人民共和国证券法》(2019)第五章第八十五条和《中华人民共和国刑法修正案(六)》(2006)第一百六十一条的规定,可以将上市公司可能涉及的信息披露违法违规行为大致分为两类,一类是上市公司的财务信息披露违法违规即会计舞弊行为,另一类是上市公司遗漏或虚假披露一般信息的违法行为。作为对2002年初下发的关于受理信息披露违法违规案件通知的进一步完善,2003年起实施的《最高人民法院关于审理证券市场因虚假陈述引发的民事赔偿案件的若干规定》更是备受瞩目,因为该规定对上述不同类型的违法行为有更为深入和详细的界定,相较于证券法和刑法中关于信息披露违法违规处罚、赔偿的规定,提出了具有指南意义的投资者损失赔偿规则。《最高人民法院关于审理证券市场因虚假陈述引发的民事赔偿案件的若干规定》(2003)从维护投资者利益的角度出发细致地规定了投资者索赔的范畴,包括买卖价差损失、佣金支出、印花税以及投资的机会成本利息等,同时也兼顾了上市公司的权益,即信息披露违法违规行为人能够证明由市场系统性风险或其他非信息披露违法违规(守法合规)因素引致的投资者损失不属于赔偿范围[①]。由于信息披露违法违规属于企业特定的非系统风险因素,因此,系统性风险损失与信息披露违法违规损失是由两种截然不同的原因造成的。很明显,在信息披露违法违规损失赔偿中扣除市场系统性风险损失符合法律公平的原则。不仅在近些年法律诉讼的实际案件中,而且在分析信息披露违法违规和投资者损失的理论关系中,系统性风险都是绕不开的重要问题。幸运的是,系统性风险无论从理论上还是从法律上都是可以排除的非信息披露违法违规(守法合规)因素,这为本研究奠定了一个解决问题的基础。

(二)系统性风险与金融体系风险的同与不同

需要说明的是,本研究所涉及的系统风险主要是指从投资角度出发、投资于证券市场中的任何资产都可能会遭受市场风险的影响,这种普遍存在的系统风险会不可避免地引发投资收益的不确定性,英文中一般表示为"systematic risk",即系统性风险或不可分散风险;该系统性风险与一般金融机构或金融组织研究中重点关注的金融体系风险即"systemic risk"不完全一致。金融体系风险也称为金融系统风险,主要是指少数金融机构发生偿付违约、流动性危机等金融问题导致处于金融体系内的一系列金融机构接连破产、倒闭的连锁反应。金融体系风险的产生主要是由于金融体系是一个盘根错节、深度交融的金融机构。你中有我、我中有你,当一家金融机构出问题,对于其他金融机构而言都会产生风险传递效应。而且金融是风险行业,一旦金融暴露出能够引起人们重视的问题,往往都是不小的问题或是大家共同存在的问题,会造成整个行业的震动。一般性系统性风险所涵盖的范围、影响的深度和广度与金融体系风险在内容和表现上都会有明显的区别。也有学者认为两者都会导致市场的整体风险,因而在本质上是相同的。但本研究着重关注的是市场中普遍存在的系统性风险而非金融组织中存在或引发的金融体系风险。当然,本研究涉及到的市场风险是以系统性风险为中心的,并不回避金融体系风险。从2008年以来的金融危机来看,两者相辅相成。金融体系风险不仅带动了市场系统风险,而且长期持续地影响实体经济的健康发展。简单地看,可以将金融体系风险作为市场系统性风险的一部分。

---

① 参见《最高人民法院关于审理证券市场因虚假陈述引发的民事赔偿案件的若干规定》。

第三节　基础理论与文献综述

一、信息披露违法违规的相关理论阐释

（一）信息经济学相关理论文献

为了说明信息经济学在现代经济研究领域的地位和作用,本研究通过使用信息经济的相关词汇对有关的数据库进行了搜索。通过使用"Information Economics"词汇短语对 JSTOR 数据库进行搜索,发现截至 2015 年 3 月有 47 万多条搜索结果。同期的,使用"Economics"词汇对 JSTOR 数据库进行搜索发现截至 2015 年 3 月约有 86 万条搜索结果。同比,JSTOR 数据库中"Information Economics"占"Economics"的比例约为 55%。使用"Information Economics"英文短语对 Elsevier Science Direct 的全文电子期刊数据库进行搜索可以发现截至 2015 年 3 月约有 34 万多条搜索结果。同期的,使用"Economics"词汇对 Elsevier Science Direct 的全文电子期刊数据库进行搜索可以发现截至 2015 年 3 月约有 50 万条的搜索结果。同比,Elsevier Science Direct 数据库中"Information Economics"占"Economics"的比例约为 68%。在中文期刊数据库中,使用"信息经济学"对中文期刊数据库 CNKI 进行文献全文搜索,发现截至 2015 年 3 月约有 32 万条搜索结果。同期的,使用"经济学"词汇对 CNKI 进行文献全文搜索,发现截至 2015 年 3 月有 83 万多条搜索结果。同比,"信息经济学"占"经济学"的比例约为 38%。可见,信息经济学在国内外都是经济学研究的重中之重。相信随着时间的推移会有越来越多的学者加入到该领域的研究中来,信息经济的学术成果会越来越丰富。这里只是简要地对信息经济进行搜索查询,采用其他方法相信也能够得到类似的结果。搜索结果直观地表明了信息经济学在经济领域的位置及其影响力,足见人们对于信息以及信息经济学的关注度。

2001 年诺贝尔经济学奖的赢家是三位在信息经济学方面具有奠基作用和突出贡献的学者,他们是迈克尔·斯宾塞、乔治·阿克尔洛夫和约瑟夫·斯蒂格利茨。三位学者在信息不对称领域斩获颇丰,而且三位学者都在 20 世纪 70 年代于美国《经济学季刊》(*The Quarterly Journal of Economics*)上发表了关于信息不对称的著名文章。其中,乔治·阿克尔洛夫于 1970 年发表了"次品市场:质量不确定与市场机制"一文,他的文章着重于给出

信息不对称的典型例子,如保险市场、发展中国家的信贷市场、二手车市场、招聘市场等①。紧随其后,迈克尔·斯宾塞于1973年发表了"求职市场信号"一文②,约瑟夫·斯蒂格利茨也和另一名学者迈克尔·罗斯柴尔德也于1976年共同发表了"竞争性保险市场里的均衡:论不完善信息经济学"一文③。

事实上,在三位学者之前就已经有芝加哥大学的乔治·J.斯蒂格勒在1961年对信息经济学进行了启发性的阐释,并敏锐地指出了其他经济学者没有引起重视的信息经济现象④。他同时也是1982年的诺贝尔经济学奖获得者。乔治J.斯蒂格勒着重分析的是市场中买卖双方的讨价还价现象,或者说得更准确一些是市场中的"寻价"现象。由于存在信息的不完全,市场中的买卖双方不得不诉诸于"寻价"的方法搜索到自己可接受的交易价格,同时也要为这种"寻价"行为承担一定的"寻价"成本⑤。"寻价"成本本质上是一种信息成本,这种成本本质上是由一方不了解对方商品质量的信息而造成的。可以简单地理解为,由于信息的缺乏产生了不确定性,引发了交易双方的讨价还价,进而产生了交易价格的统计分布的发散形态。乔治·J.斯蒂格勒(1961)指出,经济学对于商品质量的研究在一定程度上是忽视的,传统经济学所假设投资者或消费者具有对商品质量先知先觉的能力并不符合实际的情况,而消费者通常都是将商品的质量寄于商品的品牌信誉之上⑥。同时,乔治·J.斯蒂格勒(1961)也承认,完全消除这种对商品质量信息的无知是不经济的,那需要耗费大量的人力物力⑦。从乔治·J.斯蒂格勒的研究我们可以推演出这样的结论,事物的不确定性是由信息知识的缺乏造成的,如果主体人满足理性经济人基本假设并且在信息接收后具备足够的处理和判断能力,那么造成发散性经济结果的唯一原因则是信息的缺乏。这种信息缺乏受制于影响事物之间信息传递效率的信息障碍,也受制于双方在信息拥有的质和量上存在不一致即信息不对称。

---

① AKERLOF G A. The Market for 'Lemons': Quality Uncertainty and the Market Mechanism[J]. The Quarterly Journal of Economics, 1970,84(3):488-500.

② SPENCE M. Job Market Signaling[J]. The Quarterly Journal of Economics, 1973,87(3):355-374.

③ ROTHSCHILD M, STIGLITZ J. Equilibrium in Competitive Insurance Markets: An Essay on the Economics of Imperfect Information[J]. The Quarterly Journal of Economics, 1976,90(4):629-649.

④ STIGLER, G J. The Economics of Information[J]. Journal of Political Economy, 1961,69(3):213-225.

⑤ 同④。

⑥ 同④。

⑦ 同④。

1.信息不对称理论

(1)信息不对称的经典论述文献

如果人与人之间在拥有信息的多寡上存在不平衡,就存在信息不对称的现象。在经济学领域,信息不对称描述了制约市场交易公平性的一种信息环境,强调信息地位的不平等。交易双方掌握的交易信息存在不平等就会产生作为信息优势一方的卖方和作为信息劣势一方的买方。信息优势一方可以利用自己知晓而对方不知晓的交易机制提出有利于自己的交易价格,进而造成交易上的不公平。对于买方而言,由于处于信息劣势,往往对于买卖行为踌躇不前,即使达成交易,往往也难以达成理想的交易价格。乔治·阿克尔洛夫在其1970年的文章中认为,相对于买方而言,销售方更了解商品潜在的真实状况,买卖双方之间存在信息不对称,而信息越不充分,买卖双方的交易越不顺畅[1]。尤其在信息披露不充分、信息披露机制不发达的市场环境下,买卖双方都会承担额外的经济成本,这不仅造成市场交易效率的下降,而且给所有市场参与者带来福利损失。这是因为,商品交易价格本身是一种信息,而这种交易结果是建立在商品价值信息的基础之上的。商品价值决定了商品的交易价格,当商品价值信息无法正确、及时地传达给买方时,商品交易就存在价格摩擦。价格摩擦使得商品的卖方无法得到及时的资金回流,买卖双方将共同承担交易成本上升带来的费用支出。因此,信息不对称并非仅为信息劣势一方带来经济损失,而且也为卖方带来一定的经济损失。另外,如果能够通过信息不对称的优势来获得额外的收益,那么信息不对称的优势方将没有动力改善信息不对称的现实状况。只不过,卖方将凭借自己的信息优势使得相应的信息不对称收益高于其可能承担的信息不对称成本。卖方有进一步利用并扩大信息不对称优势的动机,这符合经济理性的基本经济学假设。可以想象,只要预期的额外经济收益高于潜在可能的信息不对称成本,所有信息不对称的优势方都不愿意主动消除这种信息不对称。最坏的方面正如乔治·阿克尔洛夫(1970)所指出的那样,信息不对称使得正常交易逐渐退出市场,形成了类似于金融学中的"劣币驱逐良币"现象[2]。严重的信息不对称将导致一个正常合法的交易市场逐渐萎缩直至消失。市场不完善的信息披露环境是信息不对称产生的土壤,对于市场交易存在致命的影响。市场即使最初基于良好愿望设立或自身拥有良好的发展前景,也有可能因为存在严重的信息不对称造成市场交易环境的恶

---

① AKERLOF G A. The Market for 'Lemons': Quality Uncertainty and the Market Mechanism[J]. The Quarterly Journal of Economics, 1970, 84(3): 488-500.

② 同①。

化,最终难以维系、走向萎靡或发展畸形。乔治·阿克尔洛夫(1970)认为这种情况在发展中国家中更为严重,他还举出了一些有意思的例子,如印度的管理代理人在印度的经济社会中占据统治地位,他们通过拥有相对紧缺的信誉资源进而成为印度新兴企业发展的基础,这种管理代理人体制是一种奇特甚至畸形的市场经济①。正像新兴企业需要管理代理人提供信誉支持一样,求职者也需要一张有效的学历文凭来提供必要的学习能力证明,所有这些问题都可以通过乔治·阿克尔洛夫指出的信息不对称理论加以解释②。

迈克尔·斯宾塞于1973年发表的"求职市场信号"一文源自他的博士学位论文,作者分析了均衡信号模型、信息均衡的性质、可控信号与不可控的指针的相互影响等③。迈克尔·斯宾塞(1973)以求职市场为例指出,信号发出主体所管控的信号被接收方所接收,这种操纵信息的行为进而影响到信息接收方的条件概率;因此,信号最终决定了信息接收方给予发出主体的价值评价④。迈克尔·斯宾塞(1973)还指出信号成本的概念,这样一种信息成本可以包括时间成本、金钱成本以及精神成本⑤。在迈克尔·斯宾塞(1973)的理论中,求职市场是一个信号循环过程,雇主通过自己前期雇用的经历来度量出一套与信号相匹配的价值标准,这种价值标准是求职者信号和特征指标的函数,价值标准在未来将得到求职市场的反馈,新的求职者将根据价值标准调整自己要发出的信号以最大化自己的净收益,该净收益是雇主给付的工资收益与求职者信号成本的差额⑥。

同一时期,迈克尔·罗斯柴尔德和约瑟夫·斯蒂格利茨在他们1976年发表的文章中着重阐述了保险市场中存在的信息不对称例子⑦。他们对某些经济假设如不考虑数量限制的价格接受均衡模式提出了相反的例子,例如存在"道德风险"的情况下,只有那些认为保费划算的高风险投保人才会真正地购买保险,而那些认为保费过高的低风险投保者将

① AKERLOF G A.The Market for 'Lemons': Quality Uncertainty and the Market Mechanism[J]. The Quarterly Journal of Economics, 1970, 84(3):488-500.

② 同①。

③ SPENCE M. Job Market Signaling[J]. The Quarterly Journal of Economics, 1973, 87(3):355-374.

④ 同③。

⑤ 同③。

⑥ 同③。

⑦ ROTHSCHILD M, STIGLITZ J. "Equilibrium in Competitive Insurance Markets: An Essay on the Economics of Imperfect Information[J]. The Quarterly Journal of Economics, 1976, 90(4):629-649.

会放弃投保(迈克尔·罗斯柴尔德和约瑟夫·斯蒂格利茨,1976)[①]。正如迈克尔·罗斯柴尔德和约瑟夫·斯蒂格利茨(1976)所指出的那样,一部分消费者对另一部分消费者存在损耗性的外部效应,传统竞争性分析的均衡价格和均衡市场在不完善和非对称的信息条件下不存在[②]。

当然乔治·阿克尔洛夫(1970)、迈克尔·斯宾塞(1973)、迈克尔·罗斯柴尔德和约瑟夫·斯蒂格利茨(1976)等人的研究还存在一些缺陷。首先,他们指出了不对称信息下传统均衡模型的缺陷以及错误,但同时受当时条件所限,并没有能够构建出更加复杂的模型。其次,他们的理论结果都是通过规范性的分析方法或者通过具体的例子说明得到的,在他们的文章里并未通过详细的实证分析加以证明,这是他们研究中存在的一些遗憾。不过他们对信息不对称理论的开创性贡献还是对博弈理论、信息经济学等理论的发展起到了巨大的推动作用,正是他们的研究成果为后来众多重要的研究成果奠定了基础。可以肯定的是,他们对于信息不对称理论的开创性研究使得人们越发认识到市场的不完善和加强市场监管的重要性,同时使得对于信息披露的研究成为会计和财务金融领域研究的热点和重中之重。

信息不对称在微观经济学、公司财务理论中都占有很重要的位置。例如在委托代理关系、投资者保护等方面都有很多的理论分析和实践应用。从投资者保护视角看,信息不对称的双方之间很容易发生信息优势一方利用自己的"先知先决"侵害另一方,即作为信息劣势方的普通投资者。由于普通投资者是信息接收方,经常是信息不对称最弱势的一方,容易受到利益侵害。除此之外,已经有越来越多的学者在资产定价方面注意到信息不对称在资本市场错误定价中的作用。

信息不对称产生的一个重要问题就是带来了资本市场中的股票价格与股票基本价值的偏离,即形成了资本市场的股票价格泡沫。以前的研究并未将二者结合起来。基于理性投资者的传统经济学观点,最后被投资者接盘的资产价格最终会回归到与股利收益等价的基本价值,通过倒推法可以得出股价在整个交易转手的过程中都不可能偏离其基本价值。传统的理性预期思想既排除了泡沫形成与破灭的可能,也没有对价格泡沫形成与破灭的原因给出任何的解释。这种股票价格泡沫不一定是上市公司与投资者之间信息不对称造成的,也有可能是由其他主体之间可能存在的信息不对称导致的结果。富兰

---

① ROTHSCHILD M, STIGLITZ J. Equilibrium in Competitive Insurance Markets: An Essay on the Economics of Imperfect Information[J]. The Quarterly Journal of Economics, 1976,90(4):629-649.
② 同①。

克林·艾伦等(1993)通过异质信念的思想例子验证了传统观点的错误,他们给出了理性预期均衡下强泡沫的必要条件,除了卖空约束和非常识交易这些对投资者的约束外,其中的首要条件是交易者都拥有一定的私密信息[①]。投资者之间的信息不对称是这种私密信息起作用的基础,富兰克林·艾伦等(1993)指出当存在私密信息时,投资者对于股价的下跌不会达成共识,投资者相互之间也不完全了解对方的信念[②]。在这种情况下就有了富兰克林·艾伦等试验中出现的可能情况,即有些投资者仍然会持有那些存在明显价格泡沫的资产,因为私密信息让他们觉得自己相对于有些投资者有一定的信息优势,这个结论也与"无交易定理"相一致,私密信息并不会改变原有的帕累托最优配置,投资者不能在新的交易上达成一致(富兰克林·艾伦等,1993)[③]。

富兰克林·艾伦和加里·戈顿(1993)的研究也发现投资者和组合基金经理代理人之间的信息不对称可能导致基金经理人以牺牲委托人即投资者的利益为代价,为了获利不惜搅动资本市场并形成股价泡沫[④]。对于差的组合基金经理代理人而言,他们不需要承担过多的责任也不需要付出资本成本,实际上他们拥有的是一种绩效薪酬的买权。这种权责关系的不对等降低了他们在信息不对称的情况下维护投资者利益的可能性。富兰克林·艾伦和加里·戈顿(1993)还认为,为了达到鱼目混珠的目的,差的组合基金经理代理人更倾向于去购买那些价格明显高于基础价值的资产,购买确定信息下的泡沫资产使得差的组合基金经理代理人有机会获得买权赋予的潜在收益,但这是以普通投资者承担更大的风险为代价的[⑤]。

(2)财务领域的信息不对称

企业财务信息本身是代理人与委托人之间的桥梁,当桥梁出现了断裂和扭曲,委托人无法通过正常的渠道获得内部人所掌控的企业真实价值信息,委托人或者投资者只能按照扭曲的财务信息和扭曲的价格实现交易。由于投资者与公司内部经理人之间存在着信息不对称,会计信息的可靠性在股票能否正确定价上起到了决定性的作用。

但是也有学者质疑信息不对称在财务舞弊中的作用。例如,史蒂文·普雷斯曼(1998)认为通过增加投资者的信息量和消除信息不对称很难减少和避免财务舞弊的发

---

① ALLEN F, MORRIS S, POSTLEWAITE A. Finite Bubbles with Short Sale Constraints and Asymmetric Information[J]. Journal of Economic Theory, 1993,61(2):206-229.

② 同①。

③ 同①。

④ ALLEN, F, GORTON G . Churning Bubbles[J]. The Review of Economic Studies, 1993,60(4):813-836.

⑤ 同④。

生①。这里面不仅有心理方面的因素,还有信息不对称双方当事人在信息的运用障碍和加工处理能力方面的因素,这些都能够导致资本市场财务舞弊持续产生。史蒂文·普雷斯曼(1998)同时指出,信息不对称理论与适者生存理论如出一辙②。只有那些具有信息能力的投资者才能够从资本市场中获取相应的收益,而其他普通的投资者由于存在相对的信息劣势必然会成为群体中的相对弱者。这样就会造成不断地有越来越多的投资者发现自己成为市场中的信息弱者,并逐渐地丧失信心而"离场"。史蒂文·普雷斯曼(1998)还提到传统的经济学并非一无是处,其中的激励理论能够解释财务舞弊不断发生的原因③。例如,财务学对于企业经营通常从考虑成本、支出与收益、流入之间的对比关系来进行项目可行性评估或者衡量企业绩效,对于财务行为也可以采用类似的方法加以衡量。对于财务舞弊行为者而言,财务舞弊的成本与收益的相对大小将直接决定财务舞弊行为的可行性。如果存在财务舞弊的净收益,则这就不可避免地使得财务舞弊具有给铤而走险的行为主体带来额外收益。

2.会计信息与泡沫的作用关系

(1)会计信息的定价作用

会计信息与其他信息一样都是投资者认识上市公司的媒介。作为证券投资者信息来源中相对重要的一环,会计信息反映的是投资对象在相应会计期间所取得的绩效及其成本。会计信息是外部投资者对于上市公司进行正确定价的基础,上市公司通过会计信息将自身的价值映射到股价上来。基于错误信息所构建的市场价格就如同比萨斜塔是歪斜的一样,必然没有反映公司真正的市场价值。

朱莉娅·林恩·科罗纳多和史蒂文·A.夏普(2003)的研究表明误导性的会计信息披露对于市场价值产生了重要的影响,通过分析养老金资产、负债、融资等与公允市场价值、会计利润的关系,他们认为发起确定收益养老金计划的大量标准普尔500指数上市公司存在着股票价格泡沫现象④。朱莉娅·林恩·科罗纳多和史蒂文·A.夏普(2003)发现,上市公司可以通过利用会计准则降低养老金应计成本例如未支付债务的成本,进而减少公司费用达到虚增利润或平滑资产收益的波动性,这种做法误导了投资者、扭曲了股票市场

---

① PRESSMAN S. On Financial Frauds and Their Causes: Investor Overconfidence[J]. American Journal of Economics and Sociology, 1998,57(4):405-421.

② 同①。

③ 同①。

④ CORONADO J L, SHARPE S A. Did Pension Plan Accounting Contribute to a Stock Market Bubble?[J]. Brookings Papers on Economic Activity, 2003,2003(1):323-371.

价格[①]。

特里·D.沃菲尔德和约翰·J.维尔德(1992)以某会计期间内市盈率的倒数、一系列后续期间的会计利润与股票价格之比等作为模型的自变量,以相同会计期间内的证券收益为因变量,分析了会计利润对股票收益的解释力度[②]。

(2)会计信息与泡沫的关系

虚假的会计信息往往是以夸大资产和虚增收益为主要手段的,其目的在于掩饰企业的经营失败和不利的绩效。实际的资产和收益被人为地虚报,这就产生了具有欺骗性的资产泡沫。而会计信息造假是泡沫形成的中间环节。

除了会计信息欺诈造成证券价格与基础价值的偏离会形成泡沫外,也有学者认为会计信息欺诈行为也会随市场泡沫的形成、崩溃过程应运而生,如保罗·鲍维等(2007)的研究有助于解释这种问题[③]。保罗·鲍维等(2007)研究了会计信息欺诈与证券市场泡沫之间的关系,认为企业的造假行为在市场繁荣时期容易隐藏,而在市场环境较差时容易被发现[④]。保罗·鲍维等(2007)发现企业的会计信息欺诈行为受投资者监察行为的影响,当市场的经营环境良好时,投资者往往会放松警惕采用消极的监察态度,对企业的会计信息都给予正面评价;当市场的经营环境较差时,投资者往往采取审慎的监察态度,对那些绩效较好的企业均持有怀疑的态度;这容易鼓励那些造假的企业在市场繁荣时采取肆无忌惮的会计信息欺诈行为[⑤]。

(二)信息披露违法违规的原因分析

信息披露违法违规行为人为什么要铤而走险呢? 大多数情况下并非一时的冲动或无知,信息披露违法违规行为通常是一种理性冒险的结果。从经济学角度看,必然是行为人冒险所带来的效用高于循规蹈矩情况下所拥有的效用,而这种效用是由行为人的需求所决定的。企业法人同自然人一样被赋予了相应的权利和义务,企业违法违规的出发点和落脚点与自然人也有许多相似之处。企业法人违法违规通常与经济利益相关。企

① CORONADO J L, SHARPE S A. Did Pension Plan Accounting Contribute to a Stock Market Bubble?[J]. Brookings Papers on Economic Activity, 2023, 2003(1):323-371.

② WARFIELD T D, WILD J J. Accounting Recognition and the Relevance of Earnings as an Explanatory Variable for Returns[J]. The Accounting Review, 1992, 67(4):821-842.

③ POVEL P, SINGH R, WINTON A. Booms, Busts, and Fraud[J]. The Review of Financial Studies, 2007, 20(4):1219-1254.

④ 同③。

⑤ 同③。

业法人存续的目的很明确,就是为了盈利与发展,长期追求经济利益的最大化。如果通过违法违规带来的预期经济利益高于预期经济成本,企业法人就有从事信息披露违法违规的理由。企业在经济效用最大化的理由下,可以派生出很多信息披露违法违规的具体原因。

信息披露违法违规给行为人带来的好处具有隐蔽性。信息披露违法违规的一个重要表现是信息欺诈,而信息欺诈的目的通常是不劳而获地取得直接的经济利益。对信息披露违法违规产生的原因进行研究需要探究违法违规行为人的复杂动机。例如,通过信息披露违法违规,企业高管可以达到推高股价、欺骗融资、获取股权激励、买卖价差收益等目的,这些都可能是信息披露违法违规行为人潜在的动机。有时,行为人的违法行为是各种复杂原因杂合在一起的结果,已有一些学者对此进行了深入研究和分析。

奥伦·巴-吉尔和卢西恩·A.别布丘克(2002)在构建财务信息披露违法违规原因与结果的分析模型时发现,经营管理层通过会计舞弊而卖出股价的获利行为受其隐蔽程度的制约,即使公司高级管理人员不能通过信息披露违法违规推高股价而获利,他们也希望通过会计欺诈行为塑造公司较好的绩效表现以获得良好的投融资环境,那些通过欺诈行为粉饰报表的企业能够取得资源配置优势[①]。除此之外,奥伦·巴-吉尔和卢西恩·A.别布丘克(2002)也分析了一系列预设的经营管理与投融资结构因素诸如时间、行业、公司特征、经理人卖出限制、会计准则、法律环境、公司治理、经理人薪酬激励等与信息披露违法违规行为发生概率的关系,希望在这些因素中间找出引起信息披露违法违规发生率增加的原因[②]。

解普·埃芬迪等(2007)以20世纪末和21世纪初的美国资本市场泡沫为背景,分析了价格泡沫、股权激励与财务信息披露违法违规之间的关系,他们通过多个角度的实证检验表明企业经营管理层存在明显的动机和倾向进行会计信息披露违法违规,会计信息披露违法违规的公司相对于非信息披露违法违规(守法合规)的公司而言可以显著提高公司股票价格、提高股权激励的价值[③]。在解普·埃芬迪等(2007)的研究中,经理人可观的股权激励升值额、偿债压力、融资需求、CEO兼职董事等都会导致企业信息披露违法违规

① OREN B G, BEBCHUK L A. Misreporting Corporate Performance[R]. Rochester, NY: Social Science Research Network, 2002.

② 同①。

③ EFENDI J, SRIVASTAVA A, SWANSON E P. Why Do Corporate Managers Misstate Financial Statements? The Role of Option Compensation and Other Factors[J]. Journal of Financial Economics, 2007, 85(3):667-708.

的可能性增加[1]。解普·埃芬迪等(2007)的研究根据会计不法行为的严重程度将logit回归模型中的选择变量分为严重的信息披露违法违规、其他信息披露违法违规和无信息披露违法违规三种情形,结果表明股权激励也是决定信息披露违法违规严重程度的影响因素[2]。在解普·埃芬迪等(2007)的研究中,还有一个重要的研究结论,即股价泡沫在一定程度上增加了企业信息披露违法违规的可能性,他们还将信息披露违法违规的终极原因归结为在不完善的委托代理关系下由于代理人违背委托人意志和利益而萌发的机会主义行为[3]。解普·埃芬迪等(2007)认为经营管理层信息披露违法违规的目的是支持高估的股价,而CEO在信息披露违法违规过程中借助股权激励和高估的股价获得不当的利益[4]。

(三)内幕信息与投资者损失的关系

传统的财务理论如保罗·米尔格龙和南希·斯托基(1982)的无交易定理则认为,价格的相对变化能够充分地显露有效的价值信息,基于私人信息做出的交易行为难以使得价格有效偏离基于公共信息的交易价格[5]。在风险厌恶的理性人假设下,投资者的最优化行为不允许权益证券的市场价格偏离其基础价值,该证券价格将紧紧围绕股利现值大小上下波动,即价格泡沫在完全动态的理性预期均衡下不存在(让·梯若尔,1982)[6]。然而,J.布拉德福德·德隆等(1990)从不同信息拥有者的异质信念角度提出了相反的观点,他们认为非理性的噪声交易风险能够使得股价偏离其基础价值,噪声交易行为也成就了专业的套利行为[7]。在无交易定理下,J.布拉德福德·德隆等(1990)的结论显然不成立。J.布拉德福德·德隆等(1990)同时也承认他们的结果可以通过完全理性的信息差异化投资者模型得到[8]。因此,基于拥有不同的私人信息所产生的资产价格泡沫与市场操控行为一样难以持续,即使股价短期内发生偏离,在市场的作用下也能够很快得以纠正。投机者

① EFENDI J, SRIVASTAVA A, SWANSON E P. Why Do Corporate Managers Misstate Financial Statements? The Role of Option Compensation and Other Factors[J]. Journal of Financial Economics, 2007, 85(3):667-708.

② 同①。

③ 同①。

④ 同①。

⑤ MILPROM P, STOKEY N. Information, Trade and Common Knowledge[J]. Journal of Economic Theory, 1982, 26(1): 17-27.

⑥ TIROLE J. On the Possibility of Speculation under Rational Expectations[J]. Econometrica, 1982, 50(5):1163-1181.

⑦ DE LONG J B, SHLEIFER A, SUMMERS L H, et al. Noise Trader Risk in Financial Markets[J]. Journal of Political Economy, 1990, 98(4):703-738.

⑧ 同⑦。

的信息信念在现代市场和信息环境下不具有长期性和持续性优势。有一种情况需要考虑，与J.布拉德福德·德隆等人观点并行不悖的有效解释是内幕信息交易行为。信息披露违法违规属于一种内幕信息源，极易为内幕交易者如公司高管及其家属、公司员工、经纪人等所利用。罗伯特·A.贾罗（2010）通过内幕信息交易的例子表明不完善的市场环境能够产生真实的套利机会和显著的詹森-阿尔法[①]。同时，罗伯特·A.贾罗和菲利普·普罗特（2013）指出詹森-阿尔法也是错误信息和资产定价泡沫的必然结果[②]。证券市场中存在的信息披露违法违规间接支持了市场不完善这一观点。信息披露违法违规背景下的投资者与公司内部人、内幕信息人之间存在着严重的信息不对称，市场中存在可供内幕信息人套利的交易机会，但是对普通投资者而言信息暗区长期存在。

　　与信息不对称理论相呼应，企业经营管理的内部人以及资本市场的内部交易人往往是信息不对称的优势方，他们往往占据了信息扩散的前端或者核心位置，要么在一定程度上掌握核心的内部信息，要么比其他外围的投资者优先获得某种重要的信息。普通投资者的信息弱势不仅在于信息不对称，而且在于其与核心信息存在长距离。从普通的信息传递游戏中就很容易发现，即使是真实的信息，在长距离传递中也会变异或者发生扭曲。如果上市公司发生信息披露违法违规，可以肯定，本已是信息弱势方的普通投资者在信息结构中的最外层更加不可能得到真实有用的投资信息。图1-2是企业重要信息从内部核心向外围边缘扩散的示意图。从图中展示的不完善市场下的内外信息结构可以看出，普通投资者与核心信息的距离最远，也是信息不对称的弱势方中最易受到侵害的群体。

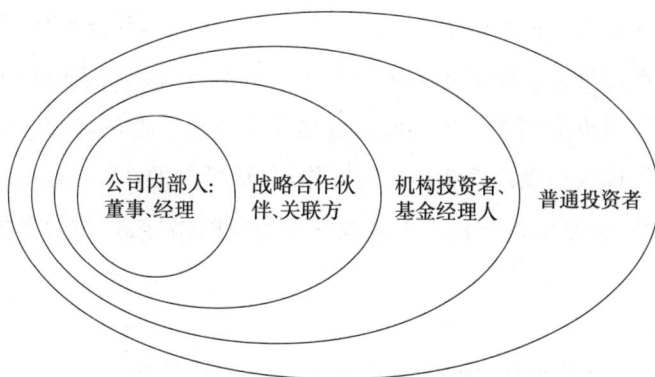

图1-2　企业重要信息从内部核心向外围边缘扩散的示意图

---

① JARROW R A.Active Portfolio Management and Positive Alphas: Fact or Fantasy?［J］. Journal of Portfolio Management, 2010,36(4):17-22.
②同①。

二、资产定价泡沫的相关理论阐释

(一)收益损失率的定价理论

1.CAPM、APT等均衡定价理论模型

(1)定价模型的正与反

最古老的界定风险与收益关系的定价等式是资本资产定价模型(Capital Asset Pricing Model, CAPM),它已成为财务金融学、会计学、经济学分析的重要理论基础。其建模思想一般认为是建立在1952年哈里·马柯维茨[1]分析的基础之上。紧接其后,由威廉·F.夏普(1964)[2]和约翰·林特纳(1965)[3]奠定了最初形式的资产定价模型。在此基础上衍生出来的多因素模型以及套利定价理论让很多学者获得了诺贝尔经济学奖。资本资产定价模型也是一个与计量经济学有着深远渊源的定价模型。甚至,资本资产定价模型的变形体即市场模型与一元的单因素线性回归模型在形式上无异。威廉·F.夏普(1964)采用资本市场线的形式描述了资本资产与风险的定价关系[4]。后来经过多年的发展,罗伯特·C.默顿(1973)将基于单期静态的资本资产定价模型扩展为基于多期动态的跨期资本资产定价模型(ICAPM),连续时间下的随机分析模型为设定和检验更加复杂的定价模型提供了广阔的空间[5]。现代资本资产定价模型不断地复杂化和实用化,使得非系统性风险的作用与资产收益的关系在定价模型中也得到了较好的体现,相应的风险通过资产这一载体给予投资者一定的收益补偿。因此,资本资产定价模型的理论思想与信息披露违法违规引致损失的理论关系是不相违背的。如果将信息披露违法违规作为一种风险形式,那么现代资本资产定价模型所揭示的风险与收益的对称关系则表明投资者所承担的信息披露违法违规风险也应当在资产的收益或损失上给予一定的补偿。资本资产定价模型还有一个突出的特点是强调系统性风险的作用,该模型的β系数是市场风险溢价的回归系数或反应系数,也是资产定价不能忽视的重要风险指标,这与信息披露违法违规损

① MARKOWITZ H. Portfolio Selection[J]. The Journal of Finance, 1952,7(1):77-91.

② SHARPE W F. Capital Asset Prices: A Theory of Market Equilibrium under Conditions of Risk [J]. The Journal of Finance, 1964,19(3):425-442.

③ LINTNER J. The Valuation of Risk Assets and the Selection of Risky Investments in Stock Portfolios and Capital Budgets [J]. The Review of Economics and Statistics, 1965,47(1):13-37.

④ 同②。

⑤ MERTON R C. An Intertemporal Capital Asset Pricing Model[J]. Econometrica, 1973,41(5):867-887.

失赔偿中要求排除系统性风险因素的法理思想是一致的。

资本资产定价模型既简单又实用，但正是由于其过于简单，现实的市场数据分析有时并不一定符合理论预期，为此该模型在实践和实证分析过程中饱受争议。首先，资本资产定价模型的回归系数在实证过程中不一定显著；即使暂时显著，也不能长期保持稳定。其次，回归的误差项不一定是随机白噪声；即使暂时满足白噪声过程的要求，也不能长期保持一致。数学模型与市场实践经常会出现不匹配的情况，很难说是模型过于简单或直观，还是市场过于复杂或粗放。模型与实践的冲突经常被解释为两种情况：要么认为，模型是正确的，而市场是无效的；要么认为，市场是有效的，模型是错误的。关于资本资产定价模型实证分析的著名反例有 2013 年度的诺贝尔奖获得者尤金·F.法玛和肯尼思·R.弗伦奇于 1992 年发表在美国财务学（金融学）学刊上的文章《预期股票收益的横截面》。该文章从 β 系数的显著性和解释力度两个方面对资本资产定价模型提出了质疑，并给出了替代性的解释变量如股权市场价值、股权账面价值对市场价值比（尤金·F.法玛和肯尼思·R.弗伦奇，1992）[1]。β 系数的无效性在亚洲市场也得到了证实。基思·S.K.兰姆（2002）对香港股市收益的研究表明，股权市场价值、股权账面价值对市场价值比、市盈率之倒数对股票市场的平均收益更具解释力[2]。风险与收益之间关系的不显著成为众多研究者诟病资本资产定价模型的重要依据。当然，他们的研究主要是基于横截面回归的长期观察分析，类似于面板数据层面的结构分析。这种分析方法与长期持有的投资者购买股票的关注角度相一致，即股票价格的基本面分析占据决定投资收益水平的主导地位。会计指标被推到了前台，其在这些模型中的影响力可能超过了 β 系数。这也恰恰从侧面反映了投资者关注会计变量的程度不亚于对系统风险的关注度。

尤金·F.法玛和肯尼思·R.弗伦奇（1992）在论文中所提到的股权市场价值（SIZE 或 ME）、股权账面价值与市场价值之比（BE/ME）、会计利润与期初股价之比（E/P），以及账面资产与市场权益之比（A/ME）和账面资产对账面权益比（A/BE），这些指标都与股价和会计信息相关[3]。这也暴露出他们研究的一个重大缺陷，同时为本研究的分析提供了理论支撑。首先，尤金·F.法玛和肯尼思·R.弗伦奇（1992）的模型未考虑虚假会计信息所导致

---

[1] FAMA E F, FRENCH K R. The Cross-Section of Expected Stock Returns[J]. The Journal of Finance, 1992, 47(2): 427-465.

[2] LAM K S K. The Relationship between Size, Book-to-Market Equity Ratio, Earnings-price Ratio, and Return for the Hong Kong Stock Market[J]. Global Finance Journal, 2002, 13(2): 163-179.

[3] 同[1]。

的定价泡沫因素的存在性,他们的模型只是从表面到表面的决定模型,没有深入分析其中的深层次原因。其次,法玛和弗伦奇的模型也恰恰揭示虚假的会计信息以及由此产生的虚假市场繁荣对股价收益是存在潜在影响的。

最后,尤金·F.法玛和肯尼思·R.弗伦奇(1992)的论文还有一个缺陷,即他们的分析都是在历年横截面回归结果的基础上构建时间序列数据并对其取均值得到的结果,其横截面回归的原假设是样本斜率的均值为零,t值是通过运用OLS估计其样本斜率的均值,然后除以时间序列标准误计算得到的[1]。这样的做法存在一些好处,即多期模型结果的均值,似乎更加稳健。但是,回归结果中包括β系数和t值都是均值化的结果,这样做的缺点也很突出。模型本身及其变量的特征都被"抹平",那么他们报告的结果又有多大的意义呢?

资本资产定价模型可以称为单因素模型,在此基础上可以通过加入更多的风险因素使模型多元化。尤金·F.法玛和肯尼思·R.弗伦奇对其1992年的研究进行了扩展,于1993年在美国财务(金融)经济学学刊发表了另一篇著名的关于三因素模型的文章《股票和债券收益中的共同风险因素》。在该文章中,尤金·F.法玛和肯尼思·R.弗伦奇(1993)提出在资本资产定价原始模型的基础之上加入另外两个收益影响因素,一个是以权益账面价值与市场价值比(BE/ME)分类的高类减低类的平均收益差值因素(HML),另一个是以权益市场价值(ME)分类的小类减大类的平均收益差值因素(SMB)[2]。这样,尤金·F.法玛和肯尼思·R.弗伦奇(1993)的定价模型就具有多因素化的形式:$r_t - r_{ft} = \alpha + \beta\left(r_{M,t} - r_{ft}\right) + \beta_0 SMB_t + \beta_1 HML_t + \varepsilon_t$[3]。通过对自变量按照一定的标准进行划分得到六类不同的组合收益,然后按照风险因素变量设定的差值计算方法得到自变量SMB和HML,同时按照权益市场价值(ME)和权益账面价值与市场价值比(BE/ME)两者各自的五分位数标准将因变量划分为25个组合的收益水平,然后分别进行回归[4]。高类减低类的平均收益差值因素(HML)在尤金·F.法玛和肯尼思·R.弗伦奇(1993)三因素模型中是显著的,

① FAMA E F, FRENCH K R. The Cross-Section of Expected Stock Returns[J]. The Journal of Finance, 1992, 47(2): 427-465.

② FAMA E F, FRENCH K R. Common Risk Factors in the Returns on Stocks and Bonds[J]. Journal of Financial Economics, 1993, 33(1):3-56.

③ 同②。

④ 同②。

一定程度上表明与会计信息相关的权益账面价值在证券收益中具有决定性作用[1]。

资本资产定价模型自提出以来就不断得到赞许和关注,同时也经历了受到极大的争论乃至非议、再审视和再发展的过程。由于其基本模型符合决定关系思想,实证分析方法又与基本的统计回归模型分析紧密相连,资本资产定价模型不断焕发出生命力。只要经济理论中的这种决定关系论和统计分析思想不落伍,那么可以预见,资本资产定价模型将一直占据定价理论中核心的内容。至今为止,学者仍然对资本资产定价模型进行发展性的分析和研究。

在尤金·F.法玛和肯尼思·R.弗伦奇(1993)提出三因素模型之前已有学者从宏观角度构建了多因素模型。多因素模型是资本资产定价模型之后定价模型中的重要进展之一。其中,最有名的是诺贝尔奖获得者斯蒂芬·A.罗斯于1976年构建的资本资产定价的套利理论简称套利定价理论(APT)。这一理论从侧面指出了现实交易结果与理论模型之间偏离引发的套利机会,即实际收益与预期收益的偏离,该理论强调影响资产收益的是宏观因素和市场系统风险[2]。这是对一般均衡资本资产定价模型的直接扩展,不像法玛和弗伦奇突破性地将资产定价模型引向了微观领域。

(2)定价模型的实践应用

资本资产定价模型本质思想上表述了这样一种现实经济现象,即个股股价变动与市场股价的变动具有一种联动关系。这种联动关系和现象出现的根本原因在于投资者的市场跟风行为。当市场指数发生变化时,投资者的交易热情也随着市场的波动而发生变化,投资者对个股收益增长潜力的判断也随着市场整体指数的变化而变化。正如企业是市场中的一部分,投资者也是市场中的一部分,投资者和企业不仅跟随市场的脚步并且参与其中。市场价格的形成,无论对实体投资者还是金融投资者而言,作为市场中的一部分都相互支持、相互影响并跟随市场整体的发展而不断演化。这就是为什么特定交易对象的价格会受到市场交易价格指数的影响,这也解释了投资者的收益和损失要受系统性风险影响的根本原因。

发展中的资本市场虽然存在这样和那样的问题,但这并不排斥上述投资者损失受市场风险影响的机理成因和关系。即使中国资本市场中存在着复杂的交易背景,如没有全流通、众多的大股东是国有股东、投资者不成熟等一系列现象的限制因素,但这都改变不

---

[1] FAMA E F, FRENCH K R. Common Risk Factors in the Returns on Stocks and Bonds[J]. Journal of Financial Economics, 1993, 33(1):3-56.

[2] ROSS S A. The Arbitrage Theory of Capital Asset Pricing[J]. Journal of Economic Theory, 1976, 13(3):341-360.

了投资者交易与市场指数之间的联动关系。个股股价与市场指数之间的相互作用、个股股票收益和市场指数收益之间的共同运动趋势都是市场经济内在的机理关系。这些机理成因与某一个具体的指数是否编制完善没有直接的联系。市场的成熟度与否也只决定了个股运动与市场运动之间的灵敏度,而不会影响市场内价格决定关系的真实演变过程。因此,只要选取合适的、为广大投资者所接受和认可的、有代表性的市场指数就能够用于分析中国资本市场中个股股价和收益的资本资产定价关系。这种指数的效果关键在于投资者对它的认知程度和资本市场的覆盖程度,如果投资者在交易过程中以其为参照,而该指数又能够反映出市场中投资者的整体行为,那么这种指数就是相对有效的,就可以实现资本资产定价关系。

2.会计信息的定价作用

会计信息指标对股票收益的决定作用在尤金·F.法玛和肯尼思·R.弗伦奇(1993)的论文中突显出来,其真实可靠性与否成为保障投资者利益的关键点。事实上,早在尤金·F.法玛和肯尼思·R.弗伦奇(1993)之前,会计信息对股票收益有影响这一观点已经被很多的研究论文验证了。例如,瑞·鲍尔(1978)、彼得·D.伊斯顿和特雷弗·S.哈里斯(1991)都发现会计利润与期初股价之比(E/P,类似于市盈率的倒数)对股票收益具有解释能力[1][2]。早在1968年,瑞·鲍尔和菲利普·布朗就发现会计年报中的利润数据与股价相关[3]。但是,也有研究表明它们之间的关系并不像定价模型中的关系那样简单。例如,1978年瑞·鲍尔得出了会计信息的宣布能够给股票带来超额收益的结论,而且他也指出会计利润可能是其他模型中没有正确设定的效应或被忽视的变量[4]。1983年圣乔恩·巴术在他的论文中指出会计利润与期初股价之比(E/P)和风险调整收益二者之间具有复杂的关联关系,但是这种复杂的关系不能简单地被认为是一种因果关系,这种关系很可能涉及预期收益率决定关系中更深层面的问题[5]。

会计信息是传递企业价值的载体,与证券价格的决定作用和证券市场的发展水平相

① BALL R. Anomalies in Relationships between Securities' Yields and Yield-Surrogates[J]. Journal of Financial Economics, 1978,6(2-3):103-126.

② EASTON P D, HARRIS T S. Earnings As an Explanatory Variable for Returns[J]. Journal of Accounting Research,1991, 29(1):19-36.

③ BALL R, BROWN P. An Empirical Evaluation of Accounting Income Numbers[J]. Journal of Accounting Research, 1968,6(2):159-178.

④ 同①。

⑤ BASU S. The Relationship between Earnings' Yield, Market Value and Return for NYSE Common Stocks: Further Evidence[J]. Journal of Financial Economics, 1983,12(1):129-156.

关。尤其是对于不成熟和发展中的市场经济体,会计信息是资本市场中决定证券收益的主要因素。针对尤金·F.法玛和肯尼思·R.弗伦奇(1993)研究中某些变量不显著的缺陷,詹姆斯·福伊等(2013)以新加入欧盟的东欧国家为例,进一步改写和扩展了三因素模型,替代了以权益市场价值(ME)分类的小类减大类的平均收益差值因素(SMB),改为使用会计可操纵变量作为自变量分类标准,即以净利润与经营现金流之比(NI/CFO)分类的大类减小类的平均收益差值因素(LMS)作为自变量,对自变量进行替代后的新三因素模型可以表示为:$r_t - r_{f,t} = \alpha + \beta \left(r_{M,t} - r_{f,t} \right) + \beta_0 LMS_t + \beta_1 HML_t + \varepsilon_t$[①]。除此之外,詹姆斯·福伊等(2013)对自变量的分类方法也进行了简化,直接按照50%对50%的分位数进行划分,他们的研究结果表明,对新兴市场经济体的资本市场而言,盈余管理对股票收益的解释力度更大[②]。

(二)资产定价泡沫理论的相关分析

传统经济学在经典的经济学假设下始终认为泡沫是不可持续甚至是难以产生的。例如2014年度的诺贝尔经济学奖获得者、法国图卢兹大学公司财务与数量经济学家让·梯若尔在其1982年的《理性预期下投机的可能性》一文中阐释了投机泡沫不可能在传统经济学假设条件下产生机理,在精密构建的数学推理下,投资者的"动态最优化行为"消除了一切可能的投机泡沫,理性预期均衡完全排除了投机的可能性,定价泡沫只有在投资者短视和非理性的经济行为下才有可能产生[③]。让·梯若尔在成为伟大的经济学家之前原本是一位数学家,在1982年发表这篇文章时可以说是刚刚半路出家。数学工具的良好运用为经济学家在论证问题时提供科学和逻辑上的有力支持,让·梯若尔很好地利用了自己同时是数学家和经济学家的优势。尽管有些纯粹的数学家在考虑问题时容易模糊社会科学与自然科学的区别,但是让·梯若尔在他的文章中有效地避免了这一点。这是因为在证明其主要观点的同时,让·梯若尔(1982)也明确地指出了定价泡沫产生的原因以及需要研究的方向,即人的非理性行为与投资者的短视,在他看来,存在无限数量的投资者是产生价格泡沫的充分条件[④]。但是,也有学者将价格泡沫的产生条件进行了更深入的扩展,如富兰克林·艾伦和加里·戈顿(1991)给出这样一种研究结论,他们认为即

---

① FOYE J, MRAMOR D, PAHOR M. A Respecified Fama French Three-Factor Model for the New European Union Member States[J]. Journal of International Financial Management & Accounting, 2013, 24(1):3-25.

② 同①。

③ TIROLE J. On the Possibility of Speculation under Rational Expectations[J]. Econometrica, 1982, 50(5):1163-1181.

④ 同③。

使在有限当事人的投资者群体下,如果存在无限的交易可能性,仍然会发生股票价格偏离基础价值的泡沫现象[①]。富兰克林·艾伦和加里·戈顿(1991)给出了一个不对称信息产生连续时间上价格泡沫的例子,表明如果证券的交易者数量有限且满足有限财富的约束,而证券是具有无限交易可能性且期限有限的资产,仍然可能存在基于理性行为的价格泡沫,他们称之为理性的有限泡沫[②]。

传统经济学在一定假设条件下成立的数学推证结果放到现实中往往很难说明实际的问题。主要原因在于数学模型中严格证明所依赖的假设条件在现实中往往不能成立,现实环境与一般的数学条件不能一一对应。这也是在经济学中,实证分析优于数学公式证明的原因。在现实生活中容易发现传统经济学中的破绽,例如市场是不完善的、信息是不完全的、投资者并非完全理性的等,这些假设条件与市场的真实情况存在明显的差异。历史上已经发生多次泡沫经济崩溃的事件证明了这一点。例如,18世纪英国著名的南海泡沫事件,20世纪美国各种形式并且发生多次的经济危机等。为了模拟出现实的经济现象,需要既具有弹性又简单实用的模型。通过放宽传统经济学的假设条件,越来越多的经济学家开始扩展泡沫经济理论。既有的泡沫思想和理论模型已经开始体现出它的应用优势。

1. 泡沫的产生

（1）价格泡沫的思想界定

定价泡沫:市场价格与基础价值的偏离。价格泡沫的出现意味着资产的价格同其能够给投资者带来的收益现值出现了不相等的情况。而市场上同等的收益现金流按照较低的价格进行交易,资产的价格泡沫是不存在价值支持的。这种价格与价值的差异是泡沫的典型特征。罗伯特·A.贾罗(2007)等界定价格泡沫就是资产的市场价格与其基础价值相比较的结果,即证券的市场价格与其未来股利现金流基于等价局部鞅测度的条件预期值的差[③]。他们将 t 时资产价格泡沫进行公式化,可以表述为 $B_t = S_t + D(S_t,t) - E_Q\left[D(S_T,T)\big|F_t + X_T1_{\{T<\infty\}}\big|F_t\right]$, $t < T$, T 为证券到期日, S_t 为证券不包含当期股利的市场价

---

① ALLEN F, GORTON G. Rational Finite Bubbles[J]. NBER Working Paper #3707, May 1991.

② 同①。

③ JARROW R A, PROTTER P, SHIMBO K. Asset Price Bubbles in Complete Markets[M]// Advances in Mathematical Finance, 2007:97-121.

格,$D(S_t,t)$为满足二次可微的随机过程函数,X_T为到期清算价值或售出价格(2007)[①]。从上述公式可以看出,证券的基础价值依赖于预期的未知股利收益和未来清算价值的条件预期值。而这些未知数都是难以预测的,增加了泡沫确定的难度。只有在严格界定证券未来现金流具体形态的前提下才能准确判断价格泡沫的大小。

许多学者运用不同的数学方法和分析角度从资产价格中分解出价格泡沫。在扬·维尔纳(1997)的定价理论方法中,满足L_∞空间的范数拓扑的或有权益证券其资产价格可以分解为价格泡沫项和基础价值项,作为永续年金的无风险证券存在错误定价的价格泡沫[②]。南森·S.鲍克和马克·E.沃哈(2009)则通过贝叶斯马尔科夫链蒙特卡洛(MCMC)的估计方法将log(股价/股利)分解为基础价值和定价泡沫两个随机过程项,其中基础价值随机过程受股利增长率和必要收益率影响,而定价泡沫由马尔科夫机制转换模型确立[③]。使用马尔科夫机制转换模型的好处在于能够捕捉到股价在大起大落过程中其统计性质如均值、方差等发生改变和回复转换的特征。南森·S.鲍克和马克·E.沃哈(2009)的模型本质上是基于状态空间模型提出的,他们认为股票价格泡沫存在与否的关键取决于先验概率是否表明基础价值处于稳定的状态,当基础价值处于稳定状态时模型的波动性冲击集中于价格泡沫部分,此时就凸显出价格泡沫[④]。在具体的数据分析中,南森·S.鲍克和马克·E.沃哈(2009)将基础价值的内在构成特征分为4种情况加以分析,通过对1952至2005年间的标准普尔500股价和股利数据进行模拟对比和分析验证了上述结论[⑤]。南森·S.鲍克和马克·E.沃哈的研究从另一个角度说明了定价泡沫是市场价格排除基础价值后的余项,只有相对准确地确定基础价值才能刻画出价格泡沫。

附加泡沫:纯加价、无穷远收入。有学者赋予泡沫"加价""收入"的内涵。传统的均衡经济下,泡沫的形成与破灭并不影响财富的再分配,泡沫依附于假想的零供给商品,但是,克里斯蒂安·吉勒斯(1989)、克里斯蒂安·吉勒斯和斯蒂芬·F.勒罗伊(1992)分别给出了一个依附于非假想商品的例子和一个完全市场下标准均衡模型的理性泡沫例子,他们

---

① JARROW R A, PROTTER P, SHIMBO K. Asset Price Bubbles in Complete Markets[M]// Advances in Mathematical Finance, 2007:97-121.

② WERNER J. Arbitrage, Bubbles, and Valuation[J]. International Economic Review, 1997,38(2):453-464.

③ BALKE N S, WOHAR M E. Market Fundamentals versus Rational Bubbles in Stock Prices: A Bayesian Perspective[J]. Journal of Applied Econometrics, 2009,24(1):35-75.

④ 同③。

⑤ 同③。

认为投机泡沫是均衡价格体系中的纯有限可加集函数,也即纯加价[①②]。类似于前面将泡沫理解为证券价格相对基础价格虚增的部分,也可以将泡沫理解为证券回报相对基础收入价值的虚增部分。为了理解深层次的经济问题,克里斯蒂安·吉勒斯和斯蒂芬·F.勒罗伊(1992)将后者理解为收入泡沫,认为理性泡沫也可以是无穷远未来的证券收入,与前面的价格泡沫相区别[③]。价格泡沫与收入泡沫实际上是对同一形态泡沫的不同解释,正如克里斯蒂安·吉勒斯和斯蒂芬·F.勒罗伊(1992)将价格过程表示为 $S_t(R) = F_t + B_t = \int_{t=0}^{\infty} S(t)R(t)\mathrm{d}t + S_\infty R_\infty$,$S$ 表示证券价格,R 表示可积的证券收入水平,证券的泡沫过程为无穷远的附加项 $B_t = S_\infty R_\infty$,基础价值为 $F_t = \int_{t=0}^{\infty} S(t)R(t)\mathrm{d}t$,当泡沫过程是由 S_∞ 产生时就是价格泡沫,当泡沫是由 R_∞ 产生时就是收入泡沫[④]。显然,克里斯蒂安·吉勒斯和斯蒂芬·F.勒罗伊的价格泡沫和收入泡沫是对泡沫简单分解后的不同形式。从克里斯蒂安·吉勒斯等人的研究来看,证券价格泡沫的形成有很多因素,甚至如上式表明的那样,可能是这些因素共同作用形成的,但其本质都是基础价值之上的虚增部分。

随机泡沫:太阳黑子般的外在不确定。戴维·卡斯和卡尔·希尔(1983)最早分析了"太阳黑点"现象在均衡经济学中的意义,即对基础变量不产生影响的随机外在因素是否影响完全市场下理性预期均衡模型;他们认为传统的均衡模型假设可以进一步放宽,应当允许"太阳黑点"似的外在随机因素起作用[⑤]。后来,戴维·卡斯(1992)又研究了不完全金融市场下"太阳黑点"对均衡的影响[⑥]。索斯藤·亨斯(2000)给出了在基本经济均衡之外由外在随机事件影响的"太阳黑点"均衡[⑦]。克里斯蒂安·吉勒斯和斯蒂芬·F.勒罗伊(1992)指出,泡沫与太阳黑点一样都是不对基础价值产生影响的外在因素,但作为"太阳黑点"的外部随机现象并不一定产生泡沫,"太阳黑点"与确定性"泡沫"的前提假设相冲突[⑧]。而菲利普·威尔(1987)将"太阳黑点"引申为随机泡沫现象,随机泡沫的可持续性与

① GILLES C. Charges as Equilibrium Prices and Asset Bubbles[J]. Journal of Mathematical Economics, 1989, 18(2): 155-167.

② GILLES C, LEROY S F. Bubbles and Charges[J]. International Economic Review, 1992, 33(2):323-339.

③ GILLES C, LEROY S F. Bubbles as Payoffs at Infinity[J]. Economic Theory, 1997, 9(2):261-281.

④ 同③。

⑤ CASS D, SHELL K. Do Sunspots Matter?[J]. Journal of Political Economy, 1983, 91(2):193-227.

⑥ CASS D. Sunspots and Incomplete Financial Markets: The General Case[J]. Economic Theory, 1992, 2(3):341-358.

⑦ HENS T. Do Sunspots Matter When Spot Market Equilibria Are Unique?[J]. Econometrica, 2000, 68(2):435-441.

⑧ GILLES C, LEROY S F. Bubbles and Charges[J]. International Economic Review, 1992, 33(2):323-339.

经济效率的高低相关①。

　　"太阳黑点"均衡的思想是价格泡沫产生和存在的一种理论解释,说明价格泡沫的产生和存在具有一定的独立性。价格泡沫既不一定是基础价值的调节器,也不一定是与基础价值混为一体的。从另外一个角度看,人类在不同发展阶段的认知水平都受到该阶段科学技术水平的限制,当对泡沫现象无法做出令人信服的解释时,就会有研究人员将泡沫产生的原因归于看似"遥远"的自然现象。另外,从市场整体角度来看,"太阳黑点"作为外在随机因素其影响是不确定的,但对于遭遇随机现象的具体企业而言,随机影响的结果不能被忽视。"太阳黑点"的影响其实也是一种"蝴蝶效应",宇宙处于一个未知的系统中,给出初始的变动条件就可能通过一系列复杂的连锁反应产生遥远的影响。不得不承认,随机的"太阳黑点"通过机械传导的方式对整个动态的系统和观测的终端最终产生巨大的影响,这种情况是有一定概率发生的,但前提是这个传导的链条不能断,而且要经过相对长的时间和力量的累积。但不得不说,微小事件最终产生巨大影响的发生机制不具备普遍性。无论"太阳黑点",还是"蝴蝶效应",微小的随机事件通过长距离的影响和力量的累积发展到系统性的变化,这种现象产生的概率还是很低的。

　　虚拟泡沫:庞氏骗局。庞氏骗局的本质是虚拟的泡沫在市场中不断地传递直到有一天破灭,在经济学上类似于传销,在行为上类似于"击鼓传花"。典型的如不兑现纸币,其价值完全是被虚构出来的,在人们之间不断地被传递和交易,而对纸币的最终持有者而言不具备任何价值。若将不兑现纸币理解为一种泡沫的话,那么它就是一种典型的无穷期庞氏骗局。凯文·X.D.黄和简·沃纳(2000)给出了序贯市场中的均衡价格泡沫的例子,规模有界的庞氏骗局在收益定价函数是非线性的情况下得到了可行性验证②。

　　上述价格泡沫的思想形式是从四种角度对泡沫的性质进行了不同的理解。类似于学者们在分析过程中采用纷繁交织的不同方法一样,实践中的价格泡沫难以被鉴别其属于哪一种具体的思想形式。罗伯特·A.贾罗等(2010)的研究表明,采用"纯加价"的思想和采用局部鞅的思想,对于泡沫的分析只是观察的角度不同而已,两者对于泡沫的刻画方法可以被认为是等价的③。对于价格泡沫的正确理解应当是全方位和综合的,但从价

① WEIL P. Confidence and the Real Value of Money in an Overlapping Generations Economy[J]. Quarterly Journal of Economics, 1987, 102(1):1-22.

② HUANG K X D, WERNER J. Asset Price Bubbles in Arrow-Debreu and Sequential Equilibrium[J]. Economic Theory, 2000, 15(2):253-278.

③ JARROW R A, PROTTER P, SHIMBO K. Asset Price Bubbles in Incomplete Markets*[J]. Mathematical Finance, 2010, 20(2):145-185.

格泡沫研究中采用最多的资产定价分析角度而言,可以将前面四种思想形式回归到定价泡沫的分析基础之上。

(2)泡沫的产生条件与存在性

关于资产泡沫存在性的充分必要条件及其证明可以追溯到让·梯若尔基于世代交替模型的分析。让·梯若尔(1985)认为资产价格泡沫的产生依赖于三个必要条件,即资产具有经久性可以长期持续存在、资产受稀缺性的限制不会因为供给的增加而贬值、基于共同信念的投资者对于价格产生一致看法[1]。在宽松的假设条件下可以认为上市公司发行的权益证券满足上述三个条件。

关于资产价格泡沫存在的前提条件也成为一些学者争论的焦点。曼纽尔·S.桑托斯和迈克尔·伍德福德(1997)质疑了无限期竞争均衡框架下理性资产定价泡沫的存在性,他们同时指出,在序列不完全市场下可能无法明确地定义证券的基础价值,此时对于一些状态价格过程而言定价泡沫是可能的[2]。罗伯特·A.贾罗等(2007)的研究也表明资产定价泡沫的存在要求不完全的市场环境[3]。

基于完全市场的前提条件,罗伯特·A.贾罗等(2007)认为,泡沫不能在完全市场下自动生成,即使在期初就已经存在的价格泡沫,后续也可能演变消失[4]。但罗伯特·A.贾罗等(2007)同时给出了股票价格泡沫持续的原因,根据其他学者的研究,将其总结为两类卖空约束的限制:一类是受资产卖空能力以及成本的限制,另一类是因为卖空存在的风险[5]。罗伯特·A.贾罗等所总结的这两类原因本质上是基于不存在错误信息的资产定价过程,当存在错误信息时,同样可以使得资产定价出现持续的价格泡沫。因此第三类原因可以总结为错误信息的限制。后来,基于不完全市场的前提条件,罗伯特·A.贾罗等(2010)基于对传统鞅定价理论的修正,采用完全不同的跨时局部鞅测度方法得出泡沫生成的理论框架,并且提出了一些衍生工具中存在泡沫的例子,深入分析了期货、欧洲买权、折现远期等衍生证券的价格泡沫与基础资产价格泡沫的关系[6]。

泡沫存在性思想的重要分析基础在于将泡沫看作是价格的一个组成部分,该泡沫成

---

① TIROLE J. Asset Bubbles and Overlapping Generations[J]. Econometrica, 1985,53(6):1499-1528.

② SANTOS M S, WOODFORD M. Rational Asset Pricing Bubbles[J]. Econometrica, 1997,65(1):19-57.

③ JARROW R A, PROTTER P, SHIMBO K. Asset Price Bubbles in Complete Markets [J]. Advances in Mathematical Finance, 2007:97-121.

④ 同③。

⑤ 同③。

⑥ 同③。

分随价格的波动而波动。如果从价格中能够将泡沫完整地分离出来,也就证明了泡沫的存在性。彼得·拉帕波特和尤金·N.怀特(1993)认为即使通过传统的时间序列分析验证得到股价与股利之间存在协整(共积)关系也不能排除股价中存在的泡沫现象,他们的研究结果表明可以从股价中分离得到泡沫项,1920—1934年经济危机期间,即使股利与股价之间存在平稳关系,仍然不能排除潜在存在的泡沫,该泡沫与股价之间可能是加减关系,也可能是乘积关系[①]。彼得·拉帕波特和尤金·N.怀特(1993)的研究暗含着一个重要的逻辑推论,股价包含泡沫同时又同股利保持共同运动趋势,可以简单得出泡沫本身也极有可能与股价或股利存在协整(共积)关系,这有待于进一步的研究分析和验证[②]。如果价格泡沫与股利或股价本身都存在协整(共积)关系,那么标准的单位根检验无法得出股价存在泡沫的结论。此时,泡沫存在性检验的协整(共积)分析就失效了。

(3)定价泡沫的深层次原因

资产定价泡沫的起源问题一直是财务金融学界研究的重点问题。而且,对该问题的研究热度越来越高,伴随而来的争议也越来越多。对资产定价泡沫的追根溯源并不局限于资产本身,很多学者将研究工作扩展到了资产价格之外,对投资者行为的相关研究就是一个很好的方向。投资者行为研究的前提假设是投资者并不都是具有完全信息、完全理性和机器智能的,通常受各种各样的非理性因素甚至反理性的情绪左右,这样产生的投资结果就是难以捉摸的。但是,当非理性遇到理性,吃亏的总是非理性。富兰克林·艾伦和加里·戈顿(1993)认为,当普通投资者与基金组合投资者之间存在信息不对称时,基金组合投资者以获利为动机将凭借信息优势创造持续理性的定价泡沫[③]。

科林·凯莫勒(1989)按照泡沫产生的原因将其分为三类,即理性增长泡沫、狂热泡沫和信息泡沫[④]。其中,第一类,理性增长泡沫是满足部分经典资本资产定价模型假设的前提下由理性投资者行为产生的均衡定价泡沫,科林·凯莫勒(1989)指出这种定价泡沫是均衡价格模型差分方程解的常数项[⑤]。第二类,狂热泡沫是在一定环境氛围下由投资者心理和投资热情所决定的对某类标的物或商品的投资狂潮,1720年发生在英国的南海泡

① RAPPOPORT P, WHITE E N. "Was There a Bubble in the 1929 Stock Market?[J]. The Journal of Economic History, 1993,53(3):549-574.

② 同①。

③ ALLEN F, GORTON G. Churning Bubbles[J]. The Review of Economic Studies, 1993,60(4):813-836.

④ CAMERER C. Bubbles and Fads in Asset Prices[J]. Journal of Economic Surveys, 1989,3(1):3-41.

⑤ 同④。

沫就是这一类型的典型例子。第三类泡沫就是本研究集中分析的信息泡沫,这种信息泡沫是虚假的信息多了或真实的信息少了引致的投资偏差(科林·凯莫勒,1989)[①]。无论哪种泡沫对普通投资者而言都是潜在的风险。罗伯特·A.贾罗等(2007)也将泡沫刻画为三种类型,而且任何泡沫都可以分解为三种类型泡沫的和:第一种类型是永续存在的一致可积鞅,第二种类型是可以无界但有限期的非一致可积鞅,第三种类型是有限期的非鞅严格局部鞅[②]。罗伯特·A.贾罗等(2007)举出了第一类型泡沫的典型例子即不兑现纸币,由于永续持有不兑现纸币的过程不会给投资者带来任何收益现金流,未来不可见的到期日也不兑现任何现金流,因此不兑现纸币本身完全是一个泡沫,即 $B_t = S_t - 0 = S_t$[③]。

类似其他资产定价模型中的理性预期思想,威廉·A.布兰奇和乔治·W.埃文斯(2011)认为,资产价格随投资者对股价预期的变化而变化,投资者对价格运动规律的感知过程决定了股价泡沫的形成与崩溃[④]。基于条件均值和方差的最小二乘"学习",威廉·A.布兰奇和乔治·W.埃文斯(2011)将股价泡沫定义为由计量经济"学习"决定的内生性结果[⑤]。与理性预期假设相类似,威廉·A.布兰奇和乔治·W.埃文斯(2011)所使用的最小二乘"学习"思想假设投资者通过最小二乘的计量经济学思想和方法预测股价的运动规律[⑥],该计量经济"学习"思想源于艾伯特·马塞特和2011年诺贝尔经济学奖获得者托马斯·J.萨金特《自参考线性随机模型中最小二乘学习机制的收敛性》的一篇文章,其核心思想是投资者对价格运动规律的感知与实际的价格运动是一致的(艾伯特·马塞特和托马斯·J.萨金特,1989)[⑦]。在此思想的基础上,容易理解投资者对收益风险预测的剧烈变化是导致股价泡沫形成与破灭的直接原因。

为解释泡沫产生的原因,理查德·托普尔(1991)提出了接触传染的模仿模型,模型从投资者行为角度分析了泡沫产生和崩溃的原因,其中投资者模仿的接触传染行为是泡沫

① CAMERER C. Bubbles and Fads in Asset Prices[J]. *Journal of Economic Surveys*, 1989,3(1):3-41.

② JARROW R A, PROTTER P, SHIMBO. Asset Price Bubbles in Complete Markets[J]. *Advances in Mathematical Finance*, 2007:97-121.

③ 同②。

④ BRANCH WA, EVANS G W. Learning about Risk and Return: A Simple Model of Bubbles and Crashes[J]. American Economic Journal: Macroeconomics, 2011,3(3):159-191.

⑤ 同④。

⑥ 同④。

⑦ MARCET A, SARGENT T J. Convergence of Least Squares Learning Mechanisms in Self-Referential Linear Stochastic Models[J]. Journal of Economic Theory, 1989,48(2):337-368.

产生的原因,模仿行为的关联度直接决定了泡沫的形成与崩溃[1]。理查德·托普尔(1991)认为投资者具有动物心理,通过模仿他人的行为来弥补自己的信息缺陷,不完全信息下投资者会自觉调整自己的买卖价格以匹配对方可能掌控的额外信息,哪怕对方的行为是一种噪声交易,也能够为市场带来新的信息,并因此引起市场的普遍模仿[2]。基于概率密度的运动方程,理查德·托普尔(1991)将股票价格描述为市场上所有个人信息随机加总后的整体效果[3]。理查德·托普尔(1991)的模仿模型虽然是投资者有限理性下的选择行为,但它在形式上类似于动物瘟疫的接触传染过程,反映的是不对称和不完全信息下投资者被动获取信息的理性选择路径[4]。尽管理查德·托普尔(1991)关于股价演进的随机过程序列模型由于当时条件所限还没有完全反映出动态的空间演进过程,但是,他所给出的泡沫产生原因,即投资者相互模仿的接触传染模式是在古老、流行和狂热泡沫思想上进行的更深层次的理论阐释和数学分析[5]。

在市场半强式有效和交易者理性等假设前提条件下,丹尼尔·弗里德曼和青木正直(1986,1992)将造成价格泡沫的原因归结为市场出清价格无法完全聚集私人信息而导致其与基础价值之间存在差异化,因为在完全信息聚集下市场出清价格与基础价值之间是保持一致的,也就不存在价格泡沫[6][7]。丹尼尔·弗里德曼和青木正直(1986,1992)解释道,具有信息优势的投资者由于具有更充分的信息通常不会对于公开的信息有过度的反应,恰恰是信息劣势的投资者由于存在盲目性进而过度地提高或打压交易价格[8][9]。甚至,由于投资者在主观上存在疏忽和遗漏信息的可能、在客观上接收的信息存在不一致的可能即接收到信息的概率不相等,丹尼尔·弗里德曼和青木正直(1986,1992)认为,决定价格泡沫的是信息状况,当存在信息缺陷时,泡沫产生与否与投资者交易目的是否有投机性并没有必然关联,价格泡沫具有动量特征,影响上期的价格变化方向也极有可能影

---

① TOPOL R. Bubbles and Volatility of Stock Prices: Effect of Mimetic Contagion [J]. The Economic Journal, 1991, 101 (407):786-800.

② 同①。

③ 同①。

④ 同①。

⑤ 同①。

⑥ FRIEDMAN D, AOKI M. Asset Price Bubbles from Poorly Aggregated Information: A Parametric Example[J]. Economics Letters, 1986, 21(1):49-52.

⑦ FRIEDMAN D, AOKI M. Inefficient Information Aggregation as a Source of Asset Price Bubbles[J]. Bulletin of Economic Research, 1992, 44(4):251-279.

⑧ 同⑥。

⑨ 同⑦。

响并决定下期的价格变化方向,进而出现价格泡沫不易平稳收缩的现象,动量特征使得价格过度上升或者过度下跌,无法与基础价值保持一致[①②]。可见,不完善的信息条件是价格泡沫的直接原因。

(4)价格泡沫的实证检验与案例研究

目前,同时采用"bubble"和"test"在美国经济学会数据库 EconLit 中对标题搜索,能搜索到的实证检验文章有94篇。除此之外,采用其他方法还能搜索到研究泡沫事件的一系列实证案例分析。相关的研究涉及房地产泡沫、金融危机泡沫、网络科技泡沫等方向,采用的方法包括 Chow 检验、协整(共积)检验等一系列种类,根据所研究的问题各不相同。美国《财务金融研究评论》杂志社举办了关于2008年金融危机泡沫的研讨会,其中乌陶帕尔·巴塔查里亚和于晓筠(2008)在他们的综述中指出,投资者在事前对于泡沫的存在性不可能达成一致的看法,否则泡沫就不可能存在,投资者顶多在事后发现泡沫确实存在[③]。客观上,泡沫的形成与崩溃是一个完整的过程,否则该泡沫就不可能真正显现出它的"原形"。崩溃是泡沫的必须动作,否则不能完整地观测到泡沫现象。实证分析中,对于泡沫的分析都是典型的事后分析,对于泡沫的测度技巧也是智者见智。

房地产泡沫与金融危机泡沫检验:巴拉·阿贤帕里和威廉·纳尔逊(2008)运用时间序列协整(共积)关系检验方法证实了美国在2000年第一季度至2007年第三季度期间快速上升的房产价格存在价格泡沫的现象,其中协整(共积)关系检验充当了预警分析的作用[④]。首先,巴拉·阿贤帕里和威廉·纳尔逊(2008)对美国全国房价指数的实证分析表明失业率指标对房价的影响并不稳定,两者在某一阶段具有紧密的影响关系,而在另一些时段则不具备某种联系,其次,他们发现房价与按揭利率也出现了协整(共积)关系不稳定的现象[⑤]。相比之前学者对失业率、收入、按揭利率与房价具有某种协整(共积)关系的研究和检验,巴拉·阿贤帕里和威廉·纳尔逊(2008)认为他们的协整(共积)关系检验从反向思考的角度说明了在美国次贷危机爆发以前房价与某些关键指标已经脱离了一般的

① FRIEDMAN D, AOKI M. Asset Price Bubbles from Poorly Aggregated Information: A Parametric Example[J]. Economics Letters, 1986, 21(1):49-52.

② FRIEDMAN D, AOKI M. Inefficient Information Aggregation as a Source of Asset Price Bubbles[J]. Bulletin of Economic Research, 1992, 44(4):251-279.

③ BHATTACHARYA U, YU X Y. The Causes and Consequences of Recent Financial Market Bubbles: An Introduction[J]. The Review of Financial Studies, 2008, 21(1):3-10.

④ ARSHANAPALLI B, NELSON W. A Cointegration Test to Verify the Housing Bubble[J]. International Journal of Business and Finance Research, 2008, 2(2):35-43.

⑤ 同④。

平行关系,这是危机到来的前奏①。当房价脱离了对基础价值起决定性作用的影响关系时,房价泡沫就形成了。

20世纪末的网络科技泡沫检验:罗伯特·巴特利奥和保罗·舒尔茨(2006)对20世纪末至21世纪初产生的网络科技泡沫与期权的作用关系进行了研究,实证分析得出与其他学者不一致的研究结论,结果表明卖空约束限制并不是促使泡沫产生的原因②。他们分别从卖空约束是否严重影响股票价格、投资者在泡沫期间的卖空成本是否可控开始分析,罗伯特·巴特利奥和保罗·舒尔茨(2006)发现,网络科技股票的套利机会少得可怜,泡沫期间的卖空成本也非常低,他们最终认为科技泡沫是由于投资者对网络科技行业的增长预期过于乐观③。马库斯·K.布伦纳迈尔和斯蒂芬·纳高(2004)通过对网络科技泡沫进行研究,除了得出与罗伯特·巴特利奥和保罗·舒尔茨相类似的结论外,又提出了一些新观点。例如,马库斯·K.布伦纳迈尔和斯蒂芬·纳高(2004)认为套保(对冲)基金在市场泡沫过程中并没有起到抑制泡沫形成的市场稳定作用,而是利用泡沫的形成与崩溃过程牟利,套保(对冲)基金在网络科技类投资上的优异表现证明了这一点④。作为理性投资者,套保(对冲)基金在泡沫形成与破灭过程中是顺势而为的积极参与者,并没有起到传统有效市场中假设的维护者作用。也有得出与上述学者不一致结论的学者认为,存在其他影响因素使得基金远离泡沫证券,例如尼尚特·达斯等(2008)认为共同基金的激励合约有助于减少基金经理人持有泡沫证券的羊群行为⑤。尼尚特·达斯等(2008)的研究结论具有独特之处,他们认为激励薪酬合约对于抑制资本市场中的泡沫现象具有积极的意义,激励合约使得基金经理逆势操作,避免动物行为⑥。

彼得C.B.菲利普斯等(2011)采用单位根检验和递归回归方法分析了非理性繁荣引致的价格泡沫,应用于20世纪70年代末至21世纪初的纳斯达克综合股价指数分析,检验

① ARSHANAPALLI B, NELSON W. A Cointegration Test to Verify the Housing Bubble[J]. International Journal of Business and Finance Research, 2008,2(2):35-43.

② BATTALIO R, SCHULTZ P. Options and the Bubble[J]. Journal of Finance, 2006,61(5):2071-2102.

③ 同②。

④ BRUNNERMEIER M K, NAGEL S. Hedge Funds and the Technology Bubble[J]. Journal of Finance, 2004,59(5):2013-2040.

⑤ DASS N, MASSA M, PATGIRI R. Mutual Funds and Bubbles: The Surprising Role of Contractual Incentives[J]. The Review of Financial Studies, 2008,21(1):51-99.

⑥ 同⑤。

了市场中存在的网络科技泡沫现象①。他们发现在1995—2000年股价的ADF检验t统计量严重偏离股利的ADF检验t统计量,该股价和股利都是考虑了通货膨胀和取对数后的标准化数据,研究结果确定了泡沫发生和崩溃的具体时间,通过滚动回归进行稳健性检验也得出了相一致的研究结论(彼得C.B.菲利普斯等,2011)②。

多种检验方法与检验目的:有学者通过实证检验的方法判定泡沫的存在性。奥利维尔·J.布兰卡德和马克·W.沃森(1982)刻画了泡沫的形成条件、经济后果,同时分析了泡沫实证检验的可能性③。在奥利维尔·J.布兰卡德和马克·W.沃森(1982)的研究中,他们设计了一个泡沫检验的实证方法,即令原假设为不存在定价泡沫,如果统计量显著则拒绝原假设,表明可能存在泡沫;对泡沫之源的残差项ε_t进行分析,目的在于观察泡沫的新扰动项对理性预期模型中所设想的方差边界是否存在突破④。奥利维尔·J.布兰卡德和马克·W.沃森(1982)认为,方差边界的突破除了可能存在泡沫的原因外,也可能是投资者非理性造成的⑤。而事实上,投资者非理性也是泡沫产生的一个很重要原因。奥利维尔·J.布兰卡德和马克·W.沃森(1982)也认识到他们所设计的统计量检验效力不足,方法还有待改进,但他们通过设计统计量检验泡沫的思想具有一定的启迪性⑥。这种启迪性的检验思想后来被许多学者所采纳。基思·布莱克本和马丁·索拉(1996)采用马尔科夫转换机制及其扩展模型对泡沫进行检验,在剔除基础价值因素的基础上通过残差项分析泡沫,该方法有助于区分股票市场价格中的基础价值与泡沫价格,也有助于刻画那些反复波动起伏的泡沫现象⑦。基思·布莱克本和马丁·索拉(1996)以20世纪20年代德国发生的恶性通货膨胀泡沫为例,通过Chow检验、基础加泡沫方程的联合估计、马尔科夫转换滤波等方法分析时间序列残差是否出现了泡沫形式的结构突破,统计结果表明接受泡沫存在的原假设⑧。基于奥利维尔·J.布兰卡德和马克·W.沃森的研究模式,约尔格·布瑞敦

---

① PHILLIPS P C B, WU Y R, YU J. Explosive Behavior in The 1990s NASDAQ: When Did Exuberance Escalate Asset Values?*[J]. International Economic Review, 2011, 52(1): 201-226.

② 同①。

③ BLANCHARD O J, WATSON M W. Bubbles, Rational Expectations and Financial Markets[R]. Rochester, NY: Social Science Research Network, 1982.

④ 同③。

⑤ 同③。

⑥ 同③。

⑦ BLACKBURN K, SOLA M. Market Fundamentals versus Speculative Bubbles: A New Test Applied to the German Hyperinflation[J]. International Journal of Finance & Economics, 1996, 1(4): 303-317.

⑧ 同⑦。

和罗宾逊·克鲁斯(2013)通过修正 Chow 检验得到最小 LM-Chow 统计量,与基思·布莱克本和马丁·索拉的研究相类似检验了泡沫结构的突破,并以美国纳斯达克100指数和香港恒生指数的例子为基础进行了分析,他们的研究结果表明温和爆发的自回归过程存在显著的结构突破[1]。乌利齐·霍姆和约尔格·布瑞堂(2012)认为结构突破的 Chow 检验在一系列检验理性投机泡沫的方法中最有效,在以美国纳斯达克综合指数、上海证券交易指数、香港恒生指数等为例的时间序列分析中都发现了泡沫现象[2]。结构突破的检验方法本质上也是相对分析方法,是价格泡沫相对爆发时数据结构的相对改变,是相对非泡沫股价随机游走状态具有自回归参数的结构突破,这种结构突破对于泡沫的形成具有指标意义。

肯尼思·D.韦斯特(1987)采用豪斯曼设定检验的方法来推断投机泡沫的存在性,首先通过不同的途径构建计算预期现值的模型进而得到两组参数估计集,其中一个参数估计集来源于股价对于股利的回归参数,另一个参数估计集通过对套利方程和 ARIMA 方程进行动态线性理性预期检验得到,然后采用豪斯曼设定检验比较两组估计的参数结果是否一致,当两组参数估计的结果存在较大差异时表明存在资产定价泡沫[3]。肯尼思·D.韦斯特(1987)同时以标准普尔500指数和道琼斯指数为对象进行案例分析,豪斯曼设定检验拒绝了参数一致的原假设,验证了投机泡沫的存在性[4]。肯尼思·D.韦斯特(1987)同时指出其检验结果在使用固定折现率和时变折现率时会得出不一致的研究结论,时变折现率下的研究结果会更加模糊[5]。可以简单认为,采用时变折现率时,模型本身兼顾了预期收益受投资者过度反应等情绪影响的短期波动性,泡沫被相对客观地厘清和限制,此时得出的结果即使否定了泡沫的存在性,也应当是更为稳健和保守的结论(肯尼思·D.韦斯特,1987)[6]。肯尼思·D.韦斯特的研究从侧面说明,采用更为复杂的时变参数模型和非线性模型更有利于得出一个客观有效的结果,传统的固定参数模型和线性模型由于不能够很好地刻画出市场行为而最终影响实证检验的效力。

克里斯·布鲁克斯和阿波斯托洛斯·卡查利斯(2003)对伦敦证券交易所可能存在的

① BREITUNG J, KRUSE R. When Bubbles Burst: Econometric Tests Based on Structural Breaks[J]. Statistical Papers, 2013,54(4):911-930.

② HOMM U, BREITUNG J. Testing for Speculative Bubbles in Stock Markets: A Comparison of Alternative Methods[J]. Journal of Financial Econometrics, 2012,10(1):198-231.

③ WEST K D. A Specification Test for Speculative Bubbles[J]. Quarterly Journal of Economics, 1987,102(3):553-580.

④ 同③。

⑤ 同③。

⑥ 同③。

理性投机泡沫进行了实证分析,研究过程中采用了三类检验方法包括股利与价格之间的协整(共积)关系检验、波动性的方差界限检验和泡沫溢价的规格检验,他们的研究结果表明不存在泡沫的原假设不成立[①]。他们采用的方法与传统的方法相比,在动态描述折现率、股利增长率等方面具有一些优势,而这些因素都直接决定了证券基础价值大小。直接通过现金股利收益无法准确计算出股票的内在价值,注意到克里斯·布鲁克斯和阿波斯托洛斯·卡查利斯(2003)所采用的现金股利收益率是经过股票收盘价调整计算的内在隐含的真实年度股利水平,作者巧妙地通过股票收盘价调整修正了计算缺陷[②]。

汤姆·殷石底德和本特·尼耳森(2012)运用增加随机游走和共爆随机项的方法扩展了向量自回归模型,通过对均衡修正形式的重新参数化得到了二元共爆的向量自回归检验方法[③]。汤姆·殷石底德和本特·尼耳森(2012)所设定的股价爆发项有助于检验真实市场中理性泡沫现象,他们对1974年后美国股市标准普尔指数达到谷底至千禧年网络科技繁荣之间的资本市场数据进行了实证分析,结果表明存在理性泡沫[④]。

乔治·W.埃文斯(1991)通过非参数的方法验证是否存在持续的非零超额投资收益,以1981—1984年按美元计价的英镑汇率为例检验投机泡沫,结果表明英镑汇率存在平均为负的异常超额收益,出现负投机泡沫的结果表明泡沫既可以是正向爆发的形式也可以是负向爆发的形式[⑤]。后来,乔治·W.埃文斯(1991)又提出了爆发性泡沫检验中存在的问题,他认为传统时间序列的单位根检验、协整(共积)检验等不能检测出平稳的理性泡沫、周期破灭的泡沫[⑥]。而斯蒂芬G.霍尔等(1999)针对乔治·W.埃文斯所提出的问题给出了一套可行的实证检验办法,他们建议采用基于马尔科夫机制转换的广义ADF检验方法,并给出了具体的实证分析例子[⑦]。通过对时间序列的检验和分析,斯蒂芬G.霍尔等(1999)将阿根廷1983—1989年恶性通货膨胀背景下的物价水平与货币供给量、汇率水平

① BROOKS C, KATSARIS A. Rational Speculative Bubbles: An Empirical Investigation of the London Stock Exchange[J]. Bulletin of Economic Research, 2003,55(4):319-346.

② 同①。

③ ENGSTED T, NIELSEN B. Testing for Rational Bubbles in a Coexplosive Vector Autoregression[J]. Econometrics Journal, 2012,15(2):226-254.

④ 同③。

⑤ EVANS G W.A Test for Speculative Bubbles in the Sterling-Dollar Exchange Rate: 1981-84[J]. The American Economic Review, 1986,76(4):621-636.

⑥ EVANS G W.Pitfalls in Testing for Explosive Bubbles in Asset Prices[J]. The American Economic Review, 1991,81(4):922-930.

⑦ HALL S G, PSARADAKIS Z, SOLA, M. Detecting Periodically Collapsing Bubbles: A Markov-Switching Unit Root Test[J]. Journal of Applied Econometrics, 1999,14(2):143-154.

进行作图对比分析,得出不同阶段的物价水平泡沫、汇率泡沫等,甚至可以通过某些序列同时发生的泡沫现象解释物价水平泡沫发生的原因[①]。斯蒂芬G.霍尔等(1999)的研究不仅提供了传统时间序列单位根检验中无法检验随机泡沫的解决方法,更重要的是为爆发性理性泡沫的实证检验提供了一种相比较的图形分析思路[②]。这为本研究从相对定价泡沫角度分析泡沫产生的原因或排除与所研究问题无关的基础性泡沫因素提供了一种参考。

关于泡沫危机中的理性与非理性行为也是研究的重点。彼得·特明和汉斯-约阿希姆·沃斯(2004)基于霍尔家族银行在英国南海泡沫危机中的投资交易数据,通过案例研究分析了处于信息优势地位的投资者在泡沫形成与崩溃中的角色和作用,发现信息优势投资者并未采用卖空机制套利反而利用投机泡沫获利[③]。他们得出了与其他学者不一致的研究结论,认为并非卖空约束或者代理问题影响了信息优势投资者的市场操作,也没有证据表明广大投资者相对于信息优势投资者在泡沫是否高估方面存在判断失误,而在泡沫的形成与崩溃的过程中真正起到决定性作用的是投资者情绪,理性的投资者都具有合群倾向而不会背离市场的羊群行为,因此泡沫的产生、发展直至崩溃都是和投资者群体的集体行动密切相关的(彼得·特明和汉斯-约阿希姆·沃斯,2004)[④]。在对英国南海泡沫的研究文献中,也有学者着重分析泡沫危机中非理性的投机行为,如理查德·S.戴尔等(2005)采用协整(共积)、误差修正模型的方法分析南海公司的股价与认购价格的关系,并为其他定量研究中认为南海泡沫是理性泡沫的研究结论提供了质疑证据[⑤]。

也有一些学者通过统计检验方法否定了历史上某些公认的泡沫现象。例如,哈希姆·杰日贝克希和阿斯利·德米尔-古克(1990)利用19世纪70年代至20世纪80年代的资本市场长期数据检验了投机泡沫的存在性,结果表明不存在泡沫的原假设成立[⑥]。R.格伦·唐纳森和马克·卡姆斯特拉(1996)对传统的计算证券价值的股利增长模型进行了更

① HALL S G, PSARADAKIS Z, SOLA, M. Detecting Periodically Collapsing Bubbles: A Markov-Switching Unit Root Test [J]. Journal of Applied Econometrics, 1999, 14(2): 143-154.

② 同①。

③ TEMIN P, VOTH H J. Riding the South Sea Bubble[J]. American Economic Review, 2004, 94(5): 1654-1668.

④ 同③。

⑤ DALE R S, JOHNSON J E V, TANG L L. Financial Markets Can Go Mad: Evidence of Irrational Behaviour during the South Sea Bubble1[J]. The Economic History Review, 2005, 58(2): 233-271.

⑥ DEZHBAKHSH H, DEMIRGUC-KUNT A. On the Presence of Speculative Bubbles in Stock Prices[J]. The Journal of Financial and Quantitative Analysis, 1990, 25(1): 101-112.

为灵活的改变和调整,假设股利序列的增长率 g 和折现率 t 都是可测算的时变序列[①]。R. 格伦·唐纳森和马克·卡姆斯特拉(1996)在其研究论文中提出证券的基础价值应当表示为 $V_t = D_{t-1}E_{t-1}\left[\lambda_t + \lambda_t\lambda_{t+1} + \lambda_t\lambda_{t+1}\lambda_{t+2} + \cdots\right] = D_{t-1}E_{t-1}\left[\sum_{j=0}^{\infty}\left(\prod_{i=0}^{j}\lambda_{t+i}\right)\right]$,其中股利变化因子是 $\lambda_t = \dfrac{1+g_t}{1+r_t}$,可以通过ARAR-ARCH-ANN模型和蒙特卡洛模拟计算得到股利变化因子[②]。R. 格伦·唐纳森和马克·卡姆斯特拉(1996)认为,在20世纪20年代经济危机爆发之前人们由于当时的信息条件所限只能给予证券基础价值较高的评价,当1929年接收到新的信息时,人们自然调低基础价值预期,股票价格伴随基础价值预期的下滑而陷入崩溃,据此,R. 格伦·唐纳森和马克·卡姆斯特拉得出了经济大危机中不存在泡沫的结论[③]。显然,股利现值随投资者的预期改变而改变是众多同类证券基础价值分析或泡沫分析模型的基础,同时也是股利现值模型最大的缺陷。证券的基础价值应当是客观存在的并且可以估算的,而不是主观设定的。从模型分析上,R. 格伦·唐纳森和马克·卡姆斯特拉所运用的方法和得出的结论都具有参考意义,但从理论意义上,他们的研究违背基本的现实逻辑,没有解释现实的经济现象。仅将市场泡沫归结于市场预期,缺乏客观的物资基础和理论支持。而没有客观的物资基础就必然存在泡沫,这是R. 格伦·唐纳森和马克·卡姆斯特拉文中所没有注意到的问题。

维亚切斯拉夫·麦克德和彼得·冉姆希克(2009)采用面板数据的单位根和协整(共积)方法检验了美国23个大都市在1978—2006年可能存在的房价泡沫,通过检验房价与租金比率的平稳性得出在美国20世纪80年代末至90年代初以及20世纪90年代末至金融危机以前存在房价泡沫现象,这种方法尤其适用于当房价和租金都是非平稳的时间序列情况下的分析[④]。另外,通过对比房价指数与其基础价值即租金现金流的关系,维亚切斯拉夫·麦克德和彼得·冉姆希克(2009)认为,当房价是非平稳的而租金现金流是平稳的,此时也表明存在房价泡沫[⑤]。

上述分析中,对泡沫的实证检验一部分是基于对市场价格与预期现金流现值偏差

---

① DONALDSON R G, KAMSTRA M. A New Dividend Forecasting Procedure That Rejects Bubbles in Asset Prices: The Case of 1929's Stock Crash[J]. Review of Financial Studies, 1996,9(2):333-383.

② 同①。

③ 同①。

④ MIKHED V, ZEMCIK P. Testing for Bubbles in Housing Markets: A Panel Data Approach[J]. Journal of Real Estate Finance and Economics, 2009,38(4):366-386.

⑤ 同④。

的分析,另一部分是对市场价格及其收益率的时间序列进行分析。假设对预期现金流的估计是准确的,那么对股票基础价值大小产生决定性影响的因素是折现率水平。该折现率水平又称投资者必要报酬率,是市场中同等现金流水平涵盖同等证券投资风险的投资者最低收益率水平。该折现率相当于均衡资产定价模型中股票的必要投资收益率水平。预期现金流现值与必要收益率是一致的,理论上对投资者获得的超过投资者必要收益率水平的超额收益率水平进行分析检验与检验预期现金流现值的偏差是殊途同归的。

2.定价泡沫的本质与套利机会

迪利普·阿布鲁和马库斯·K.布伦纳迈尔(2003)得出了与传统经济学不一样的观点,由于市场中的套利人无法及时有效地卖空,即使存在理性套利的条件,定价泡沫仍然会长期持续存在,并不会因为理性预期的假设而消失[①]。迪利普·阿布鲁和马库斯·K.布伦纳迈尔(2003)认为,泡沫长期存在的主要原因在于理性的套利人在泡沫形成与破灭的时限上无法及时取得一致,理性套利人对于泡沫时限的认知是一个逐渐扩散的过程,套利人在现实市场中的退出策略会被其他投资者所觉察,这种一传十、十传百的退出性套利策略逐渐扩散到整个市场需要一个渐进的过程,理性套利人之间无法取得同步[②]。只有在完美、均衡、有效的市场环境下,理性投资者通过交易策略的协同才能及时、彻底地消除市场中存在的泡沫,而在这些条件下理性套利人的套利行为也就无法实现。

罗伯特·贾罗和菲利普·普罗特(2013)在分析异常绩效评估中的詹森-阿尔法方法时给出了资产价格泡沫存在的前提条件[③]。罗伯特·贾罗和菲利普·普罗特(2013)指出,在经典资产定价模型下出现不为零的詹森-阿尔法意味着资产的预期收益超过均衡的风险调整收益,也意味着市场出现了非均衡性、无效性与异常[④]。但是,罗伯特·贾罗和菲利普·普罗特(2013)的研究结论表明,即使在模型能够正确设定的情况下,如果市场中出现资产价格泡沫,那么基于错误的定价信息就会得到不为零的詹森-阿尔法[⑤]。罗伯特·A.贾罗(2010)指出,詹森-阿尔法的存在实际上等价于套利机会的存在[⑥]。一般市场中是否

① ABREU D, BRUNNERMEIER M K. Bubbles and Crashes[J]. Econometrica, 2003, 71(1):173-204.

② 同①。

③ JARROW R, PROTTER P. Positive Alphas, Abnormal Performance, and Illusory Arbitrage[J]. Mathematical Finance, 2013, 23(1):39-56.

④ 同③。

⑤ 同③。

⑥ JARROW R A. Active Portfolio Management and Positive Alphas: Fact or Fantasy?[J]. Journal of Portfolio Management, 2010, 36(4):17-22.

存在套利机会几乎难以得到验证,即使市场中存在不完善,这种异常情况也是极少见的。罗伯特A.贾罗(2010)认为,套利机会要在市场中持续存在首先要求市场存在不完善,在一个不完善的市场环境下套利者存在无穷尽的套利机会,而且套利者能够不间断地从套利行为中获得好处[①]。否则,以追逐利润为目的的套利者可以进行连续的套利,错误定价不可能长期存在。但是,存在可供持续套利的资产对象和市场不完善这两个前提条件在市场中能够同时被满足的情况并不多。有谁愿意持有可供别人持续套利的资产呢?罗伯特·A.贾罗(2010)认为,有些不可观测的系统性因素的存在不可能通过时间序列数据估计出来,它们超额收益的形式是无方差的固定常数,形成了虚假的显著詹森-阿尔法[②]。这实际上是资产价格泡沫中的基础泡沫。那么资产中真正的显著詹森-阿尔法存在吗?罗伯特·A.贾罗(2010)给出了两个满足上述两个前提条件的案例:一个是信贷评级套利的例子,一个是内幕信息交易的例子,两个例子都存在真实的显著詹森-阿尔法的情况[③]。其中,信贷评级的例子是以2007—2009年引致世界金融危机的美国次贷危机为背景的。罗伯特·A.贾罗(2010)认为对于次贷抵押违约责任的产权持有者而言可以在房产泡沫破灭以前持续套利,基于错误信息而被高估的资产给产权持有者带来了套利机会,两方面的市场不完善产生了真实的显著詹森-阿尔法[④]。罗伯特·A.贾罗(2010)所指的市场不完善是指次贷债券的错误评级以及市场对于高评级债券的高度需求两个方面[⑤]。这两个方面的市场不完善与信息披露违法违规的情况几乎一致,一是资产定价是建立在错误信息的基础之上的,二是有足够的市场参与者在不知情的情况下成就了可供长期套利的市场环境。另一个内幕信息的财务经济学例子虽然在成熟有效的市场环境下极为少见,但是内幕信息是新兴资本市场中讨论的热点问题。内幕信息的本质仍然是信息不对称和市场不完善。内幕信息的拥有者是市场中的少数,利用其掌握的秘而不宣的"真理"在市场中获得真实的套利机会。

市场不完善下的内幕信息被持续利用以及被蒙蔽的普通投资者无辜地持续参与恰是满足罗伯特A.贾罗所指出的两个前提条件。只有被蒙在鼓里的普通投资者在不知"情"的情况下成为套利的侵害对象。显然,信息披露违法违规背景下的公司证券是满足

---

① JARROW R A.Active Portfolio Management and Positive Alphas: Fact or Fantasy?[J]. *Journal of Portfolio Management*, 2010,36(4):17-22.

② 同①。

③ 同①。

④ 同①。

⑤ 同①。

这两个严格假设条件的最好例子。首先,信息披露违法违规这种严重误导和扰乱市场的行为能够持续存在反映了市场的不完善;其次,其产生的错误信息能够长期误导投资者并造成持续损失。这些都使得信息披露违法违规背景下的证券成为套利机会的源头。套利者可以利用泡沫所形成的套利机会充分地进行套利。

3.定价泡沫的实验经济学观点

实验经济学相对于一般的实证研究而言有其自身的优势,其中最有利的方面是能够通过制度规则和环境条件的改变去观察研究对象的变化及其所受到影响的程度。在实验环境下,投资者特征可以直接观察、预期股利现值或基础价值经过预先设定、信息发布能够得到有效的控制,学者可以专注分析其所要分析的某些问题。学者们运用实验经济学的目的也不尽相同,部分学者采用实验经济学的方法论述和分析了制度规则对泡沫的影响,通过改变环境参数模拟了价格泡沫形成与崩溃的机理;有些学者也希望借用实验经济学的方法找到一种最佳的制度规则来达到消除价格泡沫的目的。研究者通常先假定证券资产对象的预期股利现值是已知的,然后通过设定一定的实验环境,分析由一定的既定对象主体组成的虚拟市场中的价格泡沫现象。

多数针对价格泡沫形成与崩溃过程进行实验经济学研究的文章都引用了弗农·L.史密斯等的研究成果。弗农·L.史密斯等(1988)通过22次实验分析了虚妄的股价相对于股票内在价值的起伏过程,其中大部分实验结果证实了他们的观点,其所观察到的泡沫形成原因可以用让·梯若尔(1982)所提到的投资者非理性与短视行为解释[1][2]。弗农·L.史密斯等(1988)论文的意义在于分析了两个过程之间的联系,即价格泡沫的形成、崩溃过程与以预期股利现值为目标的股价收敛过程之间的联系[3]。

有些学者分析了卖空限制如何影响市场泡沫的发生频率和振幅,如厄尔南·哈维和查尔斯·N.婼塞尔(2006)通过一系列实验表明放宽卖空限制条件如放宽对现金储备的要求、解除卖空头寸的数量限制等都能够平衡资产的供求关系、有效地抑制资产价格的上涨,但对于抑制价格泡沫的形成没有多大作用[4]。厄尔南·哈维和查尔斯·N.婼塞尔

① SMITH V L, SUCHANEK G L, WILLIAMS A W. Bubbles, Crashes, and Endogenous Expectations in Experimental Spot Asset Markets[J]. Econometrica,1988,56(5):1119-1151.

② TIROLE J. On the Possibility of Speculation under Rational Expectations[J]. Econometrica, 1982,50(5):1163-1181.

③ 同①。

④ HARUVY E, NOUSSAIR C N. The Effect of Short Selling on Bubbles and Crashes in Experimental Spot Asset Markets [J]. The Journal of Finance, 2006,61(3):1119-1157.

(2006)认为,投资者的异质性信念使得股票市场价格的分布以资产的基础价值为中心[1]。如限制卖空就打破了多空双方的比例关系,使得买方在市场中占据优势地位,促成了市场中价格泡沫的形成。这种对于卖空机制的限制实际上是在限制价格泡沫的崩溃,多空双方之间的供需不均衡促成了价格与证券基础价值的偏离。厄尔南·哈维和查尔斯·N.婊塞尔(2006)也针对实验本身的制度设计提出了一些自己的看法和改进建议,如让实验参与者清楚地了解其所购买资产的真实价值与市场价格两者之间的状态并且按照正常投资者的交易策略进行交易[2]。

罗纳德·R.金(1991)通过设定十二个市场、每个市场十五期的模拟实验具体分析了私密信息系统对股价泡沫形成与崩溃的影响,他认为私密信息系统并不能消除定价泡沫,而投资者的历史经验有助于稳定资产价格[3]。

维维安·雷等(2001)对于泡沫形成与崩溃的实验经济学研究角度是从投机行为出发的,他们发现投机并非泡沫形成与崩溃的必要条件,即使在不存在投机可能性的前提下,价格泡沫依然可能发生[4]。在维维安·雷等(2001)的研究结果中,追求资本收益并非价格泡沫产生的唯一原因[5]。维维安·雷等(2001)也指出在实验中存在的一些错误定价现象是实验本身造成的,试验中的交易者本身被限定在有限的实验环境中,为了交易而交易,做出了一些违背理性的交易行为,如以超过资产本身价值的价格去购买[6]。维维安·雷等(2001)认为如果存在更广泛的资产市场可供交易者投资,那么这种产生过高交易量的错误定价现象就不会发生,他们将这种实验经济学中的噪声交易行为解释为一种积极参与假设,而这种反常的投资行为并不能完全解释这种不规则泡沫的形成[7]。另外,实验经济学中实验主体的实验参与程度和能力也遭到维维安·雷等(2001)质疑,实验主体对实验任务的本质往往缺乏全面的认识,并不能充分地完成自己的任务角色,这也是资产市场

---

① HARUVY E, NOUSSAIR C N. The Effect of Short Selling on Bubbles and Crashes in Experimental Spot Asset Markets [J]. The Journal of Finance, 2006,61(3):1119-1157.

② 同①。

③ KING R R. Private Information Acquisition in Experimental Markets Prone to Bubble and Crash[J]. Journal of Financial Research, 1991,14(3):197-206.

④ LEI V, NOUSSAIR C N, PLOTT C R. Nonspeculative Bubbles in Experimental Asset Markets: Lack of Common Knowledge of Rationality vs. Actual Irrationality[J]. Econometrica, 2001,69(4):831-859.

⑤ 同④。

⑥ 同④。

⑦ 同④。

实验中可能产生价格泡沫的一个潜在重要原因[1]。在维维安·雷等(2001)的试验中,有些投机泡沫的产生与崩溃是试验中非理性实验主体进行不规则交易行为的投机结果,这种投机是在实验背景环境下由于投资者具有不完全的任务能力而基于实验本身产生的,在实际的资本市场交易中很难说有意义[2]。如果脱离这样一个实验环境,或者随着实验主体的实验操作能力与经验的提升,投机者是否能够抓住这种非理性的不规则交易行为存在一定的疑问。

肯尼斯·S.陈等(2013)通过设计一系列的实验着重分析了可相互替代资产的内在差异化特征如何通过影响投资者的交易策略进而决定泡沫的大小、形成与崩溃,还包括政策法规对减少错误定价的作用,例如金融交易税(或托宾税)、最小持有期等在影响泡沫大小、抑制投机和市场波动中的作用等[3]。相对于传统理性预期的投资假设,肯尼斯S.陈等(2013)设计比较独特的地方在于对理论假设进行分析,如定价泡沫并不依赖于两项资产的内在差异性[4]。肯尼斯S.陈等(2013)的研究结果表明,能够显著抑制市场泡沫大小的是现实市场中的套利交易行为而不是抑制交易行为本身的政策法规[5]。显然,对于市场泡沫的最佳解决办法是市场的本身作用机制,市场缺乏效率是泡沫得以形成和发展的根本性原因,如何增加市场的效率是抑制泡沫的关键。从外部去抑制投资者的交易未必能取得很好的效果。对套利交易的限制越少,存在套利的机会越多,市场泡沫越能够通过市场的行为加以消除。这也就不奇怪,为什么在肯尼斯S.陈等(2013)的研究中可相互替代的资产如果存在内在差异则能够降低市场泡沫的幅度[6]。

上述实验经济学大都得出了与弗农·L.史密斯等(1988)相一致的研究结果,即任何外在的市场政策、投资者内在的特征参数都不能减少或消除市场泡沫,但是存在某些因素能够降低市场泡沫的幅度和大小[7]。因此,可以得出这样一种简单的结论,即资本市场中存在一些客观的定价泡沫现象,由于市场不完善、投机因素、非理性交易以及其他噪声

---

[1] LEI V, NOUSSAIR C N, PLOTT C R. Nonspeculative Bubbles in Experimental Asset Markets: Lack of Common Knowledge of Rationality vs. Actual Irrationality[J]. Econometrica, 2001, 69(4):831-859.

[2] 同[1]。

[3] CHAN K S, LEI V, VESELY F. Differentiated Assets: An Experimental Study on Bubbles[J]. Economic Inquiry, 2013, 51(3):1731-1749.

[4] 同[3]。

[5] 同[3]。

[6] 同[3]。

[7] SMITH V L, SUCHANEK G L, WILLIAMS A W. Bubbles, Crashes, and Endogenous Expectations in Experimental Spot Asset Markets[J]. Econometrica, 1988, 56(5):1119-1151.

交易因素的存在,完全消除这种定价泡沫是不现实的。定价泡沫在一定范围内是客观存在或者不可控的,但是超过一定范围的泡沫是可控的和可以消除的,相对于某种基础水平的泡沫,相对定价泡沫的形成与崩溃才是未来研究的方向。

实验经济学自身的缺陷也很明显,首先,其模拟的交易环境不完全、研究条件有限,往往不能真的与现实市场环境相一致,容易得出以偏概全的简单结论。正如维维安·雷等(2001)明确指出的那样,由于实验中除了交易本身以外没有可替代的经济行为,那么实验中产生一些异常的投资行为就不足为奇了[①]。其次,通过虚拟的实验不能完全模拟现实市场中真实交易者的行为,研究对象主体往往是一些缺乏社会经验、深陷固有教材理论知识囹圄的在校学生,所模拟出来的行为结果与现实市场主体的行为结果之间也容易出现南辕北辙的情况。实验主体对于实验本身的不完全认识以及交易过程中存在的盲目性和随意性都会限制实验得出一个正确的理论结果。再次,实验经济学的实验环境是封闭的,与现实中市场受外部环境影响存在明显的差异,外部环境对市场环境的牵制作用不能在实验环境中得到体现,而外部环境或条件是真实市场状况的决定性因素。最后,实验经济学的实验结果容易受到实验者的主观误导,实验者往往根据自己预设的假设安排实验,无法真正厘清复杂现实之间的真实联系,实验者预设的实验带有一定的主观倾向性,干扰实验得出客观真实的理论结果。除此之外,实验经济学也会受到其他一系列如经费来源、场所限制、实验现场的管理无序等噪声的影响,最终很难想象实验经济学的实验结果能够让人完全信服。实验经济学的研究结果更多是为政策决策者预测政策行为效果提供一种参考。

实验经济学的实验方法所具有的优势相对于实证分析的方法也比较明显。实验经济学可以给实验主体和实验对象预先设定的一些特征参数,而这些特征参数无法通过一般的数据搜集方法准确获得,这就大大提升了实验经济学操作上的可行性,提高了实验研究的效率。

4.泡沫大小的测度方法

关于泡沫大小的测度方法包括泡沫的价格幅度或振幅、总离散度、标准化的平均偏差、标准化的平均离差和周转率等。厄尔南·哈维和查尔斯·N.婶塞尔(2006)、肯尼斯·S.陈(2013)等关于股票定价泡沫的度量方法大同小异,与统计学中的统计量的测度方法相

---

① LEI V, NOUSSAIR C N, PLOTT C R. Nonspeculative Bubbles in Experimental Asset Markets: Lack of Common Knowledge of Rationality vs. Actual Irrationality[J]. Econometrica, 2001,69(4):831-859.

类似,他们的测度方法汇总如下:泡沫的价格幅度或振幅 $= \max\left[\dfrac{\dot{P}_t - V_t}{V_t}\right] - \min\left[\dfrac{\dot{P}_t - V_t}{V_t}\right]$;

总离散度 $= \sum_t \left|\dot{P}_t - V_t\right|$;标准化的平均偏差 $= \sum_t \dfrac{\dot{P}_t - V_t}{T}$;标准化的平均离差 $= \sum_t \sum_i \dfrac{\left|P_{it} - V_t\right|}{100 * S}$;

周转率 $= \dfrac{\sum_t Q_t}{S}$,t 为某一交易期间,T 为实验的总期数或股票资产的寿命持期,P_{it} 是期间 t 内第 i 次股票交易价格,$\dot{P}_t$ 是该期内股票交易价格的平均数或中位数,V_t 是该期的股票基础价值,Q_t 是交易期间 t 内股票资产交易的数量(手/单位),S 是所有实验对象主体持有的股票资产总数(手/单位)[1][2]。尼尚特·达斯等(2008)综合采用了四种指标来刻画泡沫,分别是市值账面比、市场价格与营业收入比、市盈率和共同基金参与的羊群效应程度,并将指标数值落入前五分之一分位数的股票定义为存在泡沫的股票[3]。

上述股价泡沫的度量方法只是对泡沫本身的整体形态进行度量。度量指标本身如同一些基础的统计量指标,只是具有一般描述性统计分析的参考意义,仍然需要精确的计量模型去分析定价泡沫具体的收益或损失效应。相关测度也没有区分和明确泡沫的结构构成、产生原因,还不能精确地用于描述和解释定价泡沫给投资者带来的具体影响。只有从定价泡沫的结构构成视角进行分解研究、从定价泡沫的因果关系验证定价泡沫的起源才能正确理解定价泡沫的产生机理。

三、信息披露违法违规研究中的问题与方法选择

(一)风险的时变性与收益的波动性

1.系统风险 β 系数的分析方法及其意义

(1)系统性风险 β 系数的分析方法

系统性风险 β 系数的相关研究主要是对于资本资产定价模型及其市场模型的扩展,实证建模方法可以简单划分为四大类:第一类是通过固定参数的普通 OLS 估计模型得到

① HARUVY E, NOUSSAIR C N. The Effect of Short Selling on Bubbles and Crashes in Experimental Spot Asset Markets [J]. The Journal of Finance, 2006, 61(3):1119-1157.

② CHAN K S, LEI V, VESELY F. Differentiated Assets: An Experimental Study on Bubbles[J]. Economic Inquiry, 2013, 51 (3):1731-1749.

③ DASS N, MASSA M, PATGIRI R. Mutual Funds and Bubbles: The Surprising Role of Contractual Incentives[J]. The Review of Financial Studies, 2008, 21(1):51-99.

β系数,如圣乔恩·巴苏(1983)[①]。采用协整(共积)的检验方法可以增加模型的稳健性与可信度,这种分析对于短期如一年或两年的证券收益分析尤其有效。第二类是采用滚动回归的分析方法,以尤金·F.法玛和詹姆斯·D.麦克白(1973)[②]为代表。第三类是采用状态空间时变参数结合卡尔曼滤波方法的分析,如苏懿和黄景祥(2009)[③]。第四类是采用ARCH和GARCH类模型强调刻画时变风险,如理查德·T.贝利和蒂姆·波勒斯勒夫(1990)[④]、帕特里克·L.布罗克特等(1999)[⑤]。有些学者专门比较分析了多元GARCH模型、时变β系数市场模型和卡尔曼滤波等模型方法之间的效力区别,如罗伯特·D.布鲁克斯等(1998)[⑥]、罗伯特·W.法夫等(2000)[⑦]。

(2)精确的β系数对于分析定价泡沫的意义

较早指出在计量分析过程中需要精确估计和预测β系数的是劳伦斯·费希尔和朱尔斯·H.卡明(1985),他们认为采用卡尔曼滤波方法能够兼顾β系数的时变性和残差的异方差性,这种相对传统OLS方法得到的更精确的β系数具有实际运用意义[⑧]。劳伦斯·费希尔和朱尔斯·H.卡明(1985)还指出,如果能够准确地估计β系数,那么基于预测的β系数可以计算未来收益现金流的现值并且有效地计算出证券的内在价值[⑨]。

从资本成本角度看,如果给定β系数值就可以计算投资者的必要收益率,从而得到未来现金流的折现率。证券的内在价值是由未来现金流的现值决定的。因此,精确计算时

① BASU S. The Relationship between Earnings' Yield, Market Value and Return for NYSE Common Stocks: Further Evidence[J]. Journal of Financial Economics, 1983, 12(1):129-156.

② FAMA E F, MACBETH J D. Risk, Return, and Equilibrium: Empirical Tests[J]. Journal of Political Economy, 1973, 81(3):607-636.

③ SU Y, HWANG J S. A Two-Phase Approach to Estimating Time-Varying Parameters in the Capital Asset Pricing Model[J]. Journal of Applied Statistics, 2009, 36(1-2):79-89.

④ BAILLIE R T, BOLLERSLEV T. A Multivariate Generalized ARCH Approach to Modeling Risk Premia in Forward Foreign Exchange Rate Markets[J]. Journal of International Money and Finance, 1990, 9(3):309-324.

⑤ BROCKETT P L, CHEN H M, GARVEN J R. A New Stochastically Flexible Event Methodology with Application to Proposition 103[J]. Insurance: Mathematics and Economics, 1999, 25(2):197-217.

⑥ BROOKS R D, FAFF R W, MCKENZIE M D. Time-Varying Beta Risk of Australian Industry Portfolios: A Comparison of Modelling Techniques[J]. Australian Journal of Management, 1998, 23(1):1-22.

⑦ FAFF R W, HILLIER D, HILLIER J. Time Varying Beta Risk: An Analysis of Alternative Modelling Techniques[J]. Journal of Business Finance Accounting, 2000, 27(5&6):523-554.

⑧ FISHER L, KAMIN J H. Forecasting Systematic Risk: Estimates of 'Raw' Beta That Take Account of the Tendency of Beta to Change and the Heteroskedasticity of Residual Returns[J]. The Journal of Financial and Quantitative Analysis, 1985, 20(2):127-149.

⑨ 同⑧。

变 β 系数实际上是为计算证券的内在价值奠定了基础。在已知证券市场价格的情况下，扣除精确有效的内在价值就可以得出实际的价格泡沫大小。从投资收益率角度看，β 系数是证券预期收益率或必要收益率的重要构成成分，投资收益率超出必要收益率的部分是证券超出正常收益率水平的异常收益率，是价格泡沫的收益率形式。通过将资本资产定价模型在基本实证分析中进行简单移项，可以直观地看出 β 系数在模型结构中的位置和作用，例如：

$$R_t = \underbrace{r_{f,t} + \beta_t (R_{m,t} - r_{f,t})}_{\text{必要收益率}} + \underbrace{\alpha_t + \varepsilon_t}_{\text{蕴含潜在泡沫}}$$

2. β 系数的时变性与状态空间模型

传统资本资产定价模型一个重要的缺陷在于其所设定的模型参数是固定不变的，不能反映风险因时而变的市场基本特征。在模型中并未考虑系统风险的时变性，其原因之一是受限于 20 世纪 50—60 年代的数学和计算机技术发展水平。随着科学技术水平的发展，新的数学方法的引入，学者们逐渐将资本资产定价模型拓展到更复杂更精确化的程度。一个重要的特征就是新方法提高了模型对市场数据的拟合程度。精确化的模型目前也存在一些尚未克服的缺陷，如拟合程度越高的数据越无法恰当估算未来远期的数据，即降低了预测的效力，但对于信息披露违法违规损失测算这一以评估历史数据为目的的研究问题而言就无足轻重了。

个股收益风险与指数收益风险之间的不稳定关系在直观上很容易理解，系统风险 β 系数状态时变的特性已经被大量的实证分析结果所支持。其中一类重要的研究思路是采用状态空间时变参数的数学分析方法即状态空间模型（State Space Model）。如果将状态空间时变参数模型直译为"状况空间模型"则可以更为准确和直观地体现出模型本身的特点，即侧重分析和表述不同状况发生的可能性。

（1）β 系数的时变性与资本资产定价模型

较早通过时变 β 系数思想进行股票定价的是 1973 年尤金·F.法玛和詹姆斯·D.麦克白发表的一篇文章《风险、收益与均衡：实证检验》，文中将 1935—1968 年的纽约证券交易所数据分为多个时间段，采用滚动回归方法检验不同阶段的不同参数[1]。由于受所在时期数学工具发展水平的限制，他们的方法相对于状态空间时变参数方法略显粗糙，但是其采用的滚动回归方法在假设参数随时间段变化而变化的问题分析中也有自己独特的

---

[1] FAMA E F, MACBETH J D. Risk, Return, and Equilibrium: Empirical Tests [J]. Journal of Political Economy, 1973, 81 (3): 607-636.

视角。

许多学者通过将β系数设定为时变参数得出了与尤金·F.法玛和肯尼思·R.弗伦奇不同的研究结论。汤姆·贝里隆德和约翰·克尼夫(1999)在对芬兰赫尔辛基资本市场的研究中发现β系数的精确度越高对证券收益的解释力度越强,通过卡尔曼滤波方法估计的时变β系数能够有效降低资本资产定价模型参数的估计误差,β系数和风险溢价在时变参数下都对证券收益有很好的解释,而且这种决定关系都被证明是显著的[1]。马丁·D.D.埃文斯(1994)采用渐进有效的两步法、滚动回归方法来估计动态跨期资本资产定价模型(ICAPM)中的时变β系数和时变风险溢价[2]。马丁·D.D.埃文斯(1994)还发现预期收益的主要变化源于风险溢价的时变性,而β系数时变性虽然也造成了预期收益的变动,但并不是最重要的因素[3]。

β系数和α系数共同构成了资本资产定价模型实证分析过程中的重要参数,同时承担了风险与收益对应关系中不同的构成部分。尤其是在单因素的动态市场模型下,时变β系数和α系数之间在理论和数学上存在一定的相互呼应和互动关系。韦恩·E.费尔森等(2008)着重分析了时变参数的正确设定问题,如果在模型中忽视时变α系数容易导致β系数的估计有偏,如果在模型中低估β系数的时变性则会明显高估α系数[4]。也有学者的研究表明,α系数的高估反而需要将β系数设定为时变参数,如劳伦斯·克雷扎诺维斯基等(1997)[5]。显然,在模型中抑制或者压缩两者中的任何一方都会导致另一方的估计出现偏误。同时,也有学者基于现实的市场数据分析表明,α系数并未在投资收益中承担相应的作用,均衡资产定价模型假设能够完美得到满足,例如安德鲁·昂和约瑟夫·陈(2007)对1929年经济危机前至2001年网络科技泡沫结束的近四分之三个世纪期间内的β系数和α系数进行了分析,结果表明在条件资本资产定价模型和时变β系数等模型设定下,条件α系数近似于零[6]。为了简化和提高模型估计效力,安德鲁·昂和约瑟夫·陈(2007)在估计时变β系数的过程中采用了马尔科夫链蒙特卡洛结合吉布斯抽样的方法,

[1] BERGLUND T, KNIF J. Accounting for the Accuracy of Beta Estimates in CAPM Tests on Assets with Time-Varying Risks[J]. European Financial Management, 1999,5(1):29-42.

[2] EVANS M D D.Expected Returns, Time-Varying Risk, and Risk Premia[J]. Journal of Finance, 1994,49(2):655-679.

[3] 同[2]。

[4] FERSON W E, SARKISSIAN S, SIMIN T. Asset Pricing Models with Conditional Betas and Alphas: The Effects of Data Snooping and Spurious Regression[J]. The Journal of Financial and Quantitative Analysis, 2008,43(2):331-353.

[5] KRYZANOWSKI L, LALANCETTE S, TO M C. Performance Attribution Using an APT with Prespecified Macrofactors and Time-Varying Risk Premia and Betas[J]. Journal of Financial and Quantitative Analysis, 1997,32(2):205-224.

[6] ANG A, CHEN J. CAPM over the Long Run: 1926-2001[J].Journal of Empirical Finance, 2007,14(1):1926-2001.

他们所使用的条件资本资产定价模型可以表示为 $r_t = \alpha + \beta_t r_{m,t} + \sigma \varepsilon_t$，其中 $r_{m,t} = \mu_t + \sqrt{\theta_t}\, \varepsilon_{m,t}$，$\beta_t$、$\mu_t$、$\ln\theta_t$ 是满足 AR(1) 过程的三个时变参数[①]。针对复杂的资本市场数据特征需要设计出合理的数理统计模型和精细的估计方法。在时变参数下，时变 β 系数和 α 系数的估计往往带有一定的内生性特征，在对投资收益影响的估计过程中两者之间具有相互替代的关系。有理由对以前学者的研究结果重新进行审慎的分析，甄别出时变 β 系数和 α 系数在具体的数据环境下的存在性及其相互之间的演化特征。

苏懿和黄景祥(2009)运用两步法估计得到时变的系统性风险 β 系数：第一步，采用对称的滚动回归模型估计时变参数，他们的模型可以表示为 $R_s - r_{f,s} = \alpha_t + \beta_t (R_{m,s} - r_{f,s}) + \varepsilon_s$，在估计时变参数 α_t 和 β_t 的过程中，样本 s 的选择区间为 $(t-k, t+k)$ 的对称区间；第二步，采用平滑样条函数对前面第一步的滚动回归估计进行平滑修正[②]。苏懿和黄景祥(2009)以2000年1月至2006年11月间的中国台湾地区资本市场的股权共同基金数据为研究对象，使用中国台湾资本加权市场指数(TAIEX)收益率作为市场收益率 $R_{m,s}$，以中国台湾地区1年期储蓄利率作为无风险收益率 $r_{f,s}$，所估计得到的资本资产定价模型时变参数既比一般的状态空间模型参数粗糙又比一般的滚动回归参数平滑[③]。两步法得到的参数，其平滑程度或粗糙程度介于使用另外两种方法得到的结果之间，使得该方法兼具两种方法的优点，能够在拟合优度和解释力度(或预测力度)之间保持一种平衡。因此，苏懿和黄景祥(2009)所提出的两步法估计在实践运用中所取得的效果全面超过了滚动回归方法，部分优于状态空间模型，得到了相对有效的时变参数[④]。从另外一个角度来看，苏懿和黄景祥的研究结果也表明，如果是侧重分析时变的系统性风险 β 系数，两步法可以得到相对占优的结果，但是如果是侧重分析时变的参数 α_t 和新变动 ε_t，则还是采用状态空间模型能够得到相对占优的结果。

阿扎马特·阿布季莫穆诺夫和詹姆斯·莫利(2011)通过运用两种状态的马尔科夫机制转换过程将资本资产定价模型中的 β 系数和市场风险溢价刻画为高低时变的波动因素[⑤]。阿扎马特·阿布季莫穆诺夫和詹姆斯·莫利(2011)的实证结果表明，他们的时变参

① ANG A, CHEN J. CAPM over the Long Run: 1926-2001[J].Journal of Empirical Finance, 2007,14(1):1926-2001.
② SU Y, HWANG J S. A Two-Phase Approach to Estimating Time-Varying Parameters in the Capital Asset Pricing Model [J]. Journal of Applied Statistics, 2009,36(1-2):79-89.
③ 同②。
④ 同②。
⑤ ABDYMOMUNOV A, MORLEY J. Time Variation of CAPM Betas across Market Volatility Regimes[J]. Applied Financial Economics, 2011,21(19-21):1463-1478.

数模型改变了传统无条件的固定参数模型不稳健的缺陷,能够有效解决尤金·F.法玛和肯尼思·R.弗伦奇等学者对传统资本资产定价模型所提出的质疑,克服了在差异化账面市值比和不同动量投资组合收益因素影响下模型失效的问题[1]。

安德鲁·安格和刘军(2004)采用时变参数的方法对无条件资本资产定价模型进行了改进,综合克服了传统模型中采用不变的无风险利率、不变的 β 系数和不变的市场风险溢价三大缺陷,并将三方面全面修正后的时变参数模型与各种缺陷类型模型进行比较,分别计算错误定价的误差百分率,即误差百分率=错误定价参数下的永续年金价值÷正确定价参数下的永续年金价值-1[2]。非时变设定下的错误参数都会导致结果产生不同程度的偏误,这是显而易见的。因此,安德鲁·安格和刘军(2004)认为投资者的定价对参数的变动是敏感的,采用时变参数的资本资产定价模型对于股利折现模型的正确与否非常重要[3]。

(2)状态空间模型在价格泡沫研究方面的应用

美国罗格斯大学的吴仰如(1997)利用状态空间模型和卡尔曼滤波估计方法分析了股价偏离基础价值的泡沫现象,价格泡沫被表述为未观测的状态向量,能够很好地拟合美国上市公司的数据[4]。吴仰如(1997)用状态空间刻画的泡沫可以随机连续地产生与破灭,因此让泡沫可以在理论模型中自发地产生摆脱了传统模型的限制,符合客观的现实规律,而且不再与一般的经济常识相背[5]。吴仰如估计的状态空间模型建立在肯尼思·A.佛鲁特和莫里斯·奥布斯特费尔德(1991)所提出的内在泡沫模型及其思想基础之上[6]。肯尼思·A.佛鲁特和莫里斯·奥布斯特费尔德(1991)认为内在泡沫是由外生性基础变量决定的理性泡沫,这种特殊的理性泡沫只需通过股价与股利的关系就可以表述出来,而且不需考虑其他因素[7]。肯尼思·A.佛鲁特和莫里斯·奥布斯特费尔德(1991)提出的模型

① ABDYMOMUNOV A, MORLEY J. Time Variation of CAPM Betas across Market Volatility Regimes[J]. Applied Financial Economics, 2011,21(19-21):1463-1478.

② ANG A, LIU J. How to Discount Cashflows with Time-Varying Expected Returns[J]. Journal of Finance, 2004,59(6): 2745-2783.

③ 同②。

④ WU Y R. Rational Bubbles in the Stock Market: Accounting for the U.s. Stock-Price Volatility[J]. Economic Inquiry, 1997,35(2):309-319.

⑤ 同④。

⑥ FROOT K A, OBSTFELD M. Intrinsic Bubbles: The Case of Stock Prices[J]. The American Economic Review, 1991,81 (5):1189-1214.

⑦ 同⑥。

是一种非线性状态空间模型,能够表述出一种持续的并且不存在套利机会的泡沫,他们将股价变形为相对形式 $\dfrac{P_t}{D_t} = \beta_0 + \beta_1 D_t^\kappa + \varepsilon_t$,其中 $\beta_1 D_t^\kappa$ 描述的是时变的泡沫项[1]。肯尼思·A.佛鲁特和莫里斯·奥布斯特费尔德(1991)模型将特殊参数 κ 设定为满足二次方程 $(\sigma_e^2/2)(\kappa+1)^2 + \mu(\kappa+1) - r_{f,t} = 0$ 的一个解,即 $\kappa = (2\sigma_e^{-2}r_{f,t} + \mu^2\sigma_e^{-4})^{\frac{1}{2}} - \mu\sigma_e^{-2} - 1$,其中 σ_e 是股利支付满足的 AR(1) 模型即 $\ln(D_{t+1}) = \mu + \ln(D_t) + e_{t+1}$ 中的残差标准差[2]。该模型比较简洁,相关的检验方法又具有很好的检验效力。以 ε_t 表示的真实股价与估算的证券价格之差为基础,吴仰如(1997)又分别计算了均方根误差 $\mathrm{RMSE} = \sqrt{\dfrac{1}{T}\sum \varepsilon_t^2}$ 和平均绝对误差 $\mathrm{MAE} = \dfrac{1}{T}\sum |\varepsilon_t|$ 来检验和对比不同模型的解释效力[3]。吴仰如(1997)的实证分析结果表明,内在泡沫的状态空间时变参数模型具有很好的数据拟合和解释能力,1860—2000 年的美国标准普尔 500 指数在数次重要的股市繁荣与崩溃过程中存在明显的泡沫痕迹[4]。

在研究 2000 年左右的网络科技泡沫时,皮耶尔乔治·亚历山德里(2006)给出了资产定价泡沫的另一种状态空间表述形式,资产价格包含基础价值项和泡沫项[5]。通过假定股利支付、无风险收益率、价格泡沫都满足一定的自回归序列的变化关系,皮耶尔乔治·亚历山德里(2006)将比较复杂一般化股利现值模型简化成可以进行参数估计并能得到稳健结果的状态空间模型[6]。皮耶尔乔治·亚历山德里(2006)在其研究论文中将状态空间价格泡沫模型表示为 $\dfrac{P_t}{D_t} = \beta_0 + \beta_1 r_{f,t} + \dfrac{B_t}{D_t} + \varepsilon_t$,$\varepsilon_t = \lambda\varepsilon_{t-1} + e_t$,其中的泡沫项符合 $B_{t+1} = (1 + r_{f,t} + r_{risk})B_t + \upsilon_{t+1}$,$1 + r_{f,t} + r_{risk}$ 为股利折现因子的倒数,股利支付满足 $D_{t+1} =$

① FROOT K A, OBSTFELD M. Intrinsic Bubbles: The Case of Stock Prices[J]. The American Economic Review, 1991, 81 (5): 1189-1214.

② 同①。

③ WU Y R. Rational Bubbles in the Stock Market: Accounting for the U.s. Stock-Price Volatility[J]. Economic Inquiry, 1997, 35(2): 309-319.

④ 同③。

⑤ ALESSANDRI P. Bubbles and Fads in the Stock Market: Another Look at the Experience of the US[J]. International Journal of Finance & Economics, 2006, 11(3): 195-203.

⑥ 同⑤。

$\varphi D_t + \xi_{t+1}$，无风险收益率满足 $r_{f,t+1} = \alpha_0 + \alpha_1 r_t + \eta_{t+1}$[①]。虽然是简化的股利定价模型，但是模型中的时变参数充分考虑了各种价格决定因素的时变特征。除此之外，皮耶尔乔治·亚历山德里(2006)还考虑了一些替代股利的基础价值因素，如利润、净股利[②]。通过研究比较标准普尔和非金融类上市公司、不同基础价值指标下模型结果的不同，皮耶尔乔治·亚历山德里(2006)认为多数情况下的结果都表明了价格泡沫的存在性，尤其在考虑随机折现因素时研究期间的股价具有明显的泡沫[③]。

上述研究结果表明使用状态空间模型对于研究价格泡沫的重要性。基于状态空间模型在相关研究方面的优势与经验成果，该模型方法成为了本研究分析虚假信息泡沫以及投资者损失分析的首选方法。

3. ARCH 和 GARCH 类模型

对于时变 β 系数或可变风险溢价的估计除了可以采用状态空间模型方法外，还有自回归条件异方差(ARCH)和广义自回归条件异方差(GARCH)两类模型可以运用。运用于估计时变 β 系数的 ARCH 和 GARCH 类模型包括多元 GARCH、门槛 GARCH、指数 GARCH 等，其特点在于需要预先设想方差或协方差的变化形式，并经过统计检验加以证实。同时，ARCH 和 GARCH 类模型可以刻画数据的波动性聚集现象、包容数据的异方差性，在估计时变参数方面有自己的优势。

蒂姆·波勒斯勒夫等(1988)通过运用多元广义自回归条件异方差模型构建了证券资产收益与系统风险之间的时变关系，他们认为投资者所承担的风险、证券收益与指数收益之间的协方差、β 系数、风险溢价等相互之间具有相应的比例关系或决定关系，而且都具有时变的特征[④]。除此之外，蒂姆·波勒斯勒夫等(1988)也研究得出了一些与其他研究相比而言较为独特的观点，如风险溢价受协方差的影响比其受自身方差的影响要大、滞后的超额收益率和扰动项对证券收益的解释力[⑤]。

由于企业资产与市场整体资产在组成结构、联动及其相互变化上可能存在潜在影响关系，格雷戈里·考特莫斯和约翰·克尼夫(2002)认为企业资产构成的时变性会导致企业

---

① ALESSANDRI P. Bubbles and Fads in the Stock Market: Another Look at the Experience of the US[J]. International Journal of Finance & Economics, 2006, 11(3): 195-203.

② 同①。

③ 同①。

④ BOLLERSLEV T, ENGLE R F, WOOLDRIDGE J M. A Capital Asset Pricing Model with Time-Varying Covariances[J]. Journal of Political Economy, 1988, 96(1): 116-131.

⑤ 同④。

特质的变动,进而个股受系统性风险影响的 β 系数就具有不稳定性[1]。在系统性风险 β 系数的分析过程中,格雷戈里·考特莫斯和约翰·克尼夫(2002)比较了采用动态向量 GARCH 模型和采用静态市场模型两种不同方法下时变的 β 系数与固定的 β 系数之间的估计差异,他们认为普通 OLS 模型会严重高估个股的特质风险、低估系统性风险,通过比较均方根误差($RMSE = \sqrt{\dfrac{\sum \varepsilon_i^2}{n}}$ 或 $\sqrt{\dfrac{\sum \varepsilon_i^2}{n-1}}$)的平方指标 $RMSE^2$ 可以比较非系统性风险的差异,进而分析系统性风险或非系统性风险被相对低估的程度,他们采用的公式为 $1 - \dfrac{RMSE_{GARCH}^2}{RMSE_{OLS}^2}$[2]。格雷戈里·考特莫斯和约翰·克尼夫(2002)的测算结果表明静态回归模型低估系统性风险的相对程度约为 11.44%[3]。

菲利普·A.布劳恩等(1995)采用二元指数 GARCH 模型研究"好消息"和"坏消息"对证券收益波动性的影响,能够克服一般 GARCH 模型不能区分不同影响因素的缺陷,显示"好消息"和"坏消息"的不对称效果[4]。在与滚动回归的普通最小二乘(OLS)模型方法的对照分析中,菲利普·A.布劳恩等(1995)所采用的二元指数 GARCH 模型方法具有全面压倒性的优势,所得结果更加稳健和精确[5]。相比较而言,形式过于简化的 OLS 估计无法精细地反映出参数的时变性、无法准确地模拟风险的变动。

在关于美国加利福尼亚州 103 监管提案事件对市场的影响的研究中,帕特里克·L.布罗克特等(1999)采用基于卡尔曼滤波估计的 GARCH 类模型来构建动态的市场模型,克服了传统事件研究方法的缺陷[6]。帕特里克·L.布罗克特等(1999)认为,基于传统市场模型的事件研究法没有考虑系统风险 β 系数的时变性和残差的异方差性,容易导致偏误[7]。帕特里克·L.布罗克特等(1999)在对个股收益的模拟分析中运用一阶自回归模型(AR)模

① KOUTMOS G, KNIF J. Estimating Systematic Risk Using Time Varying Distributions [J]. European Financial Management, 2002, 8(1): 59-73.

② 同①。

③ 同①。

④ BRAUN P A, NELSON D B, SUNIER A M. Good News, Bad News, Volatility, and Betas [J]. Journal of Finance, 1995, 50 (5): 1575-1603.

⑤ 同④。

⑥ BROCKETT P L, CHEN H M, GARVEN J R. A New Stochastically Flexible Event Methodology with Application to Proposition 103 [J]. Insurance: Mathematics and Economics, 1999, 25(2): 197-217.

⑦ 同⑥。

拟时变β系数,采用GARCH类模型刻画时变的方差项[1]。通过与其他学者采用传统事件研究方法的研究结果进行对比,帕特里克·L.布罗克特等(1999)认为他们的研究方法相比而言更稳健[2]。

也有学者同时采用多种方法来分析时变的系统风险β系数,并比较它们各自的优缺点。如罗伯特·D.布鲁克斯等(1998)在研究1974—1996年澳大利亚股票交易月度行业组合投资收益数据时采用了三种方法,这三种方法分别是二元均值GARCH(1,1)模型、时变β系数的市场模型和卡尔曼滤波方法[3]。罗伯特·D.布鲁克斯等(1998)从多个角度分析和评判模型的有效性,如计算时变β系数估计值序列的相关系数并观察参数的变异程度、采用平均绝对误差($MAE = \dfrac{\sum \left| \hat{r}_{it} - r_{it} \right|}{T}$)和均方误差($MSE = \dfrac{\sum \left(\hat{r}_{it} - r_{it} \right)^2}{T}$)来衡量预测误差进而比较模型数据拟合的优劣、样本内检验和样本外检验相比较的稳健性检验,结果表明卡尔曼滤波方法与其他方法相比优势明显而且是三种方法中最有效的[4]。与罗伯特·D.布鲁克斯等采用的比较方法类似,罗伯特·W.法夫等(2000)通过比较模型的均方误差等效力测度指标得出了时变参数模型的优劣顺序,他们认为GARCH类模型结合卡尔曼滤波算法的效果最好,优于基于卡尔曼滤波的状态空间模型,更优于GARCH类模型本身[5]。模型的选择还要依据市场环境和数据特征,但是精确估计时变参数模型几乎成为选择高效力模型的主要方向。

在模型的具体估计和应用过程中,迈克尔·D.麦肯齐等(2000)指出除了要使用卡尔曼滤波方法外,还需要在系统性风险中考虑国际市场指数因素,这是罗伯特·D.布鲁克斯等还未考虑到的因素[6]。随着经济全球化、金融全球化的发展,国内资本市场与国际市场的紧密联系使得国际金融市场的剧烈波动自然而然会影响国内市场。因此,迈克尔·D.麦肯齐等(2000)认为时变β系数的估计要在全球市场指数和国内市场指数之间进行比较

[1] BROCKETT P L, CHEN H M, GARVEN J R. A New Stochastically Flexible Event Methodology with Application to Proposition 103[J]. Insurance: Mathematics and Economics, 1999, 25(2):197-217.

[2] 同[1]。

[3] BROOKS R D, FAFF R W, MCKENZIE M D. Time-Varying Beta Risk of Australian Industry Portfolios: A Comparison of Modelling Techniques[J]. Australian Journal of Management, 1998, 23(1):1-22.

[4] 同[3]。

[5] FAFF R W, HILLIER D, HILLIER J. Time Varying Beta Risk: An Analysis of Alternative Modelling Techniques[J]. Journal of Business Finance Accounting, 2000, 27(5&6):523-554.

[6] MCKENZIE M D, BROOKS R D, FAFF R W. The Use of Domestic and World Market Indexes in the Estimation of Time-Varying Betas[J]. Journal of Multinational Financial Management, 2000, 10(1):91-106.

和选择,而且当国内外市场出现高度整合的情况时尤其要考虑国际市场系统风险因素[1]。通过运用平均绝对误差和均方误差等模型精确性的测度指标进行比较后,迈克尔·D.麦肯齐等(2000)所使用的国内资本市场指数估计结果优于国际市场指数[2]。

4.其他相关模型及其扩展

相对于单因素时变参数的资本资产定价模型或市场模型而言,最直接的模型扩展就是时变参数的多因素模型。保罗·莱特等(2009)同时采用条件多因素模型和无条件多因素模型分析基金经理人的全面绩效和市场时机的选择能力,他们采用的条件多因素模型是通过将尤金·F.法玛和肯尼思·R.弗伦奇(1993)的无条件三因素模型扩展并且考虑时变参数设定得到的[3][4]。基于对比数据分析的结果,保罗·莱特等(2009)的研究表明具有时变 α 系数和时变 β 系数的条件多因素模型明显优于无条件的模型[5]。

劳伦斯·克雷扎诺维斯基等(1997)在套利定价理论(APT)的基础之上,通过时变 β 系数和时变风险溢价设定的多因素模型分析基金经理人的资产选择行为和绩效,相对于传统估计詹森-阿尔法的方法而言,跨期多 β 系数的资产定价模型通过多个因素的时变参数设定能够很好地捕捉到基金经理人的动态行为和股票选择绩效[6]。

拉马赞·冈赛等(2005)着重分析了资本资产定价模型中系统性风险 β 系数的多尺度性质,他们使用的小波分析方法能够很好地刻画对数收益率的结构突破、波动性聚集等性质,这些有助于分析价格泡沫现象[7]。基于英、美、德三国的资本市场数据,拉马赞·冈赛等(2005)的研究结果表明小波分析也能够很好地刻画对数收益率与系统风险 β 系数之间的关系,两者之间的反应系数随着尺度升级而得到提升[8]。

马库斯·K.布伦纳迈尔和斯蒂芬·纳格尔(2004)在研究套保基金如何乘势而为、驾驭

[1] MCKENZIE M D, BROOKS R D, FAFF R W. The Use of Domestic and World Market Indexes in the Estimation of Time-Varying Betas[J]. Journal of Multinational Financial Management, 2000, 10(1): 91-106.

[2] 同[1]。

[3] LEITE P, CORTEZ M C, ARMADA M R. Measuring Fund Performance Using Multi-Factor Models: Evidence for the Portuguese Market[J]. International Journal of Business, 2009, 14(3): 175-198.

[4] FAMA E F, FRENCH K R. Common Risk Factors in the Returns on Stocks and Bonds[J]. Journal of Financial Economics, 1993, 33(1): 3-56.

[5] 同[3]。

[6] LAWRENCE K, LALANCETTE S, TO M C. "Performance Attribution Using an APT with Prespecified Macrofactors and Time-Varying Risk Premia and Betas[J]. Journal of Financial and Quantitative Analysis, 1997, 32(2): 205-224.

[7] GENÇAY R, SELÇUK F, WHITCHER B. Multiscale Systematic Risk[J]. Journal of International Money and Finance, 2005, 24(1): 55-70.

[8] 同[7]。

网络科技泡沫并从中获利时,采用了扩展双因素市场模型分析套保基金的收益风险[1]。马库斯·K.布伦纳迈尔和斯蒂芬·纳格尔(2004)采用的双因素收益回归模型为 $r_t = \alpha + \beta_1 r_{M,t} + \beta_2 (r_{W,t} - r_{M,t}) + \varepsilon_t$,其中 $r_{W,t}$ 是科技类股票的收益率水平,$r_{M,t}$ 是市场指数的收益率水平[2]。显然,如果不考虑第二个因素项即科技股特质性风险收益率 $r_{W,t} - r_{M,t}$,该模型就是市场模型。该双因素市场模型与一般的双因素回归模型如 $r_t = \alpha + \beta_1 r_{M,t} + \beta_2 r_{W,t} + \varepsilon_t$ 在本质上是等价的。为了准确刻画套保基金投资的风险与收益变动,马库斯·K.布伦纳迈尔和斯蒂芬·纳格尔(2004)进一步采用了时变系数和卡尔曼滤波平滑方法 $r_t = \dot{\alpha} + \varepsilon_{1,t} + (\dot{\beta}_1 + \varepsilon_{2,t}) r_{M,t} + (\dot{\beta}_2 + \varepsilon_{3,t})(r_{W,t} - r_{M,t}) + \varepsilon_t$[3]。他们的分析有两方面优点:一方面,在实证分析中通过采用更为精确的双因素时变参数模型,马库斯·K.布伦纳迈尔和斯蒂芬·纳格尔(2004)使得他们的研究能够准确捕获那些在泡沫过程中获利的专业投资者诸如套保基金的具体行为,提高了研究结果的可信度,也更容易解释研究对象的具体收益过程[4]。另一方面,模型中的第二项 $r_{W,t} - r_{M,t}$ 实际上也是马库斯·K.布伦纳迈尔和斯蒂芬·纳格尔(2004)所真正研究的科技泡沫的收益过程,在摈除基本的市场指数收益后,通过分析剩余的科技股收益的特征可以精确捕捉到科技泡沫过程[5]。

(二)事件研究法的适用性分析

1.事件研究法的应用思想

国内已将事件研究方法广泛应用于经济政策、管理决策等研究领域。事件研究法也是财务与会计研究领域分析信息披露对股价的影响的重要工具。其基本思想是观察和分析信息披露前后证券价格的异常收益率。事件研究法的假定前提是市场对证券资产的定价在没有出现特殊信息冲击的情况下是正常的。当发生信息冲击时,证券价格就会出现非正常的剧烈波动。这种非正常的剧烈波动在统计数据上就是异常值,表现为异常收益率。事件研究法通常是基于市场模型的分析,假设证券收益定价模型中的相关参数设定是正确的,则模型的预测误差项为证券的非正常收益,也称为超额收益率、异常收益率。实际操作上,首先构建一个正常期间的收益率预测回归模型,然后估算预期的收益

---

① BRUNNERMEIER M K, NAGEL S. Hedge Funds and the Technology Bubble[J]. Journal of Finance, 2004, 59(5): 2013-2040.

② 同①。

③ 同①。

④ 同①。

⑤ 同①。

率,最后将预期值与实际收益率对比得到差异化的异常值即异常收益率。因此,估计预期收益率的准确程度是模型测算有效与否的关键。

截至目前,有少数学者曾尝试使用事件研究法分析信息披露违法违规背景下的投资者损失。异常收益率的累加反映了股价在相应时间段内的非正常变动幅度。以信息披露违法违规为研究对象,事件研究法的对应思想是如果能够限定事件因素的影响范围,则可以估算出该事件因素的影响效果。事件影响的显著性通常是通过构建残差的 t 统计量来检验。事件研究法的效果严重依赖于事件期的长度,通常事件期越长,前期的估计期则相对越短,检验效果越差。而所观测的事件窗口期越短,研究者对于事件影响效果的评估越短视,研究的问题越容易被限定在一个相对较小的意义范围内。

2.信息披露违法违规分析中事件研究法的不适用

国外最常使用的事件研究法在某些方面具有一定的优势,如黛博拉·L.默夫等(2009)对异常收益的测算[1]。但其不适用于信息披露违法违规引致的投资损失测算,这其中的原因不仅仅在于国外的市场环境和法律要求与我国的实际情况不一致,还存在一些理论和方法上的问题。首先,事件研究法的基本实证分析思路是建立在以"正常期"作为估计窗口的模型分析基础之上的,但是对于信息披露违法违规的事件研究者而言,有学者如陈向民和陈斌(2002)就认为难以找到这样一个公允有效的所谓"正常期"[2]。理论上要求的"正常期"可能与信息披露违法违规损失赔偿测算的对象期相距遥远。对于某些信息披露违法违规的上市公司而言,甚至根本不存在所谓的"正常期",因为公司是通过会计舞弊达到了上市的目的,并且连续数年甚至接连多次存在信息披露违法违规行为,这样的案例并不罕见。其次,在模型方法上,事件研究法计算的异常收益率或非正常损失是在前期模型参数保持固定不变的基础之上计算得到的异常值,这就需要观察期或用于预测的基础期比较长。然而,由于资本市场瞬息万变,在测算过程中会发现公司对不同期限或不同信息条件下的系统性风险存在不一样的 β 反应系数(阿扎马特·阿布季莫穆诺夫和詹姆斯·莫利,2011)[3],同时也会受到市场有效性等因素的影响使得詹森-阿尔法出现时变的特点。因此,根据非同期数据建立的固定参数模型难以用于测算信息披露违法违规实施期间的异常损失,这也是事件研究法和一般参数模型无法克服的理论缺

① MURPHY D L, SHRIEVES R E, TIBBS S L. Understanding the Penalties Associated with Corporate Misconduct: An Empirical Examination of Earnings and Risk[J]. The Journal of Financial and Quantitative Analysis, 2009, 44(1):55-83.

② 陈向民,陈斌.确定"虚假陈述行为"的赔偿标准——事件研究法的司法运用[J].证券市场导报,2002(7):72-76.

③ ABDYMOMUNOV A, MORLEY J. Time Variation of CAPM Betas across Market Volatility Regimes[J]. Applied Financial Economics, 2011, 21(19-21):1463-1478.

陷。对系统性风险变异性的忽视实有刻舟求剑之嫌。最后,国外事件研究法关于损失测算的对象主要是事件窗口期内的异常反应,而该事件窗口期是以揭露日为中心的,一般不考虑事件揭露前已存在的特定行为给股票价格造成的影响。事件研究法显然忽视了一个重要问题,即潜在的内幕消息和套利机会在前期可能会给内部人带来"无风险免费午餐"(彼得·艾姆凯勒,2003)[1]。在不成熟、不完善的资本市场环境下,内幕交易仍是一个难以回避的问题。上市公司信息披露违法违规的实施主体与普通投资者之间存在严重的信息不对称,内部实施者往往可以通过减持股权、以股票为对价的方式进行并购重组、转移产权资产等行为主动规避信息披露违法违规风险。这种不对称信息的扩散趋势是缓慢的,最终承担内幕交易损失的是那些远离内部人的普通投资者。所以,事件研究法完全不适用于信息披露违法违规的损失效应分析,其测算的结果缺乏相应的理论基础和事实依据。

尽管事件研究法存在着理论思想上的缺陷,但其累积异常收益率的事件分析角度还是值得借鉴的。因为信息披露违法违规引致的投资者损失本质上也是一种超额损失,只不过这种超额损失是没有相应的"正常期"可供参考的,其持续期间的时长也超出了回归模型可用于预测的有效范围。

---

[1] IMKELLER P. Malliavin's Calculus in Insider Models: Additional Utility and Free Lunches[J]. Mathematical Finance, 2003,13(1):153-169.

2

信息披露违法违规的预测分析

第一节 信息披露违法违规的Logistic回归分析

一、变量设定与描述性统计

企业从事信息披露违法违规具有可预见性，或者拥有某些潜在逻辑，仅从企业的表象特征上就能发现蛛丝马迹。比如，信息披露违法违规的企业存在一些其他企业所不具有的特质因素，当企业蕴含这些因素时就如同带有"隐藏的地雷"或者"致病的基因"，为某种行为的产生做足了"铺垫"。这如同生物学的基因决定论，由基因决定人的特征，最终决定人的行为。企业作为一种社会组织也有类似的逻辑。企业身上的特征因素在某种程度上是信息披露违法违规行为的影响因素。遭受处罚的上市公司其信息披露违法违规的类型特征、造假原因、处罚结果、公司治理结构等相对于一般企业而言具有一定的典型性，据此进行数据分析可以确定上市公司信息披露违法违规的影响因素，并对违法违规行为进行预测。

因为信息披露违法违规受到中国证监会处罚的上市公司在逐年增加，中国证监会开出处罚决定书的数量也初具规模。政府监管机构的信息披露越来越透明、越来越全面，为信息披露违法违规研究提供了一定的数据基础。可以对中国证券监督管理委员会网站2001—2014年的行政处罚决定书进行手工搜集，形成独特的研究数据集。不考虑因辅助造假或审计监督失效而遭受处罚的另案处理案例，还有少数因相关处罚决定书或数据未列出而没能搜集到的，共搜集到涉及信息披露违法违规并遭受中国证监会处罚的上市公司案例180件。根据研究目的对相关数据进行收集，汇总研究需要的相关数据。部分企业在申请上市时就出现信息披露违法违规行为，最终终止了IPO。由于无法取得这部分企业的财务数据，将其排除在考察对象之外。还有少数几家失去代表性的上市公司也被排除在研究对象之外，如部分企业因持有其他公司证券比例超过5%而未按规定如实披露信息而遭受处罚，或者是遭受处罚的企业为非上市公司且无法搜集到其财务数据，或者是从事证券交易的金融类企业其本身交易可能带有投机性质。

参照《中华人民共和国证券法》和《中华人民共和国刑法》等可以对上市公司信息披露违法违规的类型进行大致分类。将直接造成企业虚增收入、利润或资产的行为列为最严重的信息披露违法违规行为类别，本研究将其虚假程度赋值为2。对于未造成虚增收益或资产的其他财务报告错报、虚假信息披露或信息遗漏行为，本研究列为次严重的信息披露违法违规行为，将其虚假程度赋值为1。对于同期同行业未被处罚的企业，将其作为控制企业，对其信息披露违法违规程度赋值为0。

为了对信息披露违法违规行为产生的原因进行多角度的深入分析，本研究除了搜集和构建上市公司信息披露违法违规行为的分类指标外，也从Wind数据库提取了反映产权结构、发展状况、融资需求、经营状况等方面的指标。主要数据的提取对象为信息披露违法违规期前后的年度财务报告数据，回避了可能受到影响的信息披露数据。对于遭受处罚的上市公司而言，信息披露违法违规期前后的财务数据最为真实，相关数据被监管机构严格审核过，在一定程度上排除了存在信息造假的可能性。特殊时间点的数据遵循一定的提取原则，相关报告期越接近信息披露违法违规期越好，报告期的选取依赖于主观判断。若提取信息披露违法违规期初的上一年度未信息披露违法违规的财务报告数据，例如信息披露违法违规的期初时点为2002年5月1日或2002年中报，则提取2001年度的财务数据；若提取信息披露违法违规期末（含当年）未信息披露违法违规的报告数据，例如信息披露违法违规的期末时点为2003年6月1日或2003年中报，则提取2003年度的财务数据。相关变量的名称及其定义见表2-1。

表2-1　信息披露违法违规行为类型及其影响因素

变量名称	变量定义
信息披露违法违规（MIS）	代表信息披露违法违规类别或严重程度的指示变量。将虚增收益或虚增资产的信息披露违法违规赋值为2，其他信息披露违规的信息披露违法违规赋值为1，无信息披露违法违规的企业赋值为0
信息披露违法违规年期	指信息披露违法违规之前和之后年度报告的时间间隔，即信息披露违法违规期后年度报告与期前年度报告的年份差。信息披露违法违规之前的年度报告简称期前报告，信息披露违法违规之后的年度报告简称期后报告
产权转化（DEQ）	即产权比率的变动率=(期后报告的产权比率–期前报告的产权比率)/期前报告的产权比率，其中，产权比率=总负债/母公司所有者权益。该指标的大小反映了企业以债权替代股权的资本结构转化倾向
股权集中度（SCD）	即期前报告的前十大股东持股比率
规模扩张（DASSET）	即总资产变动的虚拟变量。总资产变动率为正，则虚拟变量为1，否则为0。其中，总资产变动率=(期后报告的总资产–期前报告的总资产)/期前报告的总资产
净利润下滑（DNI）	净利润变动的虚拟变量。净利润变动率为负，则虚拟变量为1，否则为0。其中，净利润变动率=(期后报告的净利润–期前报告的净利润)/期前报告的净利润

续表

变量名称	变量定义
股权融资需求 （AEQF）	即平均新增股权融资率， $$= \frac{\dfrac{总资产变动额 - 总负债变动额}{虚假陈述年期} - 平均净利润}{平均总资产}$$ 其中，总资产变动额=期后报告的总资产-期前报告的总资产，总负债变动额=期后报告的总负债-期前报告的总负债，平均净利润=(期后报告的净利润+期前报告的净利润)/2，平均总资产=(期后报告的总资产+期前报告的总资产)/2

为了进行信息披露违法违规行为选择的有序多分类logistic分析，本研究先对180家被处罚的信息披露违法违规企业进行样本匹配，对每家信息披露违法违规企业都按照1：1的比例选取证券代码邻近的非信息披露违法违规（守法合规）上市公司作为匹配分析对象。部分企业由于存在两次以上的信息披露违法违规行为，需要选取多家代码邻近的上市公司进行匹配。这样就需要提取180家左右的非信息披露违法违规（守法合规）公司样本，但是由于部分企业存在数据缺失的情况而不能作为被分析的对象，最终被剔除。这样，经过样本匹配和删除缺失数据，最后获得可供实证分析的样本总数为270家企业。其中，涉及信息披露违法违规的企业和用于对照分析的非信息披露违法违规（守法合规）企业分别占到约44%和56%。在涉及信息披露违法违规的120家上市公司中，因虚增利润或虚增资产被处罚的企业有52家，约占43%，仅因涉及其他信息披露违规而被处罚的信息披露违法违规企业有68家，约占57%。所选取的样本中，信息披露违法违规与非信息披露违法违规（守法合规）之间，两种不同性质的信息披露违法违规行为之间在数量上没有明显的偏倚，有助于后续进行选择模型分析。从研究样本的数量上看，也完全满足logistic回归分析的要求。

相关描述性统计结果见表2-2。从中可以看出，净利润下滑（DNI=1）的企业中信息披露违法违规的企业数量是净利润上升型企业中信息披露违法违规数量的2~4倍。规模扩张型的企业中非信息披露违法违规（守法合规）的数量是规模紧缩型企业中非信息披露违法违规（守法合规）企业数量的近4倍。在不同信息披露违法违规类型企业对应的产权转化指标中，虚增资产和利润的企业其产权转化均值高于其他信息披露违法违规企业的相应均值，其他信息披露违法违规企业的产权转化均值高于非信息披露违法违规（守法合规）企业的相应均值。不同信息披露违法违规行为选择的企业之间，其股权集中度的均值没有明显的区别。

表2-2 变量描述性统计分析结果

MIS	DNI		DASSET		DEQ		SCD		AEQF	
	0	1	0	1	均值	标准差	均值	标准差	均值	标准差
0	71	79	34	116	0.933 1	3.793 5	0.611 5	0.128 7	0.014 2	0.067 4
1	23	45	26	42	2.145 5	5.462 7	0.607 3	0.116 3	0.001 7	0.090 4
2	11	41	21	31	4.427 7	14.945	0.576 7	0.124 8	0.019 7	0.112 1
总体	105	165	81	189	1.911 5	7.715 0	0.603 7	0.125 2	0.012 1	0.083 5

注:DNI、DASSET统计的是不同分类下的企业数量,DEQ、SCD、AEQF统计的是不同分类和总体的均值、标准差。

表2-3中列示的是信息披露违法违规及其影响因素的spearman秩相关系数。结果表明,在与信息披露违法违规选择相关的变量中,产权转化、规模扩张和净利润下滑的相关性最为显著。股权集中度与各变量的相关性普遍处于较低水平,而且不显著。由于spearman秩相关系数普遍在±0.35之间,各变量之间出现多重共线性的可能性较低。

表2-3 信息披露违法违规及其影响因素的spearman秩相关系数

	MIS	DEQ	SCD	AEQF	DASSET	DNI
MIS	1.000 0					
DEQ	0.227 9***	1.000 0				
SCD	−0.093 3	0.010 1	1.000 0			
AEQF	−0.021 8	−0.213 3***	0.078 4	1.000 0		
DASSET	−0.176 0***	0.169 4***	0.071 7	0.339 5***	1.000 0	
DNI	0.210 1***	0.128 6**	0.042 4	−0.149 3**	−0.240 4***	1.000 0

注:*、**、***分别指示10%、5%和1%水平下显著。

二、有序logistic回归分析

本研究同时构建了多种logistic回归模型用于分析企业状况特质对信息披露违法违规行为选择的影响。而且,似然比卡方检验、拟$-R^2$等指标均表明有序多分类logistic回归、广义有序logistic回归和多项式logistic回归模型等具有一定的解释力。相关结果见表2-4。本研究也采用了有序probit模型,回归结果的系数符号、显著性以及统计量的性质指标都与有序logistic回归结果不相违背。因此,对于一致性的结果未予以报告。

表2-4 上市公司信息披露违法违规的影响因素与行为选择

变量或统计量	有序多分类 logistic		广义有序 logistic				多项式 logistic			
			非信息披露违法违规 0		其他信息披露违法违规 1		其他信息披露违法违规 1		虚增资产和利润 2	
	系数	几率比	系数	几率比	系数	几率比	系数	几率比	系数	几率比
DEQ	0.067 8** (0.028 1)	1.070 2** (0.030 0)	0.077 9** (0.034 0)	1.081 1** (0.036 7)	0.060 4* (0.032 3)	1.062 2* (0.034 3)	0.076 7* (0.041 0)	1.079 7* (0.044 3)	0.101 7** (0.041 0)	1.107 1** (0.045 4)
SCD	−1.442 3 (1.002 0)	0.236 4 (0.236 9)	−1.057 6 (1.046 4)	0.347 3 (0.363 4)	−2.637 2* (1.352 8)	0.071 6* (0.096 8)	−0.223 2 (1.232 3)	0.800 0 (0.985 9)	−2.729 5* (1.417 8)	0.065 2* (0.092 5)
AEQF	2.745 0* (1.571 9)	15.564 7* (24.466 0)	1.949 0 (1.673 0)	7.021 7 (11.747 4)	4.196 7** (1.873 6)	66.467 6** (124.535)	0.134 2 (2.055 0)	1.143 6 (2.350 2)	4.850 2** (2.105 0)	127.771 4** (268.956 6)
DASSET	−0.762 9*** (0.282 5)	0.466 3*** (0.131 7)	−0.802 3*** (0.304 0)	0.448 3*** (0.136 3)	−0.747 7** (0.366 1)	0.473 5** (0.173 3)	−0.701 6** (0.347 7)	0.495 8** (0.172 4)	−0.911 6** (0.387 7)	0.401 9** (0.155 8)
DNI	0.738 2*** (0.264 1)	2.092 3*** (0.552 6)	0.655 2** (0.275 1)	1.925 6** (0.529 6)	0.971 4** (0.377 5)	2.641 5** (0.997 1)	0.380 6 (0.317 6)	1.463 2 (0.464 8)	1.142 0*** (0.405 7)	3.133 2*** (1.271 1)
/cut1	−0.578 9(0.659 1)									
/cut2	0.739 2(0.660 3)									
常数项			0.418 4 (0.689 2)	1.519 4 (1.047 2)	−0.234 6 (0.861 2)	0.790 9 (0.681 1)	−0.496 2 (0.819 0)	0.608 9 (0.498 6)	0.164 2 (0.908 3)	1.178 5 (1.070 4)
模型似然比 chi-2检验	29.66***		33.92***				34.70***			
拟-R^2	0.055 4		0.063 4				0.064 8			
对数似然比	−252.759 8		−250.629 7				−250.238 5			
等比几率似然比 chi-2检验	3.62(p> chi-2=0.604 8)									
Brant chi-2检验	5.45 (p> chi-2=0.364)									

注：括号中为标准误差，*、**、***分别指示10%、5%和1%水平下显著。

　　多项式logistic回归结果中,各影响因素在虚增资产和收益与非信息披露违法违规(守法合规)之间选择的相对对数几率比都有不同程度的显著影响。其中,1单位产权转化率的增加会导致企业相对于非信息披露违法违规(守法合规)行为增加0.101 7倍对数几率比的信息披露违法违规风险。信息披露违法违规期前1单位股权集中度的增加会导致信息披露违法违规行为的风险相对于非信息披露违法违规(守法合规)行为减少2.729 5倍对数几率比的风险。1单位股权融资需求的增加会导致信息披露违法违规行为的可能性相对于非信息披露违法违规(守法合规)行为而言增加4.850 2倍的对数几率比。增加1单位的规模扩张指标会导致企业的信息披露违法违规的可能性相对于非信息披露违法违规(守法合规)减少0.911 6倍的对数几率比。增加1单位的净利润下滑指标会显著影响企业的信息披露违法违规可能性,相对于非信息披露违法违规(守法合规)行为而言将增加1.142 0倍的对数几率比。

　　在有序多分类logistic回归结果中,除股权集中度外,其他影响因素对上市公司在信息披露违法违规和非信息披露违法违规(守法合规)行为中的选择中都产生了不同程度的影响。其中,规模扩张和净利润下滑的影响最为显著,而且两者的影响方向相反。企业规模紧缩对比规模扩张,规模扩张会带来信息披露违法违规严重程度减少0.762 9倍的对数几率。反之,其对数几率会增加,即规模紧缩情况的企业更有可能从事高级别信息披露违法违规行为。净利润上升对比净利润下滑的企业,净利润下滑会使得企业信息披露违法违规严重程度的对数几率增加0.738 2倍。从股权融资需求看,若平均新增股权融资率每上升一个单位,企业选择更高级别信息披露违法违规行为的对数几率将增加2.745 0倍。从产权转换的幅度来看,产权比率的变动率每增加一个单位,则企业选择更严重信息披露违法违规的对数几率将增加0.067 8倍。有序多分类logistic回归结果与多项式logistic分析结果相一致,多项式logistic是两类信息披露违法违规分别基于非信息披露违法违规(守法合规)行为的对比分析结果,这与有序多分类logistic结果的递进含义稍有区别。有序多分类logistic要求满足平行回归等比几率假设,本研究同时进行了等比几率似然比卡方检验和Brant卡方检验。检验结果都表明模型系数间没有差异的原假设成立,满足相关假设,可以采用有序多分类logistic模型进行分析。有序logistic回归模型有助于研究中区分不同信息披露违法违规行为选择的严重性及其倾向,后续对于预测概率的分析也基于此模型结果。

三、信息披露违法违规行为选择的预计概率

基于有序多分类logistic回归模型的结果,表2-5为假设其他变量处于均值水平时虚拟变量规模扩张(DASSET)和净利润下滑(DNI)对于信息披露违法违规行为选择的预测概率。从表2-5中的结果可以看出,规模扩张的企业其两种信息披露违法违规行为的预计概率总和(约39%)远低于其不信息披露违法违规的预计概率(约61%)。规模紧缩的企业其两种信息披露违法违规行为的预计概率总和(约58%)远高于非信息披露违法违规(守法合规)的预计概率(约42%)。这说明成长和发展的企业其信息披露违法违规的倾向较弱,而衰败型的企业其信息披露违法违规的可能性比较高。对于净利润下滑的企业而言,两种信息披露违法违规行为发生的概率(约52%)高于非信息披露违法违规(守法合规)行为的概率(约48%),而净利润上升的企业其非信息披露违法违规(守法合规)行为的预计概率(约66%)明显高于两种信息披露违法违规行为预计发生的概率和(约34%)。根据表中的数据可以得出这样一种结论,即最倾向于信息披露违法违规的企业是规模紧缩和净利润下滑的企业。

表2-5 DASSET和DNI对信息披露违法违规选择的预测概率

信息披露违法违规(MIS)	规模扩张(DASSET)		净利润下滑(DNI)	
	1	0	1	0
2	0.146 9*** (0.023 8)	0.269 8*** (0.047 8)	0.223 9*** (0.031 4)	0.121 2*** (0.025 8)
1	0.244 6*** (0.028 0)	0.310 1*** (0.033 4)	0.294 9*** (0.031 4)	0.218 9*** (0.031 2)
0	0.608 4*** (0.037 1)	0.420 1*** (0.057 0)	0.481 2*** (0.039 9)	0.659 9*** (0.047 7)

注:括号中为Delta法标准误,*、**、***分别指示10%、5%和1%水平下显著。

同时可以继续分析在有序多分类logistic回归模型中比较显著的产权转化(DEQ)和股权融资需求(AEQF)两个连续变量对信息披露违法违规行为选择的预测概率。相关结果见图2-1和图2-2。随着产权转化(DEQ)的提升,企业虚增收益和资产的信息披露违法违规行为选择的概率是在不断升高,其他信息披露违法违规行为的预计概率先是随产权转化升高然后转而下降,而非信息披露违法违规(守法合规)的概率随着产权转化的增加则一直在不断下降。需要说明的是,绝大多数企业的产权转化小于5,因此DEQ对信息

DEQ对虚增利润和资产的预测概率

DEQ对其他虚假陈述的预测概率

（1）DEQ对虚增利润和资产的预测概率

（2）DEQ对其他信息披露违法违规的预测概率

DEQ对非虚假陈述的预测概率

（3）DEQ对非信息披露违法违规的预测概率

（4）三种预测概率的对比

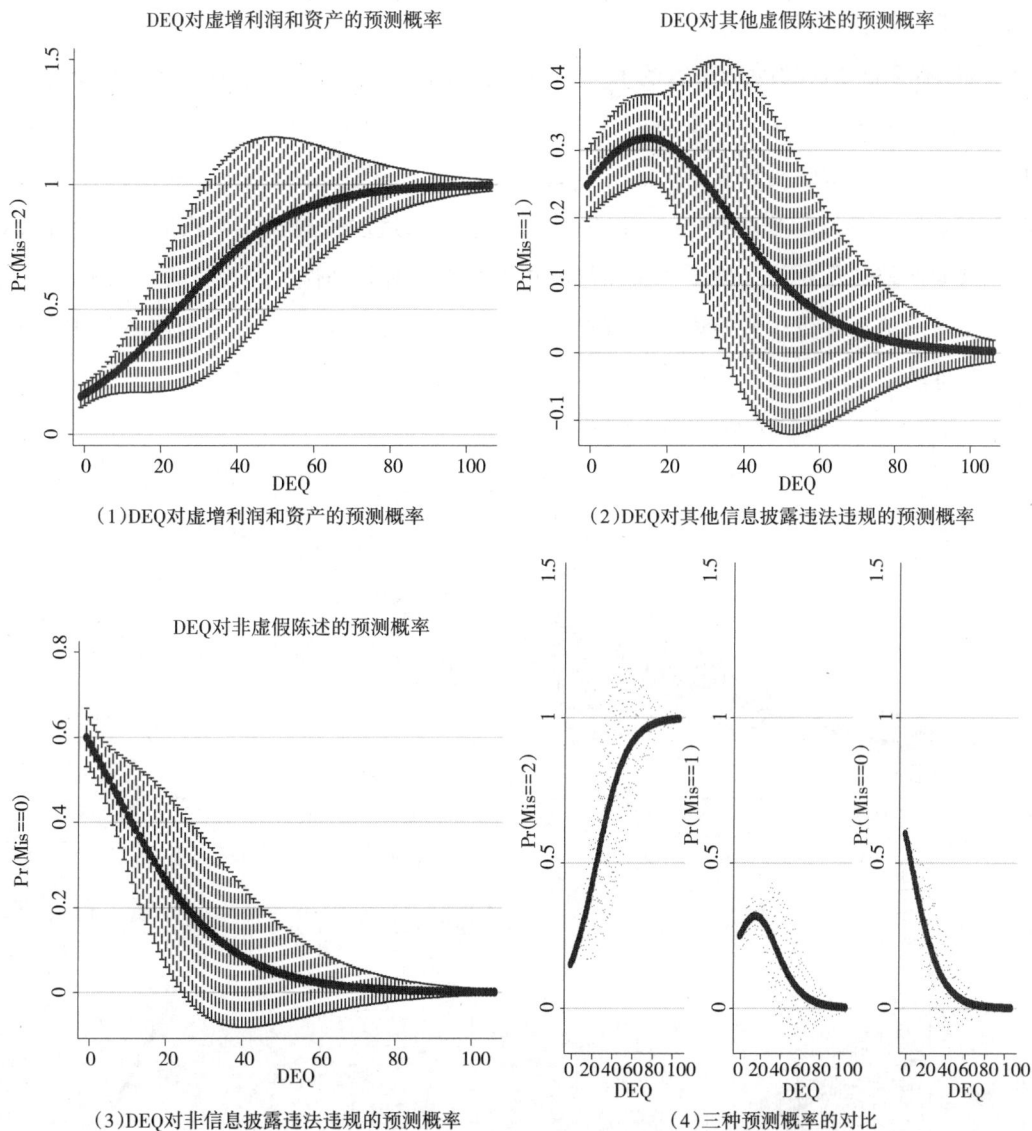

图2-1　产权转化对信息披露违法违规行为选择的预测概率

注：图中虚线为调整预测的95%置信区间

披露违法违规行为选择概率有影响的主要形态在图形偏左的位置。这一阶段产权转化的升高会同时提升信息披露违法违规两种类型的发生概率,同时降低非信息披露违法违规(守法合规)行为的选择概率,这一阶段的变化形态体现了企业行为选择的主要特征。从所有图形的整体态势来看,企业在产权转化(DEQ)达到一定高度后,其他信息披露违法违规行为选择的下降可以解释为该类型的选择已经转向了虚增资产和收益的信息披露违法违规行为。或者说,在企业资本结构中,负债程度的恶化和股权比重的严重下降

使得企业的信息披露违法违规行为选择了最为严重的信息披露违法违规类型。从图2-2
中可知,随着企业股权融资需求的上升,两种类型的信息披露违法违规行为发生的概率
也相应地不断上升。而企业保持非信息披露违法违规的坚守力度或者是相应行为选择
的发生概率也随着股权融资需求的上升而不断下降。当股权融资需求比较高时,虚增资
产和收益的预计发生概率仍在上升,而其他信息披露违法违规类型则没有发生明显变
化。这与产权转化对信息披露违法违规的预计概率有着相类似的内在机理。另外,股权
融资需求对信息披露违法违规行为选择影响的趋势较为稳定,这也是股权融资需求分布
较为对称的结果。

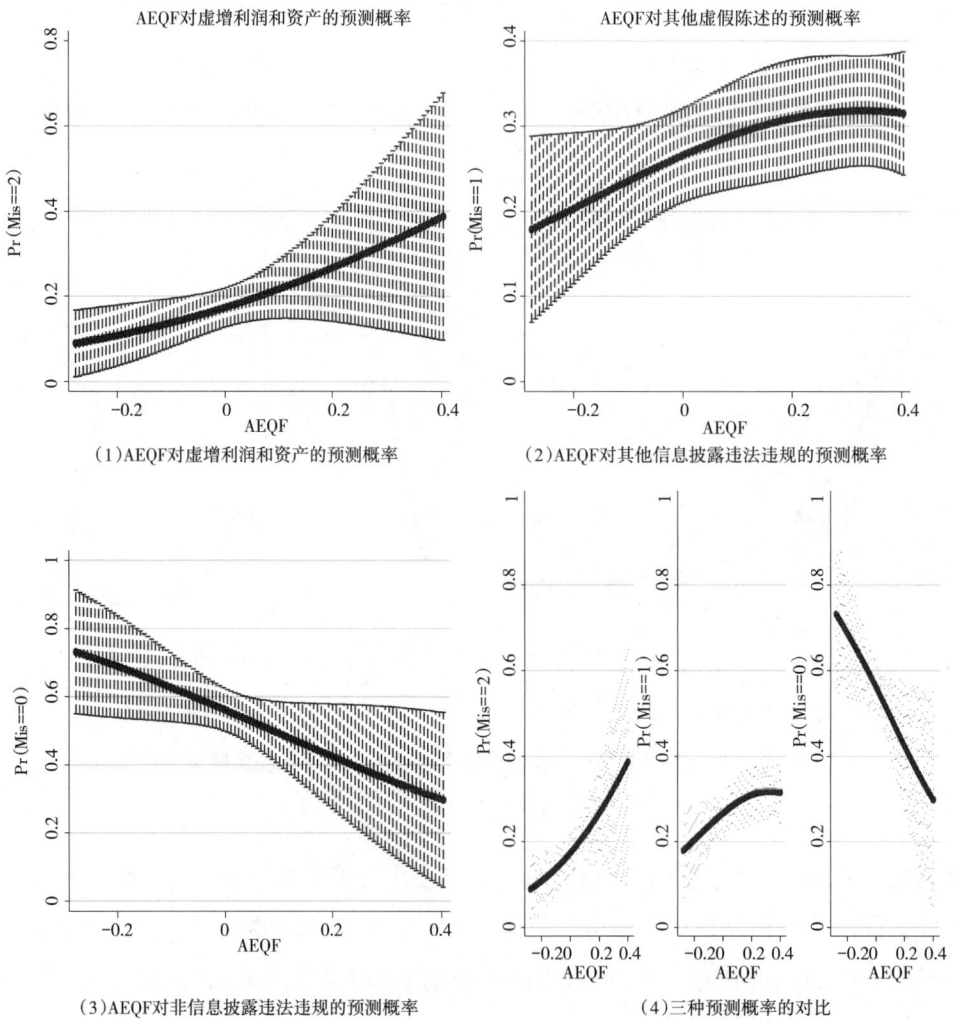

（1）AEQF对虚增利润和资产的预测概率　　　　（2）AEQF对其他信息披露违法违规的预测概率

（3）AEQF对非信息披露违法违规的预测概率　　　　（4）三种预测概率的对比

图2-2　股权融资需求对信息披露违法违规行为选择的预测概率

注:图中虚线为调整预测的95%置信区间

从上述分析中可以看出,企业的产权结构(如 DEQ)、发展状况(如 DASSET)、融资需求(如 AEQF)、经营状况(如 DNI)都对企业的信息披露违法违规行为选择有影响。其中暗含企业存在获取资金和隐瞒绩效的潜在动机,企业信息披露违法违规不仅是"面子"上粉饰的需要,也是潜在利益驱动的结果。而投资者损失是这些信息披露违法违规行为的直接经济后果。

第二节　基于深度学习的信息披露违法违规预测

人工智能在风险评价方面具有优势,在无法得到完全的预测模型的情况下,人工智能有助于精准地预测风险和评价损失。从 20 世纪 90 年代开始,研究人员逐渐认识到人工智能方法在风险评价中具有一定的优势。国外学者亚当·法德拉拉和钱华林(2001)等比较了神经网络与判别分析、Logit 回归模型之间的优劣,他们发现神经网络在舞弊侦测、破产预测以及风险管理等方面都明显优于传统统计方法,神经网络方法在处理未知的复杂模型方面更有效,同时具有更强的数据形态发现能力[1]。除此之外,伊莱恩·亨利和安德鲁·J.利昂(2016)采用定性分析方法验证了将机器学习用于分析信息披露语言是有效的[2]。国内已有学者将人工智能引入风险评价领域。如张明喜和丛树海(2009)基于人工智能的财政风险预警研究[3];胡海青等(2012)基于人工智能的企业信用风险评估研究[4];郑立群等(1999)基于人工智能的投资风险评价研究[5]。

在消费层面,从家庭智能音箱、智能电视到扫地机器人甚至是智能驾驶,人们开始青睐智能产品并对人工智能产生了依赖,智能化的产品走进千家万户,人工智能已经改变了人们的生活方式。反过来,人们对智能产品的需求促使企业不断提升产品的智能化水平,并且产生智能产品的规模化效应,推动了企业基于技术创新和技术进步对产品进行

① FADLALLA A,LIN C H. An Analysis of the Applications of Neural Networks in Finance[J]. Interfaces, 2001, 31(4):112-122.

② HENRY E, LEONE A J.Measuring Qualitative Information in Capital Markets Research: Comparison of Alternative Methodologies to Measure Disclosure Tone[J]. Accounting Review, 2016,91(1):153-178.

③ 张明喜,丛树海."我国财政风险非线性预警系统——基于 BP 神经网络的研究[J].经济管理,2009(5):147-153.

④ 胡海青,张琅,张道宏.供应链金融视角下的中小企业信用风险评估研究——基于 SVM 与 BP 神经网络的比较研究[J].管理评论,2012,24(11):78-80.

⑤ 郑立群,吴育华,周伯康,等.人工神经网络方法在投资风险评价中的应用[J].管理科学学报,1999(4):93-95.

智能化升级。在生产层面,企业生产模式也在逐渐智能化,如无人机运输、智能仓库、智能教育等。基于大数据的深度学习使得企业能够在智能化生产中不断改进工作流程、降低误差和生产成本。随着人工智能应用的普及,企业采用智能化运作模式的成本也将逐渐降低。人工智能对生产领域的渗透给智能化企业带来竞争优势,不断压缩传统企业的生存空间,促使所有企业进行智能化升级改造。

一、信息披露违法违规预测的智能化研究趋势

随着大数据和人工智能技术的发展与实践,人工智能在信息披露违法违规后信息风险的评价上体现出较好的应用前景。目前,将人工智能用于信息披露违法违规信息风险评价的文献还较少,但是已经应用于信息披露违法违规行为及其法律诉讼的预测。如宋新平等(2014)通过神经网络方法对中国上市公司的会计舞弊行为进行侦测[1];布莱恩·帕特里克·格林和崔载华(1997)通过神经网络对数据形态进行辨识来甄别管理层信息披露违法违规行为[2];陈薛如等(2009)通过人工神经网络预测信息披露违法违规诉讼[3]。他们都发现人工智能方法与其他方法相比具有预测精度高、侦测功效强、误分类代价低等特点。上述相关研究主要是基于信息风险的影响因素对信息披露违法违规行为进行预测和甄别,对于信息披露违法违规后信息风险的评价仍存在应用前景。

二、基于深度学习技术分析信息披露违法违规

运用深度学习技术进行信息披露违法违规的预测分析,是基于人工智能的一种尝试。深度学习技术主要基于两个隐藏层的深度神经网络模型,更接近于人脑的思考和运行规律。深度学习技术与传统的统计分析相比,对数据有更强的适应性。如果将深度学习神经网络的结果与传统Logit模型的分类预测结果进行对比,就可以比较出模型之间的优缺点。

从CSMAR数据库中选取2017年6月30日以前被揭露且在2014—2016年度存在直

① SONG X P, HU Z H, DU J G, SHENG Z H. Application of Machine Learning Methods to Risk Assessment of Financial Statement Fraud: Evidence from China[J]. Journal of Forecasting, 2014, 33(8):611-626.

② GREEN B P, CHOI J H. Assessing the Risk of Management Fraud Through Neural Network Technology[J]. Auditing: A Journal of Practice & Theory, 1997, 16(1):14-28.

③ CHEN H J, HUANG S Y, KUO C L. Using the Artificial Neural Network to Predict Fraud Litigation: Some Empirical Evidence from Emerging Markets[J]. Expert Systems with Applications, 2009, 36(2):1478-1484.

接和间接信息披露违法违规的上市公司,同时从Wind数据库提取了非金融类A股上市公司数据。在排除数据缺失的样本后得到1 023家企业的数据集。研究数据集涉及10个变量,包括信息披露违法违规二元指示变量(MisState),对没有信息披露违法违规行为的企业赋值为-1,有信息披露违法违规行为的企业赋值为1。会计信息质量(ABSAVR),首先计算总流动应计与其拟合值之差($v_{i,t}$),然后计算前期4个季度值的算数平均数,最后取绝对值。股权集中度(ASCD),观察期内前十大股东持股比率的平均数。规模扩张(CASSET)即总资产变动率=(观察期后期的总资产–前期的总资产)/前期的总资产。净利润下滑(DNI),净利润变动的虚拟变量。净利润变动率为负,则虚拟变量为1,否则为0;其中,净利润变动率=(后期的净利润–前期的净利润)/前期的净利润。股权融资需求(AEQF),即平均新增股权融资率=(所有者权益变动额/观察期年限–平均净利润)/平均总资产=((总资产变动额–总负债变动额)/观察期年限–平均净利润)/平均总资产;其中,所有者权益变动额可以用总资产变动额与总负债变动额之差进行估算;总资产变动额=观察期后期的总资产–前期的总资产,总负债变动额=后期的总负债–前期的总负债。Z值(AZV),观察期内Z值的平均数,Z值是财务困境的评价指标。股权激励(EIPLAN),取观察期间公告的发行激励总数占总股本比例最大值。总经理变更(CManager),观察期间总经理发生变更,令其为1,否则为0。审计意见(Audit),如果观察期均为"标准无保留意见,令其为0,否则为1。描述性统计结果见表2-6。

表2-6　描述性统计结果

	最小值	第一分位数	中位数	均值	第三分位数	最大值
MisState	0.000	0.000	0.000	0.238	0.000	1.000
ABSAVR	0.000	0.007	0.016	0.026	0.031	2.502
ASCD	0.071	0.416	0.516	0.522	0.619	0.943
CASSET	−0.983	0.004	0.191	1.055	0.518	97.557
DNI	0.000	0.000	0.000	0.470	1.000	1.000
AEQF	−0.219	−0.014	0.001	0.036	0.051	1.952
AZV	−78.700	1.906	3.439	6.793	6.592	225.138
EIPLAN	0.000	0.000	0.000	0.002	0.000	0.073
CManager	0.000	0.000	0.000	0.456	1.000	1.000
AUDIT	0.000	0.000	0.000	0.093	0.000	1.000

第一步,创建一个多层感知机并且进行训练。最先采用的多层感知机是全连接的前馈神经网络,运用斯图加特神经网络模拟器(RSNNS)。为了使得分析结果可以重复,令随机数种子等于2 020。模型有两个隐藏层,第一个隐藏层包含9个神经元,第二个隐藏层包含6个神经元。学习函数采用反向传播算法,所有隐藏层神经元的激活函数采用Logistic激活函数。权重和偏置初始化为随机的(图2-3)。

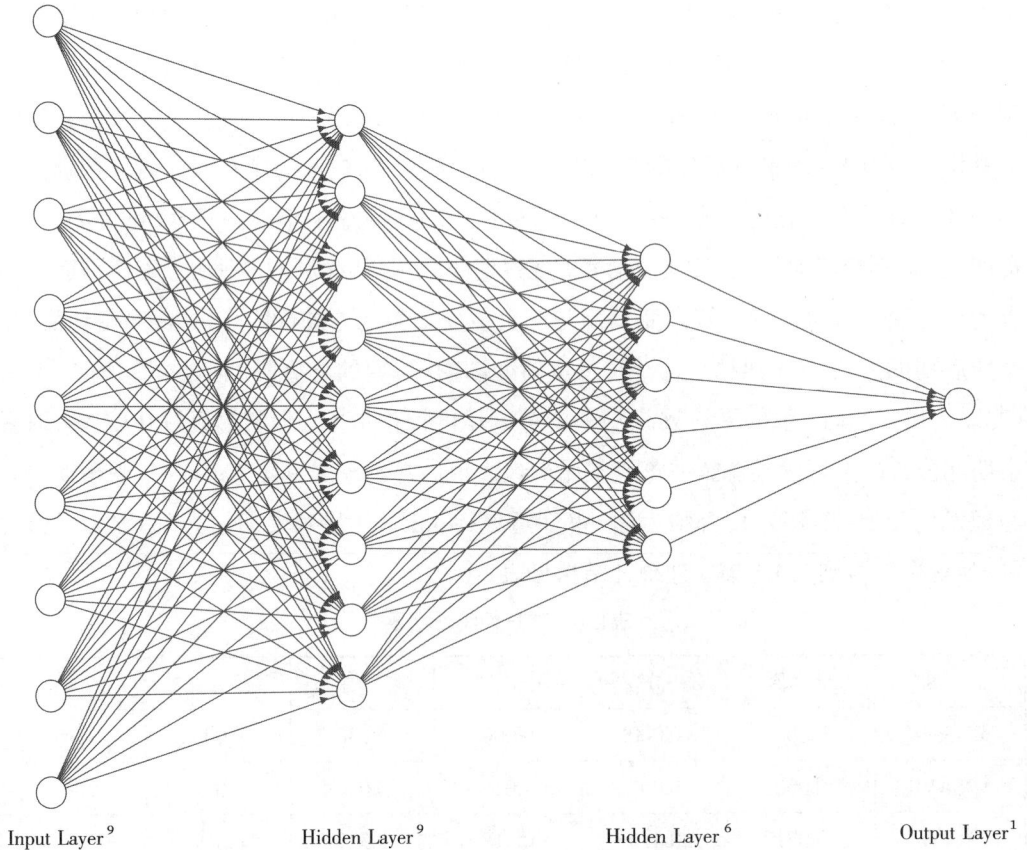

Input Layer[9] Hidden Layer[9] Hidden Layer[6] Output Layer[1]

图2-3　多层感知机的神经网络架构图

第二步,使用测试数据集计算混淆矩阵评估模型的预测能力。混淆矩阵的计算结果见表2-7:

表2-7　混淆矩阵

		Observed	
		−1	1
Predicted	−1	153	52
	1	0	0

其中，对角线上的数据是预测值与实际值一致的样本量。结果表明，误分类的误差率等于25.2%，预测值与实际值的均方误差等于0.927 9，精度系数等于0.100 8。

为了评判深度学习技术的预测效果，需要通过比较模型预测精度后进行判断，将Logit模型作为参照，基于同样的数据进行分析，可以比较预测效果。这是因为Logit模型相当于简化版的一层神经网络模型，多数情况下作为深度学习隐藏层的激活函数而内嵌在深度学习的模型里面。而深度学习是一种非线性的多层神经网络模型，是复杂化和智能化后的模型，可以看作是对Logit模型的一种深层次性能优化。因此，二者是可以相互比较的，而且比较的是模型在复杂化和智能化后有没有在精度上得到提升。

Logit模型预测值与实际值的均方误差等于2.878 8，精度系数等于0.231 8。上述结果表明深度学习技术虽然优于传统的统计预测模型，但还存在一定的改进空间（表2-8）。深度学习技术通过模型的改变提高了预测的准确性，顺利提升了模型的精度。还可以通过增减深度学习神经网络模型的神经元、调整神经网络的层数来进一步提高模型的预测精度。增加深度学习神经网络模型的预测能力最先考虑增加样本量，如果没有更多的样本量，可以通过修改设定的参数对模型加以改进或提升。

表2-8　Logit模型结果

	回归系数	标准误	Z值	Pr(> │Z│)
常数项	−1.064	0.366	−2.906	0.004
ABSAVR	1.944	1.858	1.046	0.295
ASCD	−1.315	0.631	−2.082	0.037
CASSET	−0.035	0.029	−1.175	0.240
DNI	−0.017	0.182	−0.096	0.924
AEQF	0.476	0.779	0.612	0.541
AZV	0.004	0.006	0.605	0.545
EIPLAN	9.534	10.500	0.908	0.364
CManager	0.489	0.178	2.752	0.006
AUDIT	1.790	0.262	6.827	0.000

第三节　利用Logistic增长曲线的预测

值得注意的是，Logistic函数除了在深度学习中得到很好的应用外，还在生物、医学、农业、人口和经济领域都得到了很好的利用。Logistic增长曲线也称为维尔赫斯特（Verhulst）模型或Logistic方程，是由维尔赫斯特（Verhulst）（1845[①]，1847[②]）于19世纪首次发表，用于模拟不允许无限增长的人口规模，后来得到广泛的运用。利用Logistic增长曲线也可以模拟和预测信息披露违法违规的上市公司数量及其趋势，这是一个有意义的尝试。Logistic模型的微分方程表示形式为 $\dfrac{dP[t]}{dt} = g \cdot P[t] \cdot \left(1 - \dfrac{1}{Max} \cdot P[t]\right)$，且模型在 $P[t]$ 和 t 上连续可微。以马尔萨斯参数 g 作为虚假信息披露违法违规数量的连续增长率；以 Max 作为证券市场信息披露违法违规的极限可能数量。下面基于维尔赫斯特（Verhulst）Logistic模型的推导过程进行参数变换，使之适合信息披露违法违规数量的变化趋势。对上述Logistic方程求解，需要先分离变量：

$$\frac{1}{g \cdot P[t] \cdot \left(1 - \dfrac{P[t]}{Max}\right)} \cdot dP[t] = 1 \cdot dt$$

即有：

$$\frac{1}{g} \cdot \left(\frac{1}{P[t]} + \frac{1}{Max - P[t]}\right) \cdot dP[t] = 1 \cdot dt$$

然后对上式求不定积分：

$$\int \frac{1}{g} \cdot \left(\frac{1}{P[t]} + \frac{1}{Max - P[t]}\right) \cdot dP[t] = \int 1 \cdot dt$$

积分结果得到：

$$\frac{1}{g} \cdot \left(\ln\left|P[t]\right| - \ln\left|Max - P[t]\right|\right) = C_1 + t$$

设常数 $C_1 = C - t_0$，t_0 是观测的起始时间，进行参数变换则有：

---

① VERHULST P F. Recherches math'ematiques sur la loi d'accroissement de la population[J]. Nouv. M'em. Acad.R. Sci. B.-lett. Brux, 1845(18):1-45.

② VERHULST P F. Deuxi'eme m'emoire sur la loi d'accroissement de la population[J]. M'em. Acad.R. Sci. Lett.B.-Arts Belg, 1847(20):142-173.

$$\frac{1}{g} \cdot \left(\ln \left| P[t] \right| - \ln \left| \mathrm{Max} - P[t] \right| \right) = C + t - t_0$$

即有：

$$e^{\ln|P[t]| - \ln|\mathrm{Max} - P[t]|} = e^{g \cdot \left(C + t - t_0 \right)}$$

将方程进行变换得到：

$$\frac{P[t]}{\mathrm{Max} - P[t]} = e^{g \cdot C} \cdot e^{g \cdot (t - t_0)}$$

求解方程得：

$$P[t] = \frac{e^{g \cdot C} \cdot \mathrm{Max} \cdot e^{g \cdot (t - t_0)}}{1 + e^{g \cdot C} \cdot e^{g \cdot (t - t_0)}}$$

若已知初值条件 $P[t_0] = P_{t_0}$，即有：

$$\frac{e^{g \cdot C} \cdot \mathrm{Max}}{1 + e^{g \cdot C}} = P_{t_0}$$

则有 $e^{g \cdot C} = P_{t_0} / (\mathrm{Max} - P_{t_0})$，代入 $P[t]$ 的解，求得满足初值条件的解：

$$P[t] = \frac{e^{g \cdot (t - t_0)} \cdot \mathrm{Max} \cdot P_{t_0}}{\mathrm{Max} - P_{t_0} + e^{g \cdot (t - t_0)} \cdot P_{t_0}}$$

维尔赫斯特(Verhulst)Logistic模型中人口规模受外部环境条件等因素的限制,不可能出现无限增长。而信息披露违法违规的上市公司数量受到上市公司资源、会计准则、证券监管机构的制约,同样不能无限制增长。假设 $g > 0$,那么对方程的时间自变量 t 取极限后有：

$$\lim_{t \to \infty} P[t] = \lim_{t \to \infty} \frac{e^{g \cdot (t - t_0)} \cdot \mathrm{Max} \cdot P_{t_0}}{\mathrm{Max} - P_{t_0} + e^{g \cdot (t - t_0)} \cdot P_{t_0}} = \mathrm{Max}$$

方程描述了在信息披露违法违规的数量 $P[t]$ 接近 Max 的过程中,违法违规数量的变化速率 $\dfrac{\mathrm{d}P[t]}{\mathrm{d}t}$ 是如何变化、如何下降的。可以尝试用Logistic增长曲线模拟信息披露违法违规上市公司数量的增长曲线。

从CSMAR公司研究数据库中提取1994年以来发生或被揭露信息披露违法违规的上市公司数量,不仅包括由中国证监会处罚的上市公司,还包括由其他各级监管机构发现或处罚的违规公司(表2-9)。考虑上市公司发生违规且属于信息披露违法违规的六种类型,包括虚构利润(P2501)、虚列资产(P2502)、虚假记载(误导性陈述)(P2503)、推迟披露(P2504)、重大遗漏(P2505)和其他披露不实(P2506)等上市公司直接和间接的违规行为。

由于虚假信息披露违法违规的揭露具有很长的时间延后性,长的可能达3年。因此,2022年前三年(2019—2021年)的违法违规数量后续会随着监管机构的发现而进一步增加。基于1994—2022年的数据提取范围,实际有效的观察区间应当是1994—2018年。其中,1995—2018年的年均增长率为0.266 7(图2-4)。

表2-9　历年直接和间接信息披露违法违规上市公司数量

年度	数量	增长率	年度	数量	增长率	年度	数量	增长率
1994	10	—	2003	202	−0.106 2	2012	608	0.258 8
1995	14	0.4	2004	205	0.014 9	2013	568	−0.065 8
1996	32	1.285 7	2005	157	−0.234 2	2014	546	−0.038 7
1997	45	0.406 3	2006	175	0.114 7	2015	769	0.408 4
1998	58	0.288 9	2007	206	0.177 1	2016	1 004	0.305 6
1999	82	0.413 8	2008	239	0.160 2	2017	1 196	0.191 2
2000	146	0.780 5	2009	272	0.138 1	2018	1 352	0.130 4
2001	265	0.815 1	2010	306	0.125	2019	1 158	−0.143 5
2002	226	−0.147 2	2011	483	0.578 4	2020	894	−0.228 0

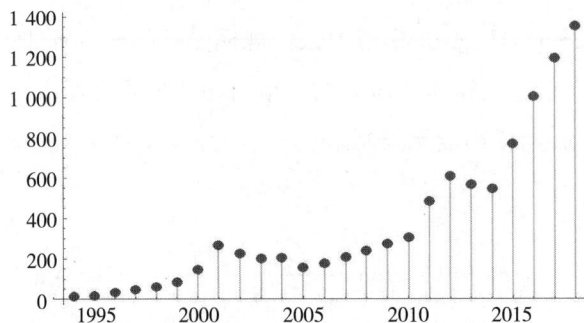

图2-4　年度发生信息披露违法违规行为的上市公司数量走势

下面用Logistic方程来近似信息披露违法违规的上市公司年度数量,将前述计算的年均增长率 $g = 0.266\,7$ 作为预期增长率,假设可见未来的年度发生违规的公司数量最大可能值是 $\text{Max} = 1\,600$,观察初始年份的违规公司数量 $P_{t_0} = 10$。构建Logistic增长曲线预测模型如下:

$$P[t] = \frac{e^{0.266\,7(t-1994)}1\,600 \times 10}{1\,600 - 10 + e^{0.266\,7(t-1994)} \times 10}$$

此预测模型可以用来预测年度发生信息披露违法违规的上市公司数量。通过将两个曲线画在一张图上与实际普查值进行比较,可以发现Logistic模型对信息披露违法违规的趋势拥有一定的预测效果(图2-5)。

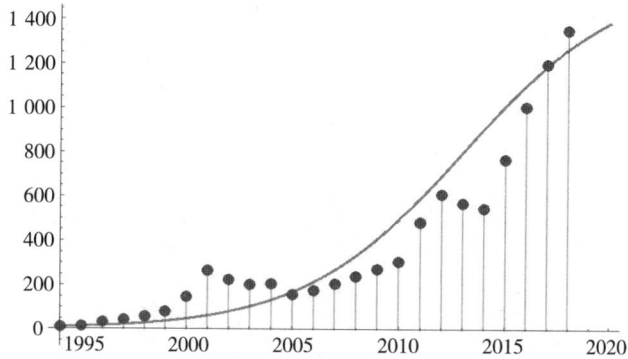

图2-5 Logistic曲线与年度发生信息披露违法违规行为的上市公司数量走势

信息披露违法违规的数量趋势会受到不同时期证券市场的环境、发展以及监管政策调整的影响,不能像人口自然增长趋势那样同Logistic曲线完美契合。但是,这种拟合趋势已经很明显。

3

从信息风险角度揭示信息披露

违法违规的经济后果

第一节 信息风险的经济后果

全球化、技术升级和新工业革命给企业带来的挑战越来越严峻,企业面临的经营环境和风险管理的内容也越来越复杂。面临严峻的外部挑战,企业"打铁还需自身硬"。风险管理的重要内容之一是信息风险问题。从国内外曝出信息风险问题的上市公司如瑞幸咖啡(Nasdaq: LK)、康美药业(600518)等来看,信息风险给企业带来退市、赔偿等巨额经济损失,重创企业声誉,让企业处于濒临破产的边缘。在信息爆炸时代如何处理好信息风险问题,不仅关系到企业的健康发展,还关系到企业经营的成败。信息披露违法违规是信息风险的表现形式。企业对信息风险的管理和应对包括如何让企业信息披露合法合规,避免违法违规产生的负面影响企业的社会形象和经济利益。避免出现信息披露违法违规,一方面是守牢企业信息安全、完整、可靠的基本要求,另一方面也是企业治理能力和风险管理水平的重要体现。

从信息风险角度分析企业和投资者所受到的危害,能够深刻揭示信息披露违法违规的经济后果。既有研究表明高质量的信息披露会降低企业的资本成本[1],使得企业在资本市场上容易获得满足资金需求的融资。反之,信息质量越低的企业越不容易被并购[2],使得企业被排除在投资对象之外。较低的信息质量在理论上引致了不利的经济后果,使得企业难以参与市场资源配置,事实真的如此吗?为了参与市场资源配置,有些企业实施盈余管理甚至信息披露违法违规来掩饰和隐蔽不良的经营业绩信息。如果企业披露的会计信息与经济现实之间存在偏差,就形成了对外扩散的信息风险。外部市场对于信息风险而言是存在反应机制的。从信息与决策的相关性看,基于企业信息风险的行为决策是一种反应机制也是企业信息风险的经济后果。信息是行为决策的重要依据,企业信息对于各种资产价格的确定至关重要,各种企业价值的评估基础都是建立在财务信息基础之上的,其不确定性会影响市场资源配置。如在并购市场中,较高的信息风险具有抑制资产评估价格的作用。这是因为信息风险作为资产定价的影响因素会增大资本的机

---

① EASLEY D, O'HARA M. Information and the Cost of Capital[J]. The Journal of Finance, 2004, 59(4): 1553-1583.

② AMEL-ZADEH A, ZHANG Y. The Economic Consequences of Financial Restatements: Evidence from the Market for Corporate Control[J]. Accounting Review, 2015, 90(1): 1-29.

会成本,进而导致企业价值下降。近些年国内企业逐渐做大做强,既靠技术能力与生产实力的崛起,也靠横向联合与吞并。企业积极参与并购重组的一个重要原因在于希望抓住资本市场中的各种获利机会。去除企业的高信息风险特征并不需要付出较多的管理成本,并购那些处于价值洼地的企业并对其信息风险特征进行改造是一种价值实现行为,可以使得并购发起方获得额外的投资收益,激发其他企业对高信息风险企业发起并购。从市场资源配置角度看,当企业价值被高信息风险压制时,企业在资源配置中的弱势地位就会显现。较高的信息风险和较低的企业价值都可能让企业在并购重组谈判中处于弱势地位,企业最终以被并购方的角色参与市场资源配置。

经济后果的分析不仅涉及其对市场决策行为的影响,也包括对政府决策行为的影响。较高的信息风险同样招致了证券监管机构的惩罚。为了维护市场的有效运转,监管机构希望降低信息风险、提高财务信息质量,但证券监管机构的处罚决策基本上都是被动发出的。表面上看是高信息风险企业容易越过违法违规的界限,实际上是高信息风险容易激发监管机构的处罚程序。信息风险与外部监管之间的作用关系使得高信息风险企业极有可能遭受外部监管的制裁。

信息风险的构成成分可以划分为临时信息风险和长期信息风险[①]。但是,临时性的信息操纵并不一定是信息风险的主要因素,其长期固化的风险成分可能更具有代表性。对信息风险的不同构成内容,外部市场进行资源配置的反应可能不同。而监管机构对信息风险不同构成成分的监管反应也可能相异。按照不同构成内容或不同驱动因素对信息风险进行解构,可以找出监管机构的监管重点及其存在的问题。

信息风险一方面会模糊企业未来现金流的状况,信息风险越高的企业其所披露的信息与反映企业价值的正确信息偏离的程度越远、偏离的频率越高;另一方面信息风险作为一种风险因素并且是资本成本的决定因素之一,会影响企业价值评估中折现系数的大小。研究表明信息的特征、数量和质量都是资本成本和资产定价的决定性因素[②③④⑤]。在

① FRANCIS J, LAFOND R, OLSSON P, SCHIPPER K. The market pricing of accruals quality[J]. Journal of Accounting and Economics, 2005,39(2):295-327.

② EASLEY D, O'HARA M. Information and the Cost of Capital[J]. The Journal of Finance, 2004,59(4):1553-1583.

③ FRANCIS J, LAFOND R, OLSSON P M,et al. Costs of Equity and Earnings Attributes[J]. The Accounting Review, 2004, 79(4):967-1010.

④ LAMBERT R,LEUZ C, VERRECCHIA R E. Accounting Information, Disclosure, and the Cost of Capital[J]. Journal of Accounting Research, 2007,45(2):385-420.

⑤ BARDOS K S, MISHRA D. Financial Restatements, Litigation and Implied Cost of Equity[J]. Applied Financial Economics, 2014,24(1):51-71.

此基础之上,研究学者对信息风险进行了分解并从多个角度分析了信息风险构成成分与资本成本、资产定价之间的关系①②③。信息风险既从风险角度刻画了企业内在固有的、长期持续的信息特征和会计信息质量,也反映了企业临时性的财务信息披露行为。信息风险的不同构成对参与市场资源配置的企业而言可能会产生不同的效果,分析信息风险的结构有助于进一步深入研究信息风险在市场资源配置活动中发挥作用的具体形式和影响路径。在信息风险的结构分析方面,最早可以追溯到以分析盈余质量为目的的琼斯模型④。经过不断的修正和发展,才衍生出信息风险的分解方法。信息风险既包含反映企业长期信息风险状况、信息特征的长期累积的信息风险,也包含由企业自主决断、临时信息调整引致的临时随意的信息风险⑤。基于这种分解方法所做的理论研究有助于分析信息风险问题产生的深层次原因。信息风险的不同构成成分可能起到不同的定价作用,进而对融资成本产生不同的影响。于李胜和王艳艳(2007)认为信息风险的不同构成成分对权益资本成本和市场定价的影响路径可能存在明显的不同⑥。信息风险不同构成成分产生的经济后果远不止于此,其中一个重要的方面是信息风险及其不同构成成分可能对外部决策如市场资源配置和监管机构的处罚决策产生影响。而且,临时随意的信息风险与长期累积的信息风险的独特特征决定了其产生影响的方向和强度不一定相同,这亟须得到验证。

① FRANCIS J, LAFOND R, OLSSON P, et al. The market pricing of accruals quality[J]. Journal of Accounting and Economics, 2005, 39(2): 295-327.

② KRAVET T, SHEVLIN T. Accounting Restatements and Information Risk[J]. Review of Accounting Studies, 2010, 15(2): 264-294.

③ RIEDL E J, SERAFEIM G. Information Risk and Fair Values: An Examination of Equity Betas[J]. Journal of Accounting Research, 2011, 49(4): 1083-1122.

④ JONES J. Earnings Management During Import Relief Investigations[J]. Journal of Accounting Research, 1991, 29(2): 193-228.

⑤ 同①。

⑥ 于李胜,王艳艳.信息风险与市场定价[J].管理世界,2007(2):76-85.

第二节　理论假说与实证分析

一、信息风险引致并购重组活动

信息风险是资产定价的决定因素,那么对市场资源配置活动中的主并购方而言是一种潜在的并购价值。信息风险会降低企业市场价值,而对主并购方而言这种信息风险造成的市场价值降低能够通过强制性整合财务、企业文化和管理机制加以消除。并购活动结束后这种信息风险会降低甚至消失,形成企业的并购收益。同时,关于信息风险对市场资源配置的影响路径的一种理论观点认为信息风险增加了逆向选择成本,财务重述使得潜在并购方望而却步[①]。然而,信息风险逆向选择的直接后果是高信息风险企业可能成为并购交易的热门,即具有较高信息风险的企业驱逐具有较低信息风险的企业成为并购市场的主要交易对象。从市场资源配置的角度看这是市场竞争选择的结果,但对于被并购的高信息风险企业而言这是来自市场的"惩罚"。对并购方而言长期累积的信息风险具有潜在的并购价值,促使并购方做出有利的并购决策。虽然既有研究暗示信息风险可能是企业并购成功与否的潜在重要影响因素,但是还没有研究区分长期累积的信息风险和临时随意的信息风险对企业并购决策的影响和作用。并购发起方在选择并购对象时一方面会选择那些能够带来潜在并购收益的企业,即市场资源配置活动对企业长期累积的信息风险具有反应机制;另一方面市场也倾向于回避那些具有临时随意信息风险的企业,较高的临时随意信息风险具有无法判断的价值不确定性使得潜在并购发起方丧失投资兴趣或对其反应不灵敏。因此,本研究提出以下假设:

H1a:长期累积的信息风险越高越容易激发市场资源配置活动,企业成为被并购目标的可能性越大。

H1b:市场对临时随意的信息风险反应不灵敏,企业成为并购目标的可能性较低。

---

① AMEL-ZADEH A, ZHANG Y. The Economic Consequences of Financial Restatements: Evidence from the Market for Corporate Control[J]. Accounting Review, 2015, 90(1): 1-29.

二、信息风险引致监管机构处罚

经济后果分析同时包括会计报告对市场参与者行为决策的影响和会计报告对政府决策行为的影响[①]。本研究需要考虑信息风险对监管机构行为决策的影响是否与前述理论保持一致。如果把高信息风险企业沦为被并购目标看作是信息风险指引市场"处罚"的结果，那么高信息风险也应当能够指引审计单位的反应或监管机构的处罚。薄仙慧和吴联生（2011）分析了信息风险与审计意见的关系，他们发现信息风险增加了审计非标意见出具的概率[②]。信息风险不同构成成分除了可能引致市场的反应外，也可能引致其他服务机构或监管机构的反应。张迪（2012）认为基本面的信息风险成分更能引起审计师的关注[③]。证券监管机构也承担着企业外部治理的作用与责任，兼具维护投资者利益和维护市场秩序的功能，对上市公司信息披露负有外部监管和治理责任。但是，由于信息风险本身的复杂性，可能导致证券监管机构对信息风险不同构成成分作出不同的响应。在市场监管中，信息风险越高其潜在的信息披露违法违规行为越有可能被监管机构察觉。但是，没有研究表明监管机构对于信息风险的监管是否具有灵敏性和及时性。信息风险事件或违规行为从发生至被发现之间往往需要一段较长的时间，或者企业经过多次信息披露违法违规的长年累积后才最终得以暴露。从违规行为发生至被发现的时间距离来看，证券监管机构对于企业信息披露违法违规等信息风险事件的处理比较滞后。这说明信息风险中短期操纵或临时调整的信息风险与证券监管当局的监管反应并不一定对称。可能的原因是长期累积的信息风险越高的企业越容易被发现，突破监管方容忍底线的可能性也越高，也越容易成为法律法规处罚的对象。长期累积的信息风险较高的企业往往处于信息危机爆发的边缘，并且具有一定的群体特征。如果长期累积的信息风险与监管处罚存在正相关关系，就表明监管机构的监管倾向是长期累积的信息风险激发的。另外，临时随意的信息风险体现了企业可操纵的信息空间和信息波动。当临时随意的信息风险较大时，企业的信息风险操纵行为就可能潜藏在信息波动中间，使得证券监管机构难以捕捉到有效的线索和规律。因此，本研究提出如下假设：

H2a：长期累积的信息风险越高，监管机构的处罚决策越容易做出，企业越可能成为

① ZEFF S A. The Rise of "Economic Consequences" [J].Journal of Accountancy, 1978(12):56-63.

② 薄仙慧,吴联生.盈余管理、信息风险与审计意见[J].审计研究,2011(1):90-97.

③ 张迪.审计师对信息风险区别对待了吗？——基于"调增式变脸"与审计意见关系的证据[J].审计研究,2012(3):106-112.

处罚对象。

H2b：临时随意的信息风险越高，监管决策需要的信息越难以捕捉，企业越不容易成为处罚对象。

三、模型设计与实证结果

本研究的数据来源于WIND资讯金融数据库和CSMAR数据库。其中，信息风险的计算过程在前述研究设计的基础上采用WIND资讯金融数据库中A股季度财务数据，模型变量的时间跨度为2007年第三季度至2015年第三季度。企业并购重组数据来源于CSMAR数据库2012—2015年"并购重组交易信息总表"。为提升研究样本的一般性，本研究采用的并购数据基于广义的并购活动，包括吸收合并、资产重组等形式。无论并购重组成功与否，只要成为并购发起方的目标选择对象，本研究都将其视为市场资源配置中被配置的表现形式。违规处罚数据来源于CSMAR数据库2012—2015年"违规信息总表"。最后结合采用2011—2014年的年度报告数据，剔除数据缺失的样本，形成以企业为研究对象的平衡面板数据集。

会计信息应计质量的分析为进一步刻画信息风险提供了基础。信息风险的度量虽然基于会计信息应计质量的分析，但信息风险的度量强调了长期累积的信息风险与临时随意的信息风险的分解。进一步的分解在内容上反映出信息风险构成成分的复杂性，在原因解释上部分反映出信息失真的复杂路径。长期累积的信息风险和临时随意的信息风险二者在形式上分别是长期存在的信息扭曲和临时性信息噪音，体现了信息风险不同构成在可操纵性上的不同。参考托德·克拉维特和特里·谢富林（2010）[1]、帕特丽夏·M.德豪和伊莉亚·D.迪切夫（2002）[2]所采用的研究方法和模型，可以逐步计算评估出长期累积的信息风险（INIR）和临时随意的信息风险（DIR）的季度水平值。首先，构建如下总流动应计模型：

$$TCA_{it} = \alpha_{0,i} + \alpha_{1,i}\frac{CFO_{i,t-1}}{Asset_{i,t-1}} + \alpha_{2,i}\frac{CFO_{i,t}}{Asset_{i,t}} + \alpha_{3,i}\frac{CFO_{i,t+1}}{Asset_{i,t+1}} + \alpha_{4,i}\frac{\Delta REV_{i,t}}{Asset_{i,t-1}} + \alpha_{5,i}\frac{PPE_{i,t}}{Asset_{i,t-1}} + v_{i,t} \tag{3-1}$$

① KRAVET T, SHEVLIN. Accounting Restatements and Information Risk[J]. Review of Accounting Studies, 2010, 15(2): 264-294.

② DECHOW P M, DICHEV I D. The Quality of Accruals and Earnings: The Role of Accrual Estimation Errors[J]. The Accounting Review, 2002(77): 35-59.

其中，$v_{i,t}$ 是 i 企业 t 季度的可操纵应计，也可用如下等式表示：

$$v_{i,t} = TCA_{it} - \left\{ \alpha_{0,i} + \alpha_{1,i}\frac{CFO_{i,t-1}}{Asset_{i,t-1}} + \alpha_{2,i}\frac{CFO_{i,t}}{Asset_{i,t}} + \alpha_{3,i}\frac{CFO_{i,t+1}}{Asset_{i,t+1}} + \alpha_{4,i}\frac{\Delta REV_{i,t}}{Asset_{i,t-1}} + \right.$$
$$\left. \alpha_{5,i}\frac{PPE_{i,t}}{Asset_{i,t-1}} \right\}$$

根据弗兰西斯等（2005）[①]、托德·克拉维特和特里·谢富林（2010）[②]等人采用的测度方法，计算 $t-4$ 至 t 年期间 $\hat{v}_{i,t}$ 的 16 个季度标准差来指示信息风险，表示为 $\sigma(\hat{v})_{i,t}$。测度和指示信息风险的指标值越大表明信息风险越高。然后，对 $\sigma(\hat{v})_{i,t}$ 进行分解得到研究需要的长期累积的信息风险（INIR）和临时随意的信息风险（DIR）指标：

$$\sigma(\hat{v})_{i,t} = \gamma_0 + \gamma_1 LNSize_{i,t} + \gamma_2\sigma\left(\frac{CFO}{Asset}\right)_{i,t} + \gamma_3\sigma\left(\frac{Sale}{Asset}\right)_{i,t} + \qquad (3\text{-}2)$$
$$\gamma_4 LNOperCycle_{i,t} + \gamma_5 NegEarn_{i,t} + \mu_{i,t}$$

其中，以 $\hat{\mu}_{i,t}$ 来估计临时随意的信息风险的大小。长期累积的信息风险以信息风险 $\sigma(\hat{v})_{i,t}$ 与临时随意的信息风险的差来估计。在此基础上可以进一步分析前述理论假设，构建如下面板 Logit 分析模型：

$$P(TARG_{it} = 1) = f(\alpha + \beta InfoRisk + \gamma_1 SGROW_{it} + \gamma_2 LIQUID_{it} +$$
$$\gamma_3 LEVER_{it} + \gamma_4 SIZE_{it} + \gamma_5 MTB_{it} + \gamma_6 PE_{it} + \gamma_7 INST_{it} + \qquad (3\text{-}3)$$
$$\gamma_8 ROA_{it} + \varepsilon_{it})$$

$$P(PENA_{it} = 1) = f(\alpha + \beta InfoRisk + \gamma_1 LEV_{it} + \gamma_2 GRDUM_{it} + \gamma_3 SIZE_{it} +$$
$$\gamma_4 MTB_{it} + \gamma_5 PE_{it} + \gamma_6 ROA_{it} + \gamma_7 BIHO_{it} + \gamma_8 TRANS_{it} + \qquad (3\text{-}4)$$
$$\gamma_9 OPIN_{it} + \gamma_{10} BIGN_{it} + \varepsilon_{it})$$

其中，解释变量为信息风险二维向量（InfoRisk），包含长期累积的信息风险和临时随意的信息风险成分。控制变量的选取参考了信息风险相关研究中关于并购发生概率的分析[③]、关于信息披露违法违规的原因分析[④]、关于信息风险的评价[⑤]等国内外相关研究中

① FRANCIS J, LAFOND R, OLSSON P. The market pricing of accruals quality[J]. Journal of Accounting and Economics, 2005,39(2):295-327.

② KRAVET T, SHEVLIN T. Accounting Restatements and Information Risk[J]. Review of Accounting Studies, 2010,15(2):264-294.

③ AMEL-ZADEH A, ZHANG Y. The Economic Consequences of Financial Restatements: Evidence from the Market for Corporate Control[J]. Accounting Review, 2015,90(1):1-29.

④ EFENDI J, SRIVASTAVA A, SWANSON E P. Why do corporate managers misstate financial statements? The role of option compensation and other factors[J]. Journal of Financial Economics, 2007,85(3):667-708.

⑤于李胜,王艳艳. 信息风险与市场定价[J]. 管理世界,2007(2):76-85.

使用的控制变量。在假设H1a和H1b的分析中,因变量TARG是并购目标与否的二元指示变量。在假设H2a和H2b的分析中,因变量PENA为被处罚与否的二元指示变量。本研究同时控制了关联方交易(TRANS)、审计意见类别(OPIN)和审计单位(BIGN)的影响。由于上一年度财务数据的披露是在接近次年第二季度或6月底以前完成的,部分控制变量指标的计算需要基于上一年度的财务数据得出,详见主要变量定义和描述性统计。研究使用的主要变量名称、符号和具体定义见表3-1。

表3-1 主要变量描述

Panel A: 模型(1)和(2)	
变量名称	变量定义
总流动应计TCA	$= \dfrac{\Delta CA_{i,t} - \Delta CL_{i,t} - \Delta Cash_{i,t} + \Delta STDEBT_{i,t}}{Asset_{i,t-1}}$,$\Delta CA_{i,t}$是$i$企业$t$季度的流动资产变动额;$\Delta CL_{i,t}$是$i$企业$t$季度的流动负债变动额;$\Delta Cash_{i,t}$是$i$企业$t$季度的现金及现金等价物(或货币资金+交易性金融资产)变动额,$\Delta STDEBT_{i,t}$是i企业t季度的流动负债中债务(或短期借款+交易性金融负债)的变动额;除以上一季度总资产进行缩放标准化
经营性现金流量CFO/Asset	季度经营性现金流量净额除以总资产(进行缩放标准化)
营业收入变动额 ΔREV/Asset	季度营业总收入变动额除以上一季度总资产(进行缩放标准化)
厂房机械设备PPE/Asset	季度厂房机械设备(或固定资产)除以上一季度总资产(进行缩放标准化)
信息风险 $\sigma(\hat{v})$	16个季度可操纵应计估计值的标准差
总资产LNSize	季度总资产的自然对数
经营性现金流波动 $\sigma\left(\dfrac{CFO}{Asset}\right)$	16个季度内经营性现金流与总资产比值的标准差
销售收入波动 $\sigma\left(\dfrac{Sale}{Asset}\right)$	16个季度内销售收入与总资产比值的标准差
营业周转余额LNOperCycle	应收账款与存货之和的自然对数
亏损期数NegEarn	16个季度内净利润减去非经常性损益为负的季度数量
Panel B: 模型(3)和(4)	
变量名称	变量定义
并购目标TARG	哑变量,上市公司在某年度成为(广义的)并购重组交易标的方则令其为1,否则为0
监管处罚PENA	哑变量,如果上市公司因为信息披露违法违规或信息披露违规被证券交易所、证券监管机构或其他政府机构处罚令其为1,否则令其为0。被处罚的违规行为包括虚构利润、虚列资产、虚假记载、推迟披露、重大遗漏、披露不实、欺诈上市和一般会计处理不当

续表

Panel B: 模型(3)和(4)	
变量名称	变量定义
长期累积的信息风险 INIR	参考托德·克拉维特和特里·谢富林(2010),弗兰西斯等(2005)的计算方法得到季度信息风险水平。年度信息风险水平可以采用四个季度内信息风险数据结果的平均数加以表示。由于财务报告数据的披露及其影响具有一定的时间滞后性,信息风险计算的时间区间往前推两个季度,对时间进行平移调整。如对于2015年度的潜在信息风险水平可以采用2014年第三季度信息风险至2015年第二季度信息风险的平均数来估算
临时随意的信息风险 DIR	参考托德·克拉维特和特里·谢富林(2010),弗兰西斯等(2005)的计算方法得到季度信息风险水平。年度信息风险的计算以及时间区间调整方法同上
长期累积的信息风险变动额 C4INIR	年中(第二季度)长期累积的信息风险(INIR)的同比增加量
临时随意的信息风险变动额 C4DIR	年中(第二季度)临时随意的信息风险(DIR)的同比增加量
高信息风险企业 HLINIR	哑变量。以算数平均数为分界线,长期累积的信息风险较高的企业令其为1,长期累积的信息风险较低的企业令其为0
成长性 SGROW	营业总收入增长率的平均数,基于过去三年数据计算
流动性 LIQUID	流动资产/总资产的平均数,基于过去三年数据计算
资本结构 LEVER	非流动负债权益比率的平均数,基于过去三年数据计算
企业规模 SIZE	总市值的自然对数,基于上一年度(或期初)数据计算
市值与账面价值比 MTB	股权市场价值与账面价值之比,基于上一年度(或期初)数据计算
市盈率 PE	市盈率,基于上一年度(或期初)数据
机构持股比率 INST	机构持股比率,基于上一年度(或期初)数据
总资产报酬率 ROA	总资产报酬率,基于上一年度(或期初)数据
杠杆率 LEV	非流动负债权益比率,基于上一年度(或期初)数据
特征类别 GRDUM	基于上一年度企业特征构建的分类哑变量。同时具有低增长率、高流动性和低杠杆率的特征或者同时达到高增长率、低流动性和高杠杆率的特征时令其为1,其他情况令其为0
大股东持股 BIHO	前十大股东持股比例合计
关联方交易 TRANS	上一年度向关联方销售产品、采购产品、提供劳务、接受劳务金额之和的自然对数

Panel B: 模型（3）和（4）	
变量名称	变量定义
审计意见类别OPIN	哑变量，标准的无保留意见令其为1，其他带强调事项段的无保留意见、保留意见、无法表示意见等令其为0
审计单位BIGN	哑变量，参照中国注册会计师协会发布的《2015年会计师事务所综合评价前百家信息》的排名，排名前十位的会计师事务所令其为1，其他令其为0

　　由于长期累积的信息风险和临时随意的信息风险是在同一模型下通过分解信息风险得到的测度指标，因此它们的绝对值具有可比性。从表3-2的面板数据描述性统计结果中可以看出，临时随意的信息风险均值的绝对值远小于长期累积的信息风险均值的绝对值，这表明企业长期累积的信息风险的严重程度要远高于临时随意的信息风险。进一步对长期累积的信息风险和临时随意的信息风险取绝对值后再求均值分别为0.090 3和0.037 1，仍然差距比较大。长期累积的信息风险的标准差小于临时随意的信息风险的标准差、长期累积的信息风险最大值与最小值的差小于临时随意的信息风险最大值与最小值的差。表明临时随意的信息风险的变异性大于长期累积的信息风险，其稳定性较弱。上述结果表明信息风险中很大一部分是相对稳定或固定的信息风险，或者说长期累积的信息风险是信息风险的主要来源。

表3-2　描述性统计

Panel A: 模型（1）和（2）						
	样本量	均值	中位数	标准差	最小值	最大值
TCA	42 346	0.006 7	0.004 3	0.307 7	−19.507 2	21.449 0
CFO/Asset	45 078	0.012 1	0.009 9	0.118 4	−7.228 2	11.520 7
ΔREV/Asset	42 346	0.019 5	0.002 8	1.102 6	−19.610 3	209.956 6
PPE/Asset	42 346	0.276 5	0.231 3	0.721 4	0.000 0	119.513 4
$\sigma(\hat{v})$	21 728	0.094 4	0.066 8	0.146 8	0.012 9	2.540 2
LNSize	21 728	22.216 9	22.103 7	1.352 0	17.043 8	28.016 5
$\sigma(\text{CFO/Asset})$	21 728	0.039 4	0.032 7	0.031 3	0.002 1	0.883 1
$\sigma(\text{Sale/Asset})$	21 728	0.057 0	0.040 5	0.123 3	0.001 4	4.944 3
LNOperCycle	21 728	20.559 3	20.632 7	1.744 0	7.071 2	26.611 6
NegEarn	21 728	4.269 6	3	4.378 2	0	16

续表

Panel B: 模型(3)和(4)					
	样本量	均值	中位数	标准差	最小值	最大值
TARG	4 848	0.413 6	0	0.492 5	0	1
PENA	4 848	0.086 8	0	0.281 6	0	1
INIR	4 848	0.090 3	0.085 8	0.038 4	0.017 6	0.224 6
DIR	4 848	−0.007 3	−0.015 0	0.062 7	−0.100 6	0.412 0
HLINIR	4 848	0.446 0	0	0.497 1	0	1
C4INIR	4 848	0.009 7	0.011 3	0.024 6	−0.076 7	0.073 6
C4DIR	4 848	−0.003 5	−0.005 5	0.033 5	−0.119 4	0.144 4
SGROW	4 848	0.148 6	0.114 9	0.242 4	−0.264 8	1.641 9
LIQUID	4 848	0.527 2	0.534 8	0.218 4	0.078 5	0.951 5
LEVER	4 848	0.440 4	0.209 3	0.673 0	0.000 2	4.358 3
LEV	4 848	0.448 6	0.206 5	0.692 6	0.000 2	4.392 0
GRDUM	4 848	0.312 3	0	0.463 5	0	1
SIZE	4 848	22.344 4	22.189 7	0.938 8	20.732 0	25.187 8
MTB	4 848	3.456 4	2.440 9	3.946 8	0.627 6	32.058 8
PE	4 848	36.835 4	25.417 9	154.191 2	−666.894 6	880.333 9
INST	4 848	0.454 9	0.458 5	0.201 9	0.018 8	0.883 0
ROA	4 848	0.056 2	0.049 0	0.060 7	−0.141 7	0.270 2
BIHO	4 848	0.519 9	0.522 0	0.157 5	0.193 2	0.884 9
TRANS	4 848	8.736 6	0	9.547 5	0	23.607 0
OPIN	4 848	0.962 5	1	0.190 1	0	1
BIGN	4 848	0.530 3	1	0.499 1	0	1

注:部分变量进行了1%的缩尾处理。

表3-3中的描述性统计结果表明长期累积的信息风险与企业成为并购目标之间具有正相关关系。流动资产与企业成为被并购目标之间也具有正相关关系,表明企业在成为被并购目标时并非因为缺乏流动性,也排除了被并购企业因为流动性问题产生外部融资需求从而进行并购和资产重组的内生性问题。从变量之间的相关关系来看,长期累积的信息风险与企业的价值指标、绩效指标(如 PE、ROA、SIZE、SGROW)之间存在负相关关系,揭示了长期累积的信息风险的负面性。同时 spearman 相关系数也表明控制变量之间不存在高度相关的情况,详见表3-3。

表 3-3　检验假设 H1a 和 H1b 所用样本的描述性统计结果和 spearman 相关系数

变量	1	2	3	4	5	6	7	8	9	10	11
1 TARG	1.000 0										
2 INIR	0.084 0***	1.000 0									
3 DIR	-0.039 7	-0.448 1***	1.000 0								
4 SGROW	-0.013 3	-0.080 1***	0.152 7***	1.000 0							
5 LIQUID	0.050 8**	0.164 1***	-0.006 7	0.116 6***	1.000 0						
6 LEVER	0.005 4	0.072 0***	-0.055 0***	0.071 4***	-0.212 7***	1.000 0					
7 SIZE	0.096 4***	-0.007 6	-0.006 2	0.170 8***	-0.022 4	0.149 6***	1.000 0				
8 MTB	0.104 0***	0.177 3***	0.025 0	0.009 7	0.155 3***	-0.197 5***	-0.045 8*	1.000 0			
9 PE	0.019 0	-0.126 2***	0.081 6***	-0.021 9	0.066 1***	-0.137 8***	-0.057 3***	0.227 6***	1.000 0		
10 INST	0.022 9	-0.053 9***	0.016 5	0.087 9***	-0.023 1	0.069 1***	0.367 2***	-0.063 6***	-0.052 0**	1.000 0	
11 ROA	-0.011 8	-0.224 7***	0.294 9***	0.307 4***	-0.000 6	-0.152 2***	0.328 5***	0.101 0***	-0.056 3***	0.192 3***	1.000 0

注：*、**、***分别代表 10%、5% 和 1% 的显著性水平。

表3-4中的描述性统计结果表明长期累积的信息风险与企业被处罚具有显著的正相关性,而临时随意的信息风险与其相关性并不显著。大股东持股比例、审计意见等都与企业被处罚具有负相关关系,表明这些特征变量具有抑制企业被处罚的潜在可能。这与既有的研究结果相符,有必要将它们考虑进来作为控制变量。除此之外,研究中控制变量的选取也考虑了一些基本面的风险特征指标,如负债水平、企业规模、盈利能力等。从spearman相关系数的结果看,变量之间的相关性不存在影响回归结果的严重问题。

表3-5展示了信息风险对企业成为并购目标产生的影响的研究结果。表3-5中第一、二、三列是以长期累积的信息风险和临时随意的信息风险作为解释变量所得到的PA Logit模型回归结果。结果表明长期累积的信息风险对企业成为并购目标的概率具有显著正向影响。当长期累积的信息风险越高时企业成为并购目标的概率越大,即市场倾向对长期累积的信息风险较高的企业进行配置。平均边际效应也表明长期累积的信息风险具有正向的增量效应。平均而言,即使长期累积的信息风险只有微弱的增加也会引致企业成为并购目标的概率增大。RA Logit模型的结果与PA Logit模型的结果相一致。结果也表明临时随意的信息风险具有反向平抑市场资源配置活动的倾向,但其影响并不显著。可能的解释是临时随意的信息风险属于短期且作用有限的可操纵部分,外界对临时性信息风险反应不灵敏。

企业沦为被市场配置的对象是市场"惩罚"机制在发生作用,这与监管部门一般意义上的处罚机制理应一致。表3-6列示了信息风险对监管机构处罚产生的影响的面板Logit回归结果。回归结果表明长期累积的信息风险对企业成为处罚对象的概率具有显著的正向影响。回归系数为正表明,当长期累积的信息风险越高时企业成为处罚对象的概率越大监管反应越强。无论是PA Logit还是RE Logit模型都得到了相一致的分析结果。而临时随意的信息风险的回归效应并不显著,可能的原因是临时随意的信息风险的随意性难以形成有效的危害,这一特征决定了监管机构难以对其产生反应。于李胜和王艳艳(2007)认为临时随意的信息风险的影响具有正反两方面作用,其独特的性质破坏了其影响的显著性。除了与临时随意的信息风险的自身特征有关外,还有一种可能的解释是企业操纵财务信息所产生的风险中有一部分经过长期演变被固化了,这种固化的风险成为长期累积的信息风险的一部分。相比于临时随意的信息风险的任意性,长期累积的信息风险似乎并不拥有随意可调整的空间和余地。最终,持续稳定的长期累积的信息风险产生了回归效应。

表3-4 检验假设H2a和H2b所用样本的描述性统计结果和spearman相关系数

变量	1	2	3	4	5	6	7	8	9	10	11	12	13
1 PENA	1.000 0												
2 INIR	0.084 8***	1.000 0											
3 DIR	-0.045 2	-0.448 1***	1.000 0										
4 LEV	0.038 9	0.064 6***	-0.051 6**	1.000 0									
5 GRDUM	0.011 9	0.008 9	-0.012 2	-0.198 2***	1.000 0								
6 SIZE	-0.086 0***	-0.007 6	-0.006 2	0.153 7***	-0.088 6***	1.000 0							
7 MTB	0.076 6***	0.177 3***	0.025 0	-0.190 1***	0.047 8*	-0.045 8	1.000 0						
8 PE	-0.034 6	-0.126 2***	0.081 6***	-0.129 8***	0.055 1***	-0.057 3***	0.227 6***	1.000 0					
9 ROA	-0.084 0***	-0.224 7***	0.294 9***	-0.156 0***	0.000 3	0.328 5***	0.101 0***	-0.056 3***	1.000 0				
10 BIHO	-0.055 8****	0.048 4	0.060 3***	0.113 7***	-0.032 8	0.360 6***	-0.099 1***	-0.072 3***	0.190 9***	1.000 0			
11 TRANS	0.002 4	0.087 1***	-0.159 5***	0.035 6	0.022 2	0.159 4***	-0.098 5***	-0.062 5***	-0.029 5	0.180 6***	1.000 0		
12 OPIN	-0.178 0***	-0.141 5***	0.065 8***	0.026 0	0.011 3	0.131 5***	-0.077 3***	0.108 5***	0.173 2***	0.077 8***	0.008 5	1.000 0	
13 BIGN	-0.028 3	0.028 5	-0.074 8***	0.015 1	-0.014 2	0.168 6***	-0.009 5	0.002 3	0.014 9	0.075 3***	0.000 6	-0.003 2	1.000 0

注：*、**、***分别代表10%、5%和1%的显著性水平。

表3-5　信息风险对成为并购目标(TARG)的面板Logit回归结果

面板模型	PA logit	PA logit	PA logit	平均边际效应	RE logit	RE logit	RE logit
INIR	2.855 5*** (3.16)		2.825 3*** (3.11)	0.665 3*** (3.13)	3.228 4*** (3.17)		3.192 6*** (3.13)
DIR		−0.349 1 (−0.67)	−0.195 1 (−0.38)	−0.045 9 (−0.38)		−0.407 2 (−0.68)	−0.243 5 (−0.41)
SGROW	−0.143 2 (−1.00)	−0.106 7 (−0.75)	−0.136 8 (−0.96)	−0.032 2 (−0.96)	−0.165 9 (−1.12)	−0.123 5 (−0.83)	−0.158 2 (−1.06)
LIQUID	0.429 8*** (2.63)	0.526 6*** (3.28)	0.431 2*** (2.64)	0.101 5*** (2.65)	0.485 0*** (2.62)	0.592 5*** (3.27)	0.486 7*** (2.63)
LEVER	−0.029 4 (−0.59)	−0.020 7 (−0.41)	−0.029 2 (−0.58)	−0.006 9 (−0.58)	−0.033 4 (−0.56)	−0.024 0 (−0.41)	−0.033 2 (−0.56)
SIZE	0.310 7*** (7.33)	0.317 4*** (7.52)	0.310 1*** (7.32)	0.073 0*** (7.53)	0.349 8*** (7.52)	0.357 1*** (7.70)	0.349 2*** (7.50)
MTB	0.038 5*** (4.14)	0.043 5*** (4.76)	0.038 6*** (4.17)	0.009 1*** (4.21)	0.043 3*** (4.54)	0.049 0*** (5.18)	0.043 6*** (4.56)
PE	−0.000 2 (−1.09)	−0.000 2 (−1.26)	−0.000 2 (−1.09)	−0.000 0 (−1.09)	−0.000 2 (−1.05)	−0.000 3 (−1.21)	−0.000 2 (−1.05)
INST	0.016 8 (0.09)	−0.009 5 (−0.05)	0.015 4 (0.09)	0.003 6 (0.09)	0.025 6 (0.13)	−0.005 7 (−0.03)	0.023 7 (0.12)
ROA	−1.881 1*** (−3.20)	−2.061 3*** (−3.47)	−1.851 0*** (−3.10)	−0.435 9*** (−3.12)	−2.115 0*** (−3.33)	−2.309 3*** (−3.62)	−2.077 1*** (−3.23)
常数项	−7.775 1*** (−8.46)	−7.724 6*** (−8.45)	−7.766 3*** (−8.45)		−8.760 2*** (−8.62)	−8.693 7*** (−8.58)	−8.750 1*** (−8.61)
chi-2	103.01***	92.99***	103.03***		107.38***	99.85***	107.47***
Obs.	4 848	4 848	4 848	4 848	4 848	4 848	4 848

注：括号内为Z值，*、**、***分别表示在10%、5%和1%水平下显著。

表3-6　信息风险对成为处罚对象(PENA)的面板Logit回归结果

面板模型	PA logit	PA logit	PA logit	平均边际效应	RE logit	RE logit	RE logit
INIR	3.951 5*** (2.64)		3.844 1** (2.56)	0.291 3** (2.55)	4.566 8*** (2.68)		4.459 6*** (2.60)

续表

面板 模型	PA logit	PA logit	PA logit	平均边际 效应	RE logit	RE logit	RE logit
DIR		−1.075 2	−0.760 8	−0.057 6		−0.986 6	−0.654 4
		(−0.96)	(−0.79)	(−0.78)		(−0.90)	(−0.62)
LEV	0.078 0	0.074 2	0.076 8	0.005 8	0.104 0	0.100 5	0.103 0
	(1.06)	(0.99)	(1.04)	(1.04)	(1.19)	(1.14)	(1.18)
GRDUM	0.097 4	0.101 5	0.096 8	0.007 3	0.100 1	0.104 9	0.099 2
	(0.84)	(0.88)	(0.83)	(0.83)	(0.77)	(0.81)	(0.76)
SIZE	−0.253 9***	−0.257 8***	−0.256 5***	−0.019 4***	−0.305 2***	−0.309 2***	−0.307 6***
	(−3.22)	(−3.27)	(−3.27)	(−3.25)	(−3.52)	(−3.55)	(−3.55)
MTB	0.025 5**	0.031 8***	0.026 4**	0.002 0**	0.033 4**	0.040 8***	0.034 1**
	(2.32)	(3.01)	(2.41)	(2.41)	(2.54)	(3.13)	(2.58)
PE	−0.000 5	−0.000 5	−0.000 5	−0.000 0	−0.000 5	−0.000 6	−0.000 5
	(−1.34)	(−1.46)	(−1.34)	(−1.34)	(−1.46)	(−1.62)	(−1.47)
ROA	−0.393 1	−0.446 4	−0.272 3	−0.020 6	−0.315 2	−0.455 7	−0.217 1
	(−0.41)	(−0.45)	(−0.28)	(−0.28)	(−0.30)	(−0.43)	(−0.21)
BIHO	−0.571 5	−0.412 5	−0.529 2	−0.040 1	−0.682 6	−0.499 7	−0.641 3
	(−1.42)	(−1.01)	(−1.30)	(−1.30)	(−1.44)	(−1.05)	(−1.34)
TRANS	0.008 9	0.008 9	0.008 5	0.000 6	0.010 2	0.010 6	0.009 9
	(1.55)	(1.52)	(1.47)	(1.47)	(1.48)	(1.52)	(1.42)
OPIN	−1.321 4***	−1.362 4***	−1.322 0***	−0.159 1***	−1.539 8***	−1.592 2***	−1.540 0***
	(−6.91)	(−7.06)	(−6.91)	(−4.84)	(−6.50)	(−6.71)	(−6.51)
BIGN	−0.164 4	−0.166 7	−0.171 6	−0.013 0	−0.181 8	−0.179 3	−0.187 8
	(−1.40)	(−1.41)	(−1.45)	(−1.45)	(−1.38)	(−1.35)	(−1.42)
常数项	4.305 7**	4.693 6***	4.344 3**		5.097 3***	5.528 9***	5.136 5***
	(2.55)	(2.80)	(2.58)		(2.77)	(3.00)	(2.79)
chi-2	135.75***	131.77***	138.46***		115.23***	109.82***	115.70***
Obs.	4 848	4 848	4 848	4 848	4 848	4 848	4 848

注:括号中为Z值,*、**、***分别表示在10%、5%和1%水平下显著。

上述模型的回归结果是相一致的,均揭示了长期累积的信息风险的显著作用。为了对结果的稳健性进行分析,本研究采用长期累积的信息风险和临时随意的信息风险的替代变量来分析前述研究结果的正确性。本研究的一个替代假设是信息风险的差异性导致了不同的经济后果。第一,比较信息风险的纵向差异,通过增量分析梳理信息风险差异如何引起经济结果的质变。采用长期累积的信息风险的变动额(C4INIR)和临时随意的信息风险的变动额(C4DIR)来替代原有的解释变量,进一步深入观察分析研究结果。这有助于理解信息风险的变化与企业并购、监管决策之间的强关联关系,面板Logit回归结果见表3-7。结果仍表明,长期累积的信息风险的变动对企业是否被监管机构处罚具有显著的指示作用。当信息风险增大时企业成为并购目标的概率就会增加;当信息风险减少时,这种概率会减小;当长期累积的信息风险增大时,企业易成为监管机构的处罚对象;当长期累积的信息风险减少时,这种概率也会减小。临时随意的信息风险的增量指标对企业成为并购目标和处罚对象的作用并不显著,这与前述研究结果保持一致,表明本研究的研究结果是高度稳健的。第二,比较信息风险的横向差异,通过类别区分梳理信息风险差异引致经济结果的不同。以长期累积的信息风险的算术平均数为分界线,将长期累积的信息风险划分为高风险类企业和低风险类企业两类。以指示长期累积的信息风险高低水平的二元哑变量HLINIR作为替代解释变量进行回归,得到的实证结果与前述结果基本保持一致,见表3-7。进一步验证了长期累积的信息风险较高是铸就企业在市场资源配置中处于弱势地位的原因,长期累积的信息风险较高的企业容易沦为并购目标,也容易成为证券监管的处罚对象。

表3-7　信息风险差异对企业成为并购目标和处罚对象的影响

面板模型	PA logit	PA logit	RE logit	PA logit	PA logit	RE logit
因变量	TARG	TARG	TARG	PENA	PENA	PENA
C4INIR		6.794 3*** (4.77)	7.627 9*** (5.17)		4.744 0** (2.00)	5.323 7** (2.07)
C4DIR		1.392 1 (1.42)	1.539 4 (1.41)		2.044 5 (1.28)	2.518 1 (1.37)
HLINIR	0.195 2*** (3.01)			0.334 2*** (2.78)		
SGROW	−0.123 4 (−0.87)	−0.077 8 (−0.54)	−0.091 9 (−0.62)			
LIQUID	0.477 5*** (2.98)	0.602 8*** (3.70)	0.679 9*** (3.70)			
LEVER	−0.028 2 (−0.56)	−0.008 9 (−0.18)	−0.011 6 (−0.20)			
LEV				0.070 8 (0.96)	0.082 9 (1.12)	0.112 5 (1.28)

续表

面板模型	PA logit	PA logit	RE logit	PA logit	PA logit	RE logit
因变量	TARG	TARG	TARG	PENA	PENA	PENA
GRDUM				0.099 4	0.114 7	0.121 7
				(0.86)	(0.99)	(0.93)
SIZE	0.313 6***	0.292 9***	0.330 4***	−0.256 0***	−0.271 6***	−0.323 0***
	(7.39)	(6.86)	(7.09)	(−3.24)	(−3.35)	(−3.66)
MTB	0.039 9***	0.038 7***	0.043 8***	0.027 1**	0.027 8**	0.036 1***
	(4.34)	(4.20)	(4.60)	(2.51)	(2.55)	(2.72)
PE	−0.000 2	−0.000 2	−0.000 3	−0.000 4	−0.000 5	−0.000 5
	(−1.08)	(−1.21)	(−1.15)	(−1.29)	(−1.39)	(−1.52)
INST	0.017 5	0.045 4	0.056 9			
	(0.10)	(0.25)	(0.29)			
ROA	−1.903 4***	−2.006 9***	−2.258 1***	−0.344 9	−0.556 4	−0.559 6
	(−3.25)	(−3.39)	(−3.55)	(−0.36)	(−0.57)	(−0.53)
BIHO				−0.514 5	−0.443 9	−0.528 3
				(−1.28)	(−1.09)	(−1.11)
TRANS				0.008 7	0.009 0	0.010 8
				(1.50)	(1.55)	(1.54)
OPIN				−1.300 8***	−1.353 0***	−1.582 6***
				(−6.83)	(−7.05)	(−6.64)
BIGN				−0.160 6	−0.161 8	−0.175 1
				(−1.36)	(−1.37)	(−1.32)
常数项	−7.702 9***	−7.298 6***	−8.236 5***	4.501 9***	4.980 2***	5.801 7***
	(−8.38)	(−7.91)	(−8.11)	(2.67)	(2.90)	(3.11)
chi-2	100.41***	112.97***	124.65***	138.24***	133.36***	112.03***
Obs.	4 848	4 848	4 848	4 848	4 848	4 848

注:括号中为 Z 值,*、**、***分别表示在10%、5%和1%水平下显著。

在借鉴国内外并购绩效分析模型的基础上,本研究也同时构建了短期并购绩效分析模型,以此分析信息风险对并购企业价值变动的影响。如果信息风险对并购绩效的回归系数为正,一方面表明市场对高信息风险企业成为并购目标具有正面评价,对高信息风险企业在并购后改弦更张并降低信息风险抱有一定的期盼;另一方面表明企业并购前的信息风险对企业具有负面影响,增加了企业成为被并购目标的潜在可能性,并购对企业价值的调整具有积极作用。横截面分析的短期并购绩效模型为 $CAR = \alpha + \beta*InfoRisk + \sum \gamma_i*CONTROL_i + \varepsilon$。综合参考关于并购绩效的国内外研究文献,采用的控制变量有:指示企业特征的分类哑变量(GRDUM_1),若过去一年具有低增长率、高流动性和低杠杆率特征或者同时达到高增长率、低流动性和高杠杆率特征时令其为1,其他情况令其为0;企业规模(SIZE)以前期总市值的自然对数表示;盈利能力(ROA)以前期总资产报酬率表示;系统风险(BETA)是基于近100周内股票收益率数据和市场模型计算得到的系统风险系数;波动率(SIGMA)是基于近100周内股票收益率数据计算的年化标准差;企业倍数(EV2/EBITDA)是前期企业价值与息税折旧摊销前利润的比值。除此之外,也控制了行业和年度哑变量。选取首次并购公告日前120至30个交易日的时间区间作为估计窗,分别以公告日前后15或20个交易日为事件窗。回归结果见表3-8。结果表明,长期累积的信息风险对两种时间区间内的短期并购绩效在10%的显著水平下都有正向影响作用,说明高长期累积的信息风险的企业在并购前后存在价值提升的情况。从侧面验证了长期累积的信息风险容易激发市场资源配置活动,使企业沦为并购目标。

表3-8　信息风险对公告日前后累计异常收益(CAR)的影响

OLS模型	(1) CAR(-15,15)	(2) CAR(-15,15)	(3) CAR(-20,20)	(4) CAR(-20,20)
INIR	0.301 3* (0.161 8)	0.307 4* (0.161 8)	0.305 7* (0.178 6)	0.311 2* (0.178 7)
DIR		-0.067 2 (0.051 8)		-0.053 2 (0.056 6)
GRDUM_1	0.002 5 (0.012 8)	0.001 9 (0.012 8)	0.005 5 (0.014 1)	0.005 0 (0.014 1)
SIZE	-0.006 8 (0.006 7)	-0.006 9 (0.006 7)	-0.010 4 (0.007 4)	-0.010 5 (0.007 4)
ROA	-0.048 4 (0.080 6)	-0.033 3 (0.081 4)	-0.069 9 (0.088 2)	-0.057 9 (0.089 1)
BETA	-0.045 3** (0.020 9)	-0.045 9** (0.020 9)	-0.044 9* (0.023 0)	-0.045 4** (0.023 0)
SIGMA	-0.100 8 (0.076 3)	-0.091 3 (0.076 7)	-0.121 0 (0.084 0)	-0.113 4 (0.084 5)
EV2/EBITDA	-0.000 1 (0.000 0)	-0.000 1 (0.000 0)	-0.000 1 (0.000 0)	-0.000 1 (0.000 0)
INDUSTRY	YES	YES	YES	YES

续表

OLS模型	（1） CAR(−15,15)	（2） CAR(−15,15)	（3） CAR(−20,20)	（4） CAR(−20,20)
YEAR	YES	YES	YES	YES
N	1 642	1 642	1 627	1 627
R^2	0.045 6	0.046 6	0.046 0	0.046 6

注:括号中为标准差,*、**、***分别表示在10%、5%和1%水平下显著。

相较于既有的研究文献,本研究为高信息风险企业成为并购目标提供了理论支持和实证证据。同时,信息风险的不同构成成分引致反应机制的差异性为解释经济后果产生的具体原因提供了理论基础。信息风险的测度是在会计信息质量的基础上进一步刻画得到的,强调了会计信息质量的波动性。通过将信息违规的经济后果研究一般化为信息风险的经济后果,使得本研究的理论基础建立在信息风险与资本成本、资产定价之间关系的研究基础之上。市场资源配置和监管处罚这两种反应机制的分析为信息风险不同构成成分的经济后果研究提供了独特的分析视角。通过分析信息风险不同构成成分的影响,本研究发现长期累积的信息风险是市场资源配置和监管处罚的决定性影响因素,而临时随意的信息风险的影响则不能确定。稳健性检验也进一步证实了这一结论,信息风险中的长期累积的信息风险使得企业更容易成为市场和监管机构"处罚"的对象,而且,长期累积的信息风险的增量变动或者较高的长期累积的信息风险会增加企业成为并购与处罚目标的可能性。

本研究从信息风险本身的解构出发,探讨外部并购市场和监管机构对不同信息风险构成成分的反应。研究发现长期累积的信息风险较高的企业容易成为市场资源配置中被配置的对象,也容易成为证券监管机构处罚信息披露违法违规的打击对象。基于市场资源配置和监管机构的不同反应,可以认为长期累积的信息风险造成了企业在市场中的不利地位,也表明企业信息风险的外部经济后果是长期历史积累的结果。

本研究也说明了企业进行信息风险管理的必要性,积极识别和分析信息风险对企业自身的发展也是有利的。由于信息风险在市场资源配置中具有风向标作用,有效的信息风险管理能够帮助企业对信息风险进行管控,有利于稳定市场价值,避免成为被并购的对象,维护企业在市场资源配置中的地位。不同信息风险水平的企业在市场资源配置中的地位和作用也不尽相同,分析信息风险水平也是预测市场中资源配置活动的一种有效途径。较高的信息风险意味着成为并购对象的可能性较高,而较低的信息的风险意味着企业在所参与的并购活动中具有积极主动的地位。对信息风险的控制实际上是设置了必要的被并购防火墙,避免成为并购市场被攻击的对象,同时提高企业在市场资源配置活动中的身价和地位。做好信息风险管理、积极控制信息风险也能够帮助企业进行有效的经营管理决策,更好地实现企业的经营管理目标。

上述研究强调了市场资源配置和证券监管对信息风险的响应关系。既有的信息风险相关研究专注于会计舞弊、盈余管理与市场反应的关联性,往往忽视了信息风险不同构成成分引致的经济后果。单从会计粉饰或会计操纵角度来看,长期累积的信息风险较高的企业存在通过降低企业信息质量从而增强企业特殊竞争能力、弥补实际运营效果与经营目标之间的差距、维护企业形象等潜在需求。但是,较高的长期累积的信息风险对企业的负面性超出了一般意义上对价值和绩效的影响,会产生一系列的外部经济后果。虽然成为并购目标的概率增大也许并非是企业初衷,但是较高的长期累积的信息风险特征成为一种不利的符号,使得企业容易被市场中的并购方所发现,成为“大鱼吃小鱼”游戏中被狩猎的对象。对长期累积的信息风险的逆向选择铸就了外界对高信息风险企业的“惩罚”。与此同时,监管机构的“处罚”机制也进一步表明外界对信息风险的反应是一致的。信息风险在一定程度上反映了财务信息质量和披露水平的高低,使得它成为了信息披露不规范的一种度量指标,它与企业潜在的信息披露违法违规行为具有隐秘的联系。高信息风险企业往往伴有信息披露违规行为,因此信息风险对监管处罚具有指向意义。监管处罚与市场惩罚都是信息风险经济后果的重要表现。从本研究的研究结果来看,较高的长期累积的信息风险会增大监管机构对其处罚的概率。监管机构对长期累积的信息风险的响应要强于对临时随意的信息风险的反应,这也意味着监管机构对临时随意的信息风险的敏感度不够。

上述研究也存在一定的研究局限和可扩展的研究空间。首先,对信息风险的度量仍然是建立在既有的研究基础之上,这限制了对长期累积的信息风险和临时随意的信息风险内涵的界定与挖掘。在既有概念界定的基础上,无法准确地与信息风险的具体行为相对应。后续研究可以针对长期累积的信息风险和临时随意的信息风险进一步分解和剖析,找出具体风险行为特征所对应的风险形式。其次,上述研究在分析信息风险过程中强调信息风险的客观性甚于信息风险的主观性,有必要在未来的研究中加强信息风险的主观性分析。

4

信息披露违法违规民事
赔偿的理论依据

第一节　同为信息操控却有不同的法律后果

信息风险的产生同时存在主观原因和客观原因,导致资本市场信息风险事件层出不穷。例如,不完全信息条件下的信息不对称使得投资者天然处于信息劣势,与之相对照的是上市公司作为信息发布方天然处于信息优势而且占据信息披露的主导地位。如果上市公司做出的信息发布行为并非以提供真实有效的信息为最终目的,而是把操控信息作为实现特殊目的的一种手段,那么信息披露的操控行为就会不可避免地侵蚀资本市场的信息环境。较为严重的信息操控包括错误发布、隐匿各种重要信息,以及虚假记载或歪曲财务报告的会计结果等,这些都被称为信息披露违法违规,是一种应当受到法律制裁的违法行为。除了信息披露违法违规外,还有一种常见的上市公司信息操纵行为即盈余管理。盈余管理是在符合会计准则的前提下进行的信息操纵行为,处于法律法规容许范围之内。无论是信息披露违法违规还是盈余管理都是资本市场信息风险的重要来源。正如同逃税与避税、法律与道德一样,人们很难给信息披露违法违规与盈余管理划出一条明确的界线。遗憾的是,即使是审计师有时也难以区别信息披露违法违规与盈余管理。目前能够对信息披露违法违规和盈余管理进行准确区分和判别的依据是法律界定,即盈余管理是在法律法规许可范围之内进行的,而信息披露违法违规不是。

上市公司基于特殊目的有意操控信息的行为都是通过蒙蔽市场以获取不当利益,所产生的信息风险损失最终由投资者承担。企业进行盈余管理为什么不需要承担法律责任,而进行信息披露违法违规却应该被追究法律责任? 当信息风险成为影响投资者利益的主要因素时,投资者利益就得不到保障。不当的信息披露会损害投资者利益,这是监管部门对信息披露违法违规进行处罚的法律依据。信息披露违法违规与盈余管理都具有蒙蔽投资者的作用,为什么只有信息披露违法违规会造成投资者的损失? 之所以存在这些问题,是因为在信息披露违法违规损失赔偿的司法实践中一直没有很好地解决一个关键的理论问题,即信息披露违法违规造成投资者损失的理论逻辑是什么?《最高人民法院关于审理证券市场因虚假陈述引发的民事赔偿案件的若干规定(2003)》①通过排除系统性风险因素的间接方法确立了计算信息披露违法违规损失的基本原则,回避了信息披

---

① 最高人民法院. 最高人民法院关于审理证券市场因虚假陈述引发的民事赔偿案件的若干规定[J]. 司法业务文选,
　2003(8):21-30.

露违法违规与投资者损失之间的关系。信息披露违法违规是投资者产生损失的原因一直缺乏财务方面的理论解释与支持。十来年的司法实践表明,如果不对信息披露违法违规的经济后果进行深入的理论阐释,那么信息披露违法违规的损失赔偿对投资双方而言都存在制约各自合理诉求的理论障碍。本研究对信息披露违法违规的经济后果进行理论分析,有助于从根本上破除投资者索赔的理论障碍,将法律法规上的客观要求变为有理论支持的合理诉求。法律界将所涉及的投资损失分析问题留给了广大学者,这不仅为财务理论研究增添了丰富的实践素材,同时也是对现代财务理论的一大挑战。目前,国内外除了事件研究法外还没有涉及信息风险等相关法律问题的财务理论分析方法。如果能够阐明信息风险与投资者损失之间的理论关系,将为信息披露违法违规损失赔偿的司法实践提供理论支持。

信息披露违法违规被认为是在不完善的委托代理关系下由于代理人违背委托人意志和利益而萌发的机会主义行为(埃芬迪等,2007)[①]。然而,这种机会主义行为是上市公司利用信息不对称的外部环境进行的套利行为,并造成利益相关者的风险和损失。首先,上市公司进行信息操控从而获得有利的外部环境。在信息不对称的双方之间,容易发生一方利用自己的信息优势侵害另一方,即信息不对称的劣势方。普通投资者经常是信息不对称弱势的一方,容易受到利益侵害。信息不对称表明市场存在缺陷,上市公司在不完善的市场环境下进行信息操控,利用信息不对称的天然市场缺陷掩盖、扭曲甚至错误地发布信息。传统的财务经济学研究并未重视市场缺陷问题。基于理性投资者的传统经济学观点,投资者交易的资产价格最终会回到与未来股利收益等价的内在基本价值,股价在整个交易和转手的过程中都不可能偏离其基本价值。传统的理性预期思想既排除了泡沫形成与破灭的可能,也没有对价格泡沫形成与破灭的原因给出任何解释。信息不对称暗含的一个重要问题是人为的信息操控可能扰乱市场。资产价格的信息基础如果是错误的信息,就会出现资产的错误定价,造成价格与价值的偏离,形成资本市场的价格泡沫。其次,上市公司进行信息操控有其内在动力。严重的信息不对称存在于公司内部人与普通投资者之间,对普通投资者而言信息暗区长期存在。信息操控给内幕信息拥有者带来牟取价差收益的机会,而被蒙蔽的普通投资者在不知"情"的信息条件下成为被侵害的对象。由于市场的不完善,严重误导和扰乱市场的信息披露违法违规行为具有持续性,其产生的错误信息能够长期误导投资者,这为价格泡沫的持续存在提供了基础。

[①] EFENDI J, SRIVASTAVA A, SWANSON E P. Why Do Corporate Managers Misstate Financial Statements? The Role of Option Compensation and Other Factors[J]. Journal of Financial Economics, 2007, 85(3):667-708.

信息披露违法违规带来的持续牟利机会是信息操控者进行信息操控的内在动力。

盈余管理也属于信息操控行为。与信息披露违法违规相同的是,企业进行盈余管理也存在以获得特定经济利益为目的的动机,也会产生信息风险。与信息披露违法违规不同的是,盈余管理属于合法合规的一类信息操控,两者之间有明显的法律界限。是否逾越法律界限的一个重要标准是信息操控是否在法律法规的允许范围之内,是否主观恶意地欺骗投资者。除了法律界限外,两者还有一个经济界限,即是否存在利用信息不对称牟取价差收益的机会,而且这一牟利机会存在的前提是存在可供牟利的资产定价泡沫。逾越了这一经济界限,两者产生的经济后果就不尽相同了。盈余管理所披露的信息是即时发布的,市场对盈余管理的反应也应当是即时的,不存在财务重述以及股价下跌问题。显然,对于盈余管理而言不存在信息不对称的套利机会。通过对盈余管理与信息披露违法违规的经济后果进行对比,能够进一步验证资产定价泡沫产生的原因。

第二节　信息披露违法违规民事赔偿的理论依据

一、信息披露违法违规与资产定价泡沫

不完善的市场环境和信息不对称被认为是资产定价泡沫的温床,而内幕交易的存在支持了这一观点(贾罗,2010)[1]。在不完善的市场环境下,如果存在可供持续利用的内幕信息、存在无辜受到蒙蔽并且遭受损失的普通投资者,就满足詹森-阿尔法存在的两个前提条件(贾罗等,2010;贾罗和普罗特,2013)[2][3]。投资者在利益遭受信息披露违法违规侵害时并不知情,恰恰满足前提条件之一。信息披露违法违规背景下的内幕信息人完全掌握信息,他们可以利用信息优势将资产定价泡沫转化为真实的套利过程,并造成普通投资者的损失。埃芬迪等(2007)、屈文洲和蔡志岳(2007)、贝内什(1999)的研究表明信息

---

[1] JARROW R A. Active Portfolio Management and Positive Alphas: Fact or Fantasy?[J]. Journal of Portfolio Management, 2010,36(4):17-22.

[2] 同[1]。

[3] JARROW R A, PROTTER P. Positive Alphas, Abnormal Performance, and Illusory Arbitrage[J].Mathematical Finance, 2013,23(1):39-56.

披露违法违规企业的高管有通过内幕交易进行牟利的倾向[1][2][3]。企业的高管凭借内幕交易在信息披露违法违规期间执行了比同行企业更多的期权(克迪亚和菲利蓬,2009)[4]。由于资本市场的不完善,市场中的内幕信息往往是一种逐渐扩散的投资者接受过程。可以想象,对于信息披露违法违规的上市公司而言,这种内幕信息是必然存在的,并且最初是掌控在管理层和信息披露违法违规的实施者手中。在价格泡沫形成后,内幕信息又通过多种渠道和多种形式被更多的交易者或"外部人"获得,外部环境开始逐渐压缩价格泡沫,价格泡沫可以一直持续到上市公司被证券监管机构立案调查或处罚。信息混乱的不同类型投资者的前赴后继使得信息披露违法违规引致的定价泡沫能够持续存在。这也可能是因为拥有不同信息水平的套利人之间在交易策略和步调上不能协同一致,阿布鲁和布伦纳迈耶(2003)认为即使存在理性套利人,对泡沫破裂时间的观点认同也是一个发散的过程,交易者之间的异质性、背离常识的行为等都需要一定的时间才能取得一致[5]。通常在信息披露违法违规行为被揭露后,需要一定的时间或达到100%的累计成交量来完成一个泡沫破灭后的重新定价过程。这也就是为什么信息披露违法违规引致的定价泡沫在揭露日之前能够长期持续,甚至在揭露日之后也能短期持续。

资产定价泡沫形成的基础在于虚假信息的欺骗性,例如虚报的资产和收益,而且信息造假是泡沫形成的重要环节。在信息披露违法违规的前置条件下可能产生基于错误信息的定价,股票的即期价格或收益率适应于 F_t 的信息披露违法违规信息。默顿(1971,1973)对每股价格的伊藤过程进行了描述,基于信息披露违法违规信息的股价伊藤过程可以表述为 $\dfrac{\mathrm{d}P_t}{P_t} = E\left(\dfrac{\mathrm{d}P_t}{P_t}\middle| F_t\right) + \sigma_t \mathrm{d}W_t$。信息披露违法违规背景下,错误定价的股票价格过程与真实定价的股票价格过程之间存在资产定价泡沫,即 $\mathrm{d}\alpha_t = \dfrac{\mathrm{d}P_t}{P_t} - \dfrac{\mathrm{d}V_t}{V_t} =$

[1] EFENDI J, SRIVASTAVA A, SWANSON E P. Why Do Corporate Managers Misstate Financial Statements? The Role of Option Compensation and Other Factors[J]. Journal of Financial Economics, 2007,85(3):667-708.

[2] 屈文洲,蔡志岳.我国上市公司信息披露违规的动因实证研究[J].中国工业经济,2007(4):96-103.

[3] BENEISH M D. Incentives and Penalties Related to Earnings Overstatements That Violate GAAP[J]. The Accounting Review, 1999,74(4):425-57.

[4] KEDIA S, PHILIPPON T. The Economics of Fraudulent Accounting[J]. The Review of Financial Studies, 2009,22(6):2169-99.

[5] ABREU D, BRUNNERMEIER M K. Bubbles and Crashes[J]. Econometrica, 2003,71(1):173-204.

$E\left(\dfrac{\mathrm{d}P_t}{P_t}\middle|F_t\right)-\mu_t\mathrm{d}t\neq 0^{①②}$。这种泡沫价格过程本质上是另一只同质股票的价格过程与该错误定价的股票之间的泡沫价格差,它为投机者提供了套利的机会。内幕信息交易能够利用套利机会形成正的詹森-阿尔法(罗伯特·A.贾罗,2010)[③]。对于掌控信息披露违法违规信息的投机者而言,可以通过相对较低的价格购买等收益水平的其他上市公司的股票,同时卖出信息披露违法违规公司的股票,在将来股票价格回到真实价值附近时再买入,达到优化其投资效用的目的。这其中暗含着可供套利的机会,能够牟取价差收益。反过来说,以较少的成本取得同等的现金流入,实际上是获得了"免费"的投资收益。由于普通投资者本身是基于错误信息进行的持续错误定价,并不掌握信息披露违法违规的内部信息,因此是信息披露违法违规泡沫的受害者而不是取得套利机会的获益者。现实中考虑可能出现资产定价泡沫情况时需要加入类似的詹森-阿尔法项。贾罗和普罗特(2013)指出詹森-阿尔法是错误信息和资产定价泡沫的必然结果,虽然在真实信息的 σ 域流下不存在套利机会,但是由于错误信息的存在则可能产生 $\mathrm{d}\alpha_t$,即有 $\dfrac{\mathrm{d}P_t}{P_t}-r_t^f\mathrm{d}t=\mathrm{d}\alpha_t+$

$\beta_t\left(\dfrac{\mathrm{d}I_t}{I_t}-r_t^f\mathrm{d}t\right)+\sigma_t\mathrm{d}W_t^{④}$。理论上,信息披露违法违规行为本身不创造任何价值,当信息披露违法违规类企业相对于非信息披露违法违规(守法合规)企业而言显著存在詹森-阿尔法现象时,可以把错误信息产生的超额收益称为资产定价泡沫。上市公司信息披露违法违规的目的在于推升股价,其行为堪比"吹泡泡"。由此,提出如下假说:

H1a:信息披露违法违规具有正的詹森-阿尔法现象,即信息披露违法违规对企业而言是资产定价泡沫的来源之一。

H1b:信息披露违法违规具有负的詹森-阿尔法现象,即信息披露违法违规对企业而言不是资产定价泡沫的来源。

---

① MERTON R C. Optimum Consumption and Portfolio Rules in a Continuous-Time Model[J]. Journal of Economic Theory, 1971,3(4):373-413.

② MERTON R C. An Intertemporal Capital Asset Pricing Model[J].Econometrica, 1973,41(5):867-887.

③ JARROW R A. Active Portfolio Management and Positive Alphas: Fact or Fantasy?[J]. Journal of Portfolio Management, 2010,36(4):17-22.

④ JARROW R A, PROTTER P. Positive Alphas, Abnormal Performance, and Illusory Arbitrage[J]. Mathematical Finance, 2013,23(1):39-56.

二、盈余管理与资产定价泡沫

　　会计信息与其他信息一样都是投资者认知上市公司的媒介,是外部投资者对上市公司进行正确定价的基础。会计信息反映的是投资对象在相应会计期间取得的绩效以及消耗的成本,这使其成为证券投资者信息来源中相对重要的一环。会计信息可能对股票收益产生影响这一观点已经被很多研究论文验证了。早在1968年,波尔和布朗(1968)就发现会计年报中的利润数据与股价相关[①]。1978年波尔(1978)得出了会计信息的宣布能够给股票带来超额收益的结论,而且他也指出会计利润可能是其他模型中没有正确设定的效应或被忽视的变量[②]。伊斯顿和哈里斯(1991)发现会计利润与期初股价之比(E/P,类似于市盈率的倒数)对股票收益具有解释能力[③]。沃菲尔德和怀尔德(1992)以某会计期间内市盈率的倒数、一系列后续期间的会计利润与股票价格之比等指标作为模型自变量,以相同会计期间内的证券收益率为因变量,分析了会计利润对证券收益的解释力度[④]。1983年巴苏(1983)在他的论文中指出会计利润与期初股价之比(E/P)和风险调整收益二者之间具有复杂的关联关系,但是这种复杂的关系不能简单地被认为是一种因果关系,这种关系很可能涉及预期收益率决定关系中更深层面的问题[⑤]。可以认为,会计信息将上市公司的价值映射到了股价上。然而,基于错误信息所构建的市场价格就如同比萨斜塔是歪斜的一样,必然没有反映公司真正的市场价值。会计信息造假往往是以夸大资产和虚增收益为主要手段,其目的在于掩饰企业失败的经营业绩和不佳绩效。通过分析养老金资产、负债、融资等与公允市价、会计利润的关系,科罗纳多和夏普(2003)的研究表明误导性的会计信息披露对市场价值评估产生了重要的影响,上市公司可以利用会计准则降低养老金应计成本(例如未支付债务的成本),进而减少公司费用,达到虚增利

① BALL R, BROWN P. An Empirical Evaluation of Accounting Income Numbers [J]. Journal of Accounting Research, 1968,6(2):159-178.

② BALL R. Anomalies in Relationships between Securities' Yields and Yield-Surrogates[J]. Journal of Financial Economics, 1978,6(2-3):103-126.

③ EASTON P D, HARRIS T S. Earnings As an Explanatory Variable for Returns [J]. Journal of Accounting Research, 1991,29(1):19-36.

④ WARFIELD T D, WILD J J. Accounting Recognition and the Relevance of Earnings as an Explanatory Variable for Returns[J].The Accounting Review, 1992,67(4):821-842.

⑤ BASU S. The Relationship between Earnings' Yield, Market Value and Return for NYSE Common Stocks: Further Evidence[J]. Journal of Financial Economics, 1983,12(1):129-156.

润或平滑资产收益的波动性的目的,这种做法误导了投资者、扭曲了股票市场价格[①]。据此,科罗纳多和夏普(2003)认为发起确定收益养老金计划的大量标准普尔500指数上市公司存在股票价格泡沫现象[②]。

由企业主体发布的会计信息比一般媒体发布的消息更具有权威性,并能得到外部监管部门的监督和外部审计单位的背书,使得会计信息成为传递企业价值的重要载体。新兴资本市场受市场发展水平的局限使得相对可靠的会计信息成为证券价格的主要影响因素。在研究东欧国家股票收益的解释因素时,福伊等(2013)发现新兴经济体上市公司的盈余管理对股票收益的解释力度更大[③]。福伊等(2013)认为尤金·F.法玛和肯尼思·R.弗伦奇(1993)的三因素模型存在不显著或有缺陷的研究变量,有必要舍弃基于权益市场价值(ME)的分类标准,转而使用基于会计可操纵应计变量的分类标准[④⑤]。他们将净利润与经营现金流之比(NI/CFO)按照50%对50%的分位数划分为大类和小类,然后计算大类与小类之间的平均收益差值(LMS)。这种将自变量替换为盈余质量指标的做法强调了会计信息在资产定价中的决定作用。

会计信息因盈余管理而发生信息扭曲,盈余管理也可能产生资产定价泡沫效应。作为一般信息操控意义上的盈余管理本身不创造任何价值,当盈余管理指标越高的企业拥有更多的超额收益时,盈余管理就可能产生了资产定价泡沫。曾雪云和陆正飞(2016)的研究表明,盈余管理影响了企业业绩的波动性,企业的重大盈余管理行为能够通过盈余管理信息风险进行预警[⑥]。但是,盈余管理与信息披露违法违规存在本质上的不同。首先,虚假信息的披露与纠正发生在两个不同的时间点,这让信息披露违法违规有了明确的存续时间,为资产定价泡沫的产生与存续提供了时间上的条件;而盈余管理披露的相关信息符合相关规范且属于按时披露的信息,盈余管理不存在与信息披露违法违规相类似的存续时间。其次,盈余管理属于法律法规许可范围内技术性的信息操

① CORONADO J L, SHARPE S A. Did Pension Plan Accounting Contribute to a Stock Market Bubble?[J]. Brookings Papers on Economic Activity, 2003(1):323-371.

② 同①。

③ FOYE J, MRAMOR D, PAHOR M. A Respecified Fama French Three-Factor Model for the New European Union Member States[J]. Journal of International Financial Management & Accounting, 2013,24(1):3-25.

④ 同③。

⑤ FAMA E F, FRENCH K R. Common Risk Factors in the Returns on Stocks and Bonds[J]. Journal of Financial Economics, 1993,33(1):3-56.

⑥ 曾雪云,陆正飞.盈余管理信息风险、业绩波动与审计意见——投资者如何逃离有重大盈余管理嫌疑的上市公司? [J].财经研究,2016,42(8):133-144.

控,不属于会计信息造假。与发布错误信息的信息披露违法违规相比,盈余管理属于公开的信息操控行为,处于信息修正和信息粉饰层面。理性的市场不会鼓励信息操控行为,不会对盈余管理给予正面评价,因此盈余管理不存在资产定价泡沫现象。综上,盈余管理对詹森-阿尔法的影响可能会出现两种截然不同的结果,进一步提出如下竞争性假说:

H2a: 盈余管理具有正的詹森-阿尔法现象,即盈余管理会显著改变市场对企业价值的预期,进而产生虚幻的资产定价泡沫。

H2b: 盈余管理具有负的詹森-阿尔法现象,即盈余管理不仅不会产生资产定价泡沫,反而会对市场预期产生负面影响。

三、基于奥尔森模型的分析

信息操控改变投资者所接收的信息内容,就可能改变市场预期。信息操控与资产定价泡沫的关系可以通过修改奥尔森(2001)的剩余利润估价模型(RIV)加以分析[①]。假设企业剩余利润 x_t^α 和其他信息 v_t 都满足一阶自回归过程,预期剩余利润既受其本身的影响也受其他信息的影响。企业的剩余利润可以表示为折现利率 $R-1$、净利润 x_t 与前期净资产 b_{t-1} 的函数,即 $x_t^\alpha = x_t - (R-1)b_{t-1}$。此时,企业的价值等于预期未来剩余利润的现值加上净资产,表示为:

$$p_t = b_t + \sum_{\tau=1}^{\infty} \frac{E_t\left(x_{t+\tau}^\alpha\right)}{R^\tau}$$

s.t.

$$x_{t+1}^\alpha = \omega \cdot x_t^\alpha + v_t + \varepsilon_{t+1}$$
$$v_{t+1} = \gamma \cdot v_t + \xi_{t+1}$$
$$t = 1\cdots + \infty$$
$$0 < \omega, \gamma \leqslant 1$$
$$R > 1$$

首先,考虑企业不存在信息操控的情况。设 $x_1^\alpha = x_1 - (R-1)b_0$,预期当前企业价值为:

---

① OHLSON J A. Earnings, Book Values, and Dividends in Equity Valuation: An Empirical Perspective[J]. Contemporary Accounting Research, 2001,18(1):107-120.

$$P_0 = b_0 + \frac{x_1 - (R-1)b_0}{R} + \frac{\omega\left[x_1 - (R-1)b_0\right]}{R(R-\omega)} + \frac{v_1}{(R-\omega)(R-\gamma)}$$

$$= \frac{x_1 + b_0 - b_0\omega}{R-\omega} + \frac{v_1}{(R-\omega)(R-\gamma)}$$

然后,考虑企业存在信息操控的情况。设盈余管理致使本期期初利润的金额变动为 Δ,本期期末利润将受到反向影响,影响额度为$-\Delta$。假设企业在本期期末转而进行信息披露违法违规,虚假信息 f 既可以是虚假的会计信息,也可以是虚假的其他信息,可以统一归类为与真实会计信息相区别的其他信息。当原有的其他信息掺入虚假信息 f,混合后的其他信息仍然满足一阶自回归过程。由于市场无法区分虚假信息和真实信息,市场的预期会受到影响,预期的远期剩余利润和预期的未来信息都发生改变。在信息操控的影响下,市场预期的企业估值为:

$$P'_0 = b_0 + \Delta + \frac{x_1 - R\Delta - (R-1)b_0}{R} + \frac{\left[x_1 - R\Delta - (R-1)b_0\right]\omega}{R(R-\omega)} + \frac{v_1 + f}{(R-\omega)(R-\gamma)}$$

$$= \frac{x_1 + b_0 - b_0\omega - \Delta\omega}{R-\omega} + \frac{v_1 + f}{(R-\omega)(R-\gamma)}$$

可以发现,在企业进行信息操控的情况下,夸大的虚假信息对企业估值具有膨胀作用。企业估值与期初的盈余管理具有反向关系,若期初盈余被夸大即 $\Delta > 0$ 时,企业估值的市场预期将变小,若期初盈余被限缩即 $\Delta < 0$,企业估值的市场预期将变大。为了将两类信息操控行为置于同一框架下,前述分析假设同一家企业前后进行了盈余管理和信息披露违法违规,如果将两种信息操控行为分开分析,也会得到相同的结果。

第三节　模型设计与实证分析

一、模型设计与描述性统计

选取一致的时间区间观察信息披露违法违规和非信息披露违法违规(守法合规)的样本企业有利于进行比较分析。本研究从 CSMAR 数据库中选取 2017 年 6 月 30 日以前被揭露且在 2014—2016 年度存在信息披露违法违规的上市公司,同时从 Wind 数据库提取了非金融类 A 股上市公司数据。在排除数据缺失的样本后得到 1 023 家企业样本,其中涉及信息披露违法违规的上市公司有 243 家。行业分类采用中国证监会的行业分类标准,按照2015年12月31日所属的中国证监会行业代码,1 023家上市公司涉及17个行业,其中信息披露违法违规类上市公司涉及15个行业,样本具有广泛的代表性。计算詹森-阿尔法所使用的收益率数据来源于CSMAR资本资产定价模型研究数据库。模型计算选取2014年1月2日至2018年1月1日的时间区间。模型计算数据的时间区间要长于信息披露违法违规的观察期间,计算数据的时间区间拉长一些对状态空间模型而言可以让处于中间时间段的模型结果更精确。用状态空间模型刻画的泡沫可以随机连续地发生与破灭,让泡沫可以在理论模型中自发地产生,因此摆脱了传统模型的限制,更符合客观的现实规律,不再与一般的经济常识相背(吴仰如,1997)[1]。本研究采用状态空间时变参数模型对詹森-阿尔法进行刻画,模型如下:

$$R_t - r_{ft} = \alpha_t + \beta_t\left(R_{Mt} - r_{ft}\right) + \varepsilon_t$$

其中,α_t为时变的詹森-阿尔法,R_t为个股考虑现金红利再投资的日回报率,R_{Mt}为沪深300指数日回报率,r_{ft}为银行存款年利率除以360。图4-1(a)和图4-1(b)描绘的分别是非信息披露违法违规(守法合规)类企业和信息披露违法违规类企业累计詹森-阿尔法的走势图。对比图4-1(a)和图4-1(b),非信息披露违法违规(守法合规)企业的样本量较多造成图4-1(a)的曲线更密集,除此之外难以看出两者的差异。计算相关指标的平均值能够客观地将两类企业进行比较。图4-1(c)描绘的是两类企业不同时点下累计詹森-阿尔法均值的走势对比图。图4-1(c)显示信息披露违法违规类企业的累计詹森-阿尔法均值始终保持在非信息披露违法违规(守法合规)企业的上方。两类企业累计詹森-阿尔法均值在不同时点的差介于最低值0.000 1和最高值0.058 1之间。结果表明,信息披露违法违规类企业整体上拥有比非信息披露违法违规(守法合规)类企业更高的累计詹森-阿尔法,在信息披露违法违规观察期间始终具有额外的加成。差值为正意味着信息披露违法违规类企业存在扭曲的市场定价,而且市场定价是基于错误信息做出的,表明信息披露违法违规类企业在整体上具有泡沫特征。需要指出,累计詹森-阿尔法是一个累加和指标。正常情况下,即使信息披露违法违规在观察期被揭露出来从而引发价格泡沫破灭也并不会直接减少该指标。从图4-1(c)中平均累计詹森-阿尔法的差值曲线走势可看出,均值的差值在中后期基本保持平稳,只是随时间长度的加长而略微减小,这符合预期。

① WU Y. Rational Bubbles in the Stock Market: Accounting for the U.S. Stock-Price Volatility[J]. Economic Inquiry, 1997, 35(2):309-319.

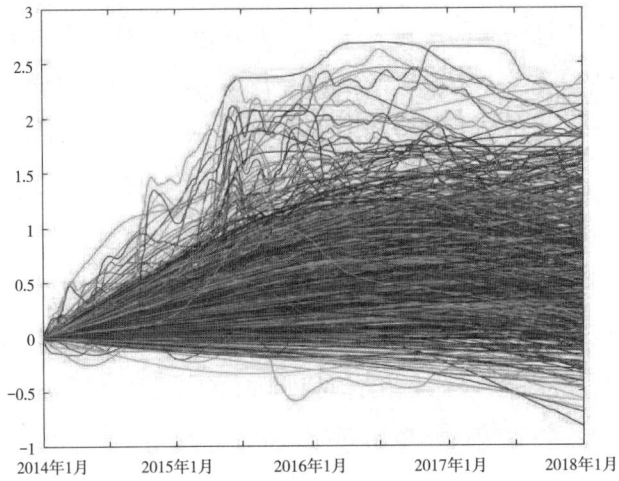

（a）非信息披露违法违规企业累计 ALPHA

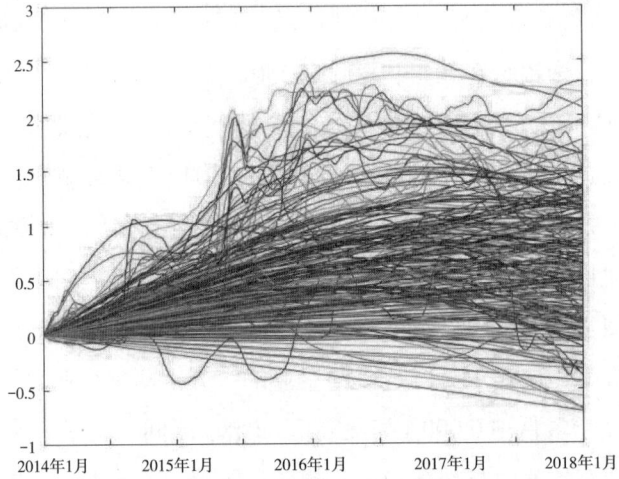

（b）信息披露违法违规企业累计ALPHA

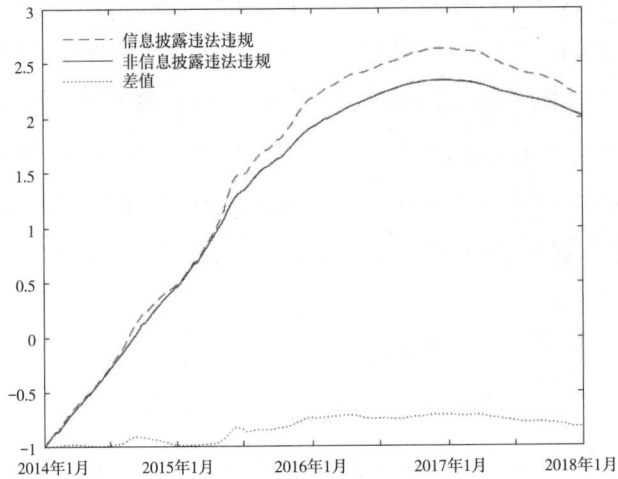

（c）企业平均累计ALPHA差异比较

图4-1　累计ALPHA的走势图

时变的詹森-阿尔法是每日的詹森-阿尔法水平值。为了便于进行回归模型分析,本研究计算 α_t 在观察期的平均值并采用公式 $(1 + \dot{\alpha}_t)^{250} - 1$ 进行年化。基于 2015 年 4 月 1 日至 2017 年 3 月 31 日期间内 α_t 的平均数,采用公式换算成年度收益率后得到詹森-阿尔法 ALPHA_A;基于 2015 年 1 月 5 日至 2016 年 12 月 30 日 α_t 的平均数,换算成年度收益率后得到詹森-阿尔法 ALPHA_B。两种不同时间区间段的詹森-阿尔法作为被解释变量有助于得到更稳健的结果。

为了进一步验证信息披露违法违规类企业与非信息披露违法违规(守法合规)类企业在詹森-阿尔法上的差异,本研究对两类企业詹森-阿尔法的差异进行置换检验,结果见表 4-1。两样本 t 检验和近似两样本 Fisher-Pitman 置换检验的结果一致,表明两类企业的詹森-阿尔法无论在哪个时间段内都在 5% 的显著性水平上存在明显差异。检验结果支持了图 4-1(a) 的结果,即信息披露违法违规类企业具有更高的詹森-阿尔法。

表 4-1　非信息披露违法违规类企业和信息披露违法违规类企业詹森-阿尔法差异的检验

不同时间区间段詹森-阿尔法	样本量	两样本 t 检验		Fisher-Pitman 检验		詹森-阿尔法的平均值	
		t 值	P 值	Z 值	P 值	非信息披露违法违规类企业	信息披露违法违规类企业
ALPHA_A	1 023	−2.496 3	0.012 7	−2.489 9	0.011 7	0.172 0	0.210 5
ALPHA_B	1 023	−2.374 3	0.017 8	−2.368 9	0.017 5	0.229 8	0.273 4

注:近似两样本 Fisher-Pitman 置换检验将所生成的随机数种子固定为 1 999,蒙特卡洛中抽样采用了 9 999 次置换。

置换检验的结果提示信息披露违法违规存在泡沫效应,需要进一步的因果分析来验证前述理论假说。倾向评分匹配(PSM)是一种揭示因果关系的有效方法,已经被广泛应用于分析财务与会计问题(希普曼等,2017)[①]。倾向评分匹配不仅有助于处理错误设定和内生性问题,也有助于克服工具变量法在工具变量选择上的主观随意性缺陷。本研究采用希普曼等(2017)所推荐的两阶段倾向评分匹配模型来分析信息披露违法违规对资产定价泡沫的影响。两阶段倾向评分匹配模型分为两个阶段:第一阶段是倾向评分预测模型,第二阶段是影响效应模型。模型构造如下:

---

① SHIPMAN J E, SWANQUIST Q T, WHITED R L. Propensity Score Matching in Accounting Research[J]. Accounting Review, 2017, 92(1):213-244.

$$MISSTATE_i = \alpha_0 + \alpha_1 ABSDA_i + \alpha_2 OWNERSHIP_i + \alpha_3 SIZE\_G_i + \alpha_4 REVERSE_i +$$
$$\alpha_5 SEOS_i + \alpha_6 Z\_SCORE_i + \alpha_7 EIPLAN_i + \alpha_8 TURNOVER_i +$$
$$\alpha_9 INDUSTRY_i + \varepsilon_i$$
$$ALPHA_i = \beta_0 + \beta_1 MISSTATE_i + \beta_2 ABSDA_i + \beta_3 OWNERSHIP_i + \beta_4 SIZE\_G_i +$$
$$\beta_5 REVERSE_i + \beta_6 SEOS_i + \beta_7 Z\_SCORE_i + \beta_8 EIPLAN_i + \beta_9 TURNOVER_i +$$
$$\beta_{10} INDUSTRY_i + \varepsilon_i$$

信息披露违法违规和盈余管理分属两类不同性质的信息风险。信息披露违法违规以哑变量表示,当企业直接和间接的违规行为属于虚构利润、虚列资产、虚假记载(误导性陈述)、推迟披露、重大遗漏、披露不实(其他)和欺诈上市等七种信息披露违法违规行为时令其为1,否则为0。国内外对盈余管理的测度存在多种方法,典型的做法如曾雪云和陆正飞(2016)基于修正的琼斯模型计算操纵性应计的绝对值(ABSDA)[①]。直接测度违规企业在信息披露违法违规期间的盈余管理是不合适的,尤其是那些虚构利润、虚列资产的行为已经超出了盈余管理的范畴。基于观察期期初的财务数据,本研究借鉴德肖和迪切夫(2002)、克拉维特和谢夫林(2010)使用的修正琼斯模型测度盈余管理[②③]。在采用倾向评分匹配(PSM)方法的基础上,本研究对控制变量的选取偏重信息造假的直接原因与间接原因。奥伦·巴-吉尔和卢西恩·A.别布丘克(2002)分析了一系列预设的因素诸如行业、公司特征、经理人限制、公司治理、经理人薪酬激励、会计准则等与信息披露违法违规行为发生概率的关系,希望在经营管理因素中间找出引起信息披露违法违规发生率增加的原因[④]。埃芬迪等(2007)也发现股权激励、偿债压力、融资需求、CEO特征等都会导致企业信息披露违法违规的可能性增加[⑤]。埃芬迪等(2007)认为经营管理层信息披露违法违规的目的是支持高估的股价,而CEO在信息披露违法违规过程中借助股权激励和高估的股价获得不当的利益[⑥]。除此之外,奥伦·巴-吉尔和卢西恩·A.别布丘克(2002)在构建财务信息披露违法违规的因果分析时发现,经营管理层通过会计舞弊而卖出股价的获

① 曾雪云,陆正飞.盈余管理信息风险、业绩波动与审计意见——投资者如何逃离有重大盈余管理嫌疑的上市公司?[J].财经研究,2016(8).

② DECHOW P M, DICHEV I D. The Quality of Accruals and Earnings: The Role of Accrual Estimation Errors[J].The Accounting Review, 2002(77):35-59.

③ KRAVET T, SHEVLIN T. Accounting Restatements and Information Risk[J]. Review of Accounting Studies, 2010, 15 (2):264-294.

④ BAR-GILL O, BEBCHUK L A. Misreporting Corporate Performance[R]. Rochester, NY: Social Science Research Network, 2002.

⑤ EFENDI J, SRIVASTAVA A, SWANSON E P. Why Do Corporate Managers Misstate Financial Statements? The Role of Option Compensation and Other Factors[J]. Journal of Financial Economics, 2007, 85(3):667-708.

⑥ 同⑤。

利行为受其隐蔽程度的制约,公司高级管理人员进行信息披露违法违规可能是希望推高股价而获利,也可能是希望塑造公司较好的绩效表现以形成有利的投融资环境①。因此,在考虑信息披露违法违规与资产定价泡沫的关系时,本研究将盈余管理(ABSDA)、股权集中度(OWNERSHIP)、规模趋势(SIZE_G)、业绩反转(REVERSE)、融资需求(SEOS)、破产风险(Z_SCORE)、股权激励(EIPLAN)、经理人变更(TURNOVER)等指标纳入控制变量。主要变量的具体定义见表4-2。

表4-2 主要变量名称与定义说明

变量名称	变量定义
詹森-阿尔法（ALPHA_A 或 ALPHA_B）	由时变的詹森-阿尔法 α_t 年化计算而来。其中,年化公式为:ALPHA=$(1 + \dot{\alpha}_t)^{250} - 1$。基于2015年4月1日至2017年3月31日期间内 α_t 的平均数,换算成年度收益率后得到ALPHA_A;基于2015年1月5日至2016年12月30日 α_t 的平均数,换算成年度收益率后得到ALPHA_B
信息披露违法违规（MISSTATE）	指示企业在2014—2016年度是否存在直接和间接信息披露违法违规行为的哑变量。将信息披露违法违规(包括虚构利润、虚列资产、虚假记载、误导性陈述、推迟披露、重大遗漏、披露不实、欺诈上市等)行为赋值为1,无信息披露违法违规的赋值为0
盈余管理（ABSDA）	观察期期初操纵性应计的测度。首先通过估计总流动应计(TCA)与其拟合值之差计算操纵性应计($v_{i,t}$),然后计算年度内4个季度值的算数平均数,最后取绝对值。操纵性应计可以表示为 $v_{i,t} = TCA_{i,t} - \left\{ \alpha_{0,i} + \alpha_{1,i}\dfrac{CFO_{i,t-1}}{Asset_{i,t-1}} + \alpha_{2,i}\dfrac{CFO_{i,t}}{Asset_{i,t}} + \alpha_{3,i}\dfrac{CFO_{i,t+1}}{Asset_{i,t+1}} + \alpha_{4,i}\dfrac{\Delta REV_{i,t}}{Asset_{i,t-1}} + \alpha_{5,i}\dfrac{PPE_{i,t}}{Asset_{i,t-1}} \right\}$。其中,TCA是除以上一季度总资产的总流动应计,CFO是经营现金流量,REV是营业收入,PPE是固定资产
股权集中度（OWNERSHIP）	观察期内前十大股东持股比率的平均数
规模趋势(SIZE_G)	观察期内总资产变动率=(后期的总资产−前期的总资产)/前期的总资产
业绩反转（REVERSE）	业绩趋势发生扭转的哑变量。如果净利润变动率为负值,即业绩为负的企业开始向好的方向发展,或者业绩为正的企业开始向差的方向发展,令其为1;反之,如果净利润变动率不为负,令其为0。其中,净利润变动率=(后期的净利润−前期的净利润)/前期的净利润

① BAR-GILL O, BEBCHUK L A. Misreporting Corporate Performance[R]. Rochester, NY: Social Science Research Network, 2002.

续表

变量名称	变量定义
融资需求 （SEOS）	再融资、股票增发、融资压力指标,即平均新增权益融资率=(所有者权益变动额/观察期年限−平均净利润)/平均总资产。其中,所有者权益变动额等于总资产变动额与总负债变动额之差
破产风险 （Z_SCORE）	等于观察期内财务困境评价指标Z值的平均数
股权激励（EIPLAN）	等于观察期公告的发行激励总数占总股本比例的最大值
经理人变更 （TURNOVER）	哑变量。如果观察期内总经理发生变更令其为1,否则为0

表4-3列示了描述性统计结果,主要连续变量尚未经过Winsorize处理,显示数据的原貌。统计结果表明,不同时间区间的年化詹森-阿尔法平均值都为正,均值分别为0.181 2和0.240 2,意味着上市公司可能存在泡沫效应。信息披露违法违规对正的詹森-阿尔法是否有一定的贡献还需要通过回归分析加以确认。其他上市公司指标反映了样本整体的行为特征和经济面貌,结果均符合预期。

表4-3 描述性统计结果

变量	样本量	均值	标准差	最小值	最大值
ALPHA_A	1 023	0.181 2	0.210 2	−0.258 3	1.731 9
ALPHA_B	1 023	0.240 2	0.250 6	−0.234 9	1.941 1
MISSTATE	1 023	0.237 5	0.425 8	0	1
ABSDA	1 023	0.026 4	0.084 1	0.000 0	2.502 1
OWNERSHIP	1 023	0.522 2	0.144 5	0.070 8	0.943 1
SIZE_G	1 023	1.055 1	5.671 1	−0.982 8	97.556 8
REVERSE	1 023	0.470 2	0.499 4	0	1
SEOS	1 023	0.036 3	0.126 9	−0.218 8	1.952 4
Z_SCORE	1 023	6.793 3	14.322 6	−78.700 0	225.138 0
EIPLAN	1 023	0.002 2	0.007 9	0.000 0	0.072 6
TURNOVER	1 023	0.456 5	0.498 3	0	1

表4-4左下是Spearman相关系数分析的结果,右上是Pearson相关系数分析的结果。除了詹森-阿尔法本身在不同时间段的测度指标之间存在高度相关性外,其他变量之间

表 4-4　主要变量的 Spearman 和 Pearson 相关系数

	ALPHA_A	ALPHA_B	MISSTATE	ABSDA	OWNERSHIP	SIZE_G	REVERSE	SEOS	Z_SCORE	EIPLAN	TURNOVER
ALPHA_A	1.000 0	0.945 1***	0.058 5*	-0.003 6	-0.005 4	0.148 8***	-0.155 5***	0.154 3***	0.226 5***	0.056 7*	-0.014 9
ALPHA_B	0.935 0***	1.000 0	0.052 0*	0.013 7	-0.036 3	0.156 4***	-0.142 1***	0.183 5***	0.270 6***	0.061 6**	-0.006 2
MISSTATE	0.077 9**	0.074 1**	1.000 0	0.030 1	-0.091 6***	-0.103 1***	0.044 8	0.078 5**	-0.022 6	-0.026 2	0.111 0***
ABSDA	-0.036 2	-0.024 4	0.075 7**	1.000 0	0.065 3**	0.037 1	0.037 9	0.053 2*	0.012 8	-0.044 7	0.024 0
OWNERSHIP	0.009 0	-0.003 2	-0.106 2***	0.043 6	1.000 0	0.141 8***	-0.096 2***	-0.037 0	-0.095 6***	-0.013 3	0.004 5
SIZE_G	0.115 9***	0.126 0***	-0.022 5	0.022 9	0.079 2**	1.000 0	-0.249 5***	0.424 7***	0.101 2***	0.173 3***	0.010 2
REVERSE	-0.140 1***	-0.127 3***	0.044 8	-0.011 8	-0.097 7***	-0.067 9**	1.000 0	-0.049 5	-0.053 3*	-0.162 0***	0.025 3
SEOS	0.229 9***	0.252 8***	0.076 0**	0.069 3**	-0.026 6	0.245 3***	0.007 0	1.000 0	-0.051 6*	0.047 9	0.119 9***
Z_SCORE	0.119 8***	0.146 1***	0.010 0	0.013 5	-0.069 8**	-0.007 3	0.054 8*	-0.008 1	1.000 0	0.050 8	0.002 0
EIPLAN	0.016 2	0.030 1	0.014 9	-0.021 5	-0.039 7	0.030 6	-0.127 2***	0.056 6*	-0.012 2	1.000 0	-0.028 6
TURNOVER	0.026 9	0.045 3	0.111 0***	0.034 8	0.002 2	0.121 1***	0.025 3	0.088 6***	-0.001 5	-0.044 9	1.000 0

的相关系数都不高。信息披露违法违规与詹森-阿尔法存在显著的正相关性,表明当信息披露违法违规发生时企业会有更多的超额收益。盈余管理与詹森-阿尔法的相关性不显著且正负符号不稳定,表明盈余管理与超额收益的关联性不高。Spearman相关系数表明,企业规模类相关指标(规模趋势)、融资类相关指标(融资需求)、财务危机指标(破产风险)、管理层激励指标(股权激励)都与詹森-阿尔法存在显著的正相关性,即这些相关指标越高时企业的超额收益可能越高。无论是净利润为正的企业开始变差还是净利润为负的企业开始向好都表明企业业绩存在不确定性。对于那些业绩存在不确定性的企业而言,业绩反转与詹森-阿尔法存在显著的负相关性,意味着市场对业绩反转的企业看法比较审慎,不会给予溢价。综合Spearman相关系数和Pearson相关系数分析的结果,所有的控制变量要么和詹森-阿尔法显著相关,要么和信息披露违法违规显著相关,表明本研究控制变量的选取是适当的,适合后续两阶段倾向评分匹配模型的分析。

本研究还对非信息披露违法违规(守法合规)和信息披露违法违规两类企业在控制变量上是否存在差异进行了置换检验,见表4-5。置换检验表明全样本下两类企业在规模趋势、业绩反转、破产风险和股权激励方面不存在显著性差异,而在盈余管理、股权集中度、融资需求和经理人变更方面存在显著性差异。其中,信息披露违法违规类企业的盈余管理、融资需求和经理人变更指标显著高于非信息披露违法违规(守法合规)类企业,非信息披露违法违规(守法合规)类企业的股权集中度指标显著高于信息披露违法违规类企业。控制变量集中代表了企业的经济特征和行为特征。通过平衡控制变量、匹配企业的属性有助于提高研究结果的稳健性。因此,有必要采用倾向评分匹配弱化两类企业在这些经济特征和行为特征上的差异。

表4-5 非信息披露违法违规类企业和信息披露违法违规类企业控制变量差异的检验

控制变量	样本量	两样本 t 检验		Fisher-Pitman 检验		控制变量的平均值	
		t 值	P 值	Z 值	P 值	非信息披露违法违规类企业	信息披露违法违规类企业
ABSDA	1 023	−2.424 4	0.015 5	−2.418 6	0.007 3	0.022 8	0.037 8
OWNERSHIP	1 023	3.412 2	0.000 7	3.394 6	0.000 8	0.530 7	0.494 7
SIZE_G	1 023	0.719 6	0.472 0	0.719 7	0.511 5	1.126 4	0.826 5
REVERSE	1 023	−1.434 4	0.151 8	−1.433 7	0.163 1	0.457 7	0.510 3
SEOS	1 023	−2.435 2	0.015 1	−2.429 3	0.013 9	0.030 9	0.053 6
Z_SCORE	1 023	−0.320 3	0.748 8	−0.320 5	0.763 3	6.713 2	7.050 4

续表

控制变量	样本量	两样本t检验		Fisher-Pitman检验		控制变量的平均值	
		t值	P值	Z值	P值	非信息披露违法违规类企业	信息披露违法违规类企业
EIPLAN	1 023	−0.476 7	0.633 7	−0.476 9	0.641 9	0.002 1	0.002 4
TURNOVER	1 023	−3.568 8	0.000 4	−3.548 4	0.000 5	0.425 6	0.555 6

二、倾向评分匹配(PSM)模型

表4-6和表4-7列示了本研究采用两阶段倾向评分匹配模型分析信息披露违法违规与詹森-阿尔法关系的实证结果。在倾向评分匹配对数据进行加权平衡的情况下,本研究未对模型中的连续变量采用Winsorize处理。以信息披露违法违规为处理变量,第一阶段预测模型采用协变量平衡倾向评分匹配法预测企业信息披露违法违规的可能性,结果见表4-6。股权集中度即前十大股东持股比例对企业的信息披露违法违规倾向具有显著抑制作用,其他变量如业绩反转、融资需求、盈余管理、股权激励、经理人变更对企业的信息披露违法违规倾向具有显著加剧作用。股权集中度越集中的企业委托代理问题越轻,企业进行信息披露违法违规的倾向越低,预期回归系数应为负,实际结果与预期相符。一般而言,总资产增长率较高的企业处于扩张状态下,其规模趋势是一种积极的信号,企业信息披露违法违规的倾向自然降低,预期规模趋势指标的回归系数为负。需要指出的是,规模趋势的原因比较复杂,例如负债增加的情况并不一定是个好现象。虽然规模趋势的系数符号与预期相符,但该指标并不显著。无论是业绩为正的企业开始变差还是业绩为负的企业开始变好都表明其披露的信息发生反向波动,业绩反转的企业其信息披露拥有更多的不确定性。预期业绩反转的回归系数为正,实际结果与预期相符。有融资需求的企业为了满足投资者的要求可能会在信息披露上铤而走险,预期回归系数为正,实际结果与预期相符。盈余管理和信息披露违法违规是信息操控的不同表现形式,那些存在重大盈余管理的企业有进行信息披露违法违规的风险,预期回归系数为正,实际结果与预期相符。破产风险指标Z值越高的企业破产风险越低,理论上安全性越高的企业越没有信息披露违法违规的必要。但破产风险指标是一个综合性评价指标,从回归结果看该指标并不显著,其对信息披露违法违规行为的影响难以确定。股权激励涉及企业管理者切身的利益,对于道德意识较差的管理者而言进行信息披露违法违规是执行股权激

励、有效维护自身利益的手段,预期回归系数为正,实际结果与预期相符。经理人变更产生的原因较为复杂,但是管理者的变动说明企业处于不稳定状态,信息风险较高,预期回归系数为正,实际结果与预期相符。倾向评分匹配后得到的信息披露违法违规倾向值是平衡量度的。表4-6的控制变量不平衡指数显示,加权平衡后控制变量的平衡程度比加权平衡前得到了很大的改善。通过邻近匹配得到处理组(信息披露违法违规类)样本企业243家,控制组(非信息披露违法违规类)样本企业187家。其中,控制组样本企业采用反复可替换模式,可以多次参加匹配,结果出现了匹配后控制组样本少于处理组样本的情况。除了盈余管理指标外,其他控制变量的不平衡指数都控制在0.05甚至0.01以内,极大地改善了控制变量的平衡程度。

表4-6 第一阶段:平衡倾向评分模型估计结果(以MisState为处理变量)

	预期符号	倾向评分估计	控制变量不平衡指数	
			加权平衡后	加权平衡前
CONSTANT		−0.412 (−0.601)		
ABSDA	+	4.62*** (25)	0.146 9	0.177 7
OWNERSHIP	−	−1.88*** (−15.4)	0.007 8	0.249 4
SIZE_G	−	−0.031 9 (−0.335)	0.008 1	0.052 9
REVERSE	+	0.139* (1.66)	0.005 1	0.105 3
SEOS	+	1.22*** (12.2)	0.036 0	0.178 5
Z_SCORE		0.000 1 (0.001 1)	0.010 5	0.023 5
EIPLAN	+	5.24*** (83)	0.000 5	0.035 0
TURNOVER	+	0.584*** (5.82)	0.000 5	0.260 7
INDUSTRY		YES	<0.004 6	>0.009 7
Log-Likelihood		−534.129 9		

注:括号中为Z值,***、**、*分别表示1%、5%、10%的显著水平。

　　表4-7是倾向匹配后第二阶段回归模型的结果,以信息披露违法违规为解释变量,采用稳健标准误估计和普通最小二乘回归分析信息披露违法违规行为对詹森-阿尔法的影响。模型(1)和(2)中詹森-阿尔法的计算期比模型(3)和(4)中詹森-阿尔法的计算期往后延了一个季度,但回归结果并未出现明显差异。回归结果表明,信息披露违法违规对詹森-阿尔法的影响是显著的,预期回归系数应为正,实际结果与预期相符。基于错误信息产生的正詹森-阿尔法效应是虚假的泡沫效应,说明企业信息披露违法违规行为是产生资产定价泡沫的原因之一。表4-7的结果考虑到了模型的稳健性或有效性。模型(2)和(4)是通过控制异方差得到的稳健标准误估计结果,与模型(1)和(3)的普通最小二乘估计结果基本保持一致。从控制变量看,盈余管理对詹森-阿尔法产生了负面影响,但是这种影响有时不显著。应计盈余管理缺乏隐蔽性且容易被市场辨识,这种公开的信息操控行为对市场定价具有负面效应是可以理解的。需要指出的是,第二阶段回归模型中的控制变量都经过了倾向匹配并且被控制了不平衡程度,控制变量的解释力度需要引入全样本使用普通多元回归模型加以验证。

表4-7　第二阶段:信息披露违法违规对詹森-阿尔法的影响

	预期符号	ALPHA_A		ALPHA_B	
		(1)	(2)	(3)	(4)
CONSTANT		0.043 2	0.043 2	0.089 1	0.089 1
		(0.093 1)	(0.077 7)	(0.110 0)	(0.092 0)
MISSTATE	+	0.043 5**	0.043 5**	0.044 2*	0.044 2*
		(0.021 6)	(0.021 8)	(0.025 5)	(0.025 5)
ABSDA	−	−0.142 4*	−0.142 4***	−0.143 7	−0.143 7***
		(0.084 4)	(0.031 6)	(0.099 8)	(0.035 5)
OWNERSHIP	+	0.136 0*	0.136 0	0.101 0	0.101 0
		(0.080 5)	(0.084 7)	(0.095 2)	(0.104 5)
SIZE_G	+	0.009 1**	0.009 1**	0.011 9***	0.011 9**
		(0.003 6)	(0.003 7)	(0.004 3)	(0.004 7)
REVERSE	−	−0.057 4***	−0.057 4***	−0.068 2***	−0.068 2***
		(0.021 9)	(0.021 5)	(0.025 9)	(0.025 5)
SEOS	+	0.243 7***	0.243 7**	0.320 2***	0.320 2**
		(0.070 1)	(0.119 7)	(0.082 9)	(0.156 4)
Z_SCORE	+	0.001 2**	0.001 2	0.001 6**	0.001 6
		(0.000 6)	(0.001 0)	(0.000 7)	(0.001 3)

续表

	预期符号	ALPHA_A		ALPHA_B	
		（1）	（2）	（3）	（4）
EIPLAN	?	−0.748 7	−0.748 7	−0.373 5	−0.373 5
		（1.304 8）	（0.896 9）	（1.542 4）	（1.123 2）
TURNOVER	?	−0.006 5	−0.006 5	−0.003 6	−0.003 6
		（0.022 2）	（0.022 4）	（0.026 3）	（0.027 9）
INDUSTRY		Yes	Yes	Yes	Yes
Robust		No	Yes	No	Yes
n		430	430	430	430
R^2		0.157 4	0.157 4	0.162 0	0.162 0

注：括号中为标准误，***、**、*分别表示1%、5%、10%的显著水平。

三、稳健性检验

为了验证信息披露违法违规和盈余管理两类信息风险以及其他控制变量的詹森-阿尔法效应，本研究构建了多种普通多元回归模型验证在不同时间区间和全样本下回归结果的稳健性，模型包括单因素模型、考虑交叉项的模型、不考虑交叉项的模型，并且对大多数的模型采用稳健标准误估计控制异方差，见表4-8。多元回归模型的主要形式有：

$$ALPHA_i = \beta_0 + \beta_1 MISSTATE_i + \beta_2 ABSDA_i + \beta_3 OWNERSHIP_i + \beta_4 SIZE\_G_i +$$
$$\beta_5 REVERSE_i + \beta_6 SEOS_i + \beta_7 Z\_SCORE_i + \beta_8 EIPLAN_i + \beta_9 TURNOVER_i +$$
$$\beta_{10} INDUSTRY_i + \varepsilon_i$$

$$ALPHA_i = \beta_0 + \beta_1 MISSTATE_i + \beta_2 (MISSTATE_i*ABSDA_i) +$$
$$\beta_3 (MISSTATE_i*REVERSE_i) + \beta_4 (MISSTATE_i*TURNOVER_i) +$$
$$\beta_5 (REVERSE_i*TURNOVER_i) + \beta_6 (MISSTATE_i*REVERSE_i*TURNOVER_i) +$$
$$\beta_7 ABSDA_i + \beta_8 OWNERSHIP_i + \beta_9 SIZE\_G_i + \beta_{10} REVERSE_i + \beta_{11} SEOS_i +$$
$$\beta_{12} Z\_SCORE_i + \beta_{13} EIPLAN_i + \beta_{14} TURNOVER_i + \beta_{15} INDUSTRY_i + \varepsilon_i$$

在不考虑交叉项的模型中，解释变量和主要控制变量的VIF值都不超过1.5，表明不存在多重共线性问题。即使在交叉项模型中，解释变量和主要控制变量的最大VIF值不超过6，没有证据表明模型存在严重的多重共线性问题。表4-8中所有的拉姆齐回归方程设定误差检验（Ramsey RESET）都没有拒绝原假设，提示模型没有遗漏变量的问题，不存在错误设定。普通多元回归模型的结果与前述倾向评分匹配模型的结果相一致，信息披露违法违规在所有的模型中都产生了正的詹森-阿尔法，进一步表明基于错误信息产生的正詹森-阿尔法效应是资产定价泡沫。盈余管理的回归系数在前述倾向评分匹配模型中存在不显著的现象，为得到更为稳健的结果，本研究在多元回归模型中考虑盈余管理与信息披露违法违规的交互效应，但盈余管理的回归系数和交互项的回归系数都不显著。盈余管理信息风险会增加企业的资本成本，进而降低企业价值。因此，盈余管理的影响符号为负是可以理解的，斯隆(1996)也得出过类似的结果[①]。同时，企业进行会计政策选择、应计项目管理等会计信息调整的出发点和目的不尽相同，可能产生多样化的市场效果。如果无法获得稳定的市场预期，盈余管理就可能不具有明显的詹森-阿尔法效应。较高的股权集中度弱化了企业的委托代理问题，而且股权比较集中的企业可供其他投资者吸纳持有的股份也相对较少，容易产生较高的市场估值。预期股权集中度的回归系数为正，实际与预期相符，但回归系数不显著。资产规模具有扩张趋势表明企业具有投资和增长机会，市场对发展潜力较大的企业应当给予正面评价。预期规模趋势的回归系数显著为正，实际与预期相符。业绩反转表明企业业绩发生反向波动，市场对业绩反转的企业应当保持谨慎，当回归系数为负时表明市场看法偏负面。预期业绩反转的回归系数显著为负，实际与预期相符。监管机构通常对新增融资需求如股票增发有较高的要求条件，融资需求是企业拥有好的投资项目、具有发展前景的标签。预期融资需求的回归系数显著为正，实际与预期相符。破产风险 Z 值是企业偿债能力、破产可能性的综合性预测指标，指标越高的企业越健康。预期破产风险指标的回归系数显著为正，实际与预期相符。虽然被授予股权激励的管理层有抬升企业业绩和公司估值的动力，但是股权激励极易失败，较高的股权激励会给企业带来成本负担甚至负面效果(田一雄，2004)[②]。难以预期股权激励的影响效果，实际符号为负，但并不显著。经营管理层的变更属于不稳定因素，为企业的发展道路增添了风险。预期经理人变更的影响符号为负，实际与预期相符，但并不显著。重要人事的变动一方面意味着企业既有政策的中断和管理模式的改变，另一方面可能会带来机遇和挑战。因此影响系数不显著也是可以理解的。

① SLOAN R G. Do Stock Prices Fully Reflect Information in Accruals and Cash Flows about Future Earnings?[J]. Accounting Review, 1996, 71(3):289-315.

② TIAN Y S. Too Much of a Good Incentive? The Case of Executive Stock Options[J]. Journal of Banking and Finance, 2004, 28(6):1225-1245.

表4-8　上市公司信息操

	预期符号	以ALPHA_A为被解释变量				
		(1)	(2)	(3)	(4)	(5)
CONSTANT		0.170 6*** (0.006 6)	0.093 4** (0.046 6)	0.093 4** (0.038 1)	0.091 9** (0.038 3)	0.090 0** (0.038 7)
MISSTATE	+	0.033 6** (0.015 7)	0.028 2** (0.013 5)	0.028 2* (0.014 8)	0.034 4* (0.018 9)	0.048 5* (0.027 1)
MISSTATE*ABSDA					−0.259 0 (0.515 7)	
MISSTATE*REVERSE						0.003 5 (0.039 4)
MISSTATE*TURNOVER						−0.027 7 (0.041 8)
REVERSE*TURNOVER						0.011 1 (0.026 4)
MISSTATE*REVERSE* TURNOVER						−0.029 8 (0.058 3)
ABSDA	−		−0.380 4 (0.235 6)	−0.380 4 (0.246 9)	−0.282 2 (0.293 8)	−0.337 8 (0.245 0)
OWNERSHIP	+		0.050 7 (0.041 4)	0.050 7 (0.043 5)	0.049 1 (0.043 4)	0.042 6 (0.043 7)
SIZE_G	+		0.008 9*** (0.002 8)	0.008 9*** (0.003 4)	0.008 9*** (0.003 4)	0.009 1*** (0.003 4)
REVERSE	−		−0.051 5*** (0.011 6)	−0.051 5*** (0.011 7)	−0.051 4*** (0.011 7)	−0.054 0*** (0.014 3)
SEOS	+		0.446 5*** (0.072 7)	0.446 5*** (0.095 1)	0.448 8*** (0.095 2)	0.444 0*** (0.096 0)
Z_SCORE	+		0.002 8*** (0.000 6)	0.002 8*** (0.000 7)	0.002 8*** (0.000 7)	0.002 9*** (0.000 7)
EIPLAN	?		−0.713 8 (0.799 0)	−0.713 8 (0.628 2)	−0.721 7 (0.631 9)	−0.740 8 (0.630 8)
TURNOVER	?		−0.002 8 (0.011 6)	−0.002 8 (0.012 1)	−0.002 2 (0.012 2)	0.001 9 (0.019 6)
INDUSTRY		NO	YES	YES	YES	YES
VCE Robust		YES	NO	YES	YES	YES
n		1 023	1 023	1 023	1 023	1 023
R^2		0.005 4	0.169 4	0.169 4	0.169 7	0.171 9
Ramsey RESET			$F=1.92$ $P=0.124 3$	$F=1.92$ $P=0.124 3$	$F=1.97$ $P=0.116 3$	$F=1.83$ $P=0.139 9$

注:括号中为标准误,***、**、*分别表示1%、5%、10%的显著水平。为了避免异常值的影响,已经对连续变量上下

控对资产定价泡沫的影响

	以 ALPHA_B 为被解释变量					
(6)	(7)	(8)	(9)	(10)	(11)	(12)
0.089 0** (0.038 9)	0.228 1*** (0.008 0)	0.115 5** (0.056 2)	0.115 5*** (0.043 6)	0.112 6** (0.043 9)	0.107 6** (0.044 4)	0.105 5** (0.044 7)
0.051 9* (0.028 8)	0.040 7** (0.019 3)	0.030 8* (0.016 3)	0.030 8* (0.018 3)	0.042 3* (0.022 7)	0.062 1* (0.033 3)	0.069 0* (0.035 6)
−0.184 3 (0.508 7)				−0.479 1 (0.626 1)		−0.378 0 (0.618 7)
0.004 5 (0.039 6)					−0.002 6 (0.051 2)	−0.000 4 (0.051 2)
−0.026 1 (0.041 7)					−0.036 3 (0.051 9)	−0.033 1 (0.051 8)
0.011 1 (0.026 4)					0.001 8 (0.031 6)	0.001 8 (0.031 6)
−0.030 8 (0.058 3)					−0.043 8 (0.072 1)	−0.046 0 (0.071 9)
−0.269 5 (0.294 3)		−0.220 8 (0.284 2)	−0.220 8 (0.291 3)	−0.039 2 (0.332 2)	−0.161 6 (0.290 2)	−0.021 5 (0.332 5)
0.041 6 (0.043 6)		0.023 4 (0.050 0)	0.023 4 (0.051 7)	0.020 4 (0.051 2)	0.011 8 (0.051 9)	0.009 9 (0.051 6)
0.009 1*** (0.003 4)		0.010 4*** (0.003 3)	0.010 4** (0.004 3)	0.010 4** (0.004 3)	0.010 6** (0.004 3)	0.010 6** (0.004 3)
−0.054 0*** (0.014 3)		−0.053 5*** (0.014 0)	−0.053 5*** (0.013 9)	−0.053 4*** (0.013 9)	−0.048 5*** (0.016 5)	−0.048 6*** (0.016 5)
0.445 6*** (0.096 2)		0.633 5*** (0.087 7)	0.633 5*** (0.119 9)	0.637 8*** (0.119 8)	0.631 0*** (0.121 0)	0.634 4*** (0.121 0)
0.002 9*** (0.000 7)		0.003 9*** (0.000 7)	0.003 9*** (0.000 9)	0.003 9*** (0.000 9)	0.004 0*** (0.000 9)	0.004 0*** (0.000 9)
−0.744 1 (0.633 5)		−0.447 8 (0.963 6)	−0.447 8 (0.740 0)	−0.462 3 (0.746 2)	−0.462 4 (0.738 3)	−0.469 3 (0.743 2)
0.002 1 (0.019 7)		0.000 4 (0.014 0)	0.000 4 (0.014 8)	0.001 5 (0.014 9)	0.013 2 (0.023 1)	0.013 6 (0.023 1)
YES	NO	YES	YES	YES	YES	YES
YES	YES	NO	YES	YES	YES	YES
1 023	1 023	1 023	1 023	1 023	1 023	1 023
0.172 0	0.005 4	0.186 8	0.186 8	0.187 4	0.190 5	0.190 8
$F=1.87$ $P=0.133\ 1$		$F=0.72$ $P=0.538\ 3$	$F=0.72$ $P=0.538\ 3$	$F=0.73$ $P=0.534\ 4$	$F=0.55$ $P=0.650\ 7$	$F=0.57$ $P=0.637\ 6$

1%分位数进行了 Winsorize 处理。

　　从普通多元回归模型的结果看,盈余管理没有形成对詹森-阿尔法的有效影响。斯隆(1996)的研究结果表明,只有应计水平值处于90%分位数以上的企业群组在未来3年拥有显著的负詹森-阿尔法效应[①]。为了进一步考察模型的稳健性,本研究采用以下三种方法对盈余管理(ABSDA)指标进行调整,重新构造回归分析模型:第一,构造盈余管理哑变量。当操纵性应计的水平值大于或等于样本90%分位数时将其定性为严重盈余管理,令其为1;当操纵性应计的水平值小于样本90%分位数时将其定性为一般或不严重的盈余管理,令其为0。表4-9的回归结果显示,严重盈余管理对詹森-阿尔法的影响效应不显著。第二,对盈余管理水平值进行分级。对操纵性应计的水平值进行重新赋值构造严重盈余管理指标,将操纵性应计的水平值划分为4个层次。当操纵性应计的水平值大于或等于样本95%分位数时,对其赋值为3;当操纵性应计的水平值介于样本95%～85%分位数区间时,对其赋值为2;当操纵性应计的水平值介于样本85%～75%分位数区间时,对其赋值为1;其他情况赋值为0。表4-9的回归结果表明,盈余管理对詹森-阿尔法的影响效应仍不显著。第三,将盈余管理指标风险化,并且扩大观察期限。弗朗西斯等(2005)、于李胜和王艳艳(2007)采用操纵性应计的标准差测度盈余质量[②][③]。当操纵性应计的标准差越大时,盈余质量越差。本研究计算了2007年三季报至2014年四季报30个季度操纵性应计的标准差,得到长期信息风险指标$AQ = \sigma(v)$,用长期信息风险测度企业的盈余质量替代操纵性应计重新进行多元回归。表4-9中的回归结果显示,长期信息风险对詹森-阿尔法具有显著的负面影响。综上,不同盈余管理测度指标下的回归结果表明操纵性应计对詹森-阿尔法的影响是负面的,但是影响的显著性在不同指标下不一致。可能的解释是,市场基于近期的盈余管理行为即操纵性应计无法形成有效的市场预期,但是能够基于长期的盈余管理行为形成有效的市场预期,并给予负面评价。

表4-9　盈余管理与资产定价泡沫关系的进一步分析

	预期符号	以 ALPHA_A 为被解释变量			以 ALPHA_B 为被解释变量		
		(1)	(2)	(3)	(4)	(5)	(6)
CONSTANT		0.087 6**	0.087 7**	0.097 8***	0.110 8**	0.112 5***	0.122 9***
		(0.038 3)	(0.038 2)	(0.037 6)	(0.043 7)	(0.043 5)	(0.042 9)

① SLOAN R G. Do Stock Prices Fully Reflect Information in Accruals and Cash Flows about Future Earnings?[J]. Accounting Review, 1996, 71(3):289-315.

② FRANCIS J, LAFOND R, OLSSON P, SCHIPPER K. The Market Pricing of Accruals Quality[J]. Journal of Accounting and Economics, 2005, 39(2):295-327.

③ 于李胜,王艳艳.信息风险与市场定价[J].管理世界,2007(2):76-85.

续表

	预期符号	以ALPHA_A为被解释变量			以ALPHA_B为被解释变量		
		（1）	（2）	（3）	（4）	（5）	（6）
MISSTATE	+	0.027 6* （0.014 9）	0.027 8* （0.014 8）	0.027 6* （0.014 8）	0.031 0* （0.018 3）	0.030 4* （0.018 3）	0.031 4* （0.018 2）
ABSDA_H	−	−0.028 5 （0.023 0）			−0.027 7 （0.027 5）		
ABSDA_HL	−		−0.010 6 （0.007 3）			−0.004 9 （0.009 2）	
AQ	−			−0.129 0*** （0.047 9）			−0.163 2*** （0.054 6）
OWNERSHIP	+	0.048 4 （0.043 3）	0.049 5 （0.043 3）	0.051 2 （0.043 4）	0.023 5 （0.051 5）	0.022 1 （0.051 5）	0.028 2 （0.051 3）
SIZE_G	+	0.008 8*** （0.003 4）	0.008 8*** （0.003 4）	0.009 3*** （0.003 5）	0.010 4** （0.004 3）	0.010 3** （0.004 3）	0.010 9** （0.004 4）
REVERSE	−	−0.051 6*** （0.011 7）	−0.051 7*** （0.011 7）	−0.052 0*** （0.011 7）	−0.053 3*** （0.013 8）	−0.053 7*** （0.013 8）	−0.053 6*** （0.013 9）
SEOS	+	0.445 0*** （0.095 1）	0.447 4*** （0.095 1）	0.439 4*** （0.095 6）	0.633 6*** （0.119 3）	0.633 4*** （0.120 0）	0.627 2*** （0.120 0）
Z_SCORE	+	0.002 8*** （0.000 7）	0.002 8*** （0.000 7）	0.002 9*** （0.000 7）	0.004 0*** （0.000 9）	0.003 9*** （0.000 9）	0.004 1*** （0.000 9）
EIPLAN	?	−0.701 0 （0.625 0）	−0.704 1 （0.624 7）	−0.643 6 （0.625 3）	−0.454 0 （0.737 0）	−0.437 7 （0.737 4）	−0.391 8 （0.732 5）
TURNOVER	?	−0.003 1 （0.012 2）	−0.002 8 （0.012 1）	−0.001 8 （0.012 1）	0.000 1 （0.014 8）	0.000 4 （0.014 8）	0.001 5 （0.014 7）
INDUSTRY		YES	YES	YES	YES	YES	YES
VCE Robust		YES	YES	YES	YES	YES	YES
n		1 023	1 023	1 023	1 023	1 023	1 023
R^2		0.169 1	0.169 4	0.172 1	0.187 5	0.186 6	0.191 5
Ramsey RESET		F=1.92 P=0.125 2	F=1.75 P=0.154 6	F=1.58 P=0.193 2	F=0.68 P=0.563 5	F=0.70 P=0.554 7	F=0.66 P=0.576 1

注:括号中为标准误,***、**、*分别表示1%、5%、10%的显著水平。为了避免异常值的影响,已经对连续变量上下1%分位数进行了Winsorize处理。

　　本研究将信息披露违法违规的错误信息效应与盈余管理的扭曲信息效应放在同一理论框架下进行分析。通过资产定价泡沫理论和修正的奥尔森模型揭示了两种信息操控行为的不同泡沫效应。上述实证分析结果表明,资本市场中潜伏的各种信息披露违法违规行为是造成资产价格虚增的主要原因之一。置换检验、两阶段倾向评分模型和多元回归模型的结果都表明信息披露违法违规类企业相对非信息披露违法违规(守法合规)企业而言有更多的詹森-阿尔法效应,这种超额收益是建立在错误信息的基础上的,因此是典型的泡沫现象。本研究认为,基于错误信息产生的詹森-阿尔法效应是上市公司"吹泡泡"的结果,信息披露违法违规是资产定价泡沫产生的原因之一。在资产定价理论基础上发展起来的资产定价泡沫理论能够用于解释现实市场中的价格泡沫现象。资产定价泡沫属于持续的错误定价,其产生的原因在于市场存在隐蔽而又持续的错误信息。如果被释放出来的信息是错误的,资本资产的市场价格会受错误的信息引导从而偏离资产本身的真实价值,在错误信息得不到及时纠正的情况下价格就会与价值发生长期偏离,从而形成定价泡沫。信息不完全和信息不对称为上市公司资产定价泡沫的存在提供了不完善的信息环境。

　　虽然盈余管理和信息披露违法违规都属于信息操控行为,但两者存在本质区别。上市公司逾越法律界限进行信息披露违法违规是市场在错误信息指示下持续错误定价的原因,而盈余管理不是。与资本市场中各种潜伏的信息披露违法违规行为相区别,盈余管理属于即时公开、合法合规的信息操控行为。资产定价泡沫形成的基础是能够产生持续错误定价的错误信息,而盈余管理进行信息操控的结果是信息扭曲,难以让市场形成持续的错误定价预期。盈余管理所发布的信息没有时间延后性,不存在日后进行信息纠正的重述问题,没有为泡沫的存续和结束创造条件。虽然短期盈余管理对詹森-阿尔法的作用并不显著,但在进一步的分析中发现,以长期信息风险指标刻画的盈余管理对詹森-阿尔法有显著的负效应。回归系数为负意味着盈余管理对市场预期产生了偏负面的长期影响。盈余管理导致市场预期出现了回火现象,结果适得其反。这说明,即使盈余管理没有逾越法律界限,作为一种信息操控行为最终也会打击市场信心。综上,本研究认为市场能够正确识别盈余管理而不能够识别信息披露违法违规,这就为信息披露违法违规产生资产定价泡沫提供了前提条件,而盈余管理则不具备这一条件。

　　上市公司"吹泡泡"现象形成的根源在于错误信息的产生。信息的不完全造成市场中的投机者、狂热的非理性投资者、盲目的普通投资者共同将资产的价格抬高到偏离基础价值的泡沫水平。但是,信息风险、信息不完全、价格泡沫与错误信息之间还存在着纷繁复杂的未解规律,有必要进一步去探索和分析。例如,本研究在对奥尔森模型进行调

整的分析中还发现,如果让企业在信息操控方式中进行取舍,当盈余管理不足以达到信息操控的目的即 $\omega \cdot (R - \gamma) \cdot |\Delta| < f$,企业会选择信息披露违法违规而非盈余管理。因此,市场监管机构可以通过调控 ω 和 γ 达到控制信息披露违法违规的目的。因此,厘清信息披露违法违规、盈余管理和泡沫之间的机理关系能够为市场的繁荣、稳定和发展提供有建设性的意见。

5

信息披露违法违规行为
产生的机理分析

第一节　信息披露违法违规的市值管理动机

市值管理是中国资本市场独有的一个概念,本质上是上市公司为了达到股东财富最大化的目的,通过传递价值信号来稳定股价和增加市场价值。市值管理实际上是一把双刃剑,既有积极的一面,也有消极的一面。用在守法的人手里,能够维护公司价值、保护股东和投资者的利益,这是其积极的一面。如果用在违法的人手里,就可能进行股票价格操纵,这是其消极的一面。长期而言,市值管理要苦练内功,完善公司治理,提高企业市场竞争力和经营业绩。短期而言,市值管理要提高内部控制质量和会计信息质量,及时准确地向市场展示企业进步与发展的信息。但是,市值管理往往被滥用,或者说容易逾越法律界限,成为上市公司进行市场操纵的一种借口。当企业将操纵市场等价为市值管理时,企业就会刻意夸大经营业绩、不可避免地降低会计信息质量,走上信息披露违法违规的道路。

将企业市值、信息披露行为与监管环境放在一个模型下,可以分析企业为获得市值最大化,如何选择信息披露行为。本研究做一个简单的假设分析,将企业市值管理作为信息披露行为的目标与动机,将市场监管环境作为企业信息披露行为的外部影响因素。市值管理的目标受外部影响因素的牵制,同时市值管理的动机可能激发外部影响因素发挥作用。市值管理的目标和外部影响因素的作用结果又集中体现在企业信息披露行为上。因此,可以将企业市值、信息披露行为与监管环境简单看作一个封闭的系统,它们相互耦合,紧密连接。不考虑其他因素,信息披露行为与监管环境是企业市值这一目标函数结果的关键影响因素。通过效用函数将三者连接,信息披露行为与监管环境的影响结果能够映射到企业价值上,而企业价值的变化又随着信息披露行为与监管环境的变化而变化,从而形成一项严密的对应法则。通过构建以信息披露行为为自变量,以企业市值为因变量的效用函数,间接验证企业如何通过信息披露行为的选择达到影响企业市值的目的。在监管环境约束条件下企业通过信息披露行为的选择实现市值效用最大化的目标。而逾越法律界限的前提是信息披露违法违规能够给企业带来更多的市值效用。因此,企业选择信息披露违法违规行为与否实际上是两种不同选择下市值效用结果的比较。

设企业当前的市值是 P，其市值效用函数是严格的凸函数，即 $u''[P] > 0$。企业预期进行信息披露合规行为会产生额外的风险控制成本和经济负担，带来市值流失 Δ。如果企业选择信息披露违法违规行为可能会产生风险损失 ϵ。风险损失是企业承担违法违规处罚风险情况下的综合损失。政府采取的监管措施不能过轻也不能过重。如果监管措施比较松弛，处罚金额和被发现概率的综合结果不足以震慑潜在违法违规行为，也会让违法违规企业产生风险收益，造成变相鼓励企业违法违规的假象。当监管措施过于严厉，政府也会付出巨大的行政成本，出现监管失衡，最终造成社会福利的损失。监管措施实施以后经过一段时间的动态演化，最终形成收益与损失局部平衡的监管环境。对于违法违规的企业而言，违法违规行为不一定被发现。相对平衡的监管环境 R 下，企业信息披露违法违规行为的预期收益为 $E[\epsilon \mid R] = 0$，风险为 $\mathrm{Var}[\epsilon \mid R] = \sigma_\epsilon^2$。

设 $P - \Delta$ 是企业严谨信息披露行为下的最高市值，$P - \epsilon$ 是企业信息披露违法违规行为下可能出现的结果。如果信息披露合规行为下的市值效用小于信息披露违法违规行为下市值效用的期望值，即 $u[P - \Delta] < E[u[P - \epsilon] \mid R]$，企业就可能出现违法违规行为。

将企业严谨信息披露行为下最高市值的效用函数 $u[P - \Delta]$ 在 P 处进行一阶泰勒展开：

$$u[P - \Delta] = u[P] + u'[P](-\Delta) + O[\cdot]$$

其中，$O[\cdot]$ 是一阶泰勒余项，是一个无穷小量。

将企业从事信息披露违法违规行为下的市值效用函数 $u[P - \epsilon]$ 在 P 处进行一阶泰勒展开：

$$u[P - \epsilon] = u[P] + u'[P](-\epsilon) + O[\cdot]$$

这里 $O[\cdot]$ 也是一阶泰勒余项，也是一个无穷小量。

企业在违法违规情况下市值效用的期望值为：

$$E[u(P - \epsilon) \mid R] = E[u[P - u'[P]\epsilon + O[\cdot] \mid R]$$
$$= u[P] + O[\cdot]$$

由于 $u[P - \Delta] < E[u[P - \epsilon] \mid R]$，则有

$$u'[P](-\Delta) < 0$$

即 $u'[P] > 0$

因此，当企业倾向在监管环境 R 下增加企业市值时，企业存在违法违规的可能。

将企业严谨信息披露行为下最高市值的效用函数 $u[P - \Delta]$ 在 P 处进行二阶泰勒展开：

$$u[P - \Delta] = u[P] + u'[P](-\Delta) + \frac{1}{2}u''[P]\Delta^2 + O[\cdot]$$

其中,$O[\cdot]$是二阶泰勒余项,是一个无穷小量。

将企业从事信息披露违法违规行为下的市值效用函数$u[P - \epsilon]$在P处进行二阶泰勒展开:

$$u[P - \epsilon] = u[P] + u'[P](-\epsilon) + \frac{1}{2}u''[P]\epsilon^2 + O[\cdot]$$

这里$O[\cdot]$也是二阶泰勒余项,也是一个无穷小量。

企业在违法违规情况下市值效用的期望值为:

$$E[u(P - \epsilon)|R] = E\left[u[P] - u'[P]\epsilon + \frac{1}{2}u''[P]\epsilon^2 + O[\cdot]|R\right]$$

$$= u[P] + \frac{1}{2}u''[P]\sigma_\epsilon^2 + O[\cdot]$$

如果信息披露合规行为下的市值效用小于信息披露违法违规行为下市值效用的期望值,$u[P - \Delta] < E[u(P - \epsilon)|R]$,则有:

$$\frac{1}{2}u''[P]\Delta^2 - u'[P]\Delta + O[\cdot] < \frac{1}{2}u''[P]\sigma_\epsilon^2 + O[\cdot]$$

即

$$\sigma_\epsilon^2 > \Delta^2 - \frac{2u'[P]\Delta}{u''[P]}$$

或

$$\sigma_\epsilon^2 > \Delta^2 + 2\lambda\Delta$$

这意味着,只要信息披露违法违规行为对企业来说有足够的收益想象空间,企业就存在违法违规的可能。其中,$u'[P] > 0, u''[P] < 0$。即企业市值的增加对企业来说是有益的,但是这种增加的边际效用是递减的。其中,$\lambda = -\dfrac{u'[P]}{u''[P]}$是阿-普绝对风险承受能力,在这里反映了企业对于违法违规的偏好,且$\lambda > 0$。因此,企业违法违规的存在需要两个前提条件,包括:企业在当期监管环境下具有增加企业市值的倾向;信息披露违法违规行为对企业来说有足够的收益想象空间。这两个前提条件一个反映了企业信息披露违法违规的内在需要,另一个反映了信息披露违法违规的潜在收益。两个前提条件是并行不悖的,而且相辅相成。

第二节 信息披露违法违规的外部扩散机制

随着资本市场的发展,信息披露违法违规的案件数量和涉案金额不仅没有下降,反而呈现逐年大幅上升的趋势。为什么信息风险出现了广为蔓延、禁而不止的现象？企业信息风险的本质是信息质量的不确定性和波动性,信息风险的负面影响并不局限于企业内部(埃坦·戈德曼等,2012)[①]。而且,信息风险能够进行传递和转移(托德·克拉维和特里·谢夫林,2010)[②]。企业作为市场的重要组成部分,其信息披露违法违规行为会影响到市场整体的信息披露环境,进而产生信息披露违法违规的外部性或溢出效应。

当信息风险通过传播渠道扩散和传递出去,造成其他企业的信息风险增大甚至出现信息披露违法违规,就出现了信息风险传染的现象。信息风险的传染也存在传染源、传染路径、易感群体,因此对于信息风险的分析也需要从三个方面进行。信息风险的传染路径很复杂,甚至可能存在多种层次、错综关联的复杂网络结构。依赖于复杂的网络结构,信息风险能够在企业间蔓延并形成扩散化和技术化。如同普通传染性疾病一样,如果没有积极的外部介入和严厉的惩罚机制,就无法遏制信息风险的传染效应。

传染效应研究主要关注信息风险的传递性与扩散性。当信息披露违法违规、财务重述或操纵性应计等信息风险导致同行企业信息风险显著升高甚至引发信息披露违法违规,就有理由怀疑信息风险具有传染性。已有研究发现,财务重述能够放大同行企业的操控性信息风险(托德·克拉维和特里·谢夫林,2010)[③]。信息风险主要在同行企业(艾格贝·阿克希贝和杰夫·马杜拉,2008)[④]和集团内部(赵艳秉和李青原,2016)[⑤]这些关联企业之间传递。克里斯蒂·A.格里森等(2008)认为,当行业内出现信息披露违法违规时,那些会计应计水平较高的企业即使没有信息披露违法违规也会受投资者对会计信息质量担

① GOLDMAN E, PEYER U, STEFANESCUI. Financial Misrepresentation and Its Impact on Rivals[J]. Financial Management, 2012,41(4):915-945.

② KRAVET T, SHEVLIN T. Accounting Restatements and Information Risk[J]. Review of Accounting Studies, 2010, 15(2):264-294.

③ 同②。

④ AKHIGBE A, MADURA J. Industry Signals Relayed by Corporate Earnings Restatements[J]. Financial Review, 2008,43(4):569-589.

⑤ 赵艳秉,李青原.企业财务重述在集团内部传染效应的实证研究[J].审计与经济研究,2016,31(5):72-80.

忧的影响,令其股价受到冲击①。克里斯蒂·A.格里森等(2008)的研究结果表明,当与信息披露违法违规企业使用同一外部审计单位时,即使会计报表比较亮丽,企业的股价也会受到牵连②。安妮·比蒂等(2013)发现,会计舞弊会引致同行企业增加投资,而且高估收益的舞弊、较高的投资者情绪、较低的资本成本和较高的私人控制权收益的行业更可能发生这种溢出效应③。由于信息风险广泛损害了市场、企业和利益相关者,使得信息风险成为政府监管机构工作的重点和难点,而信息风险的传染效应使得政府监管部门抑制信息风险的工作更加复杂。

为解释资产定价泡沫的产生原因,理查德·托普尔(1991)在《泡沫与股价波动:模拟传染效应》一文中提出了接触传染的模仿模型,模型从投资者行为角度分析了泡沫产生和崩溃的原因,其中投资者模仿的接触传染行为是泡沫产生的原因,模仿行为的关联度直接决定了泡沫的形成与崩溃④。理查德·托普尔认为投资者具有动物心理,通过模仿他人的行为来弥补自己的信息缺陷,不完全信息下投资者会自觉调整自己的买卖价格以匹配对方可能掌控的额外信息,哪怕对方行为是一种噪音交易也能够为市场带来新的信息,并因此引起市场的普遍模仿。基于概率密度的运动方程,理查德·托普尔将股票价格描述为市场上所有个人信息随机加总后的整体效果。理查德·托普尔的模仿模型虽然是投资者有限理性下的选择行为,但它在形式上类似于动物瘟疫的接触传染过程,反映的是不对称和不完全信息下投资者被动获取信息的理性选择路径。尽管理查德·托普尔关于股价演进的随机过程序列模型受当时的条件所限还没有完全反映出动态的空间演进过程,但是,他所给出的泡沫产生的原因即投资者相互模仿的接触传染模式是在古老的流行和狂热泡沫思想上进行的更深层次的理论阐释和数学分析。在不完善的信息条件下,市场参与者对虚假信息进行接触、传递和模仿,进而引发资产定价泡沫的产生。因此,虚假信息传染是资产定价泡沫产生的深层次原因。

企业信息披露违法违规行为在时间上具有先后性,一方面是因为企业存在异质性,另一方面是因为信息披露违法违规行为是信息披露违法违规传染和社会模仿的结果,在

---

① GLEASON C A, JENKINS N T, JOHNSON W B. The Contagion Effects of Accounting Restatements[J]. Accounting Review, 2008,83(1):83-110.

② 同①。

③ BEATTY A, LIAO S, YU J J. The Spillover Effect of Fraudulent Financial Reporting on Peer Firms' Investments[J]. Journal of Accounting and Economics, 2013,55(2-3):183-205.

④ TOPOL R. Bubbles and Volatility of Stock Prices: Effect of Mimetic Contagion[J]. The Economic Journal, 1991, 101 (407):786-800.

形式上表现为信息披露违法违规行为的扩散性。本研究基于巴斯扩散模型(弗兰克·M.巴斯,1969)[1]和创新扩散模型(H.佩顿·扬,2009)[2]预测信息披露违法违规行为的传染与扩散。设$N(t)$是t时的违法违规企业数量,m是上市公司总量,ρ是交叉持股企业间信息披露违法违规行为的传染率,γ是企业非传染型违法违规比率。$F(t)$是企业新增违法违规率。则有t年新增违法违规企业的数量=(非传染违法违规率+交叉持股传染率×总体违法违规率)×(1−总体违法违规率)×上市公司总量=企业新增违法违规率×上市公司总量。即:

$$\frac{dN(t)}{dt} = \left(\gamma + \rho\frac{N(t)}{m}\right)\left[1 - \frac{N(t)}{m}\right]m = f(t)m$$

对上述微分方程求解,得t时的违法违规企业数量$N(t)$,如下:

$$N(t) = \left[\frac{\left(-1 + e^{t(\gamma+\rho)}\right)\gamma}{e^{t(\gamma+\rho)}\gamma + \rho}\right]m$$

设$F(t)$是总体违法违规率,也是违法违规企业的累计分布函数,$F(t) = \dfrac{违法违规企业数量}{上市公司总量} = \dfrac{N(t)}{m}$。将前述微分方程结果代入得总体违法违规率$F(t)$:

$$F(t) = \frac{\left(-1 + e^{t(\gamma+\rho)}\right)\gamma}{e^{t(\gamma+\rho)}\gamma + \rho}$$

对总体违法违规率$F(t)$求导,得新增违法违规率$f(t)$:

$$f(t) = \frac{dF(t)}{dt} = \frac{e^{t(\gamma+\rho)}\gamma(\gamma+\rho)^2}{\left(e^{t(\gamma+\rho)}\gamma + \rho\right)^2}$$

违法违规行为的扩散性需要多维度的指标加以刻画。违法违规增长率是一个重要的多维度指标。违法违规增长率是单位时间内违法违规企业数量自然对数的变化率,在一定程度上描述了违法违规的扩散性。

---

[1] BASS F M. A new product growth for model consumer durables[J]. Management Science, 1969(15):215-227.

[2] YOUNG H P. Innovation Diffusion in Heterogeneous Populations: Contagion, Social Influence, and Social Learning[J]. American Economic Review, 2009(5):1899-1924.

$$\text{ViolationGrowth} = \lim_{(t_2-t_1)\to 0} \frac{\ln N(t_2) - \ln N(t_1)}{t_2 - t_1} = \frac{\mathrm{d}\ln N(t)}{\mathrm{d}t} = \frac{1}{N(t)} \times \frac{\mathrm{d}N(t)}{\mathrm{d}t}$$

$$= \frac{f(t)}{F(t)} = \frac{e^{t(\gamma+\rho)}(\gamma+\rho)^2}{(-1+e^{t(\gamma+\rho)})(e^{t(\gamma+\rho)}\gamma+\rho)}$$

方程显示了企业信息披露违法违规的扩散性。违法违规行为的扩散取决于交叉持股企业间信息披露违法违规行为的传染率 ρ 和非传染型违法违规比率 γ，与上市公司总量 m 无关。

6

第六章

投资者损失组成的相关机理分析

第一节　信息披露违法违规前置条件下损失的组成

信息披露违法违规给社会造成的间接损失是广泛而深远的,例如广大投资者对资本市场的长期质疑、对上市公司的普遍不信任、资本市场长期低迷与经济增长速度相背离等,这些都是与部分信息披露违法违规的上市公司造成投资者对资本市场严重失望有关。常言道"一颗老鼠屎坏了一锅汤",更何况涉及信息披露违法违规的上市公司数量已经相当可观。信息披露违法违规造成的外延损失不是通过简单的损失赔偿就能够弥补的。但是,信息披露违法违规造成的直接损失有限并且是可以测算的。信息披露违法违规引致投资者损失的金额在理论上应被限定在零至损失总额之间,如果信息披露违法违规损失是损失总额中满足固定比例关系的相应份额,直观上容易被普通投资者理解和接受。这种比例关系可能不是稳定不变的,可能是信息披露违法违规损失与总损失之间满足时变参数的逻辑构成关系,需要在理论上进行探索,在实证中得到验证分析。因此,有必要计算信息披露违法违规损失占总损失的比例关系或者损失的组成之间的理论关系。

一、投资者损失组成的理论分析

(一)投资者损失组成的理论逻辑

1.投资损失的因果关系

在信息披露违法违规案例中最为法律界所强调的是损失的因果关系。如《最高人民法院关于审理证券市场虚假陈述侵权民事赔偿案件的若干规定》(2022)第三十一条规定"人民法院应当查明虚假陈述与原告损失之间的因果关系,以及导致原告损失的其他原因等案件基本事实,确定赔偿责任范围。被告能够举证证明原告的损失部分或者全部是由他人操纵市场、证券市场的风险、证券市场对特定事件的过度反应、上市公司内外部经营环境等其他因素所导致的,对其关于相应减轻或者免除责任的抗辩,人民法院应当予以支持"。哪些因素与投资者的直接损失具有因果关系,哪些因素与信息披露违法违规损失不具有因果关系,这些都是判断投资者损失组成的重要依据。系统性风险和信息披露违法违规两个重要因素是信息披露违法违规案例中为各方讨论和争执的焦点。遭受损失的投资者强调信息披露违法违规与投资者损失的因果关系,关注可以获得损失赔偿的程度。信息披露违法违规行为人强调系统性风险与投资者损失不具有因果关系,关注可以免责的部分。在投资者损失组成中信息披露违法违规损失比和系统性风险损失比是两个需要衡量且最为重要的组成指标。在造成投资损失的因果效应与关系分析中,分析系统性风险效应的关键是分析出系统性风险损失比,分析信息披露违法违规类特质效应的关键是分析出信息披露违法违规损失比。

2.投资损失率与必要损失率

当收益率为负时即为损失率,损失率与收益率是同一指标下两种相反的投资结果在不同观察方向上的表现形式。损失率本身是一种相对量指标,是相对股价而言更优良的研究变量。在尺度量纲上,损失率摒除了规模性因素的影响,如基础价格的大小。在数据特征上,损失率往往能够在一定时间段内保持相对平稳的统计学性质。从数学表达式上看,收益率或损失率可以表示为证券价格的函数。收益率或损失率所蕴含的信息更加丰富,不仅包含证券价格的相对运动,也包含了证券的价值创造能力,方便投资者在不同时期、不同投资对象之间进行比较。上述特征表明,用收益率或损失率来构造数学模型相比价格而言更有利于分析损失的因果和构成关系。

关于投资收益(损失)、系统风险等之间关系的一个重要理论解释就是反映风险与收益(损失)关系的资本资产定价理论。在资本资产定价理论中,风险与收益的对应关系被阐释为投资者都会因为其承担额外的风险而得到相应的补偿,最终在均衡条件下投资者会得到一个必要收益率。从损失角度来看资本资产定价模型,投资者的损失率显然是与必要损失率相一致的。如果存在资本资产定价模型之外的其他损失率,则超出的部分是投资者承担的超额损失。直观来看,如果能够从投资者的损失率中排除系统性风险等因素造成的损失率,则能够简单地得出既定时间区间内因信息披露违法违规引致的损失率。这依赖于对资本资产定价模型及其衍生模型的灵活应用和重新思考。

(二)损失组成成分的深层次探讨

1.定价模型与损失构成

与投资理论中将风险分为系统风险与非系统风险相一致,投资损失必然具有系统性风险损失与非系统性风险损失。其中,资本市场中的系统性风险损失可以定义为特定证券基于市场指数影响而遭受的损失。均衡资本资产定价模型被认为是较早体现系统性风险作用的模型。在该模型中,投资者的溢价收益完全决定于市场指数的风险溢价和系统性风险影响系数。

随着数理统计方法的发展和演进,对资本资产定价的实证分析逐渐引入了状态空间时变参数分析方法,模型中的风险与收益变量都具有时变性,为分析风险与收益之间的演变关系提供了可能。系统风险 β 系数、市场指数收益率、投资损失率等都可能具有时变的特征,它们之间的因果关系与联动效果都随着时间的演进而不断地变化。系统性风险涵盖的内容较多,尽管复杂多变,但基本可以综合反映到市场指数收益率的变化上。个股系统性风险变化的相关性与受影响程度也会因市场或时间的演进而出现不同。而且,应当考虑两种或更多因素的共同变化导致了投资者损失在不同时点上的不一致,如系统性风险损失可能是市场指数和 β 系数共同作用的结果。传统回归模型中通常假定 β 系数是固定的,而实践中这种系统风险参数存在着变异性。与 β 系数的时变性观点相一致,巴尔·罗森伯格(1973)、弗兰克·J.法博齐和杰克·克拉克·弗朗西斯(1978)等人对 β 系数的随机变动性进行了讨论[1][2]。β 系数的随机变动性也意味着投资者损失构成结构的不稳定性。如果能够精确分析出 β 系数的时变性,就能够准确分析出投资者损失组成成分的组成关系。前面文献述评中已经提到,状态空间、两阶段状态空间模型、卡尔曼滤波方法已经被学者广泛用于分析参数的时变性,能够提高模型的精度和科学性。这样,精确分析出投资者损失组成成分之间的相互演进和变化关系是具有技术条件和方法保障的。

作为单因素市场模型的典型应用,事件研究法可以用于分析既定时间段内的信息披露违法违规损失。事件研究法的重点在于分析投资者在短期内的超额损失率,利用历史回归的收益水平预测分析期间内的收益水平,当出现负的累计超额收益率时就表明存在因信息披露违法违规事件引发的投资者损失。目前,只有事件研究法对信息披露违法违规损失效应进行过初步探讨。但是,由于累计超额损失率的本质是回归预测的偏差,一般不能进行长期预测。因此,事件研究法更适于分析较短时间内的非正常损失,如信息披露违法违规揭露日后发生的投资损失。事件研究法的这种缺陷可以利用状态空间时变参数模型进行弥补。在给定损失影响因素的前提下,投资损失不能完全通过状态空间时变参数模型进行拟合,这种拟合误差是属于除信息披露违法违规因素外不能给出解释的投资者损失,按照现行的法律规定都属于信息披露违法违规损失效应的范畴。而且,状态空间时变参数模型克服了一般事件研究法中将事件影响范围限制于回归期之后的短期预测区间的缺陷。基于状态空间时变参数模型的特点可以将信息披露违法

① ROSENBERG B. A Survey of Stochastic Parameter Regression[J]. Annals of Economic and Social Measurement, 1973, 2 (4):381-397.

② FABOZZI F J, FRANCIS J C. Beta as a Random Coefficient[J]. The Journal of Financial and Quantitative Analysis, 1978, 13(1):101-116.

违规损失效应纳入信息披露违法违规整个持续期间,而且不受时间期限的限制。这样,就可以考虑将投资损失构成成分的分析扩大到整个信息披露违法违规的时间区间内。

信息披露违法违规损失的本质思想是来源于证券投资的非正常损失。定价模型中的非正常损失概念可以追溯到1968年由迈克尔·C.詹森提出的詹森-阿尔法(Jensen-α、詹森-α)思想。只不过詹森-阿尔法是在均衡资产定价模型之外寻求的常数化的非正常收益损失。在信息披露违法违规前置背景下,可以考虑在市场不完善和信息披露违法违规信息的渐进式扩散结构等前提下,信息披露违法违规引致的投资损失是一种兼具常数化的超额损失以及随时间演进并且逐步显现离散式随机特征的时变误差损失。两者之和与回归变量无法阐释的詹森-阿尔法项在本质思想上是一致的,都是信息披露违法违规的赔偿对象即信息披露违法违规损失。

在分析投资收益或损失的过程中,衡量企业规模、市场价值、盈利能力等评估指标本应也是资产定价考虑的因素,如约瑟夫·拉科尼肖克和艾伦·C.夏皮罗(1986)、尤金·F.法玛和肯尼思·R.弗伦奇(1992)等人的研究[1][2]。但是,由于财务信息披露违法违规企业的主要造假途径是伪造资产和虚增收入,诸如企业规模、市场价值和盈利能力等评估指标在信息披露违法违规的实施期间内都不能成为稳定可信的指标,这些指标对于信息披露违法违规企业的内部人和外部普通投资者而言具有完全不同的意义,其能否成为决定投资收益的有用指标值得怀疑。已有一些学者对这些指标在资产定价中的作用提出过严重的质疑,如费舍尔·布莱克(1993)直接指出上述学者没有给予可靠的理论解释,即使通过实证检验得出变量影响的显著性,也无法排除只是数据挖掘结果的嫌疑[3]。同时,费舍尔·布莱克(1993)和约翰·Y.坎贝尔(1996)都着重强调了系统性风险的定价作用[4][5]。除系统性风险之外的其他潜在变量是否加入定价模型,在信息披露违法违规背景下都是值得探讨的问题。相比而言,单因素的市场模型更符合信息披露违法违规背景下的投资损失分析。

单因素的市场模型在形式上虽然异于资本资产定价模型,但是在风险与收益的决定

---

[1] LAKONISHOK J, SHAPIRO A C. Systematic Risk, Total Risk and Size as Determinants of Stock Market Returns[J]. Journal of Banking & Finance, 1986,10(1):115-132.

[2] FAMA E F, FRENCH K R. The Cross-Section of Expected Stock Returns[J]. The Journal of Finance, 1992,47(2): 427-465.

[3] BLACK F. Beta and Return[J]. Journal of Portfolio Management, 1993,20(1):8-18.

[4] 同[3]。

[5] CAMPBELL J Y. Understanding Risk and Return[J]. Journal of Political Economy, 1996,104(2):298-345.

关系上与资本资产定价模型的核心思想是并行不悖的。而且,经过简单的变换会发现单因素的市场模型与资本资产定价模型具有互通之处,而且在实证分析中相得益彰。市场模型从形式上将投资收益率或损失率分解为固定收益率或损失率、系统性风险损失率和特质性损失率。其中,固定收益率或损失率和特质性损失率都属于非系统性风险损失,在不能排除与信息披露违法违规存在因果关系的前提下,这两者在法律上都属于信息披露违法违规赔偿的对象和范围。由于单因素的市场模型与资本资产定价模型在形式上具有相互呼应的特点,可以简单判断固定收益率或损失率的内容包括无风险收益率如银行存款利率、佣金和印花税等。即使固定收益率或损失率为零,即投资者的收益率或损失率不能够反映出银行利率、佣金和印花税等内容,此时,在信息披露违法违规期间的特质性损失率仍然是信息披露违法违规行为人不可免责的损失赔偿范围。但是,法律上仍规定信息披露违法违规行为人必须赔偿投资者包含银行利率、佣金和印花税等内容的无风险损失部分。

对于索偿的投资者而言,其投资损失在信息披露违法违规前置条件和法律环境下应由三部分组成,即固定损失部分、系统风险损失部分和特质性损失部分。由于系统性风险从理论上和法律上都与信息披露违法违规属于两种完全不同性质的损失原因,因此信息披露违法违规的损失来源于固定损失部分和特质性损失部分,如果固定损失部分的影响不显著,则特质性损失即为信息披露违法违规损失。

2.泡沫与损失效应

肯尼思·A.佛鲁特和莫里斯·奥布斯特费尔德(1991)所提出的内在泡沫模型[1]尽管比较简洁,相关实证分析检验结果也很有效,但是对本研究的研究对象而言不存在基于股利支付的长期有效数据,这不仅在于我国的资本市场起步较晚和股利分配机制还不完善,更关键的是本研究所分析的信息披露违法违规类上市公司在给投资者造成损失的期间内无法形成有效长度的股利支付数据。虽然不能使用肯尼思·A.佛鲁特和莫里斯·奥布斯特费尔德(1991)只基于整个股利支付的内在泡沫模型,但是他们所提出的基于外生性基础变量的泡沫决定思想可以给本研究提供很好的借鉴,可以像他们那样排除其他无关因素,而只将由股价与股利内在决定关系产生的内在泡沫引申转换为由股价与市场系统风险内在决定关系所产生的内在泡沫[2]。这种分析思想下的状态空间模型同样具有简

---

① FROOT K A, OBSTFELD M. Intrinsic Bubbles: The Case of Stock Prices[J]. The American Economic Review, 1991,81
(5):1189-1214.

②同①。

洁性和可检验性,而且与传统的资本资产定价模型思想相一致。因此可以说,用于股价泡沫相关分析的资本资产定价模型及其变形是内在泡沫模型的另一类形式。状态空间时变参数的市场模型就是其中最为简洁的一种。在信息披露违法违规背景下,借鉴内在泡沫的理论思想,显然可以将该模型用于描述持续并且无套利机会的信息披露违法违规损失效应。

(三)损失组成成分的模型解释

投资绩效分析在实证过程中可以运用的典型模型是单因素的资本资产定价模型。其中表示异常投资收益或损失的阿尔法项是绩效评价关注的核心内容,它既反映了资本资产定价模型的非均衡性也反映了投资主体获得了异常收益或损失即詹森-阿尔法。假设詹森-阿尔法也可以设定为时变的,则时变参数的单因素资本资产定价模型可以表示为 $R_t - r_{f,t} = \alpha_t^J + \beta_t \left(R_{m,t} - r_{f,t} \right) + \varepsilon_t$,即 $R_t = r_{f,t} + \beta_t \left(R_{m,t} - r_{f,t} \right) + \alpha_t^J + \varepsilon_t$。投资者的收益或损失可以简单地分解为由无风险收益率 $r_{f,t}$、系统性风险收益率 $\beta_t \left(R_{m,t} - r_{f,t} \right)$ 和非正常收益率 $\alpha_t^J + \varepsilon_t$ 构成。该模型所表达的投资者损失构成基本满足了现行与信息披露违法违规相关的法律要求。但是单因素的资本资产定价模型在实证过程中也存在问题和不便之处。首先,上述模型本质上是超过无风险收益率的超额收益率之间的决定关系。其次,根据上述模型无法直接估算系统性风险引致的损失或信息披露违法违规损失占投资者总损失的比例。非时变参数下关于均衡资本资产定价模型和市场模型以及两者关系的详细剖析可以追溯到费舍尔·布莱克(1972)[①]、尤金·F.法马和詹姆斯·D.麦克白(1973)[②]。时变参数下,可以考虑将单因素的资本资产定价模型转换为如下形式,仍不改变模型本身的实际意义:$R_t = \left[\alpha_t^J + \left(1 - \beta_t \right) r_{f,t} \right] + \beta_t R_{m,t} + \varepsilon_t$,并且设 $\alpha_t^J + \left(1 - \beta_t \right) r_{f,t} = \alpha_t$,则有以市场指数作为回归元的单因素市场模型:$R_t = \alpha_t + \beta_t R_{m,t} + \varepsilon_t$。此时,可以将投资者损失直观地理解为由三部分组成,即固定损失部分、系统风险损失部分和特质性损失部分。其中 α_t 和 ε_t 是信息披露违法违规损失的来源。如果参数 α_t 和 β_t 的时变性不大,即在投资者的交易期内可以近似看作保持固定不变,那么就可以估算出系统性风险引致的损失或信息披露违法违规损失占投资者总损失的比例。系统性风险损失的比例可以通过相关系数近似表示,如果除系统性风险损失之外的损失从法律赔偿角度都归于信息披露违法违

① BLACK F. Capital Market Equilibrium with Restricted Borrowing[J]. The Journal of Business, 1972,45(3):444-455.

② FAMA E F, MACBETH J D. Risk, Return, and Equilibrium: Empirical Tests[J]. Journal of Political Economy, 1973,81(3):607-636.

规损失,则信息披露违法违规损失的比率=(1-有条件相关系数)×100%,详见杜莹芬和张文珂(2013)的研究[①]。如果固定损失部分不显著,则投资损失的组成与信息披露违法违规损失之间的关系将更加简单。

二、投资者损失的现存法律依据

(一)投资者索赔的法律基础

《最高人民法院关于审理证券市场虚假陈述侵权民事赔偿案件的若干规定》(2022)和《最高人民法院关于审理证券市场因虚假陈述引发的民事赔偿案件的若干规定》(2003)给定了信息披露违法违规赔偿的范围以及免责的范围,从法律法规上界定了信息披露违法违规引致损失的大小。但是这个框架结构是模糊的,在操作过程中弹性很大。从近些年来投资者索赔的结果来看,部分案例中投资者未能获得任何赔偿的根本原因在于单单从法律上给出投资者损失的赔偿范围是远远不够的,客观上亟须找出问题突破点和确定投资者索赔的理论依据,探索投资者损失构成的机理关系。该法律法规与资本市场的证券投资规律和理论在某些方面存在一致性,这为损失测算的理论解释和探索提供了法律辅助和指引。例如,在系统性风险扣除上,法律法规已明确排除了证券市场系统风险等因素对投资者造成损失的因果关系。这与现存的基本财务理论是不相违背的。

相关的法规既为投资者提供了法律赔偿的法理支持,也为投资者赔偿设置了一些必要的前提条件。这些限制性前提条件可能是要在信息披露违法违规行为人和投资者之间达到一种法理平衡,公平地保障双方合理的法理权利。然而,从实际运用中出现全部赔偿与全部不赔偿的案例审判结果来看,有违投资者损失与信息披露违法违规引致损失的基本逻辑关系,这也违背法律维护公平的基本初衷。从近些年相关投资者拿起法律武器维护自身权益的起诉案例来看,投资者基于信息披露违法违规引致损失的具体计算然后客观获得相应信息披露违法违规损失赔偿的案例少之又少。信息披露违法违规的行为方往往可以将信息披露违法违规引致的损失归因于系统性风险,其根本原因也在于没有合理客观的理论支持并解释这一投资损失现象。突破这一难题的关键点在于明确信息披露违法违规侵权责任下投资者损失组成成分的机理关系。验证这种机理关系的难

[①] 杜莹芬,张文珂.虚假陈述赔偿中系统性风险损失的确认与度量——基于廊坊发展股份有限公司的案例研究[J].中国工业经济,2013(9):134-146.

点在于合理地将系统风险损失从投资者损失中分离出来并通过实证检验。

(二)投资者损失的法律划分

在信息披露违法违规侵权责任下,根据现有的法律法规,投资者损失至少可以划分为归因于系统性风险的损失部分和归因于信息披露违法违规行为的损失部分。二者都属于风险损失部分,在现有的法律背景下单就风险损失而言二者具有非此即彼的依赖关系。这是因为信息披露违法违规行为属于非系统性风险因素。由于非系统性风险因素之间存在错综复杂的相互联系,在无法区分其他非系统性风险因素的前提下,现有法律法规的思想是将非系统性风险损失都归因于信息披露违法违规行为因素从而给予投资者补偿。从保护投资者利益的目的出发,法律法规明确由信息披露违法违规行为人对系统性风险乃至非系统风险举证。对非系统性风险的举证难于对系统性风险的举证。从近些年信息披露违法违规案例来看,被告即信息披露违法违规行为人往往只能从口头和市场走势图形上指出系统性风险的影响,基本没有提出系统性风险影响的数据支持。对于非系统性风险的作用,被告通常都不能提出相应的解释和分析。这些都有赖于本研究的深入分析和研究。除此之外还会涉及同期的利息、佣金等。金额上相对较大的利息部分实质上是一种无风险收益率,如果投资者从证券投资收益率中没有获得无风险收益率的补偿,就应当在法律上要求信息披露违法违规的侵权行为人给予补偿。总之,基于现行的法律法规,在扣除由被告能够举证的系统性风险损失外,其他损失几乎都可能存在被告无法举证从法理上应当给予投资者应有的赔偿的情况。

第二节　投资者损失组成的实证分析

一、信息披露违法违规损失比与系统性风险损失比

当固定损失部分不显著时,则投资损失组成下的系统性风险损失与特质性损失具有互补的关系。此时,特质性损失即为信息披露违法违规损失,可以直观地计算出信息披露违法违规损失比和系统性风险损失比。杜莹芬和张文珂(2013)给出了估算系统性风

险损失比的有条件相关系数法[1]。根据回归模型结果,通过等比例地估算系统性风险收益或系统性风险损失占投资者收益或损失的比例,近似得出系统性风险的损失效应。由于该种方法简单直观,非常适用于法律赔偿实践中的估算。通常,可以将有条件相关系数简化表示为:[2]

$$\rho \approx \frac{\overline{|\beta R_{Mt}|}}{\overline{|R_t|}} = \frac{\text{系统性风险收益或损失率绝对值的平均数}}{\text{收益或损失率绝对值的平均数}}$$

该种方法虽然在形式上较为简单,只是计算一下市场指数收益率与证券投资收益率之间的相关系数,但在实践中对其应用需要小心谨慎。理论上,应用该方法需要满足一定的严格条件,实践中,该指标只是进行简单直观的估算。例如,在理论计算上需要严格要求证券投资收益率均值的平方近似为零,市场指数收益率、投资收益率和残差都需保持平稳性,市场指数收益率与投资收益率具有形式上的协整(共积)关系等。由于证券每日的涨跌幅都被控制在10%以内即-0.1~0.1,其平均数则更小,在此基础上再平方化,数值很有可能已接近于零。因此,大多数证券都能够达到证券投资收益率均值的平方近似为零的要求。更为重要的是,需要严格地检验市场指数收益率与投资收益率是否具有形式上的协整(共积)关系,只有通过严格的统计检验才能基本满足理论上的计算要求。但是,对一般意义上的法律赔偿测算而言,可以根据法律对系统性风险损失的认可度而直接运用该种方法。

与杜莹芬和张文珂的计算思想相对应的是,在数理统计分析文献中有计算特质效应比的类似统计方法。如李景华和朱尚伟(2013)采用基于残差的拟合误差率代替决定系数来衡量模型的优劣,在多方面优于决定系数[3]。如果将残差拟合误差率用于信息披露违法违规损失的计算,通过拟合误差率的回归含义,可以直观地指示投资者在可解释的因果损失外的异常损失率。若将残差拟合误差率用于估算信息披露违法违规的特质效应占总损失的比例,该特质性损失比可以表示为:

$$\phi = \frac{\sqrt{\frac{1}{n}\sum \hat{\varepsilon}_t^2}}{\overline{|R_t|}} = \frac{\overline{|\hat{\varepsilon}_t|}}{\overline{|R_t|}} = \frac{\text{虚假陈述特质性收益或损失率绝对值的平均数}}{\text{收益或损失率绝对值的平均数}}$$

[1] 杜莹芬,张文珂.虚假陈述赔偿中系统性风险损失的确认与度量——基于廊坊发展股份有限公司的案例研究[J].中国工业经济,2013(9):134-146.

[2] 同[1]。

[3] 李景华,朱尚伟.关于R^2的几点质疑[J].数量经济技术经济研究,2013(9):152-160.

有条件相关系数和残差拟合误差率在计算思想上是异曲同工的。但是,由于存在计算误差,有条件相关系数与残差拟合误差率两者之和并不严格地等于1,并不像决定系数与基于总变差计算的拟合误差率那样具有严格的互补关系,这在李景华和朱尚伟(2013)基于实证资料的对比分析结果中有所体现[①]。残差拟合误差率更适于短期内残差平稳情况下的信息披露违法违规损失分析。当残差满足平稳性时,信息披露违法违规损失与投资损失之间的对比关系越接近于残差拟合误差率,而且这个比率关系在观测期间也保持平稳和一致。但是,信息披露违法违规损失与投资损失之间的对比关系在实践中可能因为市场信息的变化或者残差的异方差性导致两者之间的比率关系并不稳定,或者两者之间的关系并不严格地处处相等,这是显而易见的。为了更好地体现信息披露违法违规损失与投资损失之间的动态对比关系,可以直接采用时间依赖的动态对比指标来表示。如时点的系统性风险损失比可以表示为:

$$\rho_t = \frac{\hat{\beta}_t R_{Mt}}{R_t}$$

时点的信息披露违法违规损失比可以表示为:

$$\phi_t = \frac{\hat{\varepsilon}_t}{R_t}$$

上述两个指标将系统性风险损失或信息披露违法违规损失与投资者损失之间的比例和结构关系具体到了每一个交易日。这样不仅细化和精确了投资损失组成成分,而且有助于清晰地理解上述不同损失之间的机理关系。单期化、时点化的指标可以体现出正负号比率之间的差异,不仅体现出系统性风险、信息披露违法违规因素给投资者可能带来的潜在损失,也体现出给投资者可能带来的潜在收益。这符合资本市场的规律,只有总和的损失大于收益才会导致投资者投资损失的出现。也符合一般的风险与收益之间关系的投资理论,即风险同样具有带来潜在收益的可能。

从有效市场的角度来看,中国的证券市场存在着尚未克服的缺陷,不能称为完全有效的资本市场。上市公司隐藏的虚假信息可能随着信息扩散而造成证券价格的上升与下跌,信息披露违法违规造成的投资收益或损失就会出现动态的变化。上述时点化的指标能够反映出动态时变的特点。

单因素模型下,单位投资损失可以简单地分解为固定损失比、时点系统性风险损失

---

① 李景华,朱尚伟.关于R²的几点质疑[J].数量经济技术经济研究,2013(9):152-160.

比与时点特质性损失。单因素模型在固定损失对投资损失影响不显著的情况下可以简化为 $R_t = \beta R_{Mt} + \varepsilon_t$。决定系数的平方根可以表示为：

$$\rho^c = \sqrt{\frac{\sum(\hat{R}_t - \bar{R})^2}{\sum(\hat{R}_t - \bar{R})^2}} = \frac{|\hat{R}_t - \bar{R}|}{|\hat{R}_t - \bar{R}|} = \frac{\sum|\hat{R}_t - \bar{R}|}{\sum|\hat{R}_t - \bar{R}|}$$

虽然可以从测算上简单地将决定系数平方根近似表示为系统性风险损失比，但是此时模型的决定系数只是近似于系统性风险损失比的平方。简单通过比较决定系数的平方根与系统性风险损失比，很难比较出差异性。如果进行时点化的比较，就可以发现二者之间的区别，能够辅助我们更清晰地了解系统性风险损失比的真实特性。为了与时点的系统性风险损失比进行同级别的比较，可以测算时点的单样本拟合比指标。时点的拟合比可以表示为：

$$\rho_t^c = \frac{\hat{R}_t - \bar{R}}{R_t - \bar{R}}$$

当满足一定条件时，虽然在总量上可能近似，但是在微观上仍然存在明显的差异，从计算公式上就可以发现。与时点的拟合比相对应可以构建时点的拟合误差比，即：

$$\delta_t^c = \frac{\hat{\varepsilon}_t}{R_t - \bar{R}}$$

从时点的系统性风险损失比 ρ_t、时点的信息披露违法违规损失比 ϕ_t、时点的拟合比 ρ_t^c、时点的拟合误差比 δ_t^c 四者的图形和数值关系出发就可以发现投资损失组成成分之间最简单的机理关系。这种组成成分的相互影响关系及其在不同测算方法下显现出来的偏误都可以通过图形显现出来。ρ_t 与 ϕ_t 是本研究分析的重点，后续分析中将以它们为核心着重阐释投资者损失组成之间的变动关系。

二、投资者损失组成的机理及关系分析

在分析投资者损失的组成关系时，(时点的)信息披露违法违规损失比是信息披露违法违规的作用结果，可以用于描述信息披露违法违规类特质效应，而(时点的)系统性风险损失比是系统性风险的作用结果，可以用于描述系统性风险效应。对于信息披露违法违规损失比和系统性风险损失比机理关系的分析可以以某一上市公司为具体的研究对象。某公司在2008年被中国证监会查处，因其前身的信息披露违法违规行为而成为受到

法院审理的"前人欠账后人还"之典型案例,该公司当时是一家以电子产品销售为主营业务的电子通信类上市公司。该公司股价与沪深300指数的走势在2008年2月15日至6月23日之间有持续下跌的明显共同形态。在金融危机集中爆发期间,可以观察到市场综合指数持续下跌及其对个股价格的连续影响效应。机理关系分析可以揭示该公司股价在此期间的下跌与系统性风险的关系,分析其中受沪深300指数的影响到底有多大,以及这种影响有没有随时间变化等。更为重要的是,参照《最高人民法院关于审理证券市场虚假陈述侵权民事赔偿案件的若干规定》(2022)、《最高人民法院关于审理证券市场因虚假陈述引发的民事赔偿案件的若干规定》(2003)的要求[①],不考虑做空交易的卖方,信息披露违法违规揭露日(即2008年5月21日)以前卖出的证券不属于赔偿范围;在基准日(即2008年7月1日)以后卖出的,其卖出基准价以揭露日与基准日之间的收盘价均价计算。由于损失与投资交易的实际买卖日期紧密相连,信息披露违法违规损失比和系统性风险损失比在这一期间的变化对合理确定投资者的受偿金额尤为重要。因此,对于2008年2月15日至6月23日这一敏感期间有必要通过状态空间时变参数模型深入分析系统性风险影响的变异性,基于此确定投资损失构成成分的机理关系。

1.信息披露违法违规损失比与系统性风险损失比的时变性

本研究以该公司股价和沪深300指数每日的开盘价、收盘价、最高价、最低价4种价格点位的平均数作为研究对象,将该公司停牌时的股价参照Wind资讯的做法设为停牌前的收盘价格,最后得到日均价的对数收益率样本数量为88对。相对于传统的以收盘价或两种价格的均价为研究对象,采用4种价格的平均数更能全面地反映股价在单个交易日内的真实价格水平。采用4种价格的平均数也更能反映投资者交易的真实情况,有利于后续研究专注于价格背后潜在的机理分析,不易受单一价格形式变动的影响。另外,对数收益率本身是一种连续复合收益率,通过计算前后两个交易日个股股价或指数点位的对数之差得到;采用4种价格的均价在对数收益率的取值区间基础上可以进一步扩大取值区间,远超过收益率取值区间被限制在−0.1 ~ 0.1的普通收益率指标。见表6-1,日均价格对数收益率的取值区间扩大到了−0.130 7 ~ 0.094 5。充分释放的取值区间可以更好地反映两个交易日价格变动的实际情况。相关数据的描述性统计分析结果见表6-1。

① 最高人民法院.最高人民法院关于审理证券市场因虚假陈述引发的民事赔偿案件的若干规定[J].司法业务文选,
2003(8):21-30.

表6-1　日均价格及其对数收益率的描述性统计分析

指标	$p_t = \dfrac{\text{开盘价}+\text{收盘价}+\text{最高价}+\text{最低价}}{4}$		$r_{\ln p t p} = \ln(p_t/p_{t-1}) = \ln p_t - \ln p_{t-1}$	
	某公司日均价格	沪深300指数日点位	某公司对数收益率	沪深300对数收益率
最小值	3.865 0	2 801.302 7	−0.130 7	−0.067 9
第一分位数	7.343 1	3 585.963 4	−0.040 8	−0.024 0
均值	9.054 9	3 863.642 9	−0.012 4	−0.006 3
中位数	8.553 8	3 812.915 6	−0.001 7	−0.009 0
第三分位数	11.494 4	4 032.274 8	0.018 4	0.006 5
最大值	13.942 5	4 976.354 0	0.094 5	0.107 3
标准差	2.676 3	531.306 4	0.047 8	0.025 5

　　如前文所述,对系统性风险变异性的研究有很多种模型可供采用,但近年来越来越多的学者推崇采用状态空间卡尔曼滤波的方法。还要指出的是,罗伯特·W.法夫等(2000)通过对比分析认为,传统的市场模型和基于卡尔曼滤波算法的时变参数模型结果优于更复杂的GARCH类模型、G.威廉·施沃特和保罗·J.塞金(1990)扩展的市场模型等[1][2]。本研究首先构建固定斜率的时间序列OLS市场模型,包括固定截矩、无截矩的情况(研究过程中,同时对某公司和沪深300指数的对数收益率序列进行了ADF检验和PP检验。由于篇幅原因和侧重点不同,不在这里详细列示。ADF检验结果表明可能存在一阶单整的问题,而PP检验则相反表明收益率序列是平稳的。进一步对其一阶差分进行单位根检验,两种检验方法都说明一阶差分序列是平稳的,不能排除该公司和沪深300指数的对数收益率序列都是潜在的I(1)序列。对时间序列OLS回归之后的残差序列进行了ADF检验和平稳性分析,表明两者之间可能存在协整关系。若改变研究区间或将时间序列的时间段拉长,也会发现类似满足固定参数模型研究要求的协整关系)。为了直观地描述本研究所分析的问题,进一步构建状态空间时变参数模型时,在已验证模型残差结果的平稳性和β系数变异性不大的情况下,本研究忽略了可能存在的异方差性问题,直接采用了随机游走的卡尔曼滤波β系数表述形式。表6-2列示了研究过程为递进关系的三种模型结果。

---

① FAFF R W, HILLIER D, HILLIER J. Time Varying Beta Risk: An Analysis of Alternative Modelling Techniques[J]. Journal of Business Finance Accounting, 2000, 27(5&6): 523-554.

② SCHWERT G W, SEGUIN P J. Heteroskedasticity in Stock Returns[J]. Journal of Finance, 1990, 45(4): 1129-1155.

表6-2 时间序列OLS市场模型和状态空间时变参数模型结果

	固定截矩、固定斜率 $r_t = \alpha + \beta r_{Mt} + \varepsilon_t$	无截矩、固定斜率 $r_t = \beta r_{Mt} + \varepsilon_t$	无截矩、变斜率的状态空间表述 $r_t = \beta_t r_{Mt} + \varepsilon_t,\ \beta_{t+1} = \beta_t + \eta_t$
α	−0.004 1 (P值0.277 0)		
β_{min}			1.246 2
β_{mean}	1.312 5 (P值0.000 0)	1.350 6 (P值0.000 0)	1.379 4
β_{max}			1.599 6
σ_{η_t}			0.064 6 (t值0.615 0)
σ_{ε_t}	0.034 3	0.034 4	0.034 0 (t值12.370 0)
ε_t的ADF检验	−6.610 0 (P值0.000 0)	−6.534 0 (P值0.000 0)	−6.651 0 (P值0.000 0)
ε_t的PP检验	−6.520 0 (P值0.000 0)	−6.418 0 (P值0.000 0)	−6.539 0 (P值0.000 0)
ε_t的KPSS检验	0.371 0	0.368 2	0.307 6
ε_t的正态性检验 Jarque-Bera	0.286 0 (P值0.866 8)	0.263 2 (P值0.876 7)	0.581 0 (P值0.747 9)
ε_t的正态性检验 Shapiro-Wilks			0.988 6 (P值0.929 7)
ε_t的自相关检验 Ljung-Box	24.873 8 (P值0.164 7)	25.138 5 (P值0.156 0)	14.331 3 (P值0.158 4)
R^2	0.489 6	0.486 0	0.515 4
F统计量	82.51 (P值0.000 0)	92.55 (P值0.000 0)	

　　从表6-2的结果可以看出,常数项在固定截矩、固定斜率的市场模型中并不显著,表明固定投资收益效应即无风险收益率没有成为投资者收益或损失的重要组成部分,这与杜莹芬和张文珂(2013)的研究结果相一致[1]。在剔除了常数项之后,发现无截矩、固定斜

---

[1] 杜莹芬,张文珂.虚假陈述赔偿中系统性风险损失的确认与度量——基于廊坊发展股份有限公司的案例研究[J].中国工业经济,2013(9):134-146.

率的市场模型的各种结果和系数同没有剔除前基本保持一致,表明了前述观点的正确性,即在本研究中不需要考虑固定投资收益效应。这一结果也说明投资者购买该公司的股票并没有获得应有的无风险收益,即应有的按同期活期存款利率计算的资金利息或与国库券收益水平相当的投资收益。作为投资者潜在损失的资金利息是信息披露违法违规的间接效应,该结果也支持了法律法规中要求赔偿资金利息的明确要求。由于固定截矩、变斜率的状态空间模型在计量经济学上没有研究价值,而且通过分析发现,变截矩、变斜率的状态空间模型的回归结果与单一状态下的变系数模型的数据结果和状态参数图形几乎一致,因此不需要考虑固定截矩、变斜率的情况。本研究直接采用了无截矩、变斜率的状态空间模型来描述系统性风险效应、信息披露违法违规类特质效应和投资收益率之间的关系。

从表6-2中无截矩、变斜率的状态空间模型结果来看,时变β系数的均值、拟合优度R^2相对于固定斜率的两个模型都有所增大,表明时变参数的状态空间模型能够更好地刻画和捕捉系统性风险效应。而且,ε_t的正态性检验如Jarque-Bera检验、Shapiro-Wilks检验、Ljung-Box自相关检验均符合状态空间时变参数模型的要求。固定斜率的相关统计量也得出一致的检验结果。ε_t的ADF检验、PP检验和KPSS检验结果表明残差的一系列平稳型检验指标均符合要求,表明了上述模型的正确性。需要指出的是,状态变量的残差标准差σ_{η_t}的t值较小,表明时变β系数的变异性不显著,所以状态空间表述形式并不否认固定斜率市场模型的适用性。也就是说,固定斜率市场模型足以描述市场指数收益率与该公司投资收益率之间的关系。由于投资者的股票交易结果对买卖时点的选择和市场指数的变动具有敏感性,即使时变β系数只是在1.246 2~1.599 6这一较窄范围内变动,投资收益率仍会产生较大的差异性,因此采用状态空间时变参数模型就显得尤为必要。这也符合弗兰克·J.法博齐和杰克·克拉克·弗朗西斯(1978)的结论和观点,即当市场模型中的回归β系数在一段时间内为不变量时,实际上真实的β系数是随机变动的[①]。

无截矩、变斜率状态空间模型的对数收益率、预期收益率和时变β系数之间的对比情况如图6-1所示。从对数收益率和预期收益率的图形关系来看,时变β系数下的预期收益即系统性风险效应能够很好地模拟和预测股票收益率的水平和涨跌起伏。β系数的变化区间为1.246 2~1.599 6,虽然变异程度不大,但是0.35个点位的差异意味着市场投资组合三分之一的收益差,对投资者而言是相当大的利益所在。图6-1表明,时变β系数随

① FABOZZI F J, FRANCIS J C. Beta as a Random Coefficient [J]. The Journal of Financial and Quantitative Analysis, 1978,13(1):101-116.

着时间的推移越到后期上升趋势越明显,股价变化受市场指数带动的关系程度在加大。此时,市场指数对股价的影响关系相对于前期更加紧密,也意味着系统性风险效应结构关系的变化。这只是在有限范围内的变化,没有改变残差正态的数据结构。对于索赔的投资者而言,卖出价格或卖出基准价均位于此交易区间,β系数增大对收益损失的重要性不亚于市场指数波动性的增大。可能的原因是,β系数受到了世界金融危机的影响而被改变,上市公司β系数的增大也可能是市场指数波动性增大的前奏。格雷戈里·考特摩斯等(1994)和迈克尔·D.麦肯齐等(2000)都认为单个市场组合的β系数相对世界市场的价值加权指数而言也是时变的[1][2]。而市场组合β系数是上市公司β系数的加权和,因此可以推断出上市公司β系数相对世界市场的价值加权指数而言也是时变的。

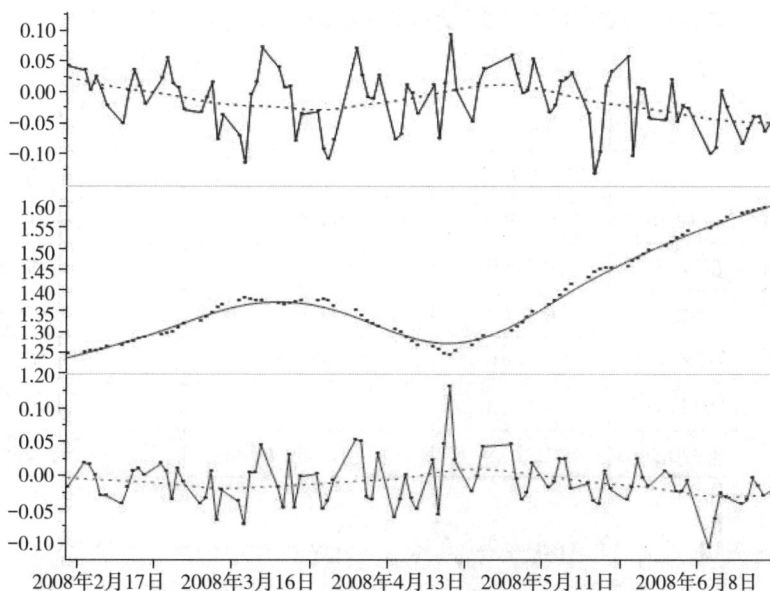

图6-1　无截矩、变斜率状态空间时变参数模型结果

注:图6-1中,上分图为某公司的连续型对数收益率,下分图为通过时变参数模型
估计出的预期收益率,中图为卡尔曼滤波状态平滑估计的时变β系数。

　　某公司具体系统性风险损失比和信息披露违法违规损失比的描述性统计分析结果见表6-3。仅从表6-3中的均值结果看,相对于平均−1.24%的投资收益损失率而言,系统

---

[1] KOUTMOS G, LEE U, THEODOSSIOU P. Time-Varying Betas and Volatility Persistence in International Stock Markets [J]. Journal of Economics and Business, 1994,46(2):101-112.

[2] MCKENZIE M D, BROOKS R D, FAFF R W. The Use of Domestic and World Market Indexes in the Estimation of Time-Varying Betas[J]. Journal of Multinational Financial Management, 2000,10(1):91-106.

性风险产生了平均49.58%的正收益效应,而信息披露违法违规类特质效应平均产生了1.495 8倍的投资损失效应。但从中位数看,系统性风险效应与信息披露违法违规类特质效应在投资收益损失中的比例关系是约各占一半,分别为50.95%和49.05%的损失效应比重。而且,从图6-2中可以明显观察到这一问题,少数一两个效应比值明显超出正常值几倍甚至几十倍,严重影响了信息披露违法违规损失比和系统性风险损失比的平均值。这其中的原因是,部分交易日出现了比较大的系统性风险损失比。因此,采用更为灵敏的时变β系数状态空间模型来分析系统性风险效应与信息披露违法违规类特质效应是合适而且必要的,这有利于投资损失赔偿的具体测算,能够将实际交易区间的系统性风险损失效应对应到每笔交易上。

表6-3 时变参数模型拟合比指标与效应比指标的描述性统计分析

指标	拟合指标		效应指标	
	拟合比ρ_t^c	拟合误差比δ_t^c	系统性风险损失比ρ_t	信息披露违法违规损失比ϕ_t
最小值	−7.478 3	−1.274 4	−114.086 4	−31.972 0
第一分位数	−0.128 0	0.119 6	0.078 1	−0.075 6
均值	0.246 1	0.753 9	−0.495 8	1.495 8
中位数	0.412 8	0.587 2	0.509 5	0.490 5
第三分位数	0.880 4	1.128 0	1.075 6	0.921 9
最大值	2.274 4	8.478 3	32.972 0	115.086 4
标准差	1.320 8	1.320 8	12.869 4	12.869 4

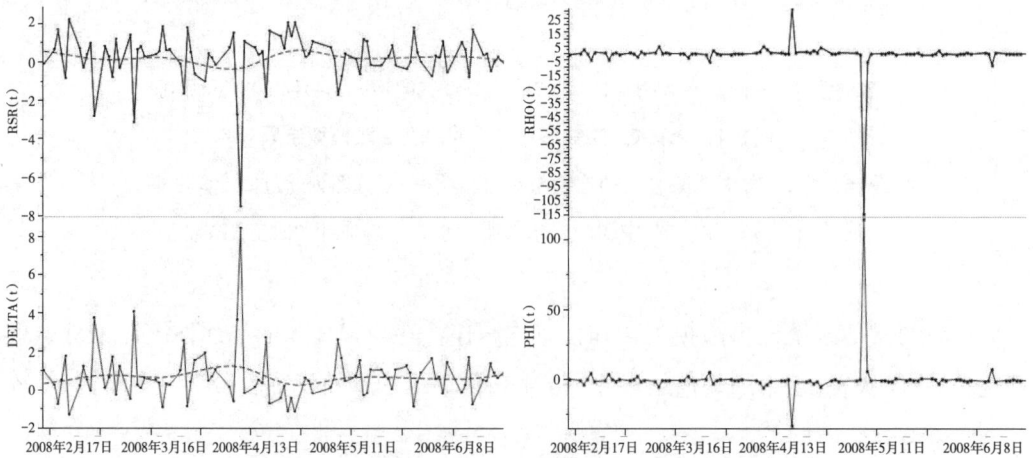

图6-2 时变参数模型拟合比指标与效应比指标的变化图

注:图6-2中的RSR(t)是拟合比指标ρ_t^c,DELTA(t)是拟合误差比指标δ_t^c,RHO(t)是系统性风险(效应)损失比指标ρ_t,PHI(t)是信息披露违法违规(类特质效应)损失比指标ϕ_t。

2.投资者损失组成成分的互补关系

如图6-2所示,时点的拟合比指标ρ_t^c和时点的拟合误差比指标δ_t^c具有互补性,系统性风险(效应)损失比指标ρ_t和信息披露违法违规(类特质效应)损失比指标ϕ_t具有互补性。当一种指标达到峰顶时,对应的指标即达到谷底。这一现象与表6-3的数据结果相一致,当拟合比指标ρ_t^c达到最小值$-7.478\ 3$时,拟合误差比指标δ_t^c达到最大值$8.478\ 3$;当拟合比指标ρ_t^c达到最大值$2.274\ 4$时,拟合误差比指标δ_t^c达到最小值$-1.274\ 4$;当系统性风险损失比指标ρ_t达到最小值$-114.086\ 4$时,信息披露违法违规损失比指标ϕ_t达到最大值$115.086\ 4$;当系统性风险损失比ρ_t达到最大值时$32.972\ 0$时,信息披露违法违规损失比指标ϕ_t达到最小值$-31.972\ 0$等。由表6-3的数据结果和图6-2中的图形可以看出它们两两之和为1,同时在图形上具有一定的对称性,显示了它们互补构成投资收益或损失的机理关系。该结果关系对信息披露违法违规的索赔与司法审判具有定性和定量的参考作用。由于指标ρ_t^c和指标δ_t^c强调的是均值偏离的对比关系,因此产生了与指标ρ_t和指标ϕ_t不一致的数据结果和图形。指标ρ_t和指标ϕ_t的实际表达式和含义更贴近本研究的研究对象,即分析系统性风险和信息披露违法违规在投资收益或损失中的作用及其关系,采用ρ_t和ϕ_t两个指标将会得到更为准确的结果。

3.投资者损失组成成分的三维立体分析

图6-3为本研究分析系统性风险损失比和信息披露违法违规类效应的三维立体图。其中,分图①为沪深300指数的对数收益率、时变β系数和指标ρ_t的三维关系图。该图表明,指标ρ_t绝对值的大小更依赖于沪深300指数本身收益率绝对值的大小。当时变β系数在1.3左右,此时ρ_t的绝对值会达到最大。这一结果与马丁·D.D.埃文斯(1994)的结论相一致,即虽然同为系统性风险效应的一部分,但β系数对收益率变异性的贡献相对于直接的指数或风险溢价因素较小[1]。分图②为投资收益率、时变β系数和信息披露违法违规引致的收益率(或损失率)的立体关系图。该图表明,当系统性风险β系数和信息披露违法违规引致的收益率(或损失率)在各自的取值区间达到极值时,投资收益率会分别出现极值点。投资收益率的正负极值不是由单一因素造成的,而是通过系统性风险β系数和信息披露违法违规类特质效应的共同作用才最终形成了极大或极小的投资损失(或收益)。分图③为投资收益率、预期收益率和指标ρ_t的三维立体图。该图表明,当投资收益率的绝对值较小、系统性风险引致的损失率较大时,指标ρ_t的绝对值相应较大。另外,反

① EVANS M D D.Expected Returns, Time-Varying Risk, and Risk Premia[J]. Journal of Finance, 1994,49(2):655-679.

映投资收益率、预期收益率和指标ϕ_t之间关系的三维立体图(本研究略去)在空间上与该图是对称的,从空间关系上说明信息披露违法违规类特质效应与系统性风险效应存在互补关系。分图④为投资收益率、信息披露违法违规等因素引致的收益或损失和指标ϕ_t三者之间关系的三维立体图。该图表明,当投资收益率的绝对值较小、信息披露违法违规因素存在正效应时,指标ϕ_t的绝对值较大。

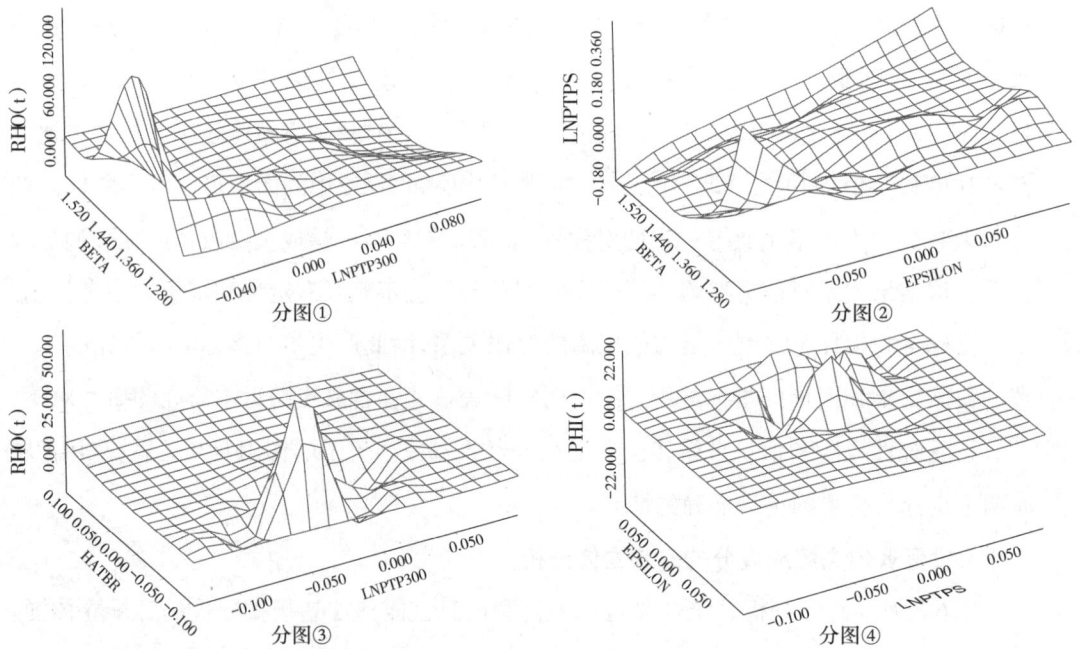

图6-3 投资者损失组成成分的三维立体图

注:图6-3中的RHO(t)指系统性风险(效应)损失比ρ_t,PHI(t)指信息披露违法违规(类特质效应)损失比ϕ_t,BETA指时变β系数,LNPTPS指某公司股票的对数投资收益率,LNPTP300指沪深300指数的对数收益率,EPSILON指信息披露违法违规引致的收益率(或损失率),HATBR指某公司股票的预期收益率。

从上述分析中可以看出,系统性风险效应和信息披露违法违规类特质效应等与投资者损失(或收益)之间存在客观的机理关系。需要指出的是,即使固定投资收益效应显著,上述信息披露违法违规背景下投资损失构成成分的机理关系也不会改变。上述机理分析有助于理解信息披露违法违规背景下投资损失(或收益)的动态形成机制,有助于投资者、法院和上市公司等辨明损失构成成分的联系与作用规则,有助于司法问题的解决,也为进一步计算损失赔偿额提供了理论思想基础。

第三节 损失赔偿测算方法

对信息披露违法违规损失赔偿金额的计算在中国还没有形成一套完整有效的测算方法,这不仅阻滞了信息披露违法违规案件审判的顺利进行,而且还增加了投资者合理求偿的难度。参照杜莹芬和张文珂(2013)所采用的方法[1],本研究基于对系统性风险效应和信息披露违法违规类特质效应之间客观机理关系的充分把握,考虑在状态空间时变参数和连续复合收益率下选择更为合理的计算方法。

一、系统性风险损失对应扣除法

系统性风险效应扣除法的基本思想是按照投资者的具体交易情况将风险和收益进行匹配计算,在投资收益和损失中扣除实际的系统性风险效应。系统性风险效应扣除法本质上也是计算信息披露违法违规类特质效应、固定投资收益效应等投资者在法理上的受偿金额。在不存在固定投资收益效应和其他影响因素的情况下,直接从事件研究法的角度计算信息披露违法违规损失比的计算结果应与系统性风险效应扣除法的计算结果相一致。因此,该计算方法可以看作类似于事件研究方法和詹森-阿尔法方法的一种演化形式。但在存在其他影响投资者损失的因素如固定投资收益效应的情况下,从系统性风险效应扣除的角度计算信息披露违法违规背景下的投资者受偿额更符合中国现行法规的赔偿思想。

本研究以计算扣除系统性风险效应后投资者索偿的损失额为目的,因此在计算过程中考虑的是信息披露违法违规背景下正的投资损失率(或损失)的概念,同时与对数收益率即连续复合收益率的计算方法紧密关联(弗兰克·J.法博齐和杰克·克拉克·弗朗西斯,1978)[2]。

设个股的普通收益率为$R_{s,i,j}$,则个股的投资损失率为:

---

[1] 杜莹芬,张文珂.虚假陈述赔偿中系统性风险损失的确认与度量——基于廊坊发展股份有限公司的案例研究[J].中国工业经济,2013(9):134-146.

[2] FABOZZI F J, FRANCIS J C. Beta as a Random Coefficient [J]. The Journal of Financial and Quantitative Analysis, 1978,13(1):101-116.

$$LR_{s,i,j} = 1 - \frac{P_{sell,j}}{P_{buy,i}} = -R_{s,i,j},$$

当 $P_{buy,i} > P_{sell,j}$ 发生损失时，$LR_{s,i,j} > 0$；

设市场普通收益率为 $R_{m,i,j}$，则市场损失率为：

$$LR_{m,i,j} = 1 - \frac{I_{sell,j}}{I_{buy,i}} = -R_{m,i,j},$$

当 $I_{buy,i} > I_{sell,j}$ 指数相对下跌时，$LR_{m,i,j} > 0$。

设在 i 时点买入、在 j 时点卖出的对数收益率为 $r_{s,i,j}$，则：

$$r_{s,i,j} = \ln(1 - LR_{s,i,j}) = \ln\frac{P_{sell,j}}{P_{buy,i}} = \ln\frac{P_{sell,i+1}}{P_{buy,i}}\frac{P_{sell,i+2}}{P_{buy,i+1}}\cdots\frac{P_{sell,j}}{P_{buy,j-1}}$$

$$= \sum_{t=i+1}^{j}\ln\frac{P_{sell,t}}{P_{buy,t-1}} = \sum_{t=i+1}^{j}r_{s,t}$$

设市场指数的对数收益率为 $r_{m,i,j}$，则：

$$r_{m,i,j} = \ln(1 - LR_{m,i,j}) = \ln\frac{I_{sell,j}}{I_{buy,i}} = \ln\frac{I_{sell,i+1}}{I_{buy,i}}\frac{I_{sell,i+2}}{I_{buy,i+1}}\cdots\frac{I_{sell,j}}{I_{buy,j-1}}$$

$$= \sum_{t=i+1}^{j}\ln\frac{I_{sell,t}}{I_{buy,t-1}} = \sum_{t=i+1}^{j}r_{m,t}$$

个股的投资损失率还可以表示为：

$$LR_{s,i,j} = 1 - \frac{P_{sell,j}}{P_{buy,i}} = 1 - e^{r_{s,i,j}};$$

则购买 1 股的投资差额账面损失为：

$$P_{buy,i} - P_{sell,j} = P_{buy,i}\left(1 - e^{r_{s,i,j}}\right) = P_{buy,i}\left(1 - e^{\sum_{t=i+1}^{j}r_{s,i,j}}\right)$$

$t-1$ 至 t 期间内扣除系统性风险效应的信息披露违法违规损失率为：

$$r_{s,t}\left[1 - \rho_t\right]$$

买卖期间即 i 至 j 期间内扣除系统性风险效应的信息披露违法违规损失率为：

$$\sum_{t=i+1}^{j}r_{s,t}\left[1 - \rho_t\right]$$

在固定投资收益效应不显著的情况下，累计信息披露违法违规损失率 $\sum_{t=i+1}^{j}r_{s,t}\left[1 - \rho_t\right]$ 等价于累计超额损失率。

另：

$$\sum\nolimits_{t=i+1}^{j} r_{s,t}\left[1-\rho_t\right] = r_{s,i,j} + \sum\nolimits_{t=i+1}^{j} \ln\left(\frac{I_{sell,t}}{I_{buy,t-1}}\right)^{-\hat{\beta}_t}$$

$$= \sum\nolimits_{t=i+1}^{j} \ln \frac{P_{sell,t}}{P_{buy,t-1}} \left(\frac{I_{sell,t}}{I_{buy,t-1}}\right)^{-\hat{\beta}_t}$$

买卖期间内每股的信息披露违法违规损失额为：

$$loss_{i,j} = P_{buy,i}\left(1 - e^{\sum_{t=i+1}^{j} r_{s,t}[1-\rho_t]}\right) = P_{buy,i} - P_{sell,j}e^{-\sum_{t=i+1}^{j} r_{s,t}\rho_t};$$

投资者的信息披露违法违规理论赔偿额为：

$$Loss = \sum\nolimits_{i=1}^{N}\left[P_{buy,i} - P_{sell,j}e^{-\sum_{t=i+1}^{j} r_{s,t}\rho_t}\right] = \sum\nolimits_{i=1}^{N}\left[P_{buy,i} - P_{sell,j}\prod\nolimits_{t=i+1}^{j}\left(\frac{I_{sell,t}}{I_{buy,t-1}}\right)^{-\hat{\beta}_t}\right]$$

最终结果实际上是对投资者损失综合考虑扣除系统性风险因素后的净损失,该计算方法既考虑了系统性风险的损失效应,也考虑了系统性风险可能带来的收益效应。需要说明的是,由于系统风险与投资损失之间是一种因果影响关系,若在某个时间区间内出现了市场收益率大于个股收益率、指数涨幅大于个股涨幅的情况,表明个股没有涨到本应该涨到的价格水平。在账面上虽然没有显示亏损,但实际上是存在隐蔽损失的,该方法在计算信息披露违法违规损失赔偿金额时充分考虑了这种因素。该计算方法响应了部分投资者的合理诉求,即当股指上涨而个股没涨时也应得到补偿,这种诉求是存在一定理论基础的。由系统性风险效应与信息披露违法违规类特质效应具有对称互补关系可知,此时是存在过强的信息披露违法违规类特质效应或产生了过多的非系统性风险损失所造成的结果。

二、连续复合收益率下的相关系数法

相关系数法的基本思想是等比例地扣除系统性风险效应。虽然对其应用需要满足一定的前提条件,但其在计算方法上的直观性和简单性是其他方法无法比拟的。

购买1股的投资差额损失为：

$$P_{buy,i} - P_{sell,j} = P_{buy,i}\left(1 - e^{r_{s,i,j}}\right)$$

而信息披露违法违规损失率可以表示为：

$$r_{s,i,j}(1-\rho)$$

买卖期间内每股的信息披露违法违规损失额为：

$$loss_{i,j} = P_{buy,i}\left[1 - e^{r_{w,j}(1-\rho)}\right] = P_{buy,i}\left[1 - \left(\frac{P_{sell,j}}{P_{buy,i}}\right)^{(1-\rho)}\right] = P_{buy,i} - P_{sell,j}\left(\frac{P_{sell,j}}{P_{buy,i}}\right)^{-\rho}$$

投资者的信息披露违法违规理论赔偿额为：

$$Loss = \sum_{i=1}^{N}\left[P_{buy,i} - P_{sell,j}\left(\frac{P_{sell,j}}{P_{buy,i}}\right)^{-\rho}\right]$$

相关系数法与系统性风险效应扣除法在计算结果上存在殊途同归的效果。相关系数法成立的条件可以总结为两点：一个是要求 β 系数是存在的，即系统性风险效应是存在的；另一个是要求系统性风险效应绝对值的平均数要大于系统性风险效应平均数的绝对值，或者要求收益率序列是平稳的。β 系数的存在性实际上表明了系统性风险效应与投资者的收益或损失之间是一种因果关系，而且这种关系在相关系数法下也是一种稳定的影响关系。虽然相关系数在表面计算式上是均值化的系统性风险损失比，但实际上计算的是系统性风险效应比。因此，该计算方法与系统性风险效应扣除法在理论上是等价的。本研究尝试计算投资者的理论赔偿金额，假设某投资者符合索赔条件的交易情况见表6-4。

表6-4 某投资者符合条件的索赔交易情况

交易时间	买入股数	买入均价	卖出股数	卖出均价	对应指数
2008-02-15	1 000	12.01			4 811.865
2008-02-18	2 000	12.47			4 894.099
2008-03-06	2 000	13.94			4 667.326
2008-04-15	1 000	7.51			3 524.369
2008-05-23			1 000	7.56	3 685.777
2008-06-11			3 000	5.28	3 143.864
2008-06-23			2 000	3.87	2 801.303

注：根据规定，信息披露违法违规揭露日即2008年5月20日以前完结的交易不在赔偿范围之内。

为了得到更为精确的计算结果，需要对表中的买入、卖出交易数据按照会计上的先进先出法进行匹配。基于状态空间时变参数模型，对该投资者的相关证券交易运用系统性风险效应扣除法，最后计算得到的信息披露违法违规损失额为 17 870 元。另外，在 2008 年 2 月 15 日至 2008 年 6 月 23 日该投资者的实际持有期间内，基于具体收益率数据计算的相关系数 ρ 为 0.705 6，该相关系数是按照 $\hat{\beta} = 1.350\ 6$，将计算期内综合指数收益率

和个股收益率代入 $\rho = \dfrac{\hat{\beta}\overline{|r_{M,t}|}}{\overline{|r_t|}}$ 计算得出的结果。在连续复合收益率下，按照相关系数法以系统性风险损失占比 0.705 6 计算的投资者损失额为 16 280 元。若按照杜莹芬和张文珂（2013）直接简化的计算方法[①]，由 $(\rho^c)^2 = R^2 = 0.486\ 0$ 得 ρ^c 为 0.697 0，最后计算得出投资者的损失额为 16 690 元。

　　相关系数法与系统性风险效应扣除法两者之间的差额体现采用时变参数计算带来的精度提升。系统性风险效应扣除法基于时变参数的计算结果与相关系数法相比更加科学有效，容易为投资者所接受。需要说明的是，系统性风险效应扣除法在实际运用中，尤其是当股指存在上涨行情时可能会出现让一般投资者难以理解的计算结果。对某些投资者的交易按照系统性风险效应扣除法计算得到的结果甚至可能出现大于其账面损失额的情况，这是由于受到了系统性风险收益效应的影响。在扣除了净的系统性风险损失后，还原了信息披露违法违规给投资者带来的损失额。还要指出的是，基于时变参数的系统性风险效应扣除法在计算过程上相对繁琐，没有杜莹芬和张文珂（2013）的计算方法直观、简单，但这里的方法具有更高的精确性和更好的适用性。同时，时变参数的估计方法还可以根据具体案例中投资者所交易证券的实际波动情况进行调整，通过多种途径对计算方法进行扩展，这超出了本研究的研究范畴，有待于进一步研究。

———————————
① 杜莹芬,张文珂.虚假陈述赔偿中系统性风险损失的确认与度量——基于廊坊发展股份有限公司的案例研究[J].
　中国工业经济,2013(9):134-146.

7

相对定价泡沫的理论分析

第一节　虚假信息引致的定价泡沫分析

一、泡沫分析的适用性

(一)信息披露违法违规的直接后果是泡沫

信息披露违法违规的重要影响和直接后果即造成价格泡沫,前面已详细地评议了相关文献。信息披露违法违规改变了投资者对企业真实收益水平的理论预期,投资者对风险预期的改变偏离了企业真实现金流的折现价值,最终形成了投资者盲目交易下的虚假泡沫价格。需要注意的是,信息披露违法违规并非引致股价泡沫的唯一因素。信息披露违法违规是价格泡沫的充分非必要条件。可以想象,无论是否已经存在泡沫,信息披露违法违规都有可能发生。在股价泡沫的基础上,信息披露违法违规与股价泡沫在一定程度上相辅相成,而且,信息披露违法违规可以引致新的价格泡沫。另外,从信息披露违法违规的原因和结果的相关研究来看,经济利益驱动和虚增股价是众多因素中的两个关键结点。必定有一部分人因信息披露违法违规而获利,另一部分人因此而遭受损失。信息披露违法违规如同击鼓传花,随着信息不对称的空间逐渐变小、市场监管能力和效率的不断提高,鼓停是不可避免的,伴随信息披露违法违规而生的虚妄股价也最终摆脱不了破灭的命运。

(二)泡沫能够解释投资者损失

本研究认为泡沫能够对信息披露违法违规引致的投资者损失过程给出合理的解释,更适用于我国的资本市场环境。信息披露违法违规公司的股价在某种程度上更像是信息披露违法违规主体凭空制造的一个终将被法律和市场刺破的虚假泡沫,而信息披露违法违规的损失者与其他泡沫经济中的投资者一样承受着类似的损失过程。信息披露违法违规与泡沫经济有着紧密的联系。例如,众多的股票价格泡沫都离不开虚假信息、欺骗性宣传的影子,最古老的泡沫事件如英国南海泡沫、法国密西西比泡沫等也不例外。韦氏大学词典将泡沫解释为"2a:那种缺乏稳定性、固体性或真实性的东西,b:一种虚妄的骗局……5:(诸如股票市场)通常以突然的崩溃为结局的暴涨经济活动。"信息披露违法违规所引致的资产定价泡沫正是由信息披露违法违规主体所构造的欺骗投资者的一种海市蜃楼景象。而且,虚假信息泡沫的损失者正是泡沫破裂过程中的持有者。

虚假信息泡沫存在的根本原因是错误信息导致的持续错误定价,即股票价格对其真实价值的长期偏离。而且,相应的定价泡沫在信息披露违法违规准备实施之时就可能已经开始形成,在信息披露违法违规被完全揭露之前也可能已经开始破裂。信息披露违法违规所造就的错误信息能够在资本市场上持续,这一现象显示了市场的不完善。信息混乱的不同类型投资者的前赴后继使得信息披露违法违规引致的定价泡沫能够持续存在。这也可能是因为拥有不同信息水平的套利人之间在交易策略和步调上不能协同一致,迪利普·阿布鲁和马库斯·K.布伦纳迈尔(2003)认为即使存在理性套利人,对泡沫破裂时间的观点认同也是一个发散的过程,交易者之间的异质性、背离常识的行为等都需要一定的时间才能取得一致[①]。通常在信息披露违法违规被揭露后,需要一定的时间或达到100%的累计成交量来完成一个泡沫破灭后的重新定价过程。这也就是为什么信息披露违法违规引致的定价泡沫在揭露日之前能够长期持续,甚至在揭露日之后也能短期持续(图7-1)。

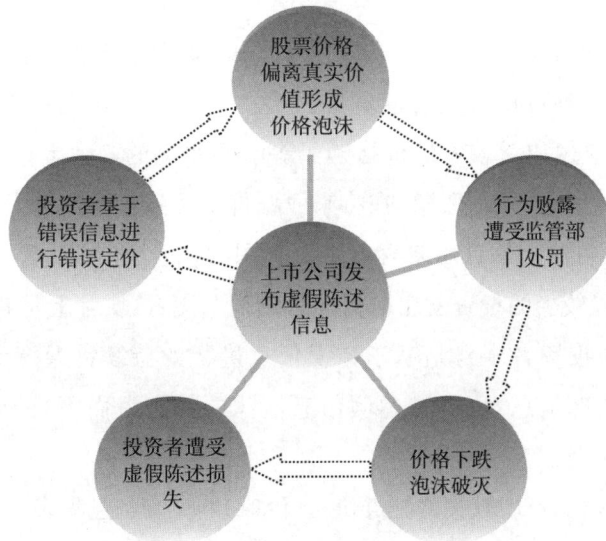

图7-1 信息泡沫的生灭与联系图

---

① ABREU D, BRUNNERMEIER M K. Bubbles and Crashes[J]. Econometrica, 2003, 71(1): 173-204.

二、虚假信息引致定价泡沫

在不考虑交易成本的完美市场下,每股价格的伊藤过程在罗伯特·C.默顿1971年和1973年的文章中被表述为[①②]:

$$\frac{dV_t}{V_t} = \mu(V_t)dt + \sigma(V_t)dW_t \frac{dV_t}{V_t} = \mu_t dt + \sigma_t dW_t$$

若考虑信息披露违法违规前置条件下产生基于错误信息的定价,股票的即期价格或收益率适应于F_t的信息披露违法违规信息。基于信息披露违法违规信息的股价伊藤过程可以表述为:

$$\frac{dP_t}{P_t} = E\left(\frac{dP_t}{P_t}\bigg|F_t\right) + \sigma_t dW_t \frac{dP_t}{P_t} = E\left(\frac{dP_t}{P_t}\bigg|F_t\right) + \sigma_t dW_t$$

信息披露违法违规背景下,错误定价的股票价格过程与真实定价的股票价格过程之间存在一个资产定价泡沫,即:

$$d\alpha_t = \frac{dP_t}{P_t} - \frac{dV_t}{V_t}d\alpha_t = \frac{dP_t}{P_t} - \frac{dV_t}{V_t} = E\left(\frac{dP_t}{P_t}\bigg|F_t\right) - \mu_t dt \neq 0$$

这种泡沫价格过程本质上是另一只同质股票的价格过程与该错误定价的股票之间的泡沫价格差,是一种可供投机者套利的机会。对于掌控信息披露违法违规信息的投机者而言,可以通过相对较低的价格购买等收益水平的其他上市公司的股票,同时卖出信息披露违法违规公司的股票,在将来股票价格回到真实价值附近时再买入,达到优化其投资效用的目的。这其中暗含着可供套利的机会,能够避免信息披露违法违规损失。反过来说,以较少的投资支出取得同等的现金流入,实际上是获得了"免费"的投资收益。由于普通投资者本身是基于错误信息进行的持续错误定价,并不掌握信息披露违法违规的内部信息,因此是虚假信息泡沫的受害者而不是取得套利机会的获益者。

另外,1972年罗伯特·C.默顿将证券价格(价值)的无套利过程表示为[③]:

---

① MERTON R C. Optimum Consumption and Portfolio Rules in a Continuous-Time Model[J]. Journal of Economic Theory, 1971,3(4):373-413.

② MERTON R C. An Intertemporal Capital Asset Pricing Model[J]. Econometrica, 1973,41(5):867-887.

③ MERTON R C. An Analytic Derivation of the Efficient Portfolio Frontier[J]. The Journal of Financial and Quantitative Analysis, 1972,7(4):1851-1872.

$$\frac{\mathrm{d}V_t}{V_t} - r_t^f \mathrm{d}t = \beta_t \left(\frac{\mathrm{d}I_t}{I_t} - r_t^f \mathrm{d}t \right) + \sigma_t \mathrm{d}W_t \frac{\mathrm{d}V_t}{V_t} - r_t^f \mathrm{d}t = \beta_t \left(\frac{\mathrm{d}I_t}{I_t} - r_t^f \mathrm{d}t \right) + \sigma_t \mathrm{d}W_t$$

在此基础上,现实中也需要考虑可能出现资产定价泡沫的情况,即需要加入类似的詹森-阿尔法项。2013年罗伯特·A.贾罗和菲利普·普罗特(2013)指出,虽然在真实信息的σ域流下不存在套利机会,但是由于错误信息的存在也可能产生$\mathrm{d}\alpha_t$,则有[1]:

$$\frac{\mathrm{d}P_t}{P_t} - r_t^f \mathrm{d}t = \mathrm{d}\alpha_t + \beta_t \left(\frac{\mathrm{d}I_t}{I_t} - r_t^f \mathrm{d}t \right) + \sigma_t \mathrm{d}W_t \frac{\mathrm{d}P_t}{P_t} - r_t^f \mathrm{d}t = \mathrm{d}\alpha_t + \beta_t \left(\frac{\mathrm{d}I_t}{I_t} - r_t^f \mathrm{d}t \right) + \sigma_t \mathrm{d}W_t$$

罗伯特·A.贾罗等(2010)认为,如果满足市场不完善和套利者能够持续获利这两个假设条件,就可能出现真正显著的詹森-阿尔法现象[2]。而信息披露违法违规背景下的投资者持续损失恰恰是满足这两个假设前提的典型例证。当信息披露违法违规背景下的内幕信息人或投机者完全掌握信息时,就可以利用信息优势将资产价格泡沫转化为真实的套利过程,并造成普通投资者的损失。由于资本市场的不完善,市场中的内幕信息往往存在逐渐扩散的投资者接受过程。对于信息披露违法违规的上市公司而言,这种内幕信息是必然存在的,并且最初是掌控在管理层和信息披露违法违规实施者的手中。在价格泡沫形成后,内幕信息又通过多种渠道和多种形式被更多的交易者或"外部人"获得,外部环境开始逐渐压缩价格泡沫,当被证券监管机构立案调查和处罚时,价格泡沫逐渐破灭。整个过程可以理解为随时间演进的风险调整收益过程,即$\mathrm{d}\alpha_t + \sigma_t \mathrm{d}W_t \mathrm{d}\alpha_t + \sigma_t \mathrm{d}W_t$。

信息披露违法违规类上市公司的特质性定价泡沫可表述为$BE_T = \int_{t_0}^{T} (\mathrm{d}\alpha_t + \sigma_t \mathrm{d}W_t)$
$BE_T = \int_{t_0}^{T} \mathrm{d}\varphi_t = \int_{t_0}^{T} (\mathrm{d}\alpha_t + \sigma_t \mathrm{d}W_t)$。这是系统性资产定价泡沫之外的泡沫。其中,系统性资产定价泡沫包含在市场指数或指数收益率中,是系统性风险的一部分,对所有上市公司都会产生影响,而特质性定价泡沫仅对个股产生影响。

---

[1] JARROW R, PROTTER P. Positive Alphas, Abnormal Performance, and Illusory Arbitrage[J]. Mathematical Finance, 2013,23(1):39-56.

[2] JARROW R A, PROTTER P, SHIMBO K. Asset Price Bubbles in Incomplete Markets[J]. Mathematical Finance, 2010, 20(2):145-185.

第二节　由相对定价泡沫确定虚假信息泡沫

一、从资产定价泡沫到相对定价泡沫

(一)为什么是相对定价泡沫?

1.市场与系统风险中存在虚幻泡沫

在信息披露违法违规背景下,投资者不仅可能遭受信息披露违法违规带来的泡沫损失,还可能遭受其他风险因素带来的潜在泡沫损失。在不存在信息披露违法违规的情况下,市场中也有可能存在错误信息导致的非零詹森-阿尔法,但是这种詹森-阿尔法由于没有正确的信息加以纠正,就造成了长期持续的虚幻泡沫或市场泡沫。作为资产价格泡沫分析基础的詹森-阿尔法随着不确定性和风险因素的增多就变得复杂了。只要满足泡沫存在的假设前提,就可能存在显著的詹森-阿尔法现象。罗伯特·A.贾罗(2010)指出如果存在未被观测到的风险因素,在确定风险收益关系的模型中就会出现虚假的显著詹森-阿尔法现象[1]。其他系统风险因素引致的虚假詹森-阿尔法成分会模糊泡沫下詹森-阿尔法的边界。为了分析虚假的詹森-阿尔法,罗伯特·A.贾罗(2010)将系统性风险划分为能观测的和难以观测的两种类型,一类是可以通过时间序列估计的影响因素,一类是不能通过时间序列估计的影响因素[2]。为了简化分析,假设只存在能观测的和难以观测的两类综合后的系统风险溢价,罗伯特·A.贾罗(2010)设定的存在异常超额收益的资产收益率过程可以表示为[3]:

$$\frac{\mathrm{d}P_t}{P_t} = \alpha_t \mathrm{d}t + r_t^f \mathrm{d}t + \beta_t^u \left(\frac{\mathrm{d}I_t^u}{I_t^u} - r_t^f \mathrm{d}t \right) + \beta_t^v \left(\frac{\mathrm{d}I_t^v}{I_t^v} - r_t^f \mathrm{d}t \right) + \sigma_t \mathrm{d}W_t$$

$$= \alpha_t \mathrm{d}t + \alpha_t^u \mathrm{d}t + r_t^f \mathrm{d}t + \beta_t^v \left(\frac{\mathrm{d}I_t^v}{I_t^v} - r_t^f \mathrm{d}t \right) + \sigma_t \mathrm{d}W_t$$

上述第一行的随机过程中除了具有可供套利的真实詹森-阿尔法外,还具有其他四

---

① JARROW R A.Active Portfolio Management and Positive Alphas: Fact or Fantasy?[J]. Journal of Portfolio Management, 2010,36(4):17-22.

②同①。

③同①。

类收益过程,即无风险收益率过程、难以观测的系统性风险溢价、能观测的系统性风险溢价、资产本身特有的异方差风险收益率。罗伯特·A.贾罗(2010)认为难以观测的系统性风险溢价 $\beta_t^u\left(\dfrac{\mathrm{d}I_t^u}{I_t^u} - r_t^f \mathrm{d}t\right)$ 是一种"虚幻的"因素,只有在发生系统性的市场事件时才能显现出来,而这种难以观测的系统性风险溢价实际上在日常中是以一种截距项的超额收益形式存在,可将其表示为 $\alpha_t^u \mathrm{d}t$,也就是"虚假的"詹森-阿尔法或虚幻的泡沫[①]。$\alpha_t^u \mathrm{d}t$ 也是一种泡沫形式,很容易和 $\alpha_t \mathrm{d}t$ 合并在一起形成无法区分的单一詹森-阿尔法。詹森-阿尔法的"虚假"成分或虚幻的泡沫属于非虚假信息泡沫,与信息披露违法违规引致的投资者损失无关。要想得到信息披露违法违规背景下真正的詹森-阿尔法,还需要排除模型中可能存在的虚幻泡沫成分。

虚假的詹森-阿尔法是由潜在的、基础性的市场泡沫造成的,是金融系统风险的研究对象,一般英文对应的词汇为"systemic risk"。日常能观测的系统性风险溢价是潜藏在日常交易中的,是资产价格的日常波动变化受市场日常波动的影响结果,是公司财务学中系统性风险或市场风险的研究对象,一般英文对应的词汇为"systematic risk"。两者风险都是系统性的,一个强调更表面化的如风险集中爆发时的系统风险,一个强调本质的如内含在投资收益补偿中的系统风险。正如前述公式所表述的,二者都可以通过时变的 β 系数反映系统风险的大小,在金融危机集中爆发时,二者的系统风险杂合在一起,甚至是一致的。但是当金融风险没有集中爆发时,日常证券收益时间序列数据中的这种系统风险正如罗伯特·A.贾罗(2010)所指出的那样是一种相对稳定的常数[②]。与特定资产的显著詹森-阿尔法杂合在一起,难以被时间序列数据模型区分或者捕捉到。而只有当金融风险集中爆发时,这种常数泡沫才会摇身一变转换为与影响整个市场证券收益的财务系统性风险性质相一致的市场波动风险。

2.虚假信息泡沫的相对性

对普通投资者而言,若投资于信息披露违法违规背景的上市公司证券,其遭受的投资损失主要是由在空间上具有损失互补关系的系统性风险损失和信息披露违法违规类特质性风险损失两部分组成(张文珂,2014)[③]。根据《最高人民法院关于审理证券市场虚假陈述侵权民事赔偿案件的若干规定》(2022)第三十一条"被告能够举证证明原告的损

① JARROW R A.Active Portfolio Management and Positive Alphas: Fact or Fantasy?[J]. Journal of Portfolio Management, 2010,36(4):17-22.

② 同①。

③ 张文珂.虚假陈述背景下投资损失构成成分的机理关系[J].经济管理,2014(5):104-114.

失部分或者全部是由他人操纵市场、证券市场的风险、证券市场对特定事件的过度反应、上市公司内外部经营环境等其他因素所导致的,对其关于相应减轻或者免除责任的抗辩,人民法院应当予以支持。"或《最高人民法院关于审理证券市场因虚假陈述引发的民事赔偿案件的若干规定》(2003)中第十九条之第四款"由证券市场系统风险等其他因素所导致"的损失应排除在赔偿范围之外[①]。这里的证券市场系统风险显然包括与投资者损失没有直接因果关系的金融系统风险和市场系统性风险。

信息披露违法违规背景下投资者损失的赔偿范围应当排除所有非因果关系的影响因素。也就是说,系统风险引致的 α 结果是未爆发出来但在日常交易中潜在存在的泡沫,也应当被排除在投资者损失之外。考虑信息披露违法违规引致的资产泡沫时应当从总体泡沫中排除 $\alpha_{i}^{n}dt$ 部分。对于信息披露违法违规的企业而言,其资产定价的泡沫与一般资产所包含的虚幻泡沫相比多出了虚假信息泡沫。证券资产收益过程中的泡沫现象 $\alpha_{i}^{n}dt$ 和 $\alpha_{i}dt$ 都是现实市场中可能显著存在的詹森-阿尔法。只有虚假信息泡沫的结果是单个资产特有的由于信息欺诈等违法行为产生的价格泡沫,是内幕信息人和投机者所可能获得的"真实的"套利机会。与詹森-阿尔法中"虚幻的"成分相一致,非信息披露违法违规(守法合规)的泡沫可能是一种无法感知和无法实现的套利机会。对于信息披露违法违规背景下的投资者损失而言,信息披露违法违规引致的投资者损失显然不包括这一部分。虚假信息泡沫只是资产价格泡沫中的一部分。信息披露违法违规的泡沫可以通过与其他不存在信息披露违法违规的资产泡沫比较后得到,因此是一种相对的资产定价泡沫。

(二)采用相对定价泡沫的其他理由

一般财务和经济学中将资产定价泡沫解释为证券价格偏离未来股利现值的大小。而证券未来股利是一种预期的结果,对它计算采用的折现率也必然是基于一定的概率条件。从资产价格泡沫初始的理论思想来看,无法准确计算出资产的真实价值,就无法一窥资产价格泡沫的原貌,仅寄望于或依靠财务经济学家的想象力是不够的。这种想象正所谓仁者见仁智者见智,更不能简单地成为投资者损失计算的参考基础。因此,从基础价值出发去衡量价格泡沫的大小往往只是用在实验中,在现实中无法得到准确的结果。衡量虚假信息泡沫的大小从价格泡沫本身出发更具有可行性。

---

① 最高人民法院.最高人民法院关于审理证券市场因虚假陈述引发的民事赔偿案件的若干规定[J].司法业务文选,2003(8):21-30.

另外,有学者在价格泡沫的检验过程中已从不同的角度分析了价格泡沫的相对性质,斯蒂芬 G. 霍尔等(1999)在分析理性泡沫的检验方法时提出采用有共同基础因素的成对时间序列来鉴别潜在理性泡沫的存在性,当两对序列存在联动效应时表明不存在特质性的理性泡沫,当两对序列并非联动时,就可以找出其中非平稳性因素引致的价格泡沫[①]。

还有一些学者的研究结果表明,即使采用拟合度较高的状态空间时变参数模型分析上市公司的股价泡沫现象,仍然可能由于模型变量的不同而得出不一致的结果,如皮耶尔乔治·亚历山德里(2006)在分析价格泡沫时通过采用不同的基础价值决定因素得出了不一致的结果,当采用股利、利润指标时,价格泡沫分析显现出明显的泡沫,当采用修正的净股利指标时泡沫就不明显[②]。因此,为了摒除模型设定中的不全面,需要考虑在同一模型下采用相对的方法将这种模型不完善的问题尽可能地加以排除。通过从相对比较的角度进行分析可以排除因价值决定因素不同所导致的泡沫不确定问题,因为基础的价格泡沫已经在相对比较过程中将其排除在虚假信息泡沫之外了。

二、由相对定价泡沫确定的虚假信息泡沫

对虚假信息泡沫的具体分析需要采用相对定价泡沫的方法加以确定。要兼顾法律规定的现实要求,以换手率达到100%之日为基准日。股价在基准日前充分回落,信息披露违法违规的泡沫也将同时得到充分释放。信息披露违法违规的泡沫在基准日趋近于0,投资者在基准日后的损失与信息披露违法违规无关。在投资者行为满足索赔的法理要求前提下,假设某代表性投资者在信息披露违法违规揭露日前买入股票并持有至基准日,可以将购买日即观测时点 T 到基准日 t_d 的整个观测期内的资产定价泡沫表述为 $\int_{t_d}^{T} \left(\mathrm{d}\bar{\alpha}_t + \bar{\sigma}_t \mathrm{d}\bar{W}_t \right)$。事实上,即使上市公司不存在信息披露违法违规,也不能忽视其潜在存在的特质性定价泡沫。该潜在特质性定价泡沫在形式上与信息披露违法违规情况下的定价泡沫是类似的,也是由不完善市场的信息扭曲现象和信息不对称所导致的定价错位。如果将信息披露违法违规背景下的定价泡沫扣除其他潜在的特质性定价泡沫,就可

① HALL S G, PSARADAKIS Z, SOLA M. Detecting Periodically Collapsing Bubbles: A Markov-Switching Unit Root Test [J]. Journal of Applied Econometrics, 1999, 14(2): 143-154.

② ALESSANDRI P. Bubbles and Fads in the Stock Market: Another Look at the Experience of the US[J]. International Journal of Finance & Economics, 2006, 11(3): 195-203.

以得到与损失赔偿直接相关的虚假信息泡沫。可以将观测期间即时点 T 到基准日 t_d 的虚假信息泡沫表述为：

$$ME_T = \int_{t_d}^{T} \left(\mathrm{d}\bar{\alpha}_t + \bar{\sigma}_t \mathrm{d}\bar{W}_t \right) - \int_{t_d}^{T} \gamma_t \left(\mathrm{d}\tilde{\alpha}_t + \tilde{\sigma}_t \mathrm{d}\tilde{W}_t \right) = \int_{t_d}^{T} \left(\mathrm{d}\alpha_t + \sigma_t \mathrm{d}W_t \right)$$

其中，γ_t 反映了其他特质性定价泡沫对个股的影响系数在不同时点不一致。在数值上，虚假信息泡沫 ME_T 与 $-\int_{T}^{t_d} \left(\mathrm{d}\alpha_t + \sigma_t \mathrm{d}W_t \right)$ 等价，只是公式所表达的观测起点不同。因此，从基准日角度，通过逆向累计风险调整收益并乘以负 1 即可得到虚假信息泡沫。在图形上，虚假信息泡沫 ME_T 是 BE_T 垂直纵向位移，垂直距离反映了其他多种潜在特质性定价泡沫的作用结果。因此，可以通过泡沫的纵向位移将包含在 α_t 中的其他潜在特质性定价泡沫完全排除，最终得到虚假信息泡沫。

8

虚假信息泡沫之相对定价

泡沫的实证分析

第一节　相对定价泡沫的实证方法及其比较

虚假信息泡沫是一种相对的资产定价泡沫,是通过比较得出的差额。比较的对象是企业在非信息披露违法违规(守法合规)条件下潜在同质的特质性定价泡沫,这种同质泡沫可以采用同行业指数的特质性定价泡沫替代。泡沫中的风险调整收益可以通过时变参数的条件资本资产定价模型或者GARCH类模型测算得到。条件CAPM的模型参数是可以根据信息条件概率而动态调整变化的动态模型,近几年国内应用较多,例如,王宜峰等(2012)采用单状态变量和多状态变量的条件CAPM,并使用GARCH方法进行稳健性分析[①]。是使用条件资本资产定价模型还是使用GARCH类模型需要根据残差的特性来决定。虚假信息泡沫可以通过如下两种实证分析方法得到。

一、模型方法一:泡沫效应差

第一种方法,首先构建时变参数的条件资本资产定价模型或GRACH类模型并测算不同时点的个股和行业的风险调整收益 RAR_t^{AB}、RAR_t^{Ind}。非均衡的条件资本资产定价模型可以表示为:

$$R_t - r_{ft} = \alpha_t + \beta_t\left(R_{Mt} - r_{ft}\right) + \varepsilon_t \qquad \text{模型(8-1)}$$

个股的风险调整收益即为:

$$RAR_t^{AB} = \alpha_t^{AB} + \varepsilon_t^{AB}$$

则有非系统性风险的泡沫:

$$BE_T^{AB} = \sum_{t_0}^{T}\left(\alpha_t^{AB} + \varepsilon_t^{AB}\right)$$

设同行业的同质泡沫为 $BE_T^{Ind} BE_T^{Ind}$,则与信息披露违法违规相应的泡沫即为:

$$BE_T^{AB} - BE_T^{Ind} = \sum_{t_0}^{T}\left[\left(\alpha_t^{AB} + \varepsilon_t^{AB}\right) - \left(\alpha_t^{Ind} + \varepsilon_t^{Ind}\right)\right] = \sum_{t_0}^{T}\left(\alpha_t + \varepsilon_t\right)$$

这里假设前述的 γ_t 为1。最后,通过逆向累加风险调整收益的差额并乘以负1得出虚假信息泡沫。

---

① 王宜峰,王燕鸣,张颜江.条件CAPM与横截面定价检验:基于中国股市的经验分析[J].管理工程学报,2012(4):137-145.

二、模型方法二：回归元调整

第二种方法，首先考虑将同行业的同质风险调整收益 $RAR_t^{Ind}RAR_t^{Ind}$ 作为定价模型中除能观测的系统性风险溢价以外的一个回归元。把该因素加入到定价模型中，进而得到特殊的多因素个股定价模型：

$$R_t - r_{ft} = \alpha_t + \beta_t\left(R_{Mt} - r_{ft}\right) + \gamma_t RAR_t^{Ind} + \varepsilon_t \qquad 模型(8\text{-}2)$$

此时的个股风险调整收益为：

$$RAR_t = \alpha_t + \varepsilon_t$$

接着，通过逆向累计风险调整收益并乘以负1可以进一步排除一些没有在模型中体现、与信息披露违法违规无关的风险调整收益，如损失赔偿的法律政策类因素等。最终得到虚假信息泡沫：

$$ME_T = -\sum_T^{t_d}\left(\alpha_t + \varepsilon_t\right)$$

第一种方法计算的虚假信息泡沫与第二种方法即多因素模型计算的结果在本质上是相通的，都是信息披露违法违规企业的泡沫排除非虚假信息泡沫后的结果。在模型通过统计量的检验后，通过比对两种方法结果的一致性，可以认为二者在理论上也是一致的。第二种方法与尤金·F.法玛和肯尼思·R.弗伦奇(1992,1993)的APT模型、尤哈尼·T.林纳因马(2013)所使用的多因素模型在形式上存在明显的区别[1][2][3]。在实践应用中，采用第二种方法能够得到更为稳健的结果。如王宜峰等(2012)表明条件CAPM等模型相对于CAPM和多因素模型有更好的实际运用效果[4]。而且，第一种方法假设不同性质、不同阶段的泡沫是同级可比的，即假设 γ_t 为1。而现实中，泡沫对个股的影响系数在不同时点具有不一致性。可以同时采用上述两种方法进行相互验证，最终选取方法二的结果确定虚假信息泡沫。本研究的理论分析是在罗伯特·A.贾罗和菲利普·普罗特(2013)、罗伯特·A.贾罗(2010)等人关于非正常收益、泡沫分析等理论结果的基础之上进行的更深层

---

① FAMA E F, FRENCH K R. Common Risk Factors in the Returns on Stocks and Bonds[J]. Journal of Financial Economics, 1993,33(1):3-56.

② FAMA E F, FRENCH K R. The Cross-Section of Expected Stock Returns[J]. The Journal of Finance, 1992,47(2): 427-465.

③ LINNAINMAA J T. Reverse Survivorship Bias[J]. The Journal of Finance, 2013,68(3):789-813.

④ 王宜峰,王燕鸣,张颜江.条件CAPM与横截面定价检验:基于中国股市的经验分析[J].管理工程学报,2012(4): 137-145.

次的扩展[1][2]。在非均衡的条件CAPM等模型的基础上可以结合运用状态空间时变参数模型和GARCH类模型,通过两种方法的结合运用并且相互验证可以得到更稳健的损失计算结果。

第二节 虚假信息泡沫的案例分析

对虚假信息泡沫的分析可以基于相对的异常收益或损失做出实际测算。如果在信息披露违法违规期间存在相对定价泡沫的损失效应,即可以测算出相应的损失结果;如果不存在泡沫,就认为投资者的索偿在理论上得不到相应的支持。因此,关于本研究的分析能够举出一个符合泡沫损失效应的具体案例即可。其他案例可以根据相同的方法计算损失大小并给出理论解释。本研究以2013年审结的典型案例为具体分析对象,详细阐释虚假信息泡沫。某上市公司在2003—2007年的财务信息披露上存在虚假记载,尤其是在2007年中报、年报中存在提前确认或虚增营业收入等会计收入舞弊行为。该上市公司在信息披露违法违规期间与通信行业有较强的关联性,行业同质的特质性定价泡沫采用中信CS通信行业类指数(CI005026.WI)作为分析基础,同时以沪深300指数(000300. SH)作为市场风险溢价的分析基础。该上市公司的信息披露违法违规行为跨度时间长,由于受股指基期即起算时点的影响和限制,本研究以上述两类指数的计算基期至信息披露违法违规基准日为研究期间,样本长度为846期。基于Wind资讯的数据处理方法与形式,为保持收益率数据的连续性,本研究不考虑停牌对股价数据的影响,采用停牌前一日的收盘价作为停牌期间每日的收盘价。对信息披露违法违规的上市公司采用"前复权"的收盘价计算连续对数收益率,计算公式为 $R_t = \ln(p_t/p_{t-1})$。无风险收益率往往采用可供投资者选择替代的收益率,如同期的银行存款利率。日间风险溢价的计算公式为 $R_t - r_{ft} = \ln(p_t/p_{t-1}) - \ln(1 + r_f/360)$,其中 r_f 为年度整存整取银行存款利率。

对行业风险溢价的收益率序列先进行ARCH效应检验,拉格朗日乘子检验LM统计量为120.366 5、P值为0.000 0,表明行业风险溢价具有ARCH效应。因此,构建模型时需

① JARROW R, PROTTER P. Positive Alphas, Abnormal Performance, and Illusory Arbitrage[J]. Mathematical Finance, 2013, 23(1): 39-56.

② JARROW R A. "Active Portfolio Management and Positive Alphas: Fact or Fantasy?[J]. Journal of Portfolio Management, 2010, 36(4): 17-22.

要对行业风险溢价收益率序列考虑波动性聚集和条件异方差效应。本研究对行业风险溢价与市场指数风险溢价构建了带GARCH误差项的资本资产定价模型。通过大量筛选,本研究发现GARCH(2,2)、GARCH(3,2)、EGARCH(1,1)、TGARCH(1,1)四种模型对上述两者间的定价关系具有相对较好的拟合效果。从模型选择的统计量指标AIC、BIC和对数似然值综合比较的结果来看,GARCH(2,2)的模型最优。模型结果见表8-1,其中GARCH(2,2)模型可表示为:

$$R_t^{Ind} - r_{ft} = \alpha + \beta\left(R_{Mt} - r_{ft}\right) + \varepsilon_t + \theta_1\varepsilon_{t-1} + \theta_2\varepsilon_{t-2} \qquad 模型(8\text{-}3)$$

$$\sigma_t^2 = A_0 + ARCH(1)\varepsilon_{t-1}^2 + ARCH(2)\varepsilon_{t-2}^2 + GARCH(1)\sigma_{t-1}^2 + GARCH(2)\sigma_{t-2}^2$$

由模型(8-3)的结果可计算行业特质性风险调整收益 $RAR_t^{Ind}RAR_t^{Ind}$ 和行业泡沫 $BE_T^{Ind}BE_T^{Ind}$,具体计算公式为:

$$RAR_t^{Ind} = \alpha + \varepsilon_t + \theta_1\varepsilon_{t-1} + \theta_2\varepsilon_{t-2}$$

$$BE_T^{Ind} = \sum_{t_0}^{T}\left(\alpha + \varepsilon_t + \theta_1\varepsilon_{t-1} + \theta_2\varepsilon_{t-2}\right)$$

表8-1　行业风险溢价带GARCH误差项的定价模型(8-3)结果

模型与误差分布形式	GARCH(2,2) t分布	GARCH(3,2) 高斯分布	GARCH(1,1) t分布	TGARCH(1,1) 高斯分布
α	−0.001 1 (P值:0.000 9)	−0.000 4 (P值:0.221 3)	−0.001 2 (P值:0.000 6)	−0.000 4 (P值:0.345 6)
θ_1	−0.063 2 (P值:0.060 8)	0.088 7 (P值:0.001 3)	0.058 1 (P值:0.083 2)	0.049 2 (P值:0.234 5)
θ_2	−0.057 0 (P值:0.079 6)	0.131 7 (P值:0.000 0)	0.047 0 (P值:0.148 4)	0.085 7 (P值:0.014 5)
β	0.965 2 (P值:0.000 0)	0.947 7 (P值:0.000 0)	0.961 6 (P值:0.000 0)	0.953 2 (P值:0.000 0)
A_0	0.000 0 (P值:0.101 4)	0.000 0 (P值:0.000 0)	0.000 0 (P值:0.083 9)	0.000 0 (P值:0.002 6)
ARCH(1)	0.089 8 (P值:0.000 1)	0.037 1 (P值:0.000 0)	0.073 7 (P值:0.001 2)	0.065 6 (P值:0.000 0)
ARCH(2)	0.063 8 (P值:0.006 0)	0.093 1 (P值:0.000 0)		
ARCH(3)		0.087 9 (P值:0.000 0)		
GARCH(1)	−0.078 3 (P值:0.000 3)	−0.144 0 (P值:0.000 0)	0.921 6 (P值:0.000 0)	0.911 9 (P值:0.000 0)

续表

模型与误差分布形式	GARCH(2,2) t分布	GARCH(3,2) 高斯分布	GARCH(1,1) t分布	TGARCH(1,1) 高斯分布
GARCH(2)	0.921 3 (P值:0.000 0)	0.881 5 (P值:0.000 0)		
γ_{LEV}				0.044 5 (P值:0.088 9)
$\dfrac{\varepsilon_t}{\sigma_t}$的Ljung–Box检验	12.440 0 (P值:0.410 8)	13.210 0 (P值:0.354)	12.800 0 (P值:0.383 8)	12.660 0 (P值:0.394 3)
$\dfrac{\varepsilon_t^2}{\sigma_t^2}$的Ljung–Box检验	5.090 0 (P值:0.954 9)	8.125 0 (P值:0.775 3)	4.053 0 (P值:0.982 5)	4.726 0 (P值:0.966 5)
AIC	−5 277.673 0	−5 194.664 0	−5 275.030 0	−5 159.152 0
BIC	−5 230.268 0	−5 147.259 0	−5 237.105 0	−5 121.228 0
对数似然值	2 649	2 607	2 646	2 588
$\dfrac{\varepsilon_t}{\sigma_t}$的ARCH检验	4.987 7 (P值:0.958 4)	8.071 0 (P值:0.779 6)	3.941 5 (P值:0.984 5)	4.620 3 (P值:0.969 5)

在构建完模型(8-3)的基础上,进一步对个股风险溢价进行ARCH效应检验。ARCH效应检验(LM统计量:13.459 3,P值:0.993 8)表明个股风险溢价不需要考虑带GARCH误差项的定价模型。因此,可以运用第一种方法进一步采用模型(8-1),也可以运用第二种方法直接采用模型(8-2)计算风险调整收益得到虚假信息泡沫。两种模型结果见表8-2,相应的统计指标都符合模型拟合的要求。模型(8-2)中γ_t的均值为0.977 1接近于1,表明若采用第一种方法可以从模型(8-1)的风险调整收益中直接扣除模型(8-3)中的风险调整收益。模型(8-2)中的α_t均值为正,取得了与资产定价泡沫理论一致的正α_t结果。而模型(8-1)中α_t的均值为负,只有在考虑排除模型(8-3)中的泡沫因素后,才能得出与模型(8-2)类似的研究结果。这表明,虚假信息泡沫是一种相对的资产定价泡沫。稳健起见,本研究后续分析以第二种方法中模型(8-2)的结果为主要分析基础。

表8-2　状态空间时变参数的定价模型(8-2)与模型(8-1)结果

	AB公司定价模型(8-2)	AB公司定价模型(8-1)
α_t最小	−0.007 3	−0.006 4
α_t均值	0.000 3	−0.000 3
α_t中位数	−0.000 3	−0.001 3
α_t最大	0.013 7	0.012 8
β_t均值	1.179 0	1.155 2

续表

	AB公司定价模型(8-2)	AB公司定价模型(8-1)
γ_t 均值	0.977 1	
$\sigma_\alpha(\alpha_t)$	0.001 2 (t值 2.481 0)	0.001 2 (t值 2.368 0)
$\sigma_\beta(\beta_t)$	0.062 4 (t值 3.807 0)	0.055 7 (t值 3.242 0)
$\sigma_\gamma(\gamma_t)$	0.054 5 (t值 1.939 0)	
σ_{ε_t}	0.033 2 (t值 38.240 0)	0.034 9 (t值 38.850 0)
ε_t 的 ADF 检验	−16.536 7 (P值 0.000 0)	−20.362 2 (P值 0.000 0)
ε_t 的 PP 检验	−29.520 2 (P值 0.000 0)	−28.678 2 (P值 0.000 0)
ε_t 的 KPSS 检验	0.017 1	0.016 7
ε_t 的自相关检验 Ljung−Box	5.844 2 (P值 0.828 2)	4.986 8 (P值 0.892 1)

　　图 8-1 为模型(8-2)使用卡尔曼平滑估计得到的时变参数。图 8-1 中的时变参数 α_t、β_t、γ_t 均有一定程度的时变性,这与表 8-2 所展示的实证检验结果相一致,支持了采用状态空间时变参数模型的必要性。当时变 β_t 和 γ_t 系数上升时,时变参数 α_t 反向下降,2007 年 3 月后的图形尤为明显,表明个股自身特有的风险调整收益实际上是市场风险溢价和行业风险调整收益未能解释的部分。模型(8-2)的这种图形结果与相对定价泡沫的理论思想是相一致的,即个股的虚假信息泡沫是排除了系统性风险效应、同质企业的特质性定价泡沫后的比较结果。

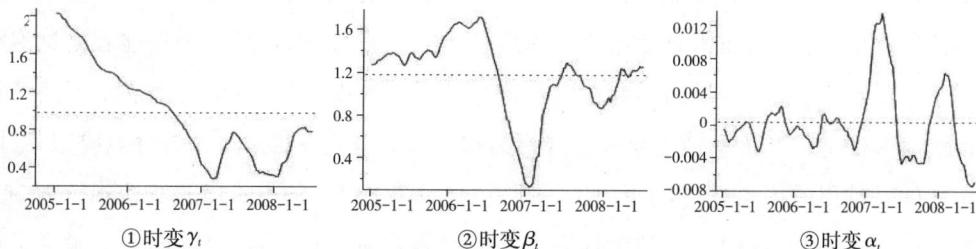

①时变 γ_t　　　　　　②时变 β_t　　　　　　③时变 α_t

图 8-1　定价模型(2)中时变参数的平滑估计

注:图中虚线为状态参数的均值。

表8-3是由三个模型分别计算得到的风险调整收益、泡沫与虚假信息泡沫的描述性统计结果。根据模型(8-1)和模型(8-3)中风险调整收益和泡沫的计算结果，RAR_t^{AB}、RAR_t^{Ind}、BE_T^{AB}、BE_T^{Ind}的均值都为负。但是，RAR_t^{AB}与RAR_t^{Ind}两者的均值之差为正，这与模型(8-2)的风险调整收益RAR_t的均值为正相呼应。BE_T^{AB}与BE_T^{Ind}两者的均值之差为正，这也与模型(8-2)的泡沫BE_T的均值为正相呼应。该统计特征也从另外一种角度表明，信息披露违法违规的泡沫是一种相对的资产定价泡沫。

表8-3　风险调整收益、泡沫与虚假信息泡沫的描述性统计分析

模型	RAR_t^{AB} 模型(1)	BE_T^{AB} 模型(1)	RAR_t^{Ind} 模型(3)	BE_T^{Ind} 模型(3)	RAR_t 模型(2)	BE_T 模型(2)	ME_T 模型(2)
最小值	−0.116 6	−0.963 4	−0.057 3	−0.783 0	−0.109 8	−0.429 5	−0.691 7
均值	−0.000 3	−0.293 9	−0.000 5	−0.357 5	0.000 3	0.131 3	−0.131 2
中位数	−0.002 6	−0.296 0	−0.001 3	−0.390 8	−0.002 0	−0.016 6	−0.278 8
最大值	0.387 9	0.566 6	0.071 0	0.064 7	0.391 1	1.156 8	0.894 6
标准差	0.035 2	0.305 1	0.012 2	0.221 8	0.033 3	0.362 8	0.362 8
偏度	1.766 9	0.195 8	0.827 6	−0.078 8	2.079 2	0.769 9	0.772 4
峰度	17.548 6	−0.184 7	4.657 1	−0.972 1	22.603 7	−0.373 8	−0.371 1

图8-2是由方法一和方法二得出的资产定价泡沫与虚假信息泡沫图。从图8-2可以看出，两种方法殊途同归。虚假信息泡沫是定价泡沫充分扣除其他特质性泡沫的结果。虚假信息泡沫在图形上是模型(8-2)定价泡沫的垂直位移。损失赔偿的司法实践要求将基准日作为信息披露违法违规损失的理论截止点，这一损失赔偿思想也能被虚假信息泡沫ME_T较好地诠释。因为，ME_T在信息披露违法违规基准日接近于0。从图8-2中可以看出，泡沫或虚假信息泡沫较高的时间区间涵盖了该上市公司提前确认或虚增营业收入等重大会计舞弊行为，相应的更正日、公告日、揭露日、基准日对应着虚假信息泡沫大幅下降或接近于0的时点。需要指出的是，往往信息披露违法违规的实施时点并不是虚假信息泡沫最高的时间点，而信息披露违法违规行为的更正日、揭露日也不是虚假信息泡沫剧烈下滑的起点，可能的原因是存在内幕信息的提前泄露。图8-2清楚地展示了信息披露违法违规的泡沫与信息披露违法违规行为的对应关系。在排除了系统性风险因素、同质企业的其他风险因素后，剩余的泡沫图形完全涵盖了财务信息披露违法违规行为的全过程，并且泡沫起伏的时间点与事件发生前后的有效时点相一致，这从图形上验证了信息披露违法违规引致的资产定价泡沫的存在性。

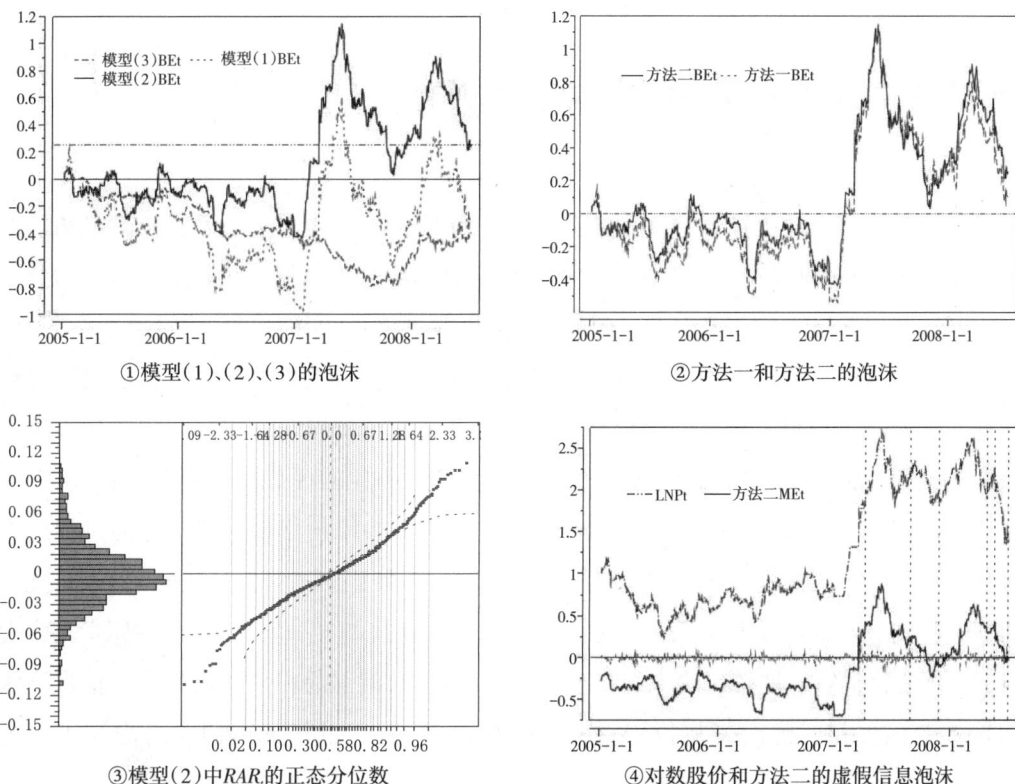

①模型(1)、(2)、(3)的泡沫　　　　②方法一和方法二的泡沫

③模型(2)中 RAR 的正态分位数　　　④对数股价和方法二的虚假信息泡沫

图8-2　资产定价泡沫与虚假信息泡沫图

本研究第三章的机理关系分析与第四、五章的虚假信息泡沫分析表面上似乎存在不一致的现象,实际二者在本质上是一致的。机理关系分析的是在现行法律基础上进行的短期分析,虚假信息泡沫分析是基于相对定价泡沫理论做出的长期分析。二者存在一定的内在关联性,第三章所分析的非系统风险引致的投资者损失,可以进一步分解为第四、五章所指出的企业的同行业特质效应和虚假信息泡沫。这种对应关系与约翰·Y.坎贝尔和马丁·莱图(1999)[①]的思想相呼应。

---

① CAMPBELL J Y, LETTAU M. Dispersion and Volatility in Stock Returns: An Empirical Investigation [J]. National Bureau of Economic Research, 1999.

第三节　虚假信息泡沫损失的测算方法

如何测算信息披露违法违规引致的损失一直是财务学界和法学界难以确定和讨论的热点问题,根本原因在于相关的损失测算缺乏基本的理论依据。相对定价泡沫的分析方法对信息披露违法违规损失产生的原因、过程、形式和结果都能够给予清晰的解释,可以构建一种基于虚假信息泡沫的投资者损失测算方法。投资者买卖1股所承担的虚假信息泡沫实际上是投资者买入时承担的虚假信息泡沫与卖出时转让的虚假信息泡沫之差额。也即是说,投资者买入该股票时即同时承担了相应的虚假信息泡沫,而卖出时则转让了一部分还未完全释放的虚假信息泡沫。对投资者承担虚假信息泡沫的过程可以进行等价构建。投资者完成一个完整的买卖交易等价于通过两个完整的交易来完成,即假设投资者在原购买日持有1股至信息披露违法违规基准日卖出,另外在原卖出日卖出1股并延后至信息披露违法违规基准日买入。这样,就容易将解构出的虚假信息泡沫和投资者损失相匹配。若将投资者买卖一单位股份 i 所承担的虚假信息泡沫表示为 ΔME_i,则:

$$\Delta ME_i = ME_{Tbuy,i} - ME_{Tsell,i}$$

购买1股的按无风险收益率折现的投资损失率为:

$$LR_{s,i,j} = 1 - \frac{P_{sell,j}}{P_{buy,i}} = 1 - e^{r_{s,i,j}}$$

而购买1股考虑折现的投资差额损失为:

$$P_{buy,i} - P_{sell,j} = P_{buy,i}\left(1 - e^{r_{s,i,j}}\right) = P_{buy,i}\left(1 - e^{\sum_{t=s}^{y}\left(R_t - r_{ft}\right)}\right)$$

投资者买卖1股因此而遭受的信息披露违法违规损失为:

$$loss_i = P_{buy,i}\left(1 - e^{-\Delta ME_i}\right)$$

由前述分析,信息披露违法违规损失也可以等价地表示出来,对于在基准日前完成一个完整交易的投资者而言,有:

$$loss_i \approx P_{buy,i}\left(1 - e^{-ME_{Tbuy,i}}\right) - P_{sell,i}\left(1 - e^{-ME_{Tsell,i}}\right)$$

虚假信息泡沫越小,上述等式越趋近于相等,约等号可以变为等号。对于投资者的全部交易而言,其买入 n 股卖出 m 股所承担的信息披露违法违规损失可以表述为:

$$LOSS \approx \sum_{i=1}^{n} P_{buy,i}\left(1 - e^{-ME_{Tbuy,i}}\right) - \sum_{j=1}^{m} P_{sell,j}\left(1 - e^{-ME_{Tsell,j}}\right)$$

　　采用这种交易替代和解构的方法,能够很容易计算出信息披露违法违规损失,克服了损失赔偿测算中需要一一对应买入卖出日的困难,不再拘泥于对传统会计先进先出法的不恰当使用。我国现行法规只对证券市场系统性风险有明确的扣除规定,需要将本研究的思想方法与杜莹芬和张文珂(2013)从系统性风险扣除角度构建的测算方法相区别①。投资者在法理上可以获得的损失赔偿形式与本研究理论上的信息披露违法违规损失还未完全一致,本研究的思想方法有待获得法律界的认同。

---

① 杜莹芬,张文珂,虚假陈述赔偿中系统性风险损失的确认与度量——基于廊坊发展股份有限公司的案例研究[J]. 中国工业经济,2013(9):134-146.

9

结 论

第一节　研究结论与政策建议

一、虚假信息泡沫分析对损失赔偿的启示意义

　　相对定价泡沫的思想为投资者索赔及其损失赔偿测定提供了一种理论解释,解决了索赔双方责任不清的难题。本研究为解决财务金融学和法学长期以来没有厘清的疑难问题提供了一种解决思路,并为信息披露违法违规损失赔偿司法实践的顺利实施提供了理论支持。在不完善的资本市场环境下,相对定价泡沫能够合理地解释因信息披露违法违规引致的投资者损失过程。较于事件研究法,基于资产定价泡沫的虚假信息泡沫分析能够完整地描绘信息披露违法违规的过程及其经济后果、剥离出市场对错误信息的异常反应。

　　本研究对解释会计信息披露、资产定价泡沫和投资者损失之间的关系具有重要的启发意义。虚假信息泡沫的分析综合考虑了状态空间参数的时变性、收益率的波动性,在实践应用上为损失赔偿提供了一种明确合理的测算方法,这是其他损失测算方法无法比拟的。虚假信息泡沫能够合理地反映出错误会计信息、信息披露违法违规行为等给投资者造成的损失,也可以通过泡沫的生灭走势图将虚假信息泡沫、市场噪音、内幕交易等多种错误定价行为直观清晰地表达出来,易为索赔者所接受。

二、如何完善法治环境,规范和顺畅索赔机制

(一)明确损失赔偿方法,构建良好的法制环境

　　如同国外的某些证券舞弊法案一样,我国的证券相关法规包括《最高人民法院关于审理证券市场因虚假陈述引发的民事赔偿案件的若干规定》(2003)等都没有能够很好地起到遏制舞弊案件发生的作用,甚至在保护投资者的损失方面也存在一些不足。例如,18世纪由英国议会颁布的"泡沫法案"从名义上是为了阻止投机泡沫的发生,但是,该法案事实上并未起到及时遏制历史上著名的南海泡沫损害投资者利益的作用。而且,在18世纪的英国,律师对法律的解释在民事争端中起主导作用,法案的颁布不能起到应有的规范效果。经济问题的复杂性有时超出了法律设立之初的设想,律师的调停作用也会

模糊法律的界限。目前,我国对财务信息披露违法违规行为责任人和行为主体的处罚相对较轻。首先,从行为责任人方面,证券监管部门给予的罚金与信息披露违法违规行为主体的所得相比往往较低,司法机关对相应经济案件的审理和处罚都没有刑事案件那样严厉。其次,企业在面对信息披露违法违规处罚方面具有举证和申辩的优势,更使得部分企业以系统性风险为由轻松逃避其相应的经济责任,投资者经济损失难以得到有效的赔付。最后,外部低压环境和监管不力给信息披露违法违规创造了一定的生存空间,信息披露违法违规的持续发生必然伤害到投资者对于市场的信任度,而"信"恰恰是金融市场存在的根本基础。因此,树立高压反信息披露违法违规的市场和法律环境是资本市场健康发展的重要保障。

对投资者应当给予及时和有效的赔偿。信息披露违法违规审判案件都存在较长的申诉期和审理期。有相当一部分投资者是因为审理时限较长和索赔金额过小而放弃了应有的赔偿。而事实上,信息披露违法违规引致的经济损失是全体投资者的相应损失,如果只是赔偿了一部分投资者的损失,必然使得信息披露违法违规主体获得了相应的信息披露违法违规收益,这将鼓励后续的企业进一步采用信息披露违法违规来获取相应的不当收益。因此,在正确衡量投资者损失的同时也应当让所有的市场交易者都能够得到合理有效的损失赔偿。当然,信息披露违法违规的损失赔偿也不能超过投资者实际发生的损失额,否则就会出现投资者不当得利的情况,这也是应当极力避免的。因为上市公司背后还有其他广大无辜的股东和企业职工,过度的处罚,只能伤害这些无辜者的经济利益并进一步地伤害市场。而且过度的处罚会成为投资者追逐潜在信息披露违法违规企业公司股价的理由,因为会给投资者带来一种假象,即亏损可以由潜在的信息披露违法违规来超额补偿,这必然会扰乱市场正常的运行规则。只有公平合理地解决信息披露违法违规的罪与罚,才能够有效地遏制信息披露违法违规行为的发生,才能使得投资者与企业都对市场充满信心。

(二)投资者索赔应当专业化、标准化

在本研究的分析思路下,相关的法律法规可以更加明确投资者损失测算的具体方法,并由专业人士给出具体的测算结果,如果得到双方的同时认可,可以达到及时、公平、有效、合理地对投资者进行赔偿的目的。一旦赔偿有了很明确的标准,就可以避免法律规定中的模糊地带。可以让所有的投资者都能够得到应有的赔偿。目前,国内索赔的投资者只占到很小一部分,大量的投资者并没有获得应有的赔偿。导致投资者索赔难的问题,既有法律界定不清的原因也有理赔缺乏专业性的原因。可以设立投资者损失的专业理赔机构,作为法院指定的中介机构凭借专业的测算结果可以对投资者损失进行合理赔偿。这样既可以增加投资者索赔的效率和获得赔偿的概率,也可以减轻法院的工作负担。大量的投资者损失金额较小,在寻求法律帮助方面,投资者往往对律师和法院敬而远之,造成更多的投资者被挡在索赔门槛之外,投资者利益无法得到保障,信息披露违法违规方也没有承担应有的责任。而且法院在处理相关业务时面临专业性缺乏以及工作量大的困难。通过设立专业的理赔机构可以有效避免这些问题。

三、如何完善监督机制,设置合理的监管水平

(一)加强监管部门监督职能,重点监控融资需求大、绩效差的企业

从法律规定上完善投资者的损失赔偿方案,只是增强了投资者权益的事后保障机制。事前的严密防控与事后的顺利索赔两者在维护投资者利益上是相辅相成的,遏制信息披露违法违规还需要强化预防措施。2001年以来投资者的维权意识越来越强,信息披露违法违规的索赔案例也越来越多,但这并没有减少信息披露违法违规案件数量和规模程度。最好的方法是事先建立起有效的制度制约机制并配合严密的监管措施从根本上预防信息披露违法违规行为的发生。例如,在会计信息披露方面要求上市公司披露得更频繁,可以将年报、季报改为月报。高频率的信息披露下,上市公司更易暴露财务报表中所存在的问题。前述实证分析结果已表明,股权融资需求大的、产权转化幅度大的、企业规模紧缩和净利润下滑的企业其信息披露违法违规的倾向高。这些企业都处于信息披露违法违规的边缘,融资需求、绩效粉饰的压力和利益驱动促使企业敢于铤而走险。因此,有必要有针对性地对上述类型的企业进行重点监控,督促企业通过合法途径改善自身的融资环境和经营环境。

简单粗暴地以事后行政处罚和强制退市来维护市场秩序是证券监督管理部门懒政和惰政的一种表现。首先,上市公司信息披露违法违规很多是在信息披露违法违规尤其是会计舞弊行为发生相当长一段时间后才被发现的,证券监管部门本身对此负有不可推卸的责任。其次,上市公司的弄虚作假已经对普通投资者造成了一次伤害,监管部门再强制要求上市公司退市是对普通投资者利益的二次伤害。权益投资者在整个过程中常处于被动的风险规避状态,每一次转手都有可能是以"割肉"为代价的。最后,权益证券成为违法者的提款机和监管者的橡皮泥,而普通的投资者在其中成为软弱的被侵害对象。当下,证券监管部门应该回归自己在市场中的应有角色,从权威裁判员回归到市场监督员的应有岗位。如果监督管理的职能得不到加强,只能会让裁判行为接连不断,顾此失彼。

(二)设置合理的监管水平遏制信息披露风险

假设违规企业选择的信息风险水平为θ,在单位区间$[0,1]$上服从均匀分布,其概率密度函数为$f(\theta) = \dfrac{1}{1-0} = 1, 0 \leq \theta \leq 1$,其累计分布函数是绝对连续的。$h$是被监管机构关注并处罚的信息风险水平分界线,也反映监管机构的监管水平。设企业信息披露的信息成本与监管水平成正比,为$g(h) = a*h$。

当企业选择的信息风险水平$\theta < h$时,企业不属于监管机构重点审查的对象,企业处于安全区间,其概率为$\Phi(\theta < h) = h$。若企业处于相对有利的安全区间,取得的市场价值为P。此时,企业选择信息风险水平θ的净收益为$P - a*h$。

当企业选择的信息风险水平$\theta \geq h$时,则企业会面临被监管机构关注、发现并处罚的后果,其概率为$\Phi(\theta \geq h) = 1 - \Phi(\theta < h) = 1 - \Phi(h) = 1 - \dfrac{h-0}{1-0} = 1 - h$。如果罚金和信息披露违法违规赔偿额所产生的损失$\omega$,企业取得相对不利的市场价值$P - \omega, \omega > 0$。此时,企业选择信息风险水平$\theta$的净收益为$P - \omega - a*h$。在监管水平$h$下,企业的预期收益为:

$$
\begin{aligned}
E(r|h) &= h*(P - a*h) + (1 - h)*(P - \omega - a*h) \\
&= P - \omega*(1 - h) - a*h
\end{aligned}
$$

设企业对于信息风险的效用函数是以自然常数e为底,由市值P和监管水平h决定,并受企业违法违规偏好λ的影响,有:

$$
u(P, h) = \begin{cases} e^{\lambda^{-1}*(P - a*h)}, & \theta < h \\ e^{\lambda^{-1}*(P - \omega - a*h)}, & \theta \geq h \end{cases}
$$

则企业信息风险效用函数的期望值为:

$$
\begin{aligned}
E[u(P, h)] &= e^{\lambda^{-1}*(P - a*h)}*h + e^{\lambda^{-1}*(P - \omega - a*h)}*(1 - h) \\
&= e^{\lambda^{-1}*(P - a*h)}*\left[h + e^{\lambda^{-1}*(-\omega)}(1 - h)\right]
\end{aligned}
$$

对其取一阶导数得:

$$
\frac{\partial E[u(P,h)]}{\partial h} = \frac{-a - \lambda + e^{\frac{\omega}{\lambda}}\lambda}{a\left(-1 + e^{\frac{\omega}{\lambda}}\right)} = \frac{1}{e^{\frac{\omega}{\lambda}} - 1} + \frac{\lambda}{a}
$$

企业信息风险效用函数极点位于上述期望值一阶导数所处位置,也是监管机构遏制企业信息风险的监管水平起点,否则达不到遏制企业违法违规趋势的作用。从中也可以看出企业违法违规偏好λ越高时,监管机构需要采取的监管水平也越高,而且至少大于

$$\frac{1}{e^{\frac{\omega}{\lambda}} - 1} + \frac{\lambda}{a}, 越高于此监管水平, 越有助于遏制企业违法违规。$$

四、如何完善治理机制,加强企业内外部监管

(一)加强外部审计监督功能及其事后责任承担

上市公司的会计信息披露尤其是会计报告都是经过会计师事务所严格审核和提供无保留意见的审计报告。会计师事务所是以国家认定的审计责任方身份提供审计服务,其所审计对象的会计信息一般都是在注册会计师认定为满足真实可靠性和内容完整性的前提下才发布和提供给广大普通投资者,注册会计师在其中承担了应有的法定保证义务。作为会计信息的法定审核机构,会计师事务所出具的审计意见是保证上市公司不信息披露违法违规的关键一环。那么,无论上市公司是否存在虚假的会计信息披露,注册会计师都具有直接的相关法律和经济责任。即使在审核过程中会计师事务所在审计过程中已经勤勉尽责,但仍发生了信息披露违法违规行为,只能说明注册会计师的工作还有改进的空间。根据我国证券法的相关规定,如果注册会计师服务的上市公司发生信息披露违法违规行为而又不能证明其是可以免责的,应当承担连带赔偿责任。但从目前的上市公司信息披露违法违规案例来看,大多数的会计师事务所并没有因为上市公司存在信息披露违法违规行为而承担连带赔偿责任。这说明注册会计师的审计监督职能并没有达到杜绝信息披露违法违规的要求,有待加强。相应的法律责任较轻,这不符合注册会计师应有的职能与责任要求。可以想象,当信息披露违法违规尤其是虚假的财务信息被揭露出来时,当初为上市公司会计报告背书和收取相应保证费用和报酬的会计师事务所能够仅以承担较轻的司法处罚来逃避应承担的经济责任。

我国对信息披露违法违规行为的处罚还没有对会计师事务所采用严格的责任追究制度,这其中也有一些客观的原因。由于发展环境所限,我国国内的会计师事务所还不具备一定的规模,众多的审计业务有相当一部分被国外的会计师事务所侵占,本土的会计师事务所收费较低,国家的扶持政策和扶持力度不够,相对于国外长期发展和规模庞大的会计师事务所而言不具备竞争性优势。甚至国内的大型国有上市公司和行政机构都更倾向于让国外著名的会计师事务所作为自己的审计服务提供商,而这些大型上市公司往往信息披露违法违规的可能性较低。国内的会计师事务所只能与相对较小的上市公司保持业务关系,而这种小规模企业的审计风险相对较大同时能够支付的服务费用也较低。对于本土的会计师事务所而言,较大的审计责任风险与较低的审计收费是国内会

计师事务所发展的一大障碍,会计师事务所的发展和能力都会受到限制。根据前述实证分析结果,具有融资需求大、净利润下滑等特征的企业其信息披露违法违规倾向较高。对于此种类型的企业,会计师事务所承担其业务所带来的风险也比较高,因此有必要提高其审计费用。甚至可以针对信息披露违法违规倾向高的企业类型,建立多家联审的审计制度,既降低审计风险又提高审计能力,同时强化监督功能。

要增强外部审计的监督和保证功能,需要全方位地提升国内会计师事务所的地位。作为国有大中型企业的上市公司可以带头加强与国内会计师事务所的合作,提高本土会计师事务所的收益和抗风险能力。提高国内会计师事务所的业务水平与提高他们的经济水平和市场占有率水平密不可分。这也符合一般的"木桶原理",即全方位地提升国内注册会计师事务所的能力。当国内的会计师事务所的服务面和业务达到一定层级的水平时,其相应的审计监督和担保保证能力自然也会水涨船高。当国内的会计师事务所具有承担相应的连带赔偿责任能力时,投资者的投资保障水平就会相应地提高,整个市场的投资者信心也会提升。可以预见,市场的完善从远的角度看是一个复杂的系统工程,需要全方位的改革和发展来完善,而从近的角度看,可能只是某一个较短的"木板"影响了整个"水桶"水平的提高。这个较短的木板就是市场完善的启动按钮,也是市场走向成熟的关键障碍。在信息披露违法违规行为多发、投资者投资信心受挫的市场环境和背景下,有待于大型上市公司、资本市场和司法部门让本土会计师事务所在拓展更多业务的同时承担更多的责任。只有让国内的会计师事务所有能力有实力承担上市公司会计信息披露的相关法律责任,对信息披露违法违规的监督才能走向多方共管、多方负责、多方保障的良好市场局面。市场的繁荣离不开共同参与。

(二)培养投资者的鉴别能力、规范机构投资者行为

培养投资者鉴别财务信息披露违法违规信息的能力以及提高投资者对财务信息披露违法违规的警惕意识,都会在一定程度上减少信息披露违法违规行为或降低信息披露违法违规的负面经济效果。提高投资者的鉴别能力和警惕性不仅不会削弱会计信息的定价作用,反而会更好地压缩财务信息披露违法违规的收益空间。但是,提高投资者的鉴别能力和警惕性也会提升投资者的投资成本、降低投资者的投资效率,这些需要随着资本市场成熟度的提升来改善。理想的资本市场信息披露环境会提供全方位的信息披露平台、提供高效的信息披露机制。投资者在获取信息方面不应存在任何障碍,甚至可以获得信息披露违法违规的预警。培养投资者鉴别能力需要以政府为主导,让政府监管部门、司法部门和会计师事务所进行通力合作,在培养投资者鉴别能力上下功夫,拓宽投

资者投资能力的维度,也让投资者的鉴别能力与投资回报挂钩,促进投资者积极参与进来。

随着市场的发展,越来越多理性和追求价值投资的机构投资者也将正确地引领投资者进行正确的投资,同时压缩信息披露违法违规的生存空间。由效率更高和成本更低的机构投资者承担相应的鉴别与警惕职能将会直接有效地降低普通投资者的投资成本。目前,我国的机构投资者身份、背景以及投资目的都比较复杂,并没有以一个单纯投资者的身份参与到市场的交易过程中,没有成为普通投资者的有效代表和利益维护者。市场中的部分机构投资者往往没有考虑成为长期的价值投资者或者专注于被投资对象财务信息,经常成为"短期庄家"或者交易价格的"缔造者",与普通投资者玩起了零和游戏,站到了普通投资者利益的对立面。这有待于市场各方面的努力来进一步改善和发展。

(三)完善内部控制体系不如整肃资本市场的信用体系

鼓励投资者和上市公司强化各自的行为和责任同等重要。企业的经营管理体制既是一个精细的系统工程,也是一个以人为中心运作的复杂社会组成部分。任何企业的运作都保持一定的自身特点,同时秉持所有企业都具有的运作特性。一个表面上完整的内部控制体系,在面向现代市场经济的管理目标时,不得不随时改变和完善自身的监管职能。如果把内部控制体系比作一面"防火墙",那么这面"防火墙"的作用也只能是有限的。甚至有些"杀毒功能"都是事后的,如在新"病毒"或"漏洞"出现以后采取"补丁"或"病毒库升级"来完成风险控制的功能。信息披露违法违规是企业风险管理的典型漏洞之一。从我国上市公司信息披露违法违规的现状来看,仅靠事前的内部控制体系无法完全杜绝企业的信息披露违法违规行为。相对于信息披露违法违规给投资者造成的损失和给企业造成的无法挽回的信誉损失和负面影响,内部控制的事中和事后管理对信息披露违法违规而言显得那么无济于事。

对于信息披露违法违规的上市公司而言,信誉损失主要由上市公司承担,而对于应当为信息披露违法违规承担责任的自然人如企业的实际控制人、公司经营管理层和会计部门并没有明显的信用惩罚和降级机制,这是目前我国上市公司信用体系的一个重大缺陷。要完善相应的信用体系就需要切实将上市公司作为企业整体的信用特征与自然人个体的信用特征明确区分开来。不能简单地认为上市公司的信用水平等同于自然人个体的信用水平。在信息披露违法违规索赔过程中,被曝光更多的是上市公司行为,而信息披露违法违规行为的直接实施人和始作俑者往往被普通投资者忽视。这里面有司法程序的原因,如根据《最高人民法院关于审理证券市场虚假陈述侵权民事赔偿案件的若干规定》(2022)、《最高人民法院关于审理证券市场因虚假陈述引发的民事赔偿案件的若干规定》(2003)[①],信息披露违法违规损失的直接赔偿责任人往往是发行人或上市公司,而在信息披露违法违规行为中负直接责任的公司管理层或自然人只是承担连带赔偿责任。法律上可能是希望有赔偿能力的上市公司和发行人能够为投资者的损失赔偿提供保障。由于焦点的转移,这使得信息披露违法违规行为的直接责任人逃避了相应的信用惩罚。个人信用制度的不完善直接导致相应的公平正义无法得到有效的维护。目前,我国的信用体系还没有完善到具有能够对信息披露违法违规行为人进行惩罚和震慑的作用,有必要从信用体系的建立和完善上弥补法律上的这一缺憾。正如金融业本身的发展和繁荣是建立在信用基础之上一样,资本市场的完善同样离不开真实可靠的信用基础。任何金融工具的产生都是以突破传统的信用关系为前提的,金融工具的创新实际上也是信用关系的提升。没有真实可靠的信用关系,资本市场的融资关系同样难以为继。

第二节　研究局限与研究展望

一、研究局限

首先,相关的研究假设可能存在某种局限,简单化和复杂化模型都无法准确描绘现实中的实际问题,只能在简单化和复杂化中间寻求一种合理的平衡。例如,由于会计信息的发布是集中于某个特定时间点,现实中信息流的非连续性使得运用数学表述信息流的形式变得困难,目前做的一些假设与现实还存在一些距离,但并不影响研究结论。若要进行更精细和更复杂的研究,需要做一些更符合实际的假设和数学模型。而且,信息流对市场价格的复杂作用形式也有待于进一步深入讨论。

其次,对财务信息披露违法违规的经济后果研究只能进行事后的财务计量分析,如同财务审计一样都只是在事后发现存在的问题,还不能进行事前的预测分析。信息披露违法违规行为更像是一种随机事件,除了采取预防措施,还不能通过任何手段完全加以

---

① 最高人民法院. 最高人民法院关于审理证券市场因虚假陈述引发的民事赔偿案件的若干规定[J]. 司法业务文选,
　2003(8):21-30.

消除。维护投资者的利益只能通过亡羊补牢的形式来完成,如同对于经济泡沫的监测和分析一样,目前财务理论还没有提出完全阻止其发生的有效解决办法。但是,在捕捉企业会计舞弊问题方面与财务审计的功能相类似,经常性对上市公司进行跟踪观测和计量,在信息披露违法违规被证券监督管理机构处罚以前及时发现上市公司所存在的问题或许是可以实现的,不过相应的监控机制有待于监管层通过法规的形式加以确立,降低跟踪监测、计量所需的成本,提高监管效率。

最后,本研究是在法律法规基础上对信息披露违法违规损失的理论分析结果。而相对定价泡沫的影响结果除了信息披露违法违规这一原因外,还有可能是实证分析没有观察到其他潜在经济变量的影响结果,有待于进一步分析。本研究在一定程度上也是基于法律法规基础的责任排除分析,这种责任排除分析并没有完全排除那些无法举证的损失影响因素。

二、研究展望

由于尤金·F.法玛和肯尼思·R.弗伦奇(1993)的模型中含有与会计信息直接相关的指标变量①,因此不能使用该类模型并直接将残差项用于表示虚假信息泡沫的结果。但是,未来的研究可以根据研究对象具体信息披露违法违规的内容决定可以采用何种会计指标作为风险因素变量,进行三因素或多因素模型的分析。残差项与作为回归项的虚假会计指标因素都有可能成为虚假信息泡沫的分析对象,此时可以进一步分析影响的具体后果。

本研究的分析方法不仅能够用于虚假信息泡沫的分析,也能够用于分析其他违法违规行为给投资者造成的损失影响,还可以应用到其他方面,后续研究可以进行相应的扩展。例如,在证券监管机构做出行政调查和处罚之前,可以利用泡沫分析对被调查对象的潜在信息披露违法违规行为及其后果进行评估分析。当然,这种评估分析在非完全有效市场下只能作为一种参考,而不能直接作为信息披露违法违规的证明。如果能够将本研究的泡沫分析与相应的会计指标结合起来形成一定成熟有效的度量指标体系,将极大地方便市场的监管者和广大的投资者,对信息披露违法违规行为能够形成一定的指示和预警作用,也能够有效遏制市场中的信息披露违法违规行为。

---

① FAMA E F,FRENCH K R. and Kenneth R. French, "Common Risk Factors in the Returns on Stocks and Bonds[J]. Journal of Financial Economics, 1993,33(1):3-56.

中外文参考文献

薄仙慧,吴联生,2011.盈余管理、信息风险与审计意见[J].审计研究,(1):90-97.

陈向民,陈斌,2002.确定"虚假陈述行为"的赔偿标准——事件研究法的司法运用[J].证券市场导报,(7):72-76.

杜莹芬,张文珂,2013.虚假陈述赔偿中系统性风险损失的确认与度量——基于廊坊发展股份有限公司的案例研究[J].中国工业经济,(9):134-146.

李景华,朱尚伟,2013.关于R2的几点质疑[J].数量经济技术经济研究,(9):152-160.

屈文洲,蔡志岳,2007.我国上市公司信息披露违规的动因实证研究[J].中国工业经济,(4):96-103.

王宜峰,王燕鸣,张颜江,2012.条件CAPM与横截面定价检验:基于中国股市的经验分析[J].管理工程学报,26(4):137-145.

于李胜,王艳艳,2007.信息风险与市场定价[J].管理世界,(4):76-85.

张迪,2012.审计师对信息风险区别对待了吗?——基于"调增式变脸"与审计意见关系的证据[J].审计研究,(3):106-112.

张文珂,2014.虚假陈述背景下投资损失构成成分的机理关系[J].经济管理,36(5):104-114.

曾雪云,陆正飞,2016.盈余管理信息风险、业绩波动与审计意见——投资者如何逃离有重大盈余管理嫌疑的上市公司?[J].财经研究,42(8):133-144.

赵艳秉,李青原,2016.企业财务重述在集团内部传染效应的实证研究[J].审计与经济研究,31(5):72-80.

最高人民法院.最高人民法院关于受理证券市场因虚假陈述引发的民事侵权纠纷案件有关问题的通知[J].司法业务文选,2002(9):29-30.

最高人民法院.最高人民法院关于审理证券市场因虚假陈述引发的民事赔偿案件的若干规定[J].司法业务文选,2003(8):21-30.

ABDYMOMUNOV A, MORLEY J, 2011. Time Variation of CAPM Betas across Market Volatility Regimes[J]. Applied Financial Economics, 21(19):1463-1478.

ABREU D, BRUNNERMEIER M K, 2003. Bubbles and Crashes[J]. Econometrica, 71(1):173-204.

AKERLOF G A, 1970. The Market for "Lemons":Quality Uncertainty and the Market Mechanism[J]. The Quarterly Journal of Economics, 84(3):488-500.

AKHIGBE A, MADURA J, 2008. Industry Signals Relayed by Corporate Earnings Restatements[J]. The Financial Review, 43(4):569-589.

ALESSANDRI P, 2006. Bubbles and Fads in the Stock Market: Another Look at the Experience of the US[J]. International Journal of Finance & Economics, 11(3):195-203.

ALLEN F, MORRIS S, POSTLEWAITE A, 1993. Finite Bubbles with Short Sale Constraints and Asymmetric Information[J]. Journal of Economic Theory, 61(2):206-229.

ALLEN F, GORTON G, 1993. Churning Bubbles[J]. The Review of Economic Studies, 60(4): 813-836.

ALLEN F, GORTON G, 1991. Rational Finite Bubbles[R]. NBER Working Paper.

AMEL-ZADEH A, ZHANG Y, 2015. The Economic Consequences of Financial Restatements: Evidence from the Market for Corporate Control[J]. Accounting Review, 90(1):1-29.

ANG A, CHEN J, 2007. CAPM over the Long Run: 1926-2001[J]. Journal of Empirical Finance, 14(1):1-40.

ANG A, LIU J, 2004. How to Discount Cashflows with Time-Varying Expected Returns[J]. The Journal of Finance, 59(6):2745-2783.

ARSHANAPALLI B, NELSON W, 2008. A Cointegration Test to Verify the Housing Bubble [J]. International Journal of Business and Finance Research, 2(2):35-43.

BAILLIE R T, BOLLERSLEV T, 1990. A Multivariate Generalized ARCH Approach to Modeling Risk Premia in Forward Foreign Exchange Rate Markets[J]. Journal of International Money and Finance, 9(3):309-324.

BALKE N S, WOHAR M E, 2009. Market Fundamentals versus Rational Bubbles in Stock Prices: A Bayesian Perspective[J]. Journal of Applied Econometrics, 24(1):35-75.

BALL R, 1978. Anomalies in Relationships between Securities' Yields and Yield-Surrogates [J]. Journal of Financial Economics, 6(2-3):103-126.

BALL R, BROWN P, 1968. An Empirical Evaluation of Accounting Income Numbers[J]. Journal of Accounting Research, 6(2):159-178.

BARDOS K S, MISHRA D, 2014. Financial Restatements, Litigation and Implied Cost of Equity[J]. Applied Financial Economics, 24(1):51-71.

BAR-GILL O, BEBCHUK L A, 2002. Misreporting Corporate Performance[R]. Rochester, NY: Social Science Research Network.

BASS F M, 1969. A new product growth for model consumer durables[J]. Management Science, 15(5):215-227.

BASU S, 1983. The Relationship between Earnings' Yield, Market Value and Return for

NYSE Common Stocks: Further Evidence [J]. Journal of Financial Economics, 12 (1):
129-156.

BATTALIO R, SCHULTZ P, 2006. Options and the Bubble [J]. Journal of Finance, 61 (5):
2071-2102.

BEATTY A, LIAO A, YU J J W, 2013. The Spillover Effect of Fraudulent Financial Reporting
on Peer Firms' Investments [J]. Journal of Accounting and Economics, 55(2-3):183-205.

BERGLUND T, KNIF J, 1999. Accounting for the Accuracy of Beta Estimates in CAPM Tests
on Assets with Time-Varying Risks [J]. European Financial Management, 5(1):29-42.

BENEISH M D, 1999. Incentives and Penalties Related to Earnings Overstatements That Vio-
late GAAP [J]. The Accounting Review, 174(4):425-457.

BHATTACHARYA U, YU X Y, 2008. The Causes and Consequences of Recent Financial Mar-
ket Bubbles: An Introduction [J]. The Review of Financial Studies, 21(1):3-10.

BLACKBURN K, SOLA M, 1996. Market Fundamentals versus Speculative Bubbles: A New
Test Applied to the German Hyperinflation [J]. International Journal of Finance & Econom-
ics, 1(4):303-317.

BLACK F, 1993. Beta and Return [J]. The Journal of Portfolio Management, 20(1):8-18.

BLACK F, 1972. Capital Market Equilibrium with Restricted Borrowing [J]. The Journal of
Business, 45(3):444-455.

BLANCHARD O J, WATSON M W, 1982. Bubbles, Rational Expectations and Financial Mar-
kets [R]. Rochester, NY: Social Science Research Network.

BOLLERSLEV T, ENGLE R F, WOOLDRIDGE J M, 1988. A Capital Asset Pricing Model with
Time-Varying Covariances [J]. Journal of Political Economy, 96(1):116-131.

BRANCH W A, EVANS G W, 2011. Learning about Risk and Return: A Simple Model of
Bubbles and Crashes [J]. American Economic Journal: Macroeconomics, 3(3):159-191.

BRAUN P A, NELSON D B, SUNIER A M, 1995. Good News, Bad News, Volatility, and Betas
[J]. The Journal of Finance, 50(5):1575-1603.

BREITUNG J, KRUSE R, 2013. When Bubbles Burst: Econometric Tests Based on Structural
Breaks [J]. Statistical Papers, 54(4):911-930.

BROCKETT P L, CHEN H M, GARVEN J R, 1999. A New Stochastically Flexible Event Meth-
odology with Application to Proposition 103 [J]. Insurance: Mathematics and Economics,
125(2):197-217.

BROOKS C, KATSARIS A, 2003. Rational Speculative Bubbles: An Empirical Investigation of the London Stock Exchange[J]. Bulletin of Economic Research, 55(4):319-346.

BROOKS R D, FAFF R W, MCKENZIE M D, 1998. Time-Varying Beta Risk of Australian Industry Portfolios: A Comparison of Modelling Techniques[J]. Australian Journal of Management, 23(1):1-22.

BRUNNERMEIER M K, NAGEL S, 2004. Hedge Funds and the Technology Bubble[J]. Journal of Finance, 59(5):2013-2040.

CAMERER C, 1989. Bubbles and Fads in Asset Prices[J]. Journal of Economic Surveys, 3(1):3-41.

CAMPBELL J Y, 1996. Understanding Risk and Return[J]. Journal of Political Economy, 104(2):298-345.

CAMPBELL J Y, LETTAU M, 1995. Dispersion and Volatility in Stock Returns: An Empirical Investigation[R]. National Bureau of Economic Research.

CASS D, 1992. Sunspots and Incomplete Financial Markets: The General Case[J]. Economic Theory, 2(3):341-358.

CASS D, SHELL K, 1983. Do Sunspots Matter?[J]. Journal of Political Economy, 91(2):193-227.

CHAN K S, LEI V, VESELY F, 2013. Differentiated Assets: An Experimental Study on Bubbles[J]. Economic Inquiry, 51(3):1731-1749.

BEASLEY M S, CARCELLO J V, HERMANSON D R, 1999. Fraudulent Financial Reporting: 1987-1997—An Analysis of U.S. Public Companies[R]. Committee of Sponsoring Organizations (COSO).

BEASLEY M S, HEMANSON D R, CARCELLO J V, et al, 2010. Fraudulent Financial Reporting: 1998-2007—An Analysis of U.S. Public Companies[R]. Committee of Sponsoring Organizationsc (OSO).

National Commission on Fraudulent Financial Reporting, 1987. Report of the National Commission on Fraudulent Financial Reporting[R]. Washington, DC: National Commission on Frandulent Financial Reporting.

CORONADO J L, SHARPE S A, 2003. Did Pension Plan Accounting Contribute to a Stock Market Bubble?[J]. Brookings Papers on Economic Activity, 2003(1):323-371.

COX A M G, HOBSON D G, 2005. Local Martingales, Bubbles and Option Prices[J]. Finance and Stochastics, 9(4):477-492.

DALE R S, JOHNSON J E V, TANG L L, 2005. Financial Markets Can Go Mad: Evidence of Irrational Behaviour during the South Sea Bubble1 [J]. The Economic History Review, 58 (2):233-271.

DASS N, MASSA M, PATGIRI R, 2008. Mutual Funds and Bubbles: The Surprising Role of Contractual Incentives[J]. The Review of Financial Studies, 21(1):51-99.

DECHOW P M, DICHEV I D, 2002. "The Quality of Accruals and Earnings: The Role of Accrual Estimation Errors[J]. The Accounting Review, 77(s-1):35-59.

DE LONG J B, SHLEIFER A, SUMMERS L H, et al, 1990. Noise Trader Risk in Financial Markets[J]. Journal of Political Economy, 98(4):703-738.

DEZHBAKHSH H, DEMIRGUC-KUNT A, 1990. On the Presence of Speculative Bubbles in Stock Prices[J]. The Journal of Financial and Quantitative Analysis, 25(1):101-112.

DONALDSON R G, KAMSTRA M, 1996. A New Dividend Forecasting Procedure That Rejects Bubbles in Asset Prices: The Case of 1929's Stock Crash[J]. Review of Financial Studies, 9 (2):333-383.

EASLEY D, O'HARA M, 2005. Information and the Cost of Capital[J]. The Journal of Finance, 59(4):1553-1583.

EASTON P, HARRIS T, 1991. Earnings As an Explanatory Variable for Returns[J]. Journal of Accounting Research, 29(1):19-36.

EFENDI J, SRIVASTAVA A, SWANSON E P, 2007. Why Do Corporate Managers Misstate Financial Statements? The Role of Option Compensation and Other Factors[J]. Journal of Financial Economics, 85(3):667-708.

ENGSTED T, NIELSEN B, 2012. Testing for Rational Bubbles in a Coexplosive Vector Autoregression[J]. The Econometrics Journal, 15(2):226-254.

EVANS G W, 1986. A Test for Speculative Bubbles in the Sterling-Dollar Exchange Rate: 1981–84[J]. The American Economic Review, 76(4):621-636.

EVANS G W, 1991. Pitfalls in Testing for Explosive Bubbles in Asset Prices[J]. The American Economic Review, 81(4):922-930.

EVANS M D D, 1994. Expected Returns, Time-Varying Risk, and Risk Premia[J]. Journal of Finance, 49(2):655-679.

FABOZZI F J, FRANCIS J C, 1978. Beta as a Random Coefficient[J]. The Journal of Financial and Quantitative Analysis, 13(1):101-116.

FAFF R W, HILLIER D, HILLIER J, 2000. Time Varying Beta Risk: An Analysis of Alternative Modelling Techniques[J]. Journal of Business Finance Accounting, 27(5-6):523-554.

FAMA E F, FRENCH K R, 1993. Common Risk Factors in the Returns on Stocks and Bonds [J]. Journal of Financial Economics, 33(1):3-56.

FAMA E F, FRENCH K R, 1992. The Cross-Section of Expected Stock Returns[J]. The Journal of Finance, 47(2):427-465.

FAMA E F, MACBETH J D, 1973. Risk, Return, and Equilibrium: Empirical Tests[J]. Journal of Political Economy, 81(3):607-636.

FERSON W E, SARKISSIAN S, SIMIN T, 2008. Asset Pricing Models with Conditional Betas and Alphas: The Effects of Data Snooping and Spurious Regression[J]. The Journal of Financial and Quantitative Analysis, 43(2):331-353.

FISHER L, KAMIN J H, 1985. Forecasting Systematic Risk: Estimates of 'Raw' Beta That Take Account of the Tendency of Beta to Change and the Heteroskedasticity of Residual Returns[J]. The Journal of Financial and Quantitative Analysis, 20(2):127-149.

FOYE J, MRAMOR D, PAHOR M, 2013. A Respecified Fama French Three-Factor Model for the New European Union Member States[J]. Journal of International Financial Management & Accounting, 24(1):3-25.

FRANCIS J, LAFOND R, OLSSON P M, et al, 2004. Costs of Equity and Earnings Attributes [J]. The Accounting Review, 79(4):967-1010.

FRANCIS J, LAFOND R, OLSSON P M, et al, 2005. The Market Pricing of Accruals Quality [J]. Journal of Accounting and Economics, 39(2):295-327.

FRIEDMAN D, AOKI M, 1986. Asset Price Bubbles from Poorly Aggregated Information: A Parametric Example[J]. Economics Letters, 121(1):49-52.

FRIEDMAN D, AOKI M, 1992. Inefficient Information Aggregation as a Source of Asset Price Bubbles[J]. Bulletin of Economic Research, 44(4):251-279.

FROOT K A, OBSTFELD M, 1991. Intrinsic Bubbles: The Case of Stock Prices [J]. The American Economic Review, 81(5):1189-1214.

GENÇAY R, SELÇUK F, WHITCHER B, 2005. Multiscale Systematic Risk[J]. Journal of International Money and Finance, 24(1):55-70.

GILLES C, 1989. Charges as Equilibrium Prices and Asset Bubbles[J]. Journal of Mathematical Economics, 18(2):155-167.

GILLES C, LEROY S F, 1992. Bubbles and Charges[J]. International Economic Review, 33 (2):323-339.

GILLES C, LEROY S F, 1997. Bubbles as Payoffs at Infinity[J]. Economic Theory, 9(2): 261-281.

GLEASON C A, JENKINS N T, JOHNSON W B, 2008. The Contagion Effects of Accounting Restatements[J]. Accounting Review, 83(1):83-110.

GOLDMAN E, PEYER U, STEFANESCU I, 2012. Financial Misrepresentation and Its Impact on Rivals[J]. Financial Management, 41(4):915-945.

HALL S G, PSARADAKIS Z, SOLA M, 1999. Detecting Periodically Collapsing Bubbles: A Markov-Switching Unit Root Test[J]. Journal of Applied Econometrics, 14(2):143-154.

HARUVY E, NOUSSAIR CN, 2006.The Effect of Short Selling on Bubbles and Crashes in Experimental Spot Asset Markets[J]. The Journal of Finance, 61(3):1119-1157.

HENS T, 2000. Do Sunspots Matter When Spot Market Equilibria Are Unique?[J]. Econometrica, 68(2):435-441.

HOMM U, BREITUNG J, 2012. Testing for Speculative Bubbles in Stock Markets: A Comparison of Alternative Methods[J]. Journal of Financial Econometrics, 10(1):198-231.

HUANG K X D, WERNER J, 2000. Asset Price Bubbles in Arrow-Debreu and Sequential Equilibrium[J]. Economic Theory, 15(2):253-278.

IMKELLER P, 2003. Malliavin's Calculus in Insider Models: Additional Utility and Free Lunches[J]. Mathematical Finance, 13(1):153-169.

JARROW R A, 2010. Active Portfolio Management and Positive Alphas: Fact or Fantasy?[J]. Journal of Portfolio Management, 36(4):17-22.

JARROW R A, PROTTER P, SHIMBO K, 2007. Asset Price Bubbles in Complete Markets[J]. Advances in Mathematical Finance, 97-121.

JARROW R A, PROTTER P, SHIMBO K, 2010. Asset Price Bubbles in Incomplete Markets* [J]. Mathematical Finance, 20(2):145-185.

JARROW R, PROTTER P, 2013. Positive Alphas, Abnormal Performance, and Illusory Arbitrage[J]. Mathematical Finance, 23(1):39-56.

JONES J J, 1991. Earnings Management During Import Relief Investigations[J]. Journal of Accounting Research, 29(2):193-228.

KEDIA S, PHILIPPON T, 2009. The Economics of Fraudulent Accounting[J]. The Review of Financial Studies, 22(6):2169-2199.

KING R R, 1991. Private Information Acquisition in Experimental Markets Prone to Bubble and Crash[J]. Journal of Financial Research, 14(3):197-206.

KOUTMOS G, KNIF J, 2002. Estimating Systematic Risk Using Time Varying Distributions [J]. European Financial Management, 8(1):59-73.

KOUTMOS G, LEE U, THEODOSSIOU P, 1994. Time-Varying Betas and Volatility Persistence in International Stock Markets [J]. Journal of Economics and Business, 46(2): 101-112.

KRAVET T, SHEVLIN T, 2010. Accounting Restatements and Information Risk[J]. Review of Accounting Studies, 15(2):264-294.

KRYZANOWSKI L, LALANCETTE S, TO M C, 1997. Performance Attribution Using an APT with Prespecified Macrofactors and Time-Varying Risk Premia and Betas[J]. Journal of Financial and Quantitative Analysis, 32(2):205-224.

LAKONISHOK J, SHAPIRO A C, 1986. Systematic Risk, Total Risk and Size as Determinants of Stock Market Returns[J]. Journal of Banking & Finance, 10(1):115-132.

LAM K S K, 2002. The Relationship between Size, Book-to-Market Equity Ratio, Earnings-price Ratio, and Return for the Hong Kong Stock Market [J]. Global Finance Journal, 13(2): 163-179.

LEITE P, CORTEZ M C, ARMADA M R, 2009. Measuring Fund Performance Using Multi-Factor Models: Evidence for the Portuguese Market[J]. International Journal of Business, 14(3):175-198.

LEI V, NOUSSAIR C N, PLOTT C R, 2004. Nonspeculative Bubbles in Experimental Asset Markets: Lack of Common Knowledge of Rationality vs. Actual Irrationality[J]. Econometrica, 69(4):831-859.

LINNAINMAA J T., 2013. Reverse Survivorship Bias [J]. The Journal of Finance, 68(3): 789-813.

LINTNER J, 1965. The Valuation of Risk Assets and the Selection of Risky Investments in Stock Portfolios and Capital Budgets[J]. The Review of Economics and Statistics, 47(1): 13-37.

MARCET A, SARGENT T J, 1989. Convergence of Least Squares Learning Mechanisms in

Self-Referential Linear Stochastic Models[J]. Journal of Economic Theory, 48(2):337-368.

MARKOWITZ H, 1952. Portfolio Selection[J]. The Journal of Finance, 7(1):77-91.

GERETY M, LEHN K, 1997. The Causes and Consequences of Accounting Fraud[J]. Managerial and Decision Economics, 18(7-8):587-599.

MCKENZIE M D, BROOKS R D, FAFF R W, 2000. The Use of Domestic and World Market Indexes in the Estimation of Time-Varying Betas[J]. Journal of Multinational Financial Management, 10(1):91-106.

Merriam-Webster, 2003. Merriam-Webster's Collegiate® Dictionary[M]. 11ed, Springfield: Merriam-Webster, U.S.

MERTON R C, 1972. An Analytic Derivation of the Efficient Portfolio Frontier[J]. The Journal of Financial and Quantitative Analysis, 7(4):1851-1872.

MERTON R C, 1973. An Intertemporal Capital Asset Pricing Model[J]. Econometrica, 41(5): 867-887.

MERTON R C, 1971. Optimum Consumption and Portfolio Rules in a Continuous-Time Model [J]. Journal of Economic Theory, 3(4):373-413.

MERTON R C, 1973. An Intertemporal Capital Asset Pricing Model[J]. Econometrica, 41(5): 867-887.

MIKHED V, ZEMCIK P, 2009. Testing for Bubbles in Housing Markets: A Panel Data Approach[J]. Journal of Real Estate Finance and Economics, 38(4):366-386.

MILGROM P, STOKEY N, 1982. Information, Trade and Common Knowledge[J]. Journal of Economic Theory, 26(1)17-27.

MURPHY D L, SHRIEVES R E, TIBBS S L, 2009. Understanding the Penalties Associated with Corporate Misconduct: An Empirical Examination of Earnings and Risk[J]. The Journal of Financial and Quantitative Analysis, 44(1):55-83.

OHLSON J A, 2001. Earnings, Book Values, and Dividends in Equity Valuation: An Empirical Perspective[J]. Contemporary Accounting Research, 18(1):107-120.

PHILLIPS P C B, WU Y R, YU J, 2011. Explosive Behavior in the 1990s NASDAQ: When Did Exuberance Escalate Asset Values?*[J]. International Economic Review, 52(1):201-226.

POVEL P, SINGH R, WINTON A, 2007. Booms, Busts, and Fraud[J]. The Review of Financial Studies, 20(4):1219-1254.

PRESSMAN S, 1998. On Financial Frauds and Their Causes: Investor Overconfidence[J].

American Journal of Economics and Sociology, 57(4):405-421.

RAPPOPORT P, WHITE E N, 1993. Was There a Bubble in the 1929 Stock Market[J]. The Journal of Economic History, 53(3):549-574.

RIEDL E J, SERAFEIM G, 2011. Information Risk and Fair Values: An Examination of Equity Betas[J]. Journal of Accounting Research, 49(4):1083-1122.

ROSENBERG B, 1973. A Survey of Stochastic Parameter Regression[J]. Annals of Economic and Social Measurement, 2(4):381-397.

ROSS S A, 1976. The Arbitrage Theory of Capital Asset Pricing[J]. Journal of economic theory, 13(3):341-360.

ROTHSCHILD M, STIGLITZ J,1976. Equilibrium in Competitive Insurance Markets: An Essay on the Economics of Imperfect Information[J]. The Quarterly Journal of Economics, 90 (4):629-649.

SANTOS M S, WOODFORD M, 1997. Rational Asset Pricing Bubbles[J]. Econometrica, 65 (1):19-57.

SCHWERT, G W, SEGUIN P J, 1990. Heteroskedasticity in Stock Returns[J]. Journal of Finance, 45(4):1129-1155.

SHARP W F, 1964. Capital Asset Prices: A Theory of Market Equilibrium under Conditions of Risk[J]. The Journal of Finance, 19(3):425-442.

SHIPMAN J E, SWANQUIST Q T, WHITED R L, 2017. Propensity Score Matching in Accounting Research[J]. Accounting Review, 92(1):213-244.

SLOAN R G, 1996. Do Stock Prices Fully Reflect Information in Accruals and Cash Flows about Future Earnings?[J]. Accounting Review, 171(3):289-315.

SMITH V L, SUNCHANEK G L, WILLIAMS A W, 1988. Bubbles, Crashes, and Endogenous Expectations in Experimental Spot Asset Markets[J]. Econometrica, 56(5):1119-1151.

SPENCE M, 1973. Job Market Signaling[J]. The Quarterly Journal of Economics, 87(3): 355-374.

STIGLER G J,1961. The Economics of Information[J]. Journal of Political Economy, 69(3): 213-225.

SU Y H, HWANG J S, 2009. A Two-Phase Approach to Estimating Time-Varying Parameters in the Capital Asset Pricing Model[J]. Journal of Applied Statistics, 36(1-2):79-89.

TEMIN P, VOTH H J,2004. Riding the South Sea Bubble[J]. American Economic Review, 94

(5):1654-1668.

TIAN Y S,2004. Too Much of a Good Incentive? The Case of Executive Stock Options[J]. Journal of Banking and Finance, 28(6):1225-1245.

TIROLE J, 1985. Asset Bubbles and Overlapping Generations [J]. Econometrica, 53 (6): 1499-1528.

TIROLE J, 1982. On the Possibility of Speculation under Rational Expectations[J]. Econometrica, 50(5):1163-1181.

TOPOL R, 1991. Bubbles and Volatility of Stock Prices: Effect of Mimetic Contagion[J]. The Economic Journal, 104(407):786-800.

VERHULST P F, 1845. Recherches math'ematiques sur la loi d'accroissement de la population[J].Nouv. M'em. Acad.R. Sci.B.-lett. Brux. 18:14-45.

VERHULST P F, 1847. Deuxi'eme m'emoire sur la loi d'accroissement de la population[J]. M'em. Acad.R. Sci. Lett.B.-Arts Belg. 20:142-173.

WARFIELD T D, WILD J J, 1992. Accounting Recognition and the Relevance of Earnings as an Explanatory Variable for Returns[J]. The Accounting Review, 67(4):821-842.

WEIL P, 1987. Confidence and the Real Value of Money in an Overlapping Generations Economy[J]. Quarterly Journal of Economics, 102(1):1-22.

WERNER J,1997. Arbitrage, Bubbles, and Valuation[J]. International Economic Review, 38 (2):453-464.

WEST K D,1987. A Specification Test for Speculative Bubbles[J]. Quarterly Journal of Economics, 102(3):553-580.

WU Y R, 1997. Rational Bubbles in the Stock Market: Accounting for the U.s. Stock-Price Volatility[J]. Economic Inquiry, 35(2):309-319.

YOUNG H P, 2009.Innovation Diffusion in Heterogeneous Populations: Contagion, Social Influence, and Social Learning[J]. American Economic Review, 99(5):1899-1924.

ZEFF S A, 1978. The Rise of "Economic Consequences" [J]. Journal of Accountancy, 12: 56-63.

附　录

附录1：最高人民法院关于审理证券市场虚假陈述侵权民事赔偿案件的若干规定

（法释〔2022〕2号）

为正确审理证券市场虚假陈述侵权民事赔偿案件，规范证券发行和交易行为，保护投资者合法权益，维护公开、公平、公正的证券市场秩序，根据《中华人民共和国民法典》《中华人民共和国证券法》《中华人民共和国公司法》《中华人民共和国民事诉讼法》等法律规定，结合审判实践，制定本规定。

一、一般规定

第一条　信息披露义务人在证券交易场所发行、交易证券过程中实施虚假陈述引发的侵权民事赔偿案件，适用本规定。按照国务院规定设立的区域性股权市场中发生的虚假陈述侵权民事赔偿案件，可以参照适用本规定。

第二条　原告提起证券虚假陈述侵权民事赔偿诉讼，符合民事诉讼法第一百二十二条规定，并提交以下证据或者证明材料的，人民法院应当受理：（一）证明原告身份的相关文件；（二）信息披露义务人实施虚假陈述的相关证据；（三）原告因虚假陈述进行交易的凭证及投资损失等相关证据。人民法院不得仅以虚假陈述未经监管部门行政处罚或者人民法院生效刑事判决的认定为由裁定不予受理。

第三条　证券虚假陈述侵权民事赔偿案件，由发行人住所地的省、自治区、直辖市人民政府所在的市、计划单列市和经济特区中级人民法院或者专门人民法院管辖。《最高人民法院关于证券纠纷代表人诉讼若干问题的规定》等对管辖另有规定的，从其规定。省、自治区、直辖市高级人民法院可以根据本辖区的实际情况，确定管辖第一审证券虚假陈述侵权民事赔偿案件的其他中级人民法院，报最高人民法院备案。

二、虚假陈述的认定

第四条　信息披露义务人违反法律、行政法规、监管部门制定的规章和规范性文件关于信息披露的规定，在披露的信息中存在虚假记载、误导性陈述或者重大遗漏的，人民法院应当认定为虚假陈述。虚假记载，是指信息披露义务人披露的信息中对相关财务数据进行重大不实记载,或者对其他重要信息作出与真实情况不符的描述。误导性陈述,是指信息披露义务人披露的信息隐瞒了与之相关的部分重要事实,或者未及时披露相关更正、确认信息,致使已经披露的信息因不完整、不准确而具有误导性。重大遗漏,是指信息披露义务人违反关于信息披露的规定,对重大事件或者重要事项等应当披露的信息未予披露。

第五条　证券法第八十五条规定的"未按照规定披露信息",是指信息披露义务人未按照规定的期限、方式等要求及时、公平披露信息。信息披露义务人"未按照规定披露信息"构成虚假陈述的,依照本规定承担民事责任;构成内幕交易的,依照证券法第五十三条的规定承担民事责任;构成公司法第一百五十二条规定的损害股东利益行为的,依照该法承担民事责任。

第六条　原告以信息披露文件中的盈利预测、发展规划等预测性信息与实际经营情况存在重大差异为由主张发行人实施虚假陈述的,人民法院不予支持,但有下列情形之一的除外:(一)信息披露文件未对影响该预测实现的重要因素进行充分风险提示的;(二)预测性信息所依据的基本假设、选用的会计政策等编制基础明显不合理的;(三)预测性信息所依据的前提发生重大变化时,未及时履行更正义务的。前款所称的重大差异,可以参照监管部门和证券交易场所的有关规定认定。

第七条　虚假陈述实施日,是指信息披露义务人作出虚假陈述或者发生虚假陈述之日。信息披露义务人在证券交易场所的网站或者符合监管部门规定条件的媒体上公告发布具有虚假陈述内容的信息披露文件,以披露日为实施日;通过召开业绩说明会、接受新闻媒体采访等方式实施虚假陈述的,以该虚假陈述的内容在具有全国性影响的媒体上首次公布之日为实施日。信息披露文件或者相关报导内容在交易日收市后发布的,以其后的第一个交易日为实施日。因未及时披露相关更正、确认信息构成误导性陈述,或者未及时披露重大事件或者重要事项等构成重大遗漏的,以应当披露相关信息期限届满后的第一个交易日为实施日。

第八条　虚假陈述揭露日,是指虚假陈述在具有全国性影响的报刊、电台、电视台或监管部门网站、交易场所网站、主要门户网站、行业知名的自媒体等媒体上,首次被公开揭露并为证券市场知悉之日。人民法院应当根据公开交易市场对相关信息的反应等证据,判断投资者是否知悉了虚假陈述。除当事人有相反证据足以反驳外,下列日期应当认定为揭露日:(一)监管部门以涉嫌信息披露违法为由对信息披露义务人立案调查的信息公开之日;(二)证券交易场所等自律管理组织因虚假陈述对信息披露义务人等责任主体采取自律管理措施的信息公布之日。信息披露义务人实施的虚假陈述呈连续状态的,以首次被公开揭露并为证券市场知悉之日为揭露日。信息披露义务人实施多个相互独立的虚假陈述的,人民法院应当分别认定其揭露日。

第九条 虚假陈述更正日,是指信息披露义务人在证券交易场所网站或者符合监管部门规定条件的媒体上,自行更正虚假陈述之日。

三、重大性及交易因果关系

第十条 有下列情形之一的,人民法院应当认定虚假陈述的内容具有重大性:(一)虚假陈述的内容属于证券法第八十条第二款、第八十一条第二款规定的重大事件;(二)虚假陈述的内容属于监管部门制定的规章和规范性文件中要求披露的重大事件或者重要事项;(三)虚假陈述的实施、揭露或者更正导致相关证券的交易价格或者交易量产生明显的变化。前款第一项、第二项所列情形,被告提交证据足以证明虚假陈述并未导致相关证券交易价格或者交易量明显变化的,人民法院应当认定虚假陈述的内容不具有重大性。被告能够证明虚假陈述不具有重大性,并以此抗辩不应当承担民事责任的,人民法院应当予以支持。

第十一条 原告能够证明下列情形的,人民法院应当认定原告的投资决定与虚假陈述之间的交易因果关系成立:(一)信息披露义务人实施了虚假陈述;(二)原告交易的是与虚假陈述直接关联的证券;(三)原告在虚假陈述实施日之后、揭露日或更正日之前实施了相应的交易行为,即在诱多型虚假陈述中买入了相关证券,或者在诱空型虚假陈述中卖出了相关证券。

第十二条 被告能够证明下列情形之一的,人民法院应当认定交易因果关系不成立:(一)原告的交易行为发生在虚假陈述实施前,或者是在揭露或更正之后;(二)原告在交易时知道或者应当知道存在虚假陈述,或者虚假陈述已经被证券市场广泛知悉;(三)原告的交易行为是受到虚假陈述实施后发生的上市公司的收购、重大资产重组等其他重大事件的影响;(四)原告的交易行为构成内幕交易、操纵证券市场等证券违法行为的;(五)原告的交易行为与虚假陈述不具有交易因果关系的其他情形。

四、过错认定

第十三条 证券法第八十五条、第一百六十三条所称的过错,包括以下两种情形:(一)行为人故意制作、出具存在虚假陈述的信息披露文件,或者明知信息披露文件存在虚假陈述而不予指明、予以发布;(二)行为人严重违反注意义务,对信息披露文件中虚假陈述的形成或者发布存在过失。

第十四条 发行人的董事、监事、高级管理人员和其他直接责任人员主张对虚假陈述没有过错的,人民法院应当根据其工作岗位和职责、在信息披露资料的形成和发布等活动中所起的作用、取得和了解相关信息的渠道、为核验相关信息所采取的措施等实际情况进行审查认定。前款所列人员不能提供勤勉尽责的相应证据,仅以其不从事日常经营管理、无相关职业背景和专业知识、相信发行人或者管理层提供的资料、相信证券服务机构出具的专业意见等理由主张其没有过错的,人民法院不予支持。

第十五条 发行人的董事、监事、高级管理人员依照证券法第八十二条第四款的规定,以书面方式发表附具体理由的意见并依法披露的,人民法院可以认定其主观上没有过错,但在审议、审核信息披露文件时投赞成票的除外。

第十六条 独立董事能够证明下列情形之一的,人民法院应当认定其没有过错:(一)在签署相关信息披露文件之前,对不属于自身专业领域的相关具体问题,借助会计、法律等专门职业的帮助仍然未能发现问题的;(二)在揭露日或更正日之前,发现虚假陈述后及时向发行人提出异议并监督整改或者向证券交易场所、监管部门书面报告的;(三)在独立意见中对虚假陈述事项发表保留意见、反对意见或者无法表示意见并说明具体理由的,但在审议、审核相关文件时投赞成票的除外;(四)因发行人拒绝、阻碍其履行职责,导致无法对相关信息披露文件是否存在虚假陈述作出判断,并及时向证券交易场所、监管部门书面报告的;(五)能够证明勤勉尽责的其他情形。独立董事提交证据证明其在履职期间能够按照法律、监管部门制定的规章和规范性文件以及公司章程的要求履行职责的,或者在虚假陈述被揭露后及时督促发行人整改且效果较为明显的,人民法院可以结合案件事实综合判断其过错情况。外部监事和职工监事,参照适用前两款规定。

第十七条 保荐机构、承销机构等机构及其直接责任人员提交的尽职调查工作底稿、尽职调查报告、内部审核意见等证据能够证明下列情形的,人民法院应当认定其没有过错:(一)已经按照法律、行政法规、监管部门制定的规章和规范性文件、相关行业执业规范的要求,对信息披露文件中的相关内容进行了审慎尽职调查;(二)对信息披露文件中没有证券服务机构专业意见支持的重要内容,经过审慎尽职调查和独立判断,有合理理由相信该部分内容与真实情况相符;(三)对信息披露文件中证券服务机构出具专业意见的重要内容,经过审慎核查和必要的调查、复核,有合理理由排除了职业怀疑并形成合理信赖。在全国中小企业股份转让系统从事挂牌和定向发行推荐业务的证券公司,适用前款规定。

第十八条 会计师事务所、律师事务所、资信评级机构、资产评估机构、财务顾问等证券服务机构制作、出具的文件存在虚假陈述的,人民法院应当按照法律、行政法规、监管部门制定的规章和规范性文件,参考行业执业规范规定的工作范围和程序要求等内容,结合其核查、验证工作底稿等相关证据,认定其是否存在过错。证券服务机构的责任限于其工作范围和专业领域。证券服务机构依赖保荐机构或者其他证券服务机构的基础工作或者专业意见致使其出具的专业意见存在虚假陈述,能够证明其对所依赖的基础工作或者专业意见经过审慎核查和必要的调查、复核,排除了职业怀疑并形成合理信赖的,人民法院应当认定其没有过错。

第十九条 会计师事务所能够证明下列情形之一的,人民法院应当认定其没有过错:(一)按照执业准则、规则确定的工作程序和核查手段并保持必要的职业谨慎,仍未发现被审计的会计资料存在错误的;(二)审计业务必须依赖的金融机构、发行人的供应商、客户等相关单位提供不实证明文件,会计师事务所保持了必要的职业谨慎仍未发现的;(三)已对发行人的舞弊迹象提出警告并在审计业务报告中发表了审慎审计意见的;(四)能够证明没有过错的其他情形。

五、责任主体

第二十条 发行人的控股股东、实际控制人组织、指使发行人实施虚假陈述,致使原告在证券交易中遭受损失的,原告起诉请求直接判令该控股股东、实际控制人依照本规定赔偿损失的,人民法院应当予以支持。控股股东、实际控制人组织、指使发行人实施虚假陈述,发行人在承担赔偿责任后要求该控股股东、实际控制人赔偿实际支付的赔偿款、合理的律师费、诉讼费用等损失的,人民法院应当予以支持。

第二十一条 公司重大资产重组的交易对方所提供的信息不符合真实、准确、完整的要求,导致公司披露的相关信息存在虚假陈述,原告起诉请求判令该交易对方与发行人等责任主体赔偿由此导致的损失的,人民法院应当予以支持。

第二十二条 有证据证明发行人的供应商、客户,以及为发行人提供服务的金融机构等明知发行人实施财务造假活动,仍然为其提供相关交易合同、发票、存款证明等予以配合,或者故意隐瞒重要事实致使发行人的信息披露文件存在虚假陈述,原告起诉请求判令其与发行人等责任主体赔偿由此导致的损失的,人民法院应当予以支持。

第二十三条 承担连带责任的当事人之间的责任分担与追偿,按照民法典第一百七十八条的规定处理,但本规定第二十条第二款规定的情形除外。保荐机构、承销机构等责任主体以存在约定为由,请求发行人或者其控股股东、实际控制人补偿其因虚假陈述所承担的赔偿责任的,人民法院不予支持。

六、损失认定

第二十四条　发行人在证券发行市场虚假陈述,导致原告损失的,原告有权请求按照本规定第二十五条的规定赔偿损失。

第二十五条　信息披露义务人在证券交易市场承担民事赔偿责任的范围,以原告因虚假陈述而实际发生的损失为限。原告实际损失包括投资差额损失、投资差额损失部分的佣金和印花税。

第二十六条　投资差额损失计算的基准日,是指在虚假陈述揭露或更正后,为将原告应获赔偿限定在虚假陈述所造成的损失范围内,确定损失计算的合理期间而规定的截止日期。在采用集中竞价的交易市场中,自揭露日或更正日起,被虚假陈述影响的证券集中交易累计成交量达到可流通部分100%之日为基准日。自揭露日或更正日起,集中交易累计换手率在10个交易日内达到可流通部分100%的,以第10个交易日为基准日;在30个交易日内未达到可流通部分100%的,以第30个交易日为基准日。虚假陈述揭露日或更正日起至基准日期间每个交易日收盘价的平均价格,为损失计算的基准价格。无法依前款规定确定基准价格的,人民法院可以根据有专门知识的人的专业意见,参考对相关行业进行投资时的通常估值方法,确定基准价格。

第二十七条　在采用集中竞价的交易市场中,原告因虚假陈述买入相关股票所造成的投资差额损失,按照下列方法计算:(一)原告在实施日之后、揭露日或更正日之前买入,在揭露日或更正日之后、基准日之前卖出的股票,按买入股票的平均价格与卖出股票的平均价格之间的差额,乘以已卖出的股票数量;(二)原告在实施日之后、揭露日或更正日之前买入,基准日之前未卖出的股票,按买入股票的平均价格与基准价格之间的差额,乘以未卖出的股票数量。

第二十八条　在采用集中竞价的交易市场中,原告因虚假陈述卖出相关股票所造成的投资差额损失,按照下列方法计算:(一)原告在实施日之后、揭露日或更正日之前卖出,在揭露日或更正日之后、基准日之前买回的股票,按买回股票的平均价格与卖出股票的平均价格之间的差额,乘以买回的股票数量;(二)原告在实施日之后、揭露日或更正日之前卖出,基准日之前未买回的股票,按基准价格与卖出股票的平均价格之间的差额,乘以未买回的股票数量。

第二十九条　计算投资差额损失时,已经除权的证券,证券价格和证券数量应当复权计算。

第三十条　证券公司、基金管理公司、保险公司、信托公司、商业银行等市场参与主体依法设立的证券投资产品,在确定因虚假陈述导致的损失时,每个产品应当单独计算。投资者及依法设立的证券投资产品开立多个证券账户进行投资的,应当将各证券账户合并,所有交易按照成交时间排序,以确定其实际交易及损失情况。

第三十一条　人民法院应当查明虚假陈述与原告损失之间的因果关系,以及导致原告损失的其他原因等案件基本事实,确定赔偿责任范围。被告能够举证证明原告的损失部分或者全部是由他人操纵市场、证券市场的风险、证券市场对特定事件的过度反应、上市公司内外部经营环境等其他因素所导致的,对其关于相应减轻或者免除责任的抗辩,人民法院应当予以支持。

七、诉讼时效

第三十二条　当事人主张以揭露日或更正日起算诉讼时效的,人民法院应当予以支持。揭露日与更正日不一致的,以在先的为准。对于虚假陈述责任人中的一人发生诉讼时效中断效力的事由,应当认定对其他连带责任人也发生诉讼时效中断的效力。

第三十三条　在诉讼时效期间内,部分投资者向人民法院提起人数不确定的普通代表人诉讼的,人民法院应当认定该起诉行为对所有具有同类诉讼请求的权利人发生时效中断的效果。在普通代表人诉讼中,未向人民法院登记权利的投资者,其诉讼时效自权利登记期间届满后重新开始计算。向人民法院登记权利后申请撤回权利登记的投资者,其诉讼时效自撤回权利登记之次日重新开始计算。投资者保护机构依照证券法第九十五条第三款的规定作为代表人参加诉讼后,投资者声明退出诉讼的,其诉讼时效自声明退出之次日起重新开始计算。

八、附则

第三十四条　本规定所称证券交易场所,是指证券交易所、国务院批准的其他全国性证券交易场所。本规定所称监管部门,是指国务院证券监督管理机构、国务院授权的部门及有关主管部门。本规定所称发行人,包括证券的发行人、上市公司或者挂牌公司。本规定所称实施日之后、揭露日或更正日之后、基准日之前,包括该日;所称揭露日或更正日之前,不包括该日。

第三十五条　本规定自2022年1月22日起施行。《最高人民法院关于受理证券市场因虚假陈述引发的民事侵权纠纷案件有关问题的通知》《最高人民法院关于审理证券市场因虚假陈述引发的民事赔偿案件的若干规定》同时废止。《最高人民法院关于审理涉及会计师事务所在审计业务活动中民事侵权赔偿案件的若干规定》与本规定不一致的，以本规定为准。本规定施行后尚未终审的案件，适用本规定。本规定施行前已经终审，当事人申请再审或者按照审判监督程序决定再审的案件，不适用本规定。

附录2:中华人民共和国证券法

（2019年修订）

第一章 总则

第一条 为了规范证券发行和交易行为,保护投资者的合法权益,维护社会经济秩序和社会公共利益,促进社会主义市场经济的发展,制定本法。

第二条 中华人民共和国境内,股票、公司债券、存托凭证和国务院依法认定的其他证券的发行和交易,适用本法;本法未规定的,适用《中华人民共和国公司法》和其他法律、行政法规的规定。政府债券、证券投资基金份额的上市交易,适用本法;其他法律、行政法规另有规定的,适用其规定。资产支持证券、资产管理产品发行、交易的管理办法,由国务院依照本法的原则规定。在中华人民共和国境外的证券发行和交易活动,扰乱中华人民共和国境内市场秩序,损害境内投资者合法权益的,依照本法有关规定处理并追究法律责任。

第三条 证券的发行、交易活动,必须遵循公开、公平、公正的原则。

第四条 证券发行、交易活动的当事人具有平等的法律地位,应当遵守自愿、有偿、诚实信用的原则。

第五条 证券的发行、交易活动,必须遵守法律、行政法规;禁止欺诈、内幕交易和操纵证券市场的行为。

第六条 证券业和银行业、信托业、保险业实行分业经营、分业管理,证券公司与银行、信托、保险业务机构分别设立。国家另有规定的除外。

第七条 国务院证券监督管理机构依法对全国证券市场实行集中统一监督管理。国务院证券监督管理机构根据需要可以设立派出机构,按照授权履行监督管理职责。

第八条 国家审计机关依法对证券交易场所、证券公司、证券登记结算机构、证券监督管理机构进行审计监督。

第二章　证券发行

第九条　公开发行证券,必须符合法律、行政法规规定的条件,并依法报经国务院证券监督管理机构或者国务院授权的部门注册。未经依法注册,任何单位和个人不得公开发行证券。证券发行注册制的具体范围、实施步骤,由国务院规定。有下列情形之一的,为公开发行:(一)向不特定对象发行证券;(二)向特定对象发行证券累计超过二百人,但依法实施员工持股计划的员工人数不计算在内;(三)法律、行政法规规定的其他发行行为。非公开发行证券,不得采用广告、公开劝诱和变相公开方式。

第十条　发行人申请公开发行股票、可转换为股票的公司债券,依法采取承销方式的,或者公开发行法律、行政法规规定实行保荐制度的其他证券的,应当聘请证券公司担任保荐人。保荐人应当遵守业务规则和行业规范,诚实守信,勤勉尽责,对发行人的申请文件和信息披露资料进行审慎核查,督导发行人规范运作。保荐人的管理办法由国务院证券监督管理机构规定。

第十一条　设立股份有限公司公开发行股票,应当符合《中华人民共和国公司法》规定的条件和经国务院批准的国务院证券监督管理机构规定的其他条件,向国务院证券监督管理机构报送募股申请和下列文件:(一)公司章程;(二)发起人协议;(三)发起人姓名或者名称,发起人认购的股份数、出资种类及验资证明;(四)招股说明书;(五)代收股款银行的名称及地址;(六)承销机构名称及有关的协议。依照本法规定聘请保荐人的,还应当报送保荐人出具的发行保荐书。法律、行政法规规定设立公司必须报经批准的,还应当提交相应的批准文件。

第十二条　公司首次公开发行新股,应当符合下列条件:(一)具备健全且运行良好的组织机构;(二)具有持续经营能力;(三)最近三年财务会计报告被出具无保留意见审计报告;(四)发行人及其控股股东、实际控制人最近三年不存在贪污、贿赂、侵占财产、挪用财产或者破坏社会主义市场经济秩序的刑事犯罪;(五)经国务院批准的国务院证券监督管理机构规定的其他条件。上市公司发行新股,应当符合经国务院批准的国务院证券监督管理机构规定的条件,具体管理办法由国务院证券监督管理机构规定。公开发行存托凭证的,应当符合首次公开发行新股的条件以及国务院证券监督管理机构规定的其他条件。

第十三条　公司公开发行新股,应当报送募股申请和下列文件:(一)公司营业执照;(二)公司章程;(三)股东大会决议;(四)招股说明书或者其他公开发行募集文件;(五)财务会计报告;(六)代收股款银行的名称及地址。依照本法规定聘请保荐人的,还应当报送保荐人出具的发行保荐书。依照本法规定实行承销的,还应当报送承销机构名称及有关的协议。

第十四条 公司对公开发行股票所募集资金,必须按照招股说明书或者其他公开发行募集文件所列资金用途使用;改变资金用途,必须经股东大会作出决议。擅自改变用途,未作纠正的,或者未经股东大会认可的,不得公开发行新股。

第十五条 公开发行公司债券,应当符合下列条件:(一)具备健全且运行良好的组织机构;(二)最近三年平均可分配利润足以支付公司债券一年的利息;(三)国务院规定的其他条件。公开发行公司债券筹集的资金,必须按照公司债券募集办法所列资金用途使用;改变资金用途,必须经债券持有人会议作出决议。公开发行公司债券筹集的资金,不得用于弥补亏损和非生产性支出。上市公司发行可转换为股票的公司债券,除应当符合第一款规定的条件外,还应当遵守本法第十二条第二款的规定。但是,按照公司债券募集办法,上市公司通过收购本公司股份的方式进行公司债券转换的除外。

第十六条 申请公开发行公司债券,应当向国务院授权的部门或者国务院证券监督管理机构报送下列文件:(一)公司营业执照;(二)公司章程;(三)公司债券募集办法;(四)国务院授权的部门或者国务院证券监督管理机构规定的其他文件。依照本法规定聘请保荐人的,还应当报送保荐人出具的发行保荐书。

第十七条 有下列情形之一的,不得再次公开发行公司债券:(一)对已公开发行的公司债券或者其他债务有违约或者延迟支付本息的事实,仍处于继续状态;(二)违反本法规定,改变公开发行公司债券所募资金的用途。

第十八条 发行人依法申请公开发行证券所报送的申请文件的格式、报送方式,由依法负责注册的机构或者部门规定。

第十九条 发行人报送的证券发行申请文件,应当充分披露投资者作出价值判断和投资决策所必需的信息,内容应当真实、准确、完整。为证券发行出具有关文件的证券服务机构和人员,必须严格履行法定职责,保证所出具文件的真实性、准确性和完整性。

第二十条 发行人申请首次公开发行股票的,在提交申请文件后,应当按照国务院证券监督管理机构的规定预先披露有关申请文件。

第二十一条 国务院证券监督管理机构或者国务院授权的部门依照法定条件负责证券发行申请的注册。证券公开发行注册的具体办法由国务院规定。按照国务院的规定,证券交易所等可以审核公开发行证券申请,判断发行人是否符合发行条件、信息披露要求,督促发行人完善信息披露内容。依照前两款规定参与证券发行申请注册的人员,不得与发行申请人有利害关系,不得直接或者间接接受发行申请人的馈赠,不得持有所注册的发行申请的证券,不得私下与发行申请人进行接触。

第二十二条　国务院证券监督管理机构或者国务院授权的部门应当自受理证券发行申请文件之日起三个月内,依照法定条件和法定程序作出予以注册或者不予注册的决定,发行人根据要求补充、修改发行申请文件的时间不计算在内。不予注册的,应当说明理由。

第二十三条　证券发行申请经注册后,发行人应当依照法律、行政法规的规定,在证券公开发行前公告公开发行募集文件,并将该文件置备于指定场所供公众查阅。发行证券的信息依法公开前,任何知情人不得公开或者泄露该信息。发行人不得在公告公开发行募集文件前发行证券。

第二十四条　国务院证券监督管理机构或者国务院授权的部门对已作出的证券发行注册的决定,发现不符合法定条件或者法定程序,尚未发行证券的,应当予以撤销,停止发行。已经发行尚未上市的,撤销发行注册决定,发行人应当按照发行价并加算银行同期存款利息返还证券持有人;发行人的控股股东、实际控制人以及保荐人,应当与发行人承担连带责任,但是能够证明自己没有过错的除外。股票的发行人在招股说明书等证券发行文件中隐瞒重要事实或者编造重大虚假内容,已经发行并上市的,国务院证券监督管理机构可以责令发行人回购证券,或者责令负有责任的控股股东、实际控制人买回证券。

第二十五条　股票依法发行后,发行人经营与收益的变化,由发行人自行负责;由此变化引致的投资风险,由投资者自行负责。

第二十六条　发行人向不特定对象发行的证券,法律、行政法规规定应当由证券公司承销的,发行人应当同证券公司签订承销协议。证券承销业务采取代销或者包销方式。证券代销是指证券公司代发行人发售证券,在承销期结束时,将未售出的证券全部退还给发行人的承销方式。证券包销是指证券公司将发行人的证券按照协议全部购入或者在承销期结束时将售后剩余证券全部自行购入的承销方式。

第二十七条　公开发行证券的发行人有权依法自主选择承销的证券公司。

第二十八条　证券公司承销证券,应当同发行人签订代销或者包销协议,载明下列事项:(一)当事人的名称、住所及法定代表人姓名;(二)代销、包销证券的种类、数量、金额及发行价格;(三)代销、包销的期限及起止日期;(四)代销、包销的付款方式及日期;(五)代销、包销的费用和结算办法;(六)违约责任;(七)国务院证券监督管理机构规定的其他事项。

第二十九条　证券公司承销证券,应当对公开发行募集文件的真实性、准确性、完整性进行核查。发现有虚假记载、误导性陈述或者重大遗漏的,不得进行销售活动;已经销售的,必须立即停止销售活动,并采取纠正措施。证券公司承销证券,不得有下列行为:(一)进行虚假的或者误导投资者的广告宣传或者其他宣传推介活动;(二)以不正当竞争手段招揽承销业务;(三)其他违反证券承销业务规定的行为。证券公司有前款所列行为,给其他证券承销机构或者投资者造成损失的,应当依法承担赔偿责任。

第三十条　向不特定对象发行证券聘请承销团承销的,承销团应当由主承销和参与承销的证券公司组成。

第三十一条　证券的代销、包销期限最长不得超过九十日。证券公司在代销、包销期内,对所代销、包销的证券应当保证先行出售给认购人,证券公司不得为本公司预留所代销的证券和预先购入并留存所包销的证券。

第三十二条　股票发行采取溢价发行的,其发行价格由发行人与承销的证券公司协商确定。

第三十三条　股票发行采用代销方式,代销期限届满,向投资者出售的股票数量未达到拟公开发行股票数量百分之七十的,为发行失败。发行人应当按照发行价并加算银行同期存款利息返还股票认购人。

第三十四条　公开发行股票,代销、包销期限届满,发行人应当在规定的期限内将股票发行情况报国务院证券监督管理机构备案。

第三章　证券交易

第一节　一般规定

第三十五条　证券交易当事人依法买卖的证券,必须是依法发行并交付的证券。非依法发行的证券,不得买卖。

第三十六条　依法发行的证券,《中华人民共和国公司法》和其他法律对其转让期限有限制性规定的,在限定的期限内不得转让。上市公司持有百分之五以上股份的股东、实际控制人、董事、监事、高级管理人员,以及其他持有发行人首次公开发行前发行的股份或者上市公司向特定对象发行的股份的股东,转让其持有的本公司股份的,不得违反法律、行政法规和国务院证券监督管理机构关于持有期限、卖出时间、卖出数量、卖出方式、信息披露等规定,并应当遵守证券交易所的业务规则。

第三十七条　公开发行的证券,应当在依法设立的证券交易所上市交易或者在国务院批准的其他全国性证券交易场所交易。非公开发行的证券,可以在证券交易所、国务院批准的其他全国性证券交易场所、按照国务院规定设立的区域性股权市场转让。

第三十八条　证券在证券交易所上市交易,应当采用公开的集中交易方式或者国务院证券监督管理机构批准的其他方式。

第三十九条　证券交易当事人买卖的证券可以采用纸面形式或者国务院证券监督管理机构规定的其他形式。

第四十条　证券交易场所、证券公司和证券登记结算机构的从业人员,证券监督管理机构的工作人员以及法律、行政法规规定禁止参与股票交易的其他人员,在任期或者法定限期内,不得直接或者以化名、借他人名义持有、买卖股票或者其他具有股权性质的证券,也不得收受他人赠送的股票或者其他具有股权性质的证券。任何人在成为前款所列人员时,其原已持有的股票或者其他具有股权性质的证券,必须依法转让。实施股权激励计划或者员工持股计划的证券公司的从业人员,可以按照国务院证券监督管理机构的规定持有、卖出本公司股票或者其他具有股权性质的证券。

第四十一条　证券交易场所、证券公司、证券登记结算机构、证券服务机构及其工作人员应当依法为投资者的信息保密,不得非法买卖、提供或者公开投资者的信息。证券交易场所、证券公司、证券登记结算机构、证券服务机构及其工作人员不得泄露所知悉的商业秘密。

第四十二条　为证券发行出具审计报告或者法律意见书等文件的证券服务机构和人员,在该证券承销期内和期满后六个月内,不得买卖该证券。除前款规定外,为发行人及其控股股东、实际控制人,或者收购人、重大资产交易方出具审计报告或者法律意见书等文件的证券服务机构和人员,自接受委托之日起至上述文件公开后五日内,不得买卖该证券。实际开展上述有关工作之日早于接受委托之日的,自实际开展上述有关工作之日起至上述文件公开后五日内,不得买卖该证券。

第四十三条　证券交易的收费必须合理,并公开收费项目、收费标准和管理办法。

第四十四条　上市公司、股票在国务院批准的其他全国性证券交易场所交易的公司持有百分之五以上股份的股东、董事、监事、高级管理人员,将其持有的该公司的股票或者其他具有股权性质的证券在买入后六个月内卖出,或者在卖出后六个月内又买入,由此所得收益归该公司所有,公司董事会应当收回其所得收益。但是,证券公司因购入包销售后剩余股票而持有百分之五以上股份,以及有国务院证券监督管理机构规定的其他情形的除外。前款所称董事、监事、高级管理人员、自然人股东持有的股票或者其他具有股权性质的证券,包括其配偶、父母、子女持有的及利用他人账户持有的股票或者其他具有股权性质的证券。公司董事会不按照第一款规定执行的,股东有权要求董事会在三十日内执行。公司董事会未在上述期限内执行的,股东有权为了公司的利益以自己的名义直接向人民法院提起诉讼。公司董事会不按照第一款的规定执行的,负有责任的董事依法承担连带责任。

第四十五条　通过计算机程序自动生成或者下达交易指令进行程序化交易的,应当符合国务院证券监督管理机构的规定,并向证券交易所报告,不得影响证券交易所系统安全或者正常交易秩序。

第二节　证券上市

第四十六条　申请证券上市交易,应当向证券交易所提出申请,由证券交易所依法审核同意,并由双方签订上市协议。证券交易所根据国务院授权的部门的决定安排政府债券上市交易。

第四十七条　申请证券上市交易,应当符合证券交易所上市规则规定的上市条件。证券交易所上市规则规定的上市条件,应当对发行人的经营年限、财务状况、最低公开发行比例和公司治理、诚信记录等提出要求。

第四十八条　上市交易的证券,有证券交易所规定的终止上市情形的,由证券交易所按照业务规则终止其上市交易。证券交易所决定终止证券上市交易的,应当及时公告,并报国务院证券监督管理机构备案。

第四十九条　对证券交易所作出的不予上市交易、终止上市交易决定不服的,可以向证券交易所设立的复核机构申请复核。

第三节　禁止的交易行为

第五十条　禁止证券交易内幕信息的知情人和非法获取内幕信息的人利用内幕信息从事证券交易活动。

第五十一条　证券交易内幕信息的知情人包括:(一)发行人及其董事、监事、高级管理人员;(二)持有公司百分之五以上股份的股东及其董事、监事、高级管理人员,公司的实际控制人及其董事、监事、高级管理人员;(三)发行人控股或者实际控制的公司及其董事、监事、高级管理人员;(四)由于所任公司职务或者因与公司业务往来可以获取公司有关内幕信息的人员;(五)上市公司收购人或者重大资产交易方及其控股股东、实际控制人、董事、监事和高级管理人员;(六)因职务、工作可以获取内幕信息的证券交易场所、证券公司、证券登记结算机构、证券服务机构的有关人员;(七)因职责、工作可以获取内幕信息的证券监督管理机构工作人员;(八)因法定职责对证券的发行、交易或者对上市公司及其收购、重大资产交易进行管理可以获取内幕信息的有关主管部门、监管机构的工作人员;(九)国务院证券监督管理机构规定的可以获取内幕信息的其他人员。

第五十二条　证券交易活动中,涉及发行人的经营、财务或者对该发行人证券的市场价格有重大影响的尚未公开的信息,为内幕信息。本法第八十条第二款、第八十一条第二款所列重大事件属于内幕信息。

第五十三条　证券交易内幕信息的知情人和非法获取内幕信息的人,在内幕信息公开前,不得买卖该公司的证券,或者泄露该信息,或者建议他人买卖该证券。持有或者通过协议、其他安排与他人共同持有公司百分之五以上股份的自然人、法人、非法人组织收购上市公司的股份,本法另有规定的,适用其规定。内幕交易行为给投资者造成损失的,应当依法承担赔偿责任。

第五十四条　禁止证券交易场所、证券公司、证券登记结算机构、证券服务机构和其他金融机构的从业人员、有关监管部门或者行业协会的工作人员,利用因职务便利获取的内幕信息以外的其他未公开的信息,违反规定,从事与该信息相关的证券交易活动,或者明示、暗示他人从事相关交易活动。利用未公开信息进行交易给投资者造成损失的,应当依法承担赔偿责任。

第五十五条　禁止任何人以下列手段操纵证券市场,影响或者意图影响证券交易价格或者证券交易量:(一)单独或者通过合谋,集中资金优势、持股优势或者利用信息优势联合或者连续买卖;(二)与他人串通,以事先约定的时间、价格和方式相互进行证券交易;(三)在自己实际控制的账户之间进行证券交易;(四)不以成交为目的,频繁或者大量申报并撤销申报;(五)利用虚假或者不确定的重大信息,诱导投资者进行证券交易;(六)对证券、发行人公开作出评价、预测或者投资建议,并进行反向证券交易;(七)利用在其他相关市场的活动操纵证券市场;(八)操纵证券市场的其他手段。操纵证券市场行为给投资者造成损失的,应当依法承担赔偿责任。

第五十六条　禁止任何单位和个人编造、传播虚假信息或者误导性信息,扰乱证券市场。禁止证券交易场所、证券公司、证券登记结算机构、证券服务机构及其从业人员,证券业协会、证券监督管理机构及其工作人员,在证券交易活动中作出虚假陈述或者信息误导。各种传播媒介传播证券市场信息必须真实、客观,禁止误导。传播媒介及其从事证券市场信息报道的工作人员不得从事与其工作职责发生利益冲突的证券买卖。编造、传播虚假信息或者误导性信息,扰乱证券市场,给投资者造成损失的,应当依法承担赔偿责任。

第五十七条　禁止证券公司及其从业人员从事下列损害客户利益的行为:(一)违背

客户的委托为其买卖证券;(二)不在规定时间内向客户提供交易的确认文件;(三)未经客户的委托,擅自为客户买卖证券,或者假借客户的名义买卖证券;(四)为牟取佣金收入,诱使客户进行不必要的证券买卖;(五)其他违背客户真实意思表示,损害客户利益的行为。违反前款规定给客户造成损失的,应当依法承担赔偿责任。

第五十八条　任何单位和个人不得违反规定,出借自己的证券账户或者借用他人的证券账户从事证券交易。

第五十九条　依法拓宽资金入市渠道,禁止资金违规流入股市。禁止投资者违规利用财政资金、银行信贷资金买卖证券。

第六十条　国有独资企业、国有独资公司、国有资本控股公司买卖上市交易的股票,必须遵守国家有关规定。

第六十一条　证券交易场所、证券公司、证券登记结算机构、证券服务机构及其从业人员对证券交易中发现的禁止的交易行为,应当及时向证券监督管理机构报告。

第四章　上市公司的收购

第六十二条　投资者可以采取要约收购、协议收购及其他合法方式收购上市公司。

第六十三条　通过证券交易所的证券交易,投资者持有或者通过协议、其他安排与他人共同持有一个上市公司已发行的有表决权股份达到百分之五时,应当在该事实发生之日起三日内,向国务院证券监督管理机构、证券交易所作出书面报告,通知该上市公司,并予公告,在上述期限内不得再行买卖该上市公司的股票,但国务院证券监督管理机构规定的情形除外。投资者持有或者通过协议、其他安排与他人共同持有一个上市公司已发行的有表决权股份达到百分之五后,其所持该上市公司已发行的有表决权股份比例每增加或者减少百分之五,应当依照前款规定进行报告和公告,在该事实发生之日起至公告后三日内,不得再行买卖该上市公司的股票,但国务院证券监督管理机构规定的情形除外。投资者持有或者通过协议、其他安排与他人共同持有一个上市公司已发行的有表决权股份达到百分之五后,其所持该上市公司已发行的有表决权股份比例每增加或者减少百分之一,应当在该事实发生的次日通知该上市公司,并予公告。违反第一款、第二款规定买入上市公司有表决权的股份的,在买入后的三十六个月内,对该超过规定比例部分的股份不得行使表决权。

第六十四条　依照前条规定所作的公告,应当包括下列内容:(一)持股人的名称、住所;(二)持有的股票的名称、数额;(三)持股达到法定比例或者持股增减变化达到法定比例的日期、增持股份的资金来源;(四)在上市公司中拥有有表决权的股份变动的时间及方式。

第六十五条　通过证券交易所的证券交易,投资者持有或者通过协议、其他安排与他人共同持有一个上市公司已发行的有表决权股份达到百分之三十时,继续进行收购的,应当依法向该上市公司所有股东发出收购上市公司全部或者部分股份的要约。收购上市公司部分股份的要约应当约定,被收购公司股东承诺出售的股份数额超过预定收购的股份数额的,收购人按比例进行收购。

第六十六条　依照前条规定发出收购要约,收购人必须公告上市公司收购报告书,并载明下列事项:(一)收购人的名称、住所;(二)收购人关于收购的决定;(三)被收购的上市公司名称;(四)收购目的;(五)收购股份的详细名称和预定收购的股份数额;(六)收购期限、收购价格;(七)收购所需资金额及资金保证;(八)公告上市公司收购报告书时持有被收购公司股份数占该公司已发行的股份总数的比例。

第六十七条　收购要约约定的收购期限不得少于三十日,并不得超过六十日。

第六十八条　在收购要约确定的承诺期限内,收购人不得撤销其收购要约。收购人需要变更收购要约的,应当及时公告,载明具体变更事项,且不得存在下列情形:(一)降低收购价格;(二)减少预定收购股份数额;(三)缩短收购期限;(四)国务院证券监督管理机构规定的其他情形。

第六十九条　收购要约提出的各项收购条件,适用于被收购公司的所有股东。上市公司发行不同种类股份的,收购人可以针对不同种类股份提出不同的收购条件。

第七十条　采取要约收购方式的,收购人在收购期限内,不得卖出被收购公司的股票,也不得采取要约规定以外的形式和超出要约的条件买入被收购公司的股票。

第七十一条　采取协议收购方式的,收购人可以依照法律、行政法规的规定同被收购公司的股东以协议方式进行股份转让。以协议方式收购上市公司时,达成协议后,收购人必须在三日内将该收购协议向国务院证券监督管理机构及证券交易所作出书面报告,并予公告。在公告前不得履行收购协议。

第七十二条　采取协议收购方式的,协议双方可以临时委托证券登记结算机构保管协议转让的股票,并将资金存放于指定的银行。

第七十三条　采取协议收购方式的,收购人收购或者通过协议、其他安排与他人共同收购一个上市公司已发行的有表决权股份达到百分之三十时,继续进行收购的,应当依法向该上市公司所有股东发出收购上市公司全部或者部分股份的要约。但是,按照国务院证券监督管理机构的规定免除发出要约的除外。收购人依照前款规定以要约方式收购上市公司股份,应当遵守本法第六十五条第二款、第六十六条至第七十条的规定。

第七十四条　收购期限届满,被收购公司股权分布不符合证券交易所规定的上市交易要求的,该上市公司的股票应当由证券交易所依法终止上市交易;其余仍持有被收购公司股票的股东,有权向收购人以收购要约的同等条件出售其股票,收购人应当收购。收购行为完成后,被收购公司不再具备股份有限公司条件的,应当依法变更企业形式。

第七十五条　在上市公司收购中,收购人持有的被收购的上市公司的股票,在收购行为完成后的十八个月内不得转让。

第七十六条　收购行为完成后,收购人与被收购公司合并,并将该公司解散的,被解散公司的原有股票由收购人依法更换。收购行为完成后,收购人应当在十五日内将收购情况报告国务院证券监督管理机构和证券交易所,并予公告。

第七十七条　国务院证券监督管理机构依照本法制定上市公司收购的具体办法。上市公司分立或者被其他公司合并,应当向国务院证券监督管理机构报告,并予公告。

第五章　信息披露

第七十八条　发行人及法律、行政法规和国务院证券监督管理机构规定的其他信息披露义务人,应当及时依法履行信息披露义务。信息披露义务人披露的信息,应当真实、准确、完整,简明清晰,通俗易懂,不得有虚假记载、误导性陈述或者重大遗漏。证券同时在境内境外公开发行、交易的,其信息披露义务人在境外披露的信息,应当在境内同时披露。

第七十九条　上市公司、公司债券上市交易的公司、股票在国务院批准的其他全国性证券交易场所交易的公司,应当按照国务院证券监督管理机构和证券交易场所规定的内容和格式编制定期报告,并按照以下规定报送和公告:(一)在每一会计年度结束之日起四个月内,报送并公告年度报告,其中的年度财务会计报告应当经符合本法规定的会计师事务所审计;(二)在每一会计年度的上半年结束之日起二个月内,报送并公告中期报告。

第八十条　发生可能对上市公司、股票在国务院批准的其他全国性证券交易场所交易的公司的股票交易价格产生较大影响的重大事件,投资者尚未得知时,公司应当立即将有关该重大事件的情况向国务院证券监督管理机构和证券交易场所报送临时报告,并予公告,说明事件的起因、目前的状态和可能产生的法律后果。前款所称重大事件包括:(一)公司的经营方针和经营范围的重大变化;(二)公司的重大投资行为,公司在一年内购买、出售重大资产超过公司资产总额百分之三十,或者公司营业用主要资产的抵押、质押、出售或者报废一次超过该资产的百分之三十;(三)公司订立重要合同、提供重大担保或者从事关联交易,可能对公司的资产、负债、权益和经营成果产生重要影响;(四)公司发生重大债务和未能清偿到期重大债务的违约情况;(五)公司发生重大亏损或者重大损失;(六)公司生产经营的外部条件发生的重大变化;(七)公司的董事、三分之一以上监事或者经理发生变动,董事长或者经理无法履行职责;(八)持有公司百分之五以上股份的股东或者实际控制人持有股份或者控制公司的情况发生较大变化,公司的实际控制人及其控制的其他企业从事与公司相同或者相似业务的情况发生较大变化;(九)公司分配股利、增资的计划,公司股权结构的重要变化,公司减资、合并、分立、解散及申请破产的决定,或者依法进入破产程序、被责令关闭;(十)涉及公司的重大诉讼、仲裁,股东大会、董事会决议被依法撤销或者宣告无效;(十一)公司涉嫌犯罪被依法立案调查,公司的控股股东、实际控制人、董事、监事、高级管理人员涉嫌犯罪被依法采取强制措施;(十二)国务院证券监督管理机构规定的其他事项。公司的控股股东或者实际控制人对重大事件的发生、进展产生较大影响的,应当及时将其知悉的有关情况书面告知公司,并配合公司履行信息披露义务。

第八十一条　发生可能对上市交易公司债券的交易价格产生较大影响的重大事件,投资者尚未得知时,公司应当立即将有关该重大事件的情况向国务院证券监督管理机构和证券交易场所报送临时报告,并予公告,说明事件的起因、目前的状态和可能产生的法律后果。前款所称重大事件包括:(一)公司股权结构或者生产经营状况发生重大变化;(二)公司债券信用评级发生变化;(三)公司重大资产抵押、质押、出售、转让、报废;(四)公司发生未能清偿到期债务的情况;(五)公司新增借款或者对外提供担保超过上年末净资产的百分之二十;(六)公司放弃债权或者财产超过上年末净资产的百分之十;(七)公司发生超过上年末净资产百分之十的重大损失;(八)公司分配股利,作出减资、合并、分立、解散及申请破产的决定,或者依法进入破产程序、被责令关闭;(九)涉及公司的重大诉讼、仲裁;(十)公司涉嫌犯罪被依法立案调查,公司的控股股东、实际控制人、董事、监事、高级管理人员涉嫌犯罪被依法采取强制措施;(十一)国务院证券监督管理机构规定的其他事项。

第八十二条　发行人的董事、高级管理人员应当对证券发行文件和定期报告签署书面确认意见。发行人的监事会应当对董事会编制的证券发行文件和定期报告进行审核并提出书面审核意见。监事应当签署书面确认意见。发行人的董事、监事和高级管理人员应当保证发行人及时、公平地披露信息,所披露的信息真实、准确、完整。董事、监事和高级管理人员无法保证证券发行文件和定期报告内容的真实性、准确性、完整性或者有异议的,应当在书面确认意见中发表意见并陈述理由,发行人应当披露。发行人不予披露的,董事、监事和高级管理人员可以直接申请披露。

第八十三条　信息披露义务人披露的信息应当同时向所有投资者披露,不得提前向任何单位和个人泄露。但是,法律、行政法规另有规定的除外。任何单位和个人不得非法要求信息披露义务人提供依法需要披露但尚未披露的信息。任何单位和个人提前获知的前述信息,在依法披露前应当保密。

第八十四条　除依法需要披露的信息之外,信息披露义务人可以自愿披露与投资者作出价值判断和投资决策有关的信息,但不得与依法披露的信息相冲突,不得误导投资者。发行人及其控股股东、实际控制人、董事、监事、高级管理人员等作出公开承诺的,应当披露。不履行承诺给投资者造成损失的,应当依法承担赔偿责任。

第八十五条　信息披露义务人未按照规定披露信息,或者公告的证券发行文件、定期报告、临时报告及其他信息披露资料存在虚假记载、误导性陈述或者重大遗漏,致使投资者在证券交易中遭受损失的,信息披露义务人应当承担赔偿责任;发行人的控股股东、实际控制人、董事、监事、高级管理人员和其他直接责任人员以及保荐人、承销的证券公司及其直接责任人员,应当与发行人承担连带赔偿责任,但是能够证明自己没有过错的除外。

第八十六条　依法披露的信息,应当在证券交易场所的网站和符合国务院证券监督管理机构规定条件的媒体发布,同时将其置备于公司住所、证券交易场所,供社会公众查阅。

第八十七条　国务院证券监督管理机构对信息披露义务人的信息披露行为进行监督管理。证券交易场所应当对其组织交易的证券的信息披露义务人的信息披露行为进行监督,督促其依法及时、准确地披露信息。

第六章　投资者保护

第八十八条　证券公司向投资者销售证券、提供服务时,应当按照规定充分了解投资者的基本情况、财产状况、金融资产状况、投资知识和经验、专业能力等相关信息;如实说明证券、服务的重要内容,充分揭示投资风险;销售、提供与投资者上述状况相匹配的证券、服务。投资者在购买证券或者接受服务时,应当按照证券公司明示的要求提供前款所列真实信息。拒绝提供或者未按照要求提供信息的,证券公司应当告知其后果,并按照规定拒绝向其销售证券、提供服务。证券公司违反第一款规定导致投资者损失的，应当承担相应的赔偿责任。

第八十九条　根据财产状况、金融资产状况、投资知识和经验、专业能力等因素，投资者可以分为普通投资者和专业投资者。专业投资者的标准由国务院证券监督管理机构规定。普通投资者与证券公司发生纠纷的，证券公司应当证明其行为符合法律、行政法规以及国务院证券监督管理机构的规定，不存在误导、欺诈等情形。证券公司不能证明的，应当承担相应的赔偿责任。

第九十条　上市公司董事会、独立董事、持有百分之一以上有表决权股份的股东或者依照法律、行政法规或者国务院证券监督管理机构的规定设立的投资者保护机构（以下简称投资者保护机构），可以作为征集人，自行或者委托证券公司、证券服务机构，公开请求上市公司股东委托其代为出席股东大会，并代为行使提案权、表决权等股东权利。依照前款规定征集股东权利的，征集人应当披露征集文件，上市公司应当予以配合。禁止以有偿或者变相有偿的方式公开征集股东权利。公开征集股东权利违反法律、行政法规或者国务院证券监督管理机构有关规定，导致上市公司或者其股东遭受损失的，应当依法承担赔偿责任。

第九十一条　上市公司应当在章程中明确分配现金股利的具体安排和决策程序，依法保障股东的资产收益权。上市公司当年税后利润，在弥补亏损及提取法定公积金后有盈余的，应当按照公司章程的规定分配现金股利。

第九十二条　公开发行公司债券的，应当设立债券持有人会议，并应当在募集说明书中说明债券持有人会议的召集程序、会议规则和其他重要事项。公开发行公司债券的，发行人应当为债券持有人聘请债券受托管理人，并订立债券受托管理协议。受托管理人应当由本次发行的承销机构或者其他经国务院证券监督管理机构认可的机构担任，债券持有人会议可以决议变更债券受托管理人。债券受托管理人应当勤勉尽责，公正履行受托管理职责，不得损害债券持有人利益。债券发行人未能按期兑付债券本息的，债券受托管理人可以接受全部或者部分债券持有人的委托，以自己名义代表债券持有人提起、参加民事诉讼或者清算程序。

第九十三条　发行人因欺诈发行、虚假陈述或者其他重大违法行为给投资者造成损失的，发行人的控股股东、实际控制人、相关的证券公司可以委托投资者保护机构，就赔偿事宜与受到损失的投资者达成协议，予以先行赔付。先行赔付后，可以依法向发行人以及其他连带责任人追偿。

第九十四条　投资者与发行人、证券公司等发生纠纷的，双方可以向投资者保护机构申请调解。普通投资者与证券公司发生证券业务纠纷,普通投资者提出调解请求的,证券公司不得拒绝。投资者保护机构对损害投资者利益的行为,可以依法支持投资者向人民法院提起诉讼。发行人的董事、监事、高级管理人员执行公司职务时违反法律、行政法规或者公司章程的规定给公司造成损失,发行人的控股股东、实际控制人等侵犯公司合法权益给公司造成损失,投资者保护机构持有该公司股份的,可以为公司的利益以自己的名义向人民法院提起诉讼,持股比例和持股期限不受《中华人民共和国公司法》规定的限制。

第九十五条 投资者提起虚假陈述等证券民事赔偿诉讼时,诉讼标的是同一种类,且当事人一方人数众多的,可以依法推选代表人进行诉讼。对按照前款规定提起的诉讼,可能存在有相同诉讼请求的其他众多投资者的,人民法院可以发出公告,说明该诉讼请求的案件情况,通知投资者在一定期间向人民法院登记。人民法院作出的判决、裁定,对参加登记的投资者发生效力。投资者保护机构受五十名以上投资者委托,可以作为代表人参加诉讼,并为经证券登记结算机构确认的权利人依照前款规定向人民法院登记,但投资者明确表示不愿意参加该诉讼的除外。

第七章 证券交易场所

第九十六条 证券交易所、国务院批准的其他全国性证券交易场所为证券集中交易提供场所和设施,组织和监督证券交易,实行自律管理,依法登记,取得法人资格。证券交易所、国务院批准的其他全国性证券交易场所的设立、变更和解散由国务院决定。国务院批准的其他全国性证券交易场所的组织机构、管理办法等,由国务院规定。

第九十七条 证券交易所、国务院批准的其他全国性证券交易场所可以根据证券品种、行业特点、公司规模等因素设立不同的市场层次。

第九十八条 按照国务院规定设立的区域性股权市场为非公开发行证券的发行、转让提供场所和设施,具体管理办法由国务院规定。

第九十九条 证券交易所履行自律管理职能,应当遵守社会公共利益优先原则,维护市场的公平、有序、透明。设立证券交易所必须制定章程。证券交易所章程的制定和修改,必须经国务院证券监督管理机构批准。

第一百条 证券交易所必须在其名称中标明证券交易所字样。其他任何单位或者个人不得使用证券交易所或者近似的名称。

第一百零一条 证券交易所可以自行支配的各项费用收入,应当首先用于保证其证券交易场所和设施的正常运行并逐步改善。实行会员制的证券交易所的财产积累归会员所有,其权益由会员共同享有,在其存续期间,不得将其财产积累分配给会员。

第一百零二条　实行会员制的证券交易所设理事会、监事会。证券交易所设总经理一人,由国务院证券监督管理机构任免。

第一百零三条　有《中华人民共和国公司法》第一百四十六条规定的情形或者下列情形之一的,不得担任证券交易所的负责人:(一)因违法行为或者违纪行为被解除职务的证券交易场所、证券登记结算机构的负责人或者证券公司的董事、监事、高级管理人员,自被解除职务之日起未逾五年;(二)因违法行为或者违纪行为被吊销执业证书或者被取消资格的律师、注册会计师或者其他证券服务机构的专业人员,自被吊销执业证书或者被取消资格之日起未逾五年。

第一百零四条　因违法行为或者违纪行为被开除的证券交易场所、证券公司、证券登记结算机构、证券服务机构的从业人员和被开除的国家机关工作人员,不得招聘为证券交易所的从业人员。

第一百零五条　进入实行会员制的证券交易所参与集中交易的,必须是证券交易所的会员。证券交易所不得允许非会员直接参与股票的集中交易。

第一百零六条　投资者应当与证券公司签订证券交易委托协议,并在证券公司实名开立账户,以书面、电话、自助终端、网络等方式,委托该证券公司代其买卖证券。

第一百零七条　证券公司为投资者开立账户,应当按照规定对投资者提供的身份信息进行核对。证券公司不得将投资者的账户提供给他人使用。投资者应当使用实名开立的账户进行交易。

第一百零八条　证券公司根据投资者的委托,按照证券交易规则提出交易申报,参与证券交易所场内的集中交易,并根据成交结果承担相应的清算交收责任。证券登记结算机构根据成交结果,按照清算交收规则,与证券公司进行证券和资金的清算交收,并为证券公司客户办理证券的登记过户手续。

第一百零九条　证券交易所应当为组织公平的集中交易提供保障,实时公布证券交易即时行情,并按交易日制作证券市场行情表,予以公布。证券交易即时行情的权益由证券交易所依法享有。未经证券交易所许可,任何单位和个人不得发布证券交易即时行情。

第一百一十条　上市公司可以向证券交易所申请其上市交易股票的停牌或者复牌,但不得滥用停牌或者复牌损害投资者的合法权益。证券交易所可以按照业务规则的规定,决定上市交易股票的停牌或者复牌。

第一百一十一条　因不可抗力、意外事件、重大技术故障、重大人为差错等突发性事件而影响证券交易正常进行时,为维护证券交易正常秩序和市场公平,证券交易所可以按照业务规则采取技术性停牌、临时停市等处置措施,并应当及时向国务院证券监督管理机构报告。因前款规定的突发性事件导致证券交易结果出现重大异常,按交易结果进行交收将对证券交易正常秩序和市场公平造成重大影响的,证券交易所按照业务规则可以采取取消交易、通知证券登记结算机构暂缓交收等措施,并应当及时向国务院证券监督管理机构报告并公告。证券交易所对其依照本条规定采取措施造成的损失,不承担民事赔偿责任,但存在重大过错的除外。

第一百一十二条　证券交易所对证券交易实行实时监控,并按照国务院证券监督管理机构的要求,对异常的交易情况提出报告。证券交易所根据需要,可以按照业务规则对出现重大异常交易情况的证券账户的投资者限制交易,并及时报告国务院证券监督管理机构。

第一百一十三条　证券交易所应当加强对证券交易的风险监测,出现重大异常波动的,证券交易所可以按照业务规则采取限制交易、强制停牌等处置措施,并向国务院证券监督管理机构报告;严重影响证券市场稳定的,证券交易所可以按照业务规则采取临时停市等处置措施并公告。证券交易所对其依照本条规定采取措施造成的损失,不承担民事赔偿责任,但存在重大过错的除外。

第一百一十四条　证券交易所应当从其收取的交易费用和会员费、席位费中提取一定比例的金额设立风险基金。风险基金由证券交易所理事会管理。风险基金提取的具体比例和使用办法,由国务院证券监督管理机构会同国务院财政部门规定。证券交易所应当将收存的风险基金存入开户银行专门账户,不得擅自使用。

第一百一十五条　证券交易所依照法律、行政法规和国务院证券监督管理机构的规定,制定上市规则、交易规则、会员管理规则和其他有关业务规则,并报国务院证券监督管理机构批准。在证券交易所从事证券交易,应当遵守证券交易所依法制定的业务规则。违反业务规则的,由证券交易所给予纪律处分或者采取其他自律管理措施。

第一百一十六条　证券交易所的负责人和其他从业人员执行与证券交易有关的职务时,与其本人或者其亲属有利害关系的,应当回避。

第一百一十七条　按照依法制定的交易规则进行的交易,不得改变其交易结果,但本法第一百一十一条第二款规定的除外。对交易中违规交易者应负的民事责任不得免除;在违规交易中所获利益,依照有关规定处理。

第八章　证券公司

第一百一十八条　设立证券公司,应当具备下列条件,并经国务院证券监督管理机构批准:(一)有符合法律、行政法规规定的公司章程;(二)主要股东及公司的实际控制人具有良好的财务状况和诚信记录,最近三年无重大违法违规记录;(三)有符合本法规定的公司注册资本;(四)董事、监事、高级管理人员、从业人员符合本法规定的条件;(五)有完善的风险管理与内部控制制度;(六)有合格的经营场所、业务设施和信息技术系统;(七)法律、行政法规和经国务院批准的国务院证券监督管理机构规定的其他条件。未经国务院证券监督管理机构批准,任何单位和个人不得以证券公司名义开展证券业务活动。

第一百一十九条　国务院证券监督管理机构应当自受理证券公司设立申请之日起六个月内,依照法定条件和法定程序并根据审慎监管原则进行审查,作出批准或者不予批准的决定,并通知申请人;不予批准的,应当说明理由。证券公司设立申请获得批准的,申请人应当在规定的期限内向公司登记机关申请设立登记,领取营业执照。证券公司应当自领取营业执照之日起十五日内,向国务院证券监督管理机构申请经营证券业务许可证。未取得经营证券业务许可证,证券公司不得经营证券业务。

第一百二十条　经国务院证券监督管理机构核准,取得经营证券业务许可证,证券公司可以经营下列部分或者全部证券业务:(一)证券经纪;(二)证券投资咨询;(三)与证券交易、证券投资活动有关的财务顾问;(四)证券承销与保荐;(五)证券融资融券;(六)证券做市交易;(七)证券自营;(八)其他证券业务。国务院证券监督管理机构应当自受理前款规定事项申请之日起三个月内,依照法定条件和程序进行审查,作出核准或者不予核准的决定,并通知申请人;不予核准的,应当说明理由。证券公司经营证券资产管理业务的,应当符合《中华人民共和国证券投资基金法》等法律、行政法规的规定。除证券公司外,任何单位和个人不得从事证券承销、证券保荐、证券经纪和证券融资融券业务。证券公司从事证券融资融券业务,应当采取措施,严格防范和控制风险,不得违反规定向客户出借资金或者证券。

第一百二十一条　证券公司经营本法第一百二十条第一款第(一)项至第(三)项业务的,注册资本最低限额为人民币五千万元;经营第(四)项至第(八)项业务之一的,注册资本最低限额为人民币一亿元;经营第(四)项至第(八)项业务中两项以上的,注册资本最低限额为人民币五亿元。证券公司的注册资本应当是实缴资本。国务院证券监督管理机构根据审慎监管原则和各项业务的风险程度,可以调整注册资本最低限额,但不得少于前款规定的限额。

第一百二十二条　证券公司变更证券业务范围,变更主要股东或者公司的实际控制人,合并、分立、停业、解散、破产,应当经国务院证券监督管理机构核准。

第一百二十三条　国务院证券监督管理机构应当对证券公司净资本和其他风险控制指标作出规定。证券公司除依照规定为其客户提供融资融券外,不得为其股东或者股东的关联人提供融资或者担保。

第一百二十四条　证券公司的董事、监事、高级管理人员,应当正直诚实、品行良好,熟悉证券法律、行政法规,具有履行职责所需的经营管理能力。证券公司任免董事、监事、高级管理人员,应当报国务院证券监督管理机构备案。有《中华人民共和国公司法》第一百四十六条规定的情形或者下列情形之一的,不得担任证券公司的董事、监事、高级管理人员:(一)因违法行为或者违纪行为被解除职务的证券交易场所、证券登记结算机构的负责人或者证券公司的董事、监事、高级管理人员,自被解除职务之日起未逾五年;(二)因违法行为或者违纪行为被吊销执业证书或者被取消资格的律师、注册会计师或者其他证券服务机构的专业人员,自被吊销执业证书或者被取消资格之日起未逾五年。

第一百二十五条　证券公司从事证券业务的人员应当品行良好,具备从事证券业务所需的专业能力。因违法行为或者违纪行为被开除的证券交易场所、证券公司、证券登记结算机构、证券服务机构的从业人员和被开除的国家机关工作人员,不得招聘为证券公司的从业人员。国家机关工作人员和法律、行政法规规定的禁止在公司中兼职的其他人员,不得在证券公司中兼任职务。

第一百二十六条　国家设立证券投资者保护基金。证券投资者保护基金由证券公司缴纳的资金及其他依法筹集的资金组成,其规模以及筹集、管理和使用的具体办法由国务院规定。

第一百二十七条　证券公司从每年的业务收入中提取交易风险准备金,用于弥补证券经营的损失,其提取的具体比例由国务院证券监督管理机构会同国务院财政部门规定。

第一百二十八条　证券公司应当建立健全内部控制制度,采取有效隔离措施,防范公司与客户之间、不同客户之间的利益冲突。证券公司必须将其证券经纪业务、证券承销业务、证券自营业务、证券做市业务和证券资产管理业务分开办理,不得混合操作。

第一百二十九条　证券公司的自营业务必须以自己的名义进行,不得假借他人名义或者以个人名义进行。证券公司的自营业务必须使用自有资金和依法筹集的资金。证券公司不得将其自营账户借给他人使用。

第一百三十条　证券公司应当依法审慎经营,勤勉尽责,诚实守信。证券公司的业务活动,应当与其治理结构、内部控制、合规管理、风险管理以及风险控制指标、从业人员构成等情况相适应,符合审慎监管和保护投资者合法权益的要求。证券公司依法享有自主经营的权利,其合法经营不受干涉。

第一百三十一条　证券公司客户的交易结算资金应当存放在商业银行,以每个客户的名义单独立户管理。证券公司不得将客户的交易结算资金和证券归入其自有财产。禁止任何单位或者个人以任何形式挪用客户的交易结算资金和证券。证券公司破产或者清算时,客户的交易结算资金和证券不属于其破产财产或者清算财产。非因客户本身的债务或者法律规定的其他情形,不得查封、冻结、扣划或者强制执行客户的交易结算资金和证券。

第一百三十二条　证券公司办理经纪业务,应当置备统一制定的证券买卖委托书,供委托人使用。采取其他委托方式的,必须作出委托记录。客户的证券买卖委托,不论是否成交,其委托记录应当按照规定的期限,保存于证券公司。

第一百三十三条　证券公司接受证券买卖的委托,应当根据委托书载明的证券名称、买卖数量、出价方式、价格幅度等,按照交易规则代理买卖证券,如实进行交易记录;买卖成交后,应当按照规定制作买卖成交报告单交付客户。证券交易中确认交易行为及其交易结果的对账单必须真实,保证账面证券余额与实际持有的证券相一致。

第一百三十四条　证券公司办理经纪业务,不得接受客户的全权委托而决定证券买卖、选择证券种类、决定买卖数量或者买卖价格。证券公司不得允许他人以证券公司的名义直接参与证券的集中交易。

第一百三十五条　证券公司不得对客户证券买卖的收益或者赔偿证券买卖的损失作出承诺。

第一百三十六条　证券公司的从业人员在证券交易活动中,执行所属的证券公司的指令或者利用职务违反交易规则的,由所属的证券公司承担全部责任。证券公司的从业人员不得私下接受客户委托买卖证券。

第一百三十七条　证券公司应当建立客户信息查询制度,确保客户能够查询其账户信息、委托记录、交易记录以及其他与接受服务或者购买产品有关的重要信息。证券公司应当妥善保存客户开户资料、委托记录、交易记录和与内部管理、业务经营有关的各项信息,任何人不得隐匿、伪造、篡改或者毁损。上述信息的保存期限不得少于二十年。

第一百三十八条　证券公司应当按照规定向国务院证券监督管理机构报送业务、财务等经营管理信息和资料。国务院证券监督管理机构有权要求证券公司及其主要股东、实际控制人在指定的期限内提供有关信息、资料。证券公司及其主要股东、实际控制人向国务院证券监督管理机构报送或者提供的信息、资料,必须真实、准确、完整。

第一百三十九条　国务院证券监督管理机构认为有必要时,可以委托会计师事务所、资产评估机构对证券公司的财务状况、内部控制状况、资产价值进行审计或者评估。具体办法由国务院证券监督管理机构会同有关主管部门制定。

第一百四十条　证券公司的治理结构、合规管理、风险控制指标不符合规定的,国务院证券监督管理机构应当责令其限期改正;逾期未改正,或者其行为严重危及该证券公司的稳健运行、损害客户合法权益的,国务院证券监督管理机构可以区别情形,对其采取下列措施:(一)限制业务活动,责令暂停部分业务,停止核准新业务;(二)限制分配红利,限制向董事、监事、高级管理人员支付报酬、提供福利;(三)限制转让财产或者在财产上设定其他权利;(四)责令更换董事、监事、高级管理人员或者限制其权利;(五)撤销有关业务许可;(六)认定负有责任的董事、监事、高级管理人员为不适当人选;(七)责令负有责任的股东转让股权,限制负有责任的股东行使股东权利。证券公司整改后,应当向国务院证券监督管理机构提交报告。国务院证券监督管理机构经验收,治理结构、合规管理、风险控制指标符合规定的,应当自验收完毕之日起三日内解除对其采取的前款规定的有关限制措施。

第一百四十一条　证券公司的股东有虚假出资、抽逃出资行为的,国务院证券监督管理机构应当责令其限期改正,并可责令其转让所持证券公司的股权。在前款规定的股东按照要求改正违法行为、转让所持证券公司的股权前,国务院证券监督管理机构可以限制其股东权利。

第一百四十二条　证券公司的董事、监事、高级管理人员未能勤勉尽责,致使证券公司存在重大违法违规行为或者重大风险的,国务院证券监督管理机构可以责令证券公司予以更换。

第一百四十三条　证券公司违法经营或者出现重大风险,严重危害证券市场秩序、损害投资者利益的,国务院证券监督管理机构可以对该证券公司采取责令停业整顿、指定其他机构托管、接管或者撤销等监管措施。

第一百四十四条　在证券公司被责令停业整顿、被依法指定托管、接管或者清算期间,或者出现重大风险时,经国务院证券监督管理机构批准,可以对该证券公司直接负责的董事、监事、高级管理人员和其他直接责任人员采取以下措施:(一)通知出境入境管理机关依法阻止其出境;(二)申请司法机关禁止其转移、转让或者以其他方式处分财产,或者在财产上设定其他权利。

第九章　证券登记结算机构

第一百四十五条　证券登记结算机构为证券交易提供集中登记、存管与结算服务，不以营利为目的，依法登记，取得法人资格。设立证券登记结算机构必须经国务院证券监督管理机构批准。

第一百四十六条　设立证券登记结算机构，应当具备下列条件：（一）自有资金不少于人民币二亿元；（二）具有证券登记、存管和结算服务所必须的场所和设施；（三）国务院证券监督管理机构规定的其他条件。证券登记结算机构的名称中应当标明证券登记结算字样。

第一百四十七条　证券登记结算机构履行下列职能：（一）证券账户、结算账户的设立；（二）证券的存管和过户；（三）证券持有人名册登记；（四）证券交易的清算和交收；（五）受发行人的委托派发证券权益；（六）办理与上述业务有关的查询、信息服务；（七）国务院证券监督管理机构批准的其他业务。

第一百四十八条　在证券交易所和国务院批准的其他全国性证券交易场所交易的证券的登记结算，应当采取全国集中统一的运营方式。前款规定以外的证券，其登记、结算可以委托证券登记结算机构或者其他依法从事证券登记、结算业务的机构办理。

第一百四十九条　证券登记结算机构应当依法制定章程和业务规则，并经国务院证券监督管理机构批准。证券登记结算业务参与人应当遵守证券登记结算机构制定的业务规则。

第一百五十条　在证券交易所或者国务院批准的其他全国性证券交易场所交易的证券，应当全部存管在证券登记结算机构。证券登记结算机构不得挪用客户的证券。

第一百五十一条　证券登记结算机构应当向证券发行人提供证券持有人名册及有关资料。证券登记结算机构应当根据证券登记结算的结果，确认证券持有人持有证券的事实，提供证券持有人登记资料。证券登记结算机构应当保证证券持有人名册和登记过户记录真实、准确、完整，不得隐匿、伪造、篡改或者毁损。

第一百五十二条　证券登记结算机构应当采取下列措施保证业务的正常进行：（一）具有必备的服务设备和完善的数据安全保护措施；（二）建立完善的业务、财务和安全防范等管理制度；（三）建立完善的风险管理系统。

第一百五十三条　证券登记结算机构应当妥善保存登记、存管和结算的原始凭证及有关文件和资料。其保存期限不得少于二十年。

第一百五十四条　证券登记结算机构应当设立证券结算风险基金,用于垫付或者弥补因违约交收、技术故障、操作失误、不可抗力造成的证券登记结算机构的损失。证券结算风险基金从证券登记结算机构的业务收入和收益中提取,并可以由结算参与人按照证券交易业务量的一定比例缴纳。证券结算风险基金的筹集、管理办法,由国务院证券监督管理机构会同国务院财政部门规定。

第一百五十五条　证券结算风险基金应当存入指定银行的专门账户,实行专项管理。证券登记结算机构以证券结算风险基金赔偿后,应当向有关责任人追偿。

第一百五十六条　证券登记结算机构申请解散,应当经国务院证券监督管理机构批准。

第一百五十七条　投资者委托证券公司进行证券交易,应当通过证券公司申请在证券登记结算机构开立证券账户。证券登记结算机构应当按照规定为投资者开立证券账户。投资者申请开立账户,应当持有证明中华人民共和国公民、法人、合伙企业身份的合法证件。国家另有规定的除外。

第一百五十八条　证券登记结算机构作为中央对手方提供证券结算服务的,是结算参与人共同的清算交收对手,进行净额结算,为证券交易提供集中履约保障。证券登记结算机构为证券交易提供净额结算服务时,应当要求结算参与人按照货银对付的原则,足额交付证券和资金,并提供交收担保。在交收完成之前,任何人不得动用用于交收的证券、资金和担保物。结算参与人未按时履行交收义务的,证券登记结算机构有权按照业务规则处理前款所述财产。

第一百五十九条　证券登记结算机构按照业务规则收取的各类结算资金和证券,必须存放于专门的清算交收账户,只能按业务规则用于已成交的证券交易的清算交收,不得被强制执行。

第十章　证券服务机构

第一百六十条　会计师事务所、律师事务所以及从事证券投资咨询、资产评估、资信评级、财务顾问、信息技术系统服务的证券服务机构,应当勤勉尽责、恪尽职守,按照相关业务规则为证券的交易及相关活动提供服务。从事证券投资咨询服务业务,应当经国务院证券监督管理机构核准;未经核准,不得为证券的交易及相关活动提供服务。从事其他证券服务业务,应当报国务院证券监督管理机构和国务院有关主管部门备案。

第一百六十一条　证券投资咨询机构及其从业人员从事证券服务业务不得有下列行为：（一）代理委托人从事证券投资；（二）与委托人约定分享证券投资收益或者分担证券投资损失；（三）买卖本证券投资咨询机构提供服务的证券；（四）法律、行政法规禁止的其他行为。有前款所列行为之一，给投资者造成损失的，应当依法承担赔偿责任。

第一百六十二条　证券服务机构应当妥善保存客户委托文件、核查和验证资料、工作底稿以及与质量控制、内部管理、业务经营有关的信息和资料，任何人不得泄露、隐匿、伪造、篡改或者毁损。上述信息和资料的保存期限不得少于十年，自业务委托结束之日起算。

第一百六十三条　证券服务机构为证券的发行、上市、交易等证券业务活动制作、出具审计报告及其他鉴证报告、资产评估报告、财务顾问报告、资信评级报告或者法律意见书等文件，应当勤勉尽责，对所依据的文件资料内容的真实性、准确性、完整性进行核查和验证。其制作、出具的文件有虚假记载、误导性陈述或者重大遗漏，给他人造成损失的，应当与委托人承担连带赔偿责任，但是能够证明自己没有过错的除外。

第十一章　证券业协会

第一百六十四条　证券业协会是证券业的自律性组织，是社会团体法人。证券公司应当加入证券业协会。证券业协会的权力机构为全体会员组成的会员大会。

第一百六十五条　证券业协会章程由会员大会制定，并报国务院证券监督管理机构备案。

第一百六十六条　证券业协会履行下列职责：（一）教育和组织会员及其从业人员遵守证券法律、行政法规，组织开展证券行业诚信建设，督促证券行业履行社会责任；（二）依法维护会员的合法权益，向证券监督管理机构反映会员的建议和要求；（三）督促会员开展投资者教育和保护活动，维护投资者合法权益；（四）制定和实施证券行业自律规则，监督、检查会员及其从业人员行为，对违反法律、行政法规、自律规则或者协会章程的，按照规定给予纪律处分或者实施其他自律管理措施；（五）制定证券行业业务规范，组织从业人员的业务培训；（六）组织会员就证券行业的发展、运作及有关内容进行研究，收集整理、发布证券相关信息，提供会员服务，组织行业交流，引导行业创新发展；（七）对会员之间、会员与客户之间发生的证券业务纠纷进行调解；（八）证券业协会章程规定的其他职责。

第一百六十七条　证券业协会设理事会。理事会成员依章程的规定由选举产生。

第十二章　证券监督管理机构

第一百六十八条　国务院证券监督管理机构依法对证券市场实行监督管理,维护证券市场公开、公平、公正,防范系统性风险,维护投资者合法权益,促进证券市场健康发展。

第一百六十九条　国务院证券监督管理机构在对证券市场实施监督管理中履行下列职责:(一)依法制定有关证券市场监督管理的规章、规则,并依法进行审批、核准、注册,办理备案;(二)依法对证券的发行、上市、交易、登记、存管、结算等行为,进行监督管理;(三)依法对证券发行人、证券公司、证券服务机构、证券交易场所、证券登记结算机构的证券业务活动,进行监督管理;(四)依法制定从事证券业务人员的行为准则,并监督实施;(五)依法监督检查证券发行、上市、交易的信息披露;(六)依法对证券业协会的自律管理活动进行指导和监督;(七)依法监测并防范、处置证券市场风险;(八)依法开展投资者教育;(九)依法对证券违法行为进行查处;(十)法律、行政法规规定的其他职责。

第一百七十条　国务院证券监督管理机构依法履行职责,有权采取下列措施:(一)对证券发行人、证券公司、证券服务机构、证券交易场所、证券登记结算机构进行现场检查;(二)进入涉嫌违法行为发生场所调查取证;(三)询问当事人和与被调查事件有关的单位和个人,要求其对与被调查事件有关的事项作出说明;或者要求其按照指定的方式报送与被调查事件有关的文件和资料;(四)查阅、复制与被调查事件有关的财产权登记、通讯记录等文件和资料;(五)查阅、复制当事人和与被调查事件有关的单位和个人的证券交易记录、登记过户记录、财务会计资料及其他相关文件和资料;对可能被转移、隐匿或者毁损的文件和资料,可以予以封存、扣押;(六)查询当事人和与被调查事件有关的单位和个人的资金账户、证券账户、银行账户以及其他具有支付、托管、结算等功能的账户信息,可以对有关文件和资料进行复制;对有证据证明已经或者可能转移或者隐匿违法资金、证券等涉案财产或者隐匿、伪造、毁损重要证据的,经国务院证券监督管理机构主要负责人或者其授权的其他负责人批准,可以冻结或者查封,期限为六个月;因特殊原因需要延长的,每次延长期限不得超过三个月,冻结、查封期限最长不得超过二年;(七)在调查操纵证券市场、内幕交易等重大证券违法行为时,经国务院证券监督管理机构主要负责人或者其授权的其他负责人批准,可以限制被调查的当事人的证券买卖,但限制的期限不得超过三个月;案情复杂的,可以延长三个月;(八)通知出境入境管理机关依法阻止涉嫌违法人员、涉嫌违法单位的主管人员和其他直接责任人员出境。为防范证券市场风险,维护市场秩序,国务院证券监督管理机构可以采取责令改正、监管谈话、出具警示函等措施。

第一百七十一条 国务院证券监督管理机构对涉嫌证券违法的单位或者个人进行调查期间,被调查的当事人书面申请,承诺在国务院证券监督管理机构认可的期限内纠正涉嫌违法行为,赔偿有关投资者损失,消除损害或者不良影响的,国务院证券监督管理机构可以决定中止调查。被调查的当事人履行承诺的,国务院证券监督管理机构可以决定终止调查;被调查的当事人未履行承诺或者有国务院规定的其他情形的,应当恢复调查。具体办法由国务院规定。国务院证券监督管理机构决定中止或者终止调查的,应当按照规定公开相关信息。

第一百七十二条 国务院证券监督管理机构依法履行职责,进行监督检查或者调查,其监督检查、调查的人员不得少于二人,并应当出示合法证件和监督检查、调查通知书或者其他执法文书。监督检查、调查的人员少于二人或者未出示合法证件和监督检查、调查通知书或者其他执法文书的,被检查、调查的单位和个人有权拒绝。

第一百七十三条 国务院证券监督管理机构依法履行职责,被检查、调查的单位和个人应当配合,如实提供有关文件和资料,不得拒绝、阻碍和隐瞒。

第一百七十四条 国务院证券监督管理机构制定的规章、规则和监督管理工作制度应当依法公开。国务院证券监督管理机构依据调查结果,对证券违法行为作出的处罚决定,应当公开。

第一百七十五条 国务院证券监督管理机构应当与国务院其他金融监督管理机构建立监督管理信息共享机制。国务院证券监督管理机构依法履行职责,进行监督检查或者调查时,有关部门应当予以配合。

第一百七十六条 对涉嫌证券违法、违规行为,任何单位和个人有权向国务院证券监督管理机构举报。对涉嫌重大违法、违规行为的实名举报线索经查证属实的,国务院证券监督管理机构按照规定给予举报人奖励。国务院证券监督管理机构应当对举报人的身份信息保密。

第一百七十七条 国务院证券监督管理机构可以和其他国家或者地区的证券监督管理机构建立监督管理合作机制,实施跨境监督管理。境外证券监督管理机构不得在中华人民共和国境内直接进行调查取证等活动。未经国务院证券监督管理机构和国务院有关主管部门同意,任何单位和个人不得擅自向境外提供与证券业务活动有关的文件和资料。

第一百七十八条 国务院证券监督管理机构依法履行职责,发现证券违法行为涉嫌犯罪的,应当依法将案件移送司法机关处理;发现公职人员涉嫌职务违法或者职务犯罪的,应当依法移送监察机关处理。

第一百七十九条　国务院证券监督管理机构工作人员必须忠于职守、依法办事、公正廉洁,不得利用职务便利牟取不正当利益,不得泄露所知悉的有关单位和个人的商业秘密。国务院证券监督管理机构工作人员在任职期间,或者离职后在《中华人民共和国公务员法》规定的期限内,不得到与原工作业务直接相关的企业或者其他营利性组织任职,不得从事与原工作业务直接相关的营利性活动。

第十三章　法律责任

第一百八十条　违反本法第九条的规定,擅自公开或者变相公开发行证券的,责令停止发行,退还所募资金并加算银行同期存款利息,处以非法所募资金金额百分之五以上百分之五十以下的罚款;对擅自公开或者变相公开发行证券设立的公司,由依法履行监督管理职责的机构或者部门会同县级以上地方人民政府予以取缔。对直接负责的主管人员和其他直接责任人员给予警告,并处以五十万元以上五百万元以下的罚款。

第一百八十一条　发行人在其公告的证券发行文件中隐瞒重要事实或者编造重大虚假内容,尚未发行证券的,处以二百万元以上二千万元以下的罚款;已经发行证券的,处以非法所募资金金额百分之十以上一倍以下的罚款。对直接负责的主管人员和其他直接责任人员,处以一百万元以上一千万元以下的罚款。发行人的控股股东、实际控制人组织、指使从事前款违法行为的,没收违法所得,并处以违法所得百分之十以上一倍以下的罚款;没有违法所得或者违法所得不足二千万元的,处以二百万元以上二千万元以下的罚款。对直接负责的主管人员和其他直接责任人员,处以一百万元以上一千万元以下的罚款。

第一百八十二条　保荐人出具有虚假记载、误导性陈述或者重大遗漏的保荐书,或者不履行其他法定职责的,责令改正,给予警告,没收业务收入,并处以业务收入一倍以上十倍以下的罚款;没有业务收入或者业务收入不足一百万元的,处以一百万元以上一千万元以下的罚款;情节严重的,并处暂停或者撤销保荐业务许可。对直接负责的主管人员和其他直接责任人员给予警告,并处以五十万元以上五百万元以下的罚款。

第一百八十三条　证券公司承销或者销售擅自公开发行或者变相公开发行的证券的,责令停止承销或者销售,没收违法所得,并处以违法所得一倍以上十倍以下的罚款;没有违法所得或者违法所得不足一百万元的,处以一百万元以上一千万元以下的罚款;

情节严重的,并处暂停或者撤销相关业务许可。给投资者造成损失的,应当与发行人承担连带赔偿责任。对直接负责的主管人员和其他直接责任人员给予警告,并处以五十万元以上五百万元以下的罚款。

第一百八十四条　证券公司承销证券违反本法第二十九条规定的,责令改正,给予警告,没收违法所得,可以并处五十万元以上五百万元以下的罚款;情节严重的,暂停或者撤销相关业务许可。对直接负责的主管人员和其他直接责任人员给予警告,可以并处二十万元以上二百万元以下的罚款;情节严重的,并处以五十万元以上五百万元以下的罚款。

第一百八十五条　发行人违反本法第十四条、第十五条的规定擅自改变公开发行证券所募集资金的用途的,责令改正,处以五十万元以上五百万元以下的罚款;对直接负责的主管人员和其他直接责任人员给予警告,并处以十万元以上一百万元以下的罚款。发行人的控股股东、实际控制人从事或者组织、指使从事前款违法行为的,给予警告,并处以五十万元以上五百万元以下的罚款;对直接负责的主管人员和其他直接责任人员,处以十万元以上一百万元以下的罚款。

第一百八十六条　违反本法第三十六条的规定,在限制转让期内转让证券,或者转让股票不符合法律、行政法规和国务院证券监督管理机构规定的,责令改正,给予警告,没收违法所得,并处以买卖证券等值以下的罚款。

第一百八十七条　法律、行政法规规定禁止参与股票交易的人员,违反本法第四十条的规定,直接或者以化名、借他人名义持有、买卖股票或者其他具有股权性质的证券的,责令依法处理非法持有的股票、其他具有股权性质的证券,没收违法所得,并处以买卖证券等值以下的罚款;属于国家工作人员的,还应当依法给予处分。

第一百八十八条　证券服务机构及其从业人员,违反本法第四十二条的规定买卖证券的,责令依法处理非法持有的证券,没收违法所得,并处以买卖证券等值以下的罚款。

第一百八十九条　上市公司、股票在国务院批准的其他全国性证券交易场所交易的公司的董事、监事、高级管理人员、持有该公司百分之五以上股份的股东,违反本法第四十四条的规定,买卖该公司股票或者其他具有股权性质的证券的,给予警告,并处以十万元以上一百万元以下的罚款。

第一百九十条　违反本法第四十五条的规定,采取程序化交易影响证券交易所系统安全或者正常交易秩序的,责令改正,并处以五十万元以上五百万元以下的罚款。对直接负责的主管人员和其他直接责任人员给予警告,并处以十万元以上一百万元以下的罚款。

第一百九十一条　证券交易内幕信息的知情人或者非法获取内幕信息的人违反本法第五十三条的规定从事内幕交易的,责令依法处理非法持有的证券,没收违法所得,并处以违法所得一倍以上十倍以下的罚款;没有违法所得或者违法所得不足五十万元的,处以五十万元以上五百万元以下的罚款。单位从事内幕交易的,还应当对直接负责的主管人员和其他直接责任人员给予警告,并处以二十万元以上二百万元以下的罚款。国务院证券监督管理机构工作人员从事内幕交易的,从重处罚。违反本法第五十四条的规定,利用未公开信息进行交易的,依照前款的规定处罚。

第一百九十二条　违反本法第五十五条的规定,操纵证券市场的,责令依法处理其非法持有的证券,没收违法所得,并处以违法所得一倍以上十倍以下的罚款;没有违法所得或者违法所得不足一百万元的,处以一百万元以上一千万元以下的罚款。单位操纵证券市场的,还应当对直接负责的主管人员和其他直接责任人员给予警告,并处以五十万元以上五百万元以下的罚款。

第一百九十三条　违反本法第五十六条第一款、第三款的规定,编造、传播虚假信息或者误导性信息,扰乱证券市场的,没收违法所得,并处以违法所得一倍以上十倍以下的罚款;没有违法所得或者违法所得不足二十万元的,处以二十万元以上二百万元以下的罚款。违反本法第五十六条第二款的规定,在证券交易活动中作出虚假陈述或者信息误导的,责令改正,处以二十万元以上二百万元以下的罚款;属于国家工作人员的,还应当依法给予处分。传播媒介及其从事证券市场信息报道的工作人员违反本法第五十六条第三款的规定,从事与其工作职责发生利益冲突的证券买卖的,没收违法所得,并处以买卖证券等值以下的罚款。

第一百九十四条　证券公司及其从业人员违反本法第五十七条的规定,有损害客户利益的行为的,给予警告,没收违法所得,并处以违法所得一倍以上十倍以下的罚款;没有违法所得或者违法所得不足十万元的,处以十万元以上一百万元以下的罚款;情节严重的,暂停或者撤销相关业务许可。

第一百九十五条　违反本法第五十八条的规定,出借自己的证券账户或者借用他人的证券账户从事证券交易的,责令改正,给予警告,可以处五十万元以下的罚款。

第一百九十六条　收购人未按照本法规定履行上市公司收购的公告、发出收购要约义务的,责令改正,给予警告,并处以五十万元以上五百万元以下的罚款。对直接负责的主管人员和其他直接责任人员给予警告,并处以二十万元以上二百万元以下的罚款。收购人及其控股股东、实际控制人利用上市公司收购,给被收购公司及其股东造成损失的,应当依法承担赔偿责任。

第一百九十七条　信息披露义务人未按照本法规定报送有关报告或者履行信息披露义务的,责令改正,给予警告,并处以五十万元以上五百万元以下的罚款;对直接负责的主管人员和其他直接责任人员给予警告,并处以二十万元以上二百万元以下的罚款。发行人的控股股东、实际控制人组织、指使从事上述违法行为,或者隐瞒相关事项导致发生上述情形的,处以五十万元以上五百万元以下的罚款;对直接负责的主管人员和其他直接责任人员,处以二十万元以上二百万元以下的罚款。信息披露义务人报送的报告或者披露的信息有虚假记载、误导性陈述或者重大遗漏的,责令改正,给予警告,并处以一百万元以上一千万元以下的罚款;对直接负责的主管人员和其他直接责任人员给予警告,并处以五十万元以上五百万元以下的罚款。发行人的控股股东、实际控制人组织、指使从事上述违法行为,或者隐瞒相关事项导致发生上述情形的,处以一百万元以上一千万元以下的罚款;对直接负责的主管人员和其他直接责任人员,处以五十万元以上五百万元以下的罚款。

第一百九十八条　证券公司违反本法第八十八条的规定未履行或者未按照规定履行投资者适当性管理义务的,责令改正,给予警告,并处以十万元以上一百万元以下的罚款。对直接负责的主管人员和其他直接责任人员给予警告,并处以二十万元以下的罚款。

第一百九十九条　违反本法第九十条的规定征集股东权利的,责令改正,给予警告,可以处五十万元以下的罚款。

第二百条　非法开设证券交易场所的,由县级以上人民政府予以取缔,没收违法所得,并处以违法所得一倍以上十倍以下的罚款;没有违法所得或者违法所得不足一百万元的,处一百万元以上一千万元以下的罚款。对直接负责的主管人员和其他直接责任人员给予警告,并处以二十万元以上二百万元以下的罚款。证券交易所违反本法第一百零五条的规定,允许非会员直接参与股票的集中交易的,责令改正,可以并处五十万元以下的罚款。

第二百零一条　证券公司违反本法第一百零七条第一款的规定,未对投资者开立账户提供的身份信息进行核对的,责令改正,给予警告,并处以五万元以上五十万元以下的罚款。对直接负责的主管人员和其他直接责任人员给予警告,并处以十万元以下的罚款。证券公司违反本法第一百零七条第二款的规定,将投资者的账户提供给他人使用的,责令改正,给予警告,并处以十万元以上一百万元以下的罚款。对直接负责的主管人员和其他直接责任人员给予警告,并处以二十万元以下的罚款。

第二百零二条　违反本法第一百一十八条、第一百二十条第一款、第四款的规定,擅自设立证券公司、非法经营证券业务或者未经批准以证券公司名义开展证券业务活动的,责令改正,没收违法所得,并处以违法所得一倍以上十倍以下的罚款;没有违法所得或者违法所得不足一百万元的,处以一百万元以上一千万元以下的罚款。对直接负责的主管人员和其他直接责任人员给予警告,并处以二十万元以上二百万元以下的罚款。对擅自设立的证券公司,由国务院证券监督管理机构予以取缔。证券公司违反本法第一百二十条第五款规定提供证券融资融券服务的,没收违法所得,并处以融资融券等值以下的罚款;情节严重的,禁止其在一定期限内从事证券融资融券业务。对直接负责的主管人员和其他直接责任人员给予警告,并处以二十万元以上二百万元以下的罚款。

第二百零三条 提交虚假证明文件或者采取其他欺诈手段骗取证券公司设立许可、业务许可或者重大事项变更核准的,撤销相关许可,并处以一百万元以上一千万元以下的罚款。对直接负责的主管人员和其他直接责任人员给予警告,并处以二十万元以上二百万元以下的罚款。

第二百零四条 证券公司违反本法第一百二十二条的规定,未经核准变更证券业务范围,变更主要股东或者公司的实际控制人,合并、分立、停业、解散、破产的,责令改正,给予警告,没收违法所得,并处以违法所得一倍以上十倍以下的罚款;没有违法所得或者违法所得不足五十万元的,处以五十万元以上五百万元以下的罚款;情节严重的,并处撤销相关业务许可。对直接负责的主管人员和其他直接责任人员给予警告,并处以二十万元以上二百万元以下的罚款。

第二百零五条 证券公司违反本法第一百二十三条第二款的规定,为其股东或者股东的关联人提供融资或者担保的,责令改正,给予警告,并处以五十万元以上五百万元以下的罚款。对直接负责的主管人员和其他直接责任人员给予警告,并处以十万元以上一百万元以下的罚款。股东有过错的,在按照要求改正前,国务院证券监督管理机构可以限制其股东权利;拒不改正的,可以责令其转让所持证券公司股权。

第二百零六条 证券公司违反本法第一百二十八条的规定,未采取有效隔离措施防范利益冲突,或者未分开办理相关业务、混合操作的,责令改正,给予警告,没收违法所得,并处以违法所得一倍以上十倍以下的罚款;没有违法所得或者违法所得不足五十万元的,处以五十万元以上五百万元以下的罚款;情节严重的,并处撤销相关业务许可。对直接负责的主管人员和其他直接责任人员给予警告,并处以二十万元以上二百万元以下的罚款。

第二百零七条 证券公司违反本法第一百二十九条的规定从事证券自营业务的,责令改正,给予警告,没收违法所得,并处以违法所得一倍以上十倍以下的罚款;没有违法所得或者违法所得不足五十万元的,处以五十万元以上五百万元以下的罚款;情节严重的,并处撤销相关业务许可或者责令关闭。对直接负责的主管人员和其他直接责任人员给予警告,并处以二十万元以上二百万元以下的罚款。

第二百零八条　违反本法第一百三十一条的规定,将客户的资金和证券归入自有财产,或者挪用客户的资金和证券的,责令改正,给予警告,没收违法所得,并处以违法所得一倍以上十倍以下的罚款;没有违法所得或者违法所得不足一百万元的,处以一百万元以上一千万元以下的罚款;情节严重的,并处撤销相关业务许可或者责令关闭。对直接负责的主管人员和其他直接责任人员给予警告,并处以五十万元以上五百万元以下的罚款。

第二百零九条　证券公司违反本法第一百三十四条第一款的规定接受客户的全权委托买卖证券的,或者违反本法第一百三十五条的规定对客户的收益或者赔偿客户的损失作出承诺的,责令改正,给予警告,没收违法所得,并处以违法所得一倍以上十倍以下的罚款;没有违法所得或者违法所得不足五十万元的,处以五十万元以上五百万元以下的罚款;情节严重的,并处撤销相关业务许可。对直接负责的主管人员和其他直接责任人员给予警告,并处以二十万元以上二百万元以下的罚款。证券公司违反本法第一百三十四条第二款的规定,允许他人以证券公司的名义直接参与证券的集中交易的,责令改正,可以并处五十万元以下的罚款。

第二百一十条　证券公司的从业人员违反本法第一百三十六条的规定,私下接受客户委托买卖证券的,责令改正,给予警告,没收违法所得,并处以违法所得一倍以上十倍以下的罚款;没有违法所得的,处以五十万元以下的罚款。

第二百一十一条　证券公司及其主要股东、实际控制人违反本法第一百三十八条的规定,未报送、提供信息和资料,或者报送、提供的信息和资料有虚假记载、误导性陈述或者重大遗漏的,责令改正,给予警告,并处以一百万元以下的罚款;情节严重的,并处撤销相关业务许可。对直接负责的主管人员和其他直接责任人员,给予警告,并处以五十万元以下的罚款。

第二百一十二条　违反本法第一百四十五条的规定,擅自设立证券登记结算机构的,由国务院证券监督管理机构予以取缔,没收违法所得,并处以违法所得一倍以上十倍以下的罚款;没有违法所得或者违法所得不足五十万元的,处以五十万元以上五百万元以下的罚款。对直接负责的主管人员和其他直接责任人员给予警告,并处以二十万元以上二百万元以下的罚款。

第二百一十三条　证券投资咨询机构违反本法第一百六十条第二款的规定擅自从

事证券服务业务,或者从事证券服务业务有本法第一百六十一条规定行为的,责令改正,没收违法所得,并处以违法所得一倍以上十倍以下的罚款;没有违法所得或者违法所得不足五十万元的,处以五十万元以上五百万元以下的罚款。对直接负责的主管人员和其他直接责任人员,给予警告,并处以二十万元以上二百万元以下的罚款。会计师事务所、律师事务所以及从事资产评估、资信评级、财务顾问、信息技术系统服务的机构违反本法第一百六十条第二款的规定,从事证券服务业务未报备案的,责令改正,可以处二十万元以下的罚款。证券服务机构违反本法第一百六十三条的规定,未勤勉尽责,所制作、出具的文件有虚假记载、误导性陈述或者重大遗漏的,责令改正,没收业务收入,并处以业务收入一倍以上十倍以下的罚款,没有业务收入或者业务收入不足五十万元的,处以五十万元以上五百万元以下的罚款;情节严重的,并处暂停或者禁止从事证券服务业务。对直接负责的主管人员和其他直接责任人员给予警告,并处以二十万元以上二百万元以下的罚款。

第二百一十四条　发行人、证券登记结算机构、证券公司、证券服务机构未按照规定保存有关文件和资料的,责令改正,给予警告,并处以十万元以上一百万元以下的罚款;泄露、隐匿、伪造、篡改或者毁损有关文件和资料的,给予警告,并处以二十万元以上二百万元以下的罚款;情节严重的,处以五十万元以上五百万元以下的罚款,并处暂停、撤销相关业务许可或者禁止从事相关业务。对直接负责的主管人员和其他直接责任人员给予警告,并处以十万元以上一百万元以下的罚款。

第二百一十五条　国务院证券监督管理机构依法将有关市场主体遵守本法的情况纳入证券市场诚信档案。

第二百一十六条　国务院证券监督管理机构或者国务院授权的部门有下列情形之一的,对直接负责的主管人员和其他直接责任人员,依法给予处分:(一)对不符合本法规定的发行证券、设立证券公司等申请予以核准、注册、批准的;(二)违反本法规定采取现场检查、调查取证、查询、冻结或者查封等措施的;(三)违反本法规定对有关机构和人员采取监督管理措施的;(四)违反本法规定对有关机构和人员实施行政处罚的;(五)其他不依法履行职责的行为。

第二百一十七条　国务院证券监督管理机构或者国务院授权的部门的工作人员,不履行本法规定的职责,滥用职权、玩忽职守,利用职务便利牟取不正当利益,或者泄露所知悉的有关单位和个人的商业秘密的,依法追究法律责任。

第二百一十八条　拒绝、阻碍证券监督管理机构及其工作人员依法行使监督检查、调查职权,由证券监督管理机构责令改正,处以十万元以上一百万元以下的罚款,并由公安机关依法给予治安管理处罚。

第二百一十九条　违反本法规定,构成犯罪的,依法追究刑事责任。

第二百二十条　违反本法规定,应当承担民事赔偿责任和缴纳罚款、罚金、违法所得,违法行为人的财产不足以支付的,优先用于承担民事赔偿责任。

第二百二十一条　违反法律、行政法规或者国务院证券监督管理机构的有关规定,情节严重的,国务院证券监督管理机构可以对有关责任人员采取证券市场禁入的措施。前款所称证券市场禁入,是指在一定期限内直至终身不得从事证券业务、证券服务业务,不得担任证券发行人的董事、监事、高级管理人员,或者一定期限内不得在证券交易所、国务院批准的其他全国性证券交易场所交易证券的制度。

第二百二十二条　依照本法收缴的罚款和没收的违法所得,全部上缴国库。

第二百二十三条　当事人对证券监督管理机构或者国务院授权的部门的处罚决定不服的,可以依法申请行政复议,或者依法直接向人民法院提起诉讼。

第十四章　附则

第二百二十四条　境内企业直接或者间接到境外发行证券或者将其证券在境外上市交易,应当符合国务院的有关规定。

第二百二十五条　境内公司股票以外币认购和交易的,具体办法由国务院另行规定。

第二百二十六条　本法自2020年3月1日起施行。

附录3:中华人民共和国公司法

(2005年修订)

(1993年12月29日第八届全国人民代表大会常务委员会第五次会议通过,根据1999年12月25日第九届全国人民代表大会常务委员会第十三次会议《关于修改〈中华人民共和国公司法〉的决定》第一次修正,根据2004年8月28日第十届全国人民代表大会常务委员会第十一次会议《关于修改〈中华人民共和国公司法〉的决定》第二次修正,2005年10月27日第十届全国人民代表大会常务委员会第十八次会议修订)

第一章　总则

第一条　为了规范公司的组织和行为,保护公司、股东和债权人的合法权益,维护社会经济秩序,促进社会主义市场经济的发展,制定本法。

第二条　本法所称公司是指依照本法在中国境内设立的有限责任公司和股份有限公司。

第三条　公司是企业法人,有独立的法人财产,享有法人财产权。公司以其全部财产对公司的债务承担责任。有限责任公司的股东以其认缴的出资额为限对公司承担责任;股份有限公司的股东以其认购的股份为限对公司承担责任。

第四条　公司股东依法享有资产收益、参与重大决策和选择管理者等权利。

第五条　公司从事经营活动,必须遵守法律、行政法规,遵守社会公德、商业道德,诚实守信,接受政府和社会公众的监督,承担社会责任。公司的合法权益受法律保护,不受侵犯。

第六条　设立公司,应当依法向公司登记机关申请设立登记。符合本法规定的设立条件的,由公司登记机关分别登记为有限责任公司或者股份有限公司;不符合本法规定的设立条件的,不得登记为有限责任公司或者股份有限公司。法律、行政法规规定设立公司必须报经批准的,应当在公司登记前依法办理批准手续。公众可以向公司登记机关申请查询公司登记事项,公司登记机关应当提供查询服务。

第七条　依法设立的公司,由公司登记机关发给公司营业执照。公司营业执照签发日期为公司成立日期。公司营业执照应当载明公司的名称、住所、注册资本、实收资本、经营范围、法定代表人姓名等事项。公司营业执照记载的事项发生变更的,公司应当依法办理变更登记,由公司登记机关换发营业执照。

第八条　依照本法设立的有限责任公司,必须在公司名称中标明有限责任公司或者有限公司字样。依照本法设立的股份有限公司,必须在公司名称中标明股份有限公司或者股份公司字样。

第九条　有限责任公司变更为股份有限公司,应当符合本法规定的股份有限公司的条件。股份有限公司变更为有限责任公司,应当符合本法规定的有限责任公司的条件。有限责任公司变更为股份有限公司的,或者股份有限公司变更为有限责任公司的,公司变更前的债权、债务由变更后的公司承继。

第十条　公司以其主要办事机构所在地为住所。

第十一条　设立公司必须依法制定公司章程。公司章程对公司、股东、董事、监事、高级管理人员具有约束力。

第十二条　公司的经营范围由公司章程规定,并依法登记。公司可以修改公司章程,改变经营范围,但是应当办理变更登记。公司的经营范围中属于法律、行政法规规定须经批准的项目,应当依法经过批准。

第十三条　公司法定代表人依照公司章程的规定,由董事长、执行董事或者经理担任,并依法登记。公司法定代表人变更,应当办理变更登记。

第十四条　公司可以设立分公司。设立分公司,应当向公司登记机关申请登记,领取营业执照。分公司不具有法人资格,其民事责任由公司承担。公司可以设立子公司,子公司具有法人资格,依法独立承担民事责任。

第十五条　公司可以向其他企业投资;但是,除法律另有规定外,不得成为对所投资企业的债务承担连带责任的出资人。

第十六条　公司向其他企业投资或者为他人提供担保,依照公司章程的规定,由董事会或者股东会、股东大会决议;公司章程对投资或者担保的总额及单项投资或者担保的数额有限额规定的,不得超过规定的限额。公司为公司股东或者实际控制人提供担保的,必须经股东会或者股东大会决议。前款规定的股东或者受前款规定的实际控制人支配的股东,不得参加前款规定事项的表决。该项表决由出席会议的其他股东所持表决权的过半数通过。

第十七条　公司必须保护职工的合法权益,依法与职工签订劳动合同,参加社会保险,加强劳动保护,实现安全生产。公司应当采用多种形式,加强公司职工的职业教育和岗位培训,提高职工素质。

第十八条　公司职工依照《中华人民共和国工会法》组织工会,开展工会活动,维护职工合法权益。公司应当为本公司工会提供必要的活动条件。公司工会代表职工就职工的劳动报酬、工作时间、福利、保险和劳动安全卫生等事项依法与公司签订集体合同。公司依照宪法和有关法律的规定,通过职工代表大会或者其他形式,实行民主管理。公司研究决定改制以及经营方面的重大问题、制定重要的规章制度时,应当听取公司工会的意见,并通过职工代表大会或者其他形式听取职工的意见和建议。

第十九条　在公司中,根据中国共产党章程的规定,设立中国共产党的组织,开展党的活动。公司应当为党组织的活动提供必要条件。

第二十条　公司股东应当遵守法律、行政法规和公司章程,依法行使股东权利,不得滥用股东权利损害公司或者其他股东的利益;不得滥用公司法人独立地位和股东有限责任损害公司债权人的利益。公司股东滥用股东权利给公司或者其他股东造成损失的,应当依法承担赔偿责任。公司股东滥用公司法人独立地位和股东有限责任,逃避债务,严重损害公司债权人利益的,应当对公司债务承担连带责任。

第二十一条　公司的控股股东、实际控制人、董事、监事、高级管理人员不得利用其关联关系损害公司利益。违反前款规定,给公司造成损失的,应当承担赔偿责任。

第二十二条　公司股东会或者股东大会、董事会的决议内容违反法律、行政法规的无效。股东会或者股东大会、董事会的会议召集程序、表决方式违反法律、行政法规或者公司章程,或者决议内容违反公司章程的,股东可以自决议作出之日起六十日内,请求人民法院撤销。股东依照前款规定提起诉讼的,人民法院可以应公司的请求,要求股东提供相应担保。公司根据股东会或者股东大会、董事会决议已办理变更登记的,人民法院宣告该决议无效或者撤销该决议后,公司应当向公司登记机关申请撤销变更登记。

第二章　有限责任公司的设立和组织机构

第一节　设立

第二十三条　设立有限责任公司,应当具备下列条件:(一)股东符合法定人数;(二)股东出资达到法定资本最低限额;(三)股东共同制定公司章程;(四)有公司名称,建立符合有限责任公司要求的组织机构;(五)有公司住所。

第二十四条　有限责任公司由五十个以下股东出资设立。

第二十五条　有限责任公司章程应当载明下列事项:(一)公司名称和住所;(二)公

司经营范围;(三)公司注册资本;(四)股东的姓名或者名称;(五)股东的出资方式、出资额和出资时间;(六)公司的机构及其产生办法、职权、议事规则;(七)公司法定代表人;(八)股东会会议认为需要规定的其他事项。股东应当在公司章程上签名、盖章。

第二十六条　有限责任公司的注册资本为在公司登记机关登记的全体股东认缴的出资额。公司全体股东的首次出资额不得低于注册资本的百分之二十,也不得低于法定的注册资本最低限额,其余部分由股东自公司成立之日起两年内缴足;其中,投资公司可以在五年内缴足。有限责任公司注册资本的最低限额为人民币三万元。法律、行政法规对有限责任公司注册资本的最低限额有较高规定的,从其规定。

第二十七条　股东可以用货币出资,也可以用实物、知识产权、土地使用权等可以用货币估价并可以依法转让的非货币财产作价出资;但是,法律、行政法规规定不得作为出资的财产除外。对作为出资的非货币财产应当评估作价,核实财产,不得高估或者低估作价。法律、行政法规对评估作价有规定的,从其规定。全体股东的货币出资金额不得低于有限责任公司注册资本的百分之三十。

第二十八条　股东应当按期足额缴纳公司章程中规定的各自所认缴的出资额。股东以货币出资的,应当将货币出资足额存入有限责任公司在银行开设的账户;以非货币财产出资的,应当依法办理其财产权的转移手续。股东不按照前款规定缴纳出资的,除应当向公司足额缴纳外,还应当向已按期足额缴纳出资的股东承担违约责任。

第二十九条　股东缴纳出资后,必须经依法设立的验资机构验资并出具证明。

第三十条　股东的首次出资经依法设立的验资机构验资后,由全体股东指定的代表或者共同委托的代理人向公司登记机关报送公司登记申请书、公司章程、验资证明等文件,申请设立登记。

第三十一条　有限责任公司成立后,发现作为设立公司出资的非货币财产的实际价额显著低于公司章程所定价额的,应当由交付该出资的股东补足其差额;公司设立时的其他股东承担连带责任。

第三十二条　有限责任公司成立后,应当向股东签发出资证明书。出资证明书应当载明下列事项:(一)公司名称;(二)公司成立日期;(三)公司注册资本;(四)股东的姓名或者名称、缴纳的出资额和出资日期;(五)出资证明书的编号和核发日期。出资证明书由公司盖章。

第三十三条　有限责任公司应当置备股东名册,记载下列事项:(一)股东的姓名或者名称及住所;(二)股东的出资额;(三)出资证明书编号。记载于股东名册的股东,可以依股东名册主张行使股东权利。公司应当将股东的姓名或者名称及其出资额向公司登记机关登记;登记事项发生变更的,应当办理变更登记。未经登记或者变更登记的,不得对抗第三人。

第三十四条　股东有权查阅、复制公司章程、股东会会议记录、董事会会议决议、监事会会议决议和财务会计报告。股东可以要求查阅公司会计账簿。股东要求查阅公司会计账簿的,应当向公司提出书面请求,说明目的。公司有合理根据认为股东查阅会计账簿有不正当目的,可能损害公司合法利益的,可以拒绝提供查阅,并应当自股东提出书面请求之日起十五日内书面答复股东并说明理由。公司拒绝提供查阅的,股东可以请求人民法院要求公司提供查阅。

第三十五条　股东按照实缴的出资比例分取红利;公司新增资本时,股东有权优先按照实缴的出资比例认缴出资。但是,全体股东约定不按照出资比例分取红利或者不按照出资比例优先认缴出资的除外。

第三十六条　公司成立后,股东不得抽逃出资。

第二节　组织机构

第三十七条　有限责任公司股东会由全体股东组成。股东会是公司的权力机构,依照本法行使职权。

第三十八条　股东会行使下列职权:(一)决定公司的经营方针和投资计划;(二)选举和更换非由职工代表担任的董事、监事,决定有关董事、监事的报酬事项;(三)审议批准董事会的报告;(四)审议批准监事会或者监事的报告;(五)审议批准公司的年度财务预算方案、决算方案;(六)审议批准公司的利润分配方案和弥补亏损方案;(七)对公司增加或者减少注册资本作出决议;(八)对发行公司债券作出决议;(九)对公司合并、分立、解散、清算或者变更公司形式作出决议;(十)修改公司章程;(十一)公司章程规定的其他职权。对前款所列事项股东以书面形式一致表示同意的,可以不召开股东会会议,直接作出决定,并由全体股东在决定文件上签名、盖章。

第三十九条　首次股东会会议由出资最多的股东召集和主持,依照本法规定行使职权。

第四十条　股东会会议分为定期会议和临时会议。定期会议应当依照公司章程的规定按时召开。代表十分之一以上表决权的股东,三分之一以上的董事,监事会或者不设监事会的公司的监事提议召开临时会议的,应当召开临时会议。

第四十一条　有限责任公司设立董事会的,股东会会议由董事会召集,董事长主持;董事长不能履行职务或者不履行职务的,由副董事长主持;副董事长不能履行职务或者不履行职务的,由半数以上董事共同推举一名董事主持。有限责任公司不设董事会的,股东会会议由执行董事召集和主持。董事会或者执行董事不能履行或者不履行召集股东会会议职责的,由监事会或者不设监事会的公司的监事召集和主持;监事会或者监事不召集和主持的,代表十分之一以上表决权的股东可以自行召集和主持。

第四十二条　召开股东会会议,应当于会议召开十五日前通知全体股东;但是,公司章程另有规定或者全体股东另有约定的除外。股东会应当对所议事项的决定作成会议记录,出席会议的股东应当在会议记录上签名。

第四十三条　股东会会议由股东按照出资比例行使表决权;但是,公司章程另有规定的除外。

第四十四条　股东会的议事方式和表决程序,除本法有规定的外,由公司章程规定。股东会会议作出修改公司章程、增加或者减少注册资本的决议,以及公司合并、分立、解散或者变更公司形式的决议,必须经代表三分之二以上表决权的股东通过。

第四十五条　有限责任公司设董事会,其成员为三人至十三人;但是,本法第五十一条另有规定的除外。两个以上的国有企业或者两个以上的其他国有投资主体投资设立的有限责任公司,其董事会成员中应当有公司职工代表;其他有限责任公司董事会成员中可以有公司职工代表。董事会中的职工代表由公司职工通过职工代表大会、职工大会或者其他形式民主选举产生。董事会设董事长一人,可以设副董事长。董事长、副董事长的产生办法由公司章程规定。

第四十六条　董事任期由公司章程规定,但每届任期不得超过三年。董事任期届满,连选可以连任。董事任期届满未及时改选,或者董事在任期内辞职导致董事会成员低于法定人数的,在改选出的董事就任前,原董事仍应当依照法律、行政法规和公司章程的规定,履行董事职务。

第四十七条　董事会对股东会负责,行使下列职权:(一)召集股东会会议,并向股东会报告工作;(二)执行股东会的决议;(三)决定公司的经营计划和投资方案;(四)制订公司的年度财务预算方案、决算方案;(五)制订公司的利润分配方案和弥补亏损方案;(六)制订公司增加或者减少注册资本以及发行公司债券的方案;(七)制订公司合并、分立、解散或者变更公司形式的方案;(八)决定公司内部管理机构的设置;(九)决定聘任或者解聘公司经理及其报酬事项,并根据经理的提名决定聘任或者解聘公司副经理、财务负责人及其报酬事项;(十)制定公司的基本管理制度;(十一)公司章程规定的其他职权。

第四十八条　董事会会议由董事长召集和主持;董事长不能履行职务或者不履行职务的,由副董事长召集和主持;副董事长不能履行职务或者不履行职务的,由半数以上董事共同推举一名董事召集和主持。

第四十九条　董事会的议事方式和表决程序,除本法有规定的外,由公司章程规定。董事会应当对所议事项的决定作成会议记录,出席会议的董事应当在会议记录上签名。董事会决议的表决,实行一人一票。

第五十条　有限责任公司可以设经理,由董事会决定聘任或者解聘。经理对董事会负责,行使下列职权:(一)主持公司的生产经营管理工作,组织实施董事会决议;(二)组织实施公司年度经营计划和投资方案;(三)拟订公司内部管理机构设置方案;(四)拟订公司的基本管理制度;(五)制定公司的具体规章;(六)提请聘任或者解聘公司副经理、财务负责人;(七)决定聘任或者解聘除应由董事会决定聘任或者解聘以外的负责管理人员;(八)董事会授予的其他职权。公司章程对经理职权另有规定的,从其规定。经理列席董事会会议。

第五十一条　股东人数较少或者规模较小的有限责任公司,可以设一名执行董事,不设董事会。执行董事可以兼任公司经理。执行董事的职权由公司章程规定。

第五十二条　有限责任公司设监事会,其成员不得少于三人。股东人数较少或者规模较小的有限责任公司,可以设一至二名监事,不设监事会。监事会应当包括股东代表和适当比例的公司职工代表,其中职工代表的比例不得低于三分之一,具体比例由公司章程规定。监事会中的职工代表由公司职工通过职工代表大会、职工大会或者其他形式民主选举产生。监事会设主席一人,由全体监事过半数选举产生。监事会主席召集和主持监事会会议;监事会主席不能履行职务或者不履行职务的,由半数以上监事共同推举一名监事召集和主持监事会会议。董事、高级管理人员不得兼任监事。

第五十三条　监事的任期每届为三年。监事任期届满,连选可以连任。监事任期届满未及时改选,或者监事在任期内辞职导致监事会成员低于法定人数的,在改选出的监事就任前,原监事仍应当依照法律、行政法规和公司章程的规定,履行监事职务。

第五十四条　监事会、不设监事会的公司的监事行使下列职权:(一)检查公司财务;(二)对董事、高级管理人员执行公司职务的行为进行监督,对违反法律、行政法规、公司章程或者股东会决议的董事、高级管理人员提出罢免的建议;(三)当董事、高级管理人员的行为损害公司的利益时,要求董事、高级管理人员予以纠正;(四)提议召开临时股东会会议,在董事会不履行本法规定的召集和主持股东会会议职责时召集和主持股东会会议;(五)向股东会会议提出提案;(六)依照本法第一百五十二条的规定,对董事、高级管理人员提起诉讼;(七)公司章程规定的其他职权。

第五十五条　监事可以列席董事会会议,并对董事会决议事项提出质询或者建议。

监事会、不设监事会的公司的监事发现公司经营情况异常,可以进行调查;必要时,可以聘请会计师事务所等协助其工作,费用由公司承担。

第五十六条　监事会每年度至少召开一次会议,监事可以提议召开临时监事会会议。监事会的议事方式和表决程序,除本法有规定的外,由公司章程规定。监事会决议应当经半数以上监事通过。监事会应当对所议事项的决定作成会议记录,出席会议的监事应当在会议记录上签名。

第五十七条　监事会、不设监事会的公司的监事行使职权所必需的费用,由公司承担。

第三节　一人有限责任公司的特别规定

第五十八条　一人有限责任公司的设立和组织机构,适用本节规定;本节没有规定的,适用本章第一节、第二节的规定。本法所称一人有限责任公司,是指只有一个自然人股东或者一个法人股东的有限责任公司。

第五十九条　一人有限责任公司的注册资本最低限额为人民币十万元。股东应当一次足额缴纳公司章程规定的出资额。一个自然人只能投资设立一个一人有限责任公司。该一人有限责任公司不能投资设立新的一人有限责任公司。

第六十条　一人有限责任公司应当在公司登记中注明自然人独资或者法人独资,并在公司营业执照中载明。

第六十一条　一人有限责任公司章程由股东制定。

第六十二条　一人有限责任公司不设股东会。股东作出本法第三十八条第一款所列决定时,应当采用书面形式,并由股东签名后置备于公司。

第六十三条　一人有限责任公司应当在每一会计年度终了时编制财务会计报告,并经会计师事务所审计。

第六十四条　一人有限责任公司的股东不能证明公司财产独立于股东自己的财产的,应当对公司债务承担连带责任。

第四节　国有独资公司的特别规定

第六十五条　国有独资公司的设立和组织机构,适用本节规定;本节没有规定的,适用本章第一节、第二节的规定。本法所称国有独资公司,是指国家单独出资、由国务院或者地方人民政府授权本级人民政府国有资产监督管理机构履行出资人职责的有限责任公司。

第六十六条　国有独资公司章程由国有资产监督管理机构制定,或者由董事会制订报国有资产监督管理机构批准。

第六十七条　国有独资公司不设股东会,由国有资产监督管理机构行使股东会职权。国有资产监督管理机构可以授权公司董事会行使股东会的部分职权,决定公司的重大事项,但公司的合并、分立、解散、增加或者减少注册资本和发行公司债券,必须由国有资产监督管理机构决定;其中,重要的国有独资公司合并、分立、解散、申请破产的,应当由国有资产监督管理机构审核后,报本级人民政府批准。前款所称重要的国有独资公司,按照国务院的规定确定。

第六十八条　国有独资公司设董事会,依照本法第四十七条、第六十七条的规定行使职权。董事每届任期不得超过三年。董事会成员中应当有公司职工代表。董事会成员由国有资产监督管理机构委派;但是,董事会成员中的职工代表由公司职工代表大会选举产生。董事会设董事长一人,可以设副董事长。董事长、副董事长由国有资产监督管理机构从董事会成员中指定。

第六十九条　国有独资公司设经理,由董事会聘任或者解聘。经理依照本法第五十条规定行使职权。经国有资产监督管理机构同意,董事会成员可以兼任经理。

第七十条　国有独资公司的董事长、副董事长、董事、高级管理人员,未经国有资产监督管理机构同意,不得在其他有限责任公司、股份有限公司或者其他经济组织兼职。

第七十一条　国有独资公司监事会成员不得少于五人,其中职工代表的比例不得低于三分之一,具体比例由公司章程规定。监事会成员由国有资产监督管理机构委派;但是,监事会成员中的职工代表由公司职工代表大会选举产生。监事会主席由国有资产监督管理机构从监事会成员中指定。监事会行使本法第五十四条第(一)项至第(三)项规定的职权和国务院规定的其他职权。

第三章　有限责任公司的股权转让

第七十二条　有限责任公司的股东之间可以相互转让其全部或者部分股权。股东向股东以外的人转让股权,应当经其他股东过半数同意。股东应就其股权转让事项书面通知其他股东征求同意,其他股东自接到书面通知之日起满三十日未答复的,视为同意转让。其他股东半数以上不同意转让的,不同意的股东应当购买该转让的股权;不购买的,视为同意转让。经股东同意转让的股权,在同等条件下,其他股东有优先购买权。两个以上股东主张行使优先购买权的,协商确定各自的购买比例;协商不成的,按照转让时各自的出资比例行使优先购买权。公司章程对股权转让另有规定的,从其规定。

第七十三条　人民法院依照法律规定的强制执行程序转让股东的股权时,应当通知公司及全体股东,其他股东在同等条件下有优先购买权。其他股东自人民法院通知之日起满二十日不行使优先购买权的,视为放弃优先购买权。

第七十四条　依照本法第七十二条、第七十三条转让股权后,公司应当注销原股东的出资证明书,向新股东签发出资证明书,并相应修改公司章程和股东名册中有关股东及其出资额的记载。对公司章程的该项修改不需再由股东会表决。

第七十五条　有下列情形之一的,对股东会该项决议投反对票的股东可以请求公司按照合理的价格收购其股权:(一)公司连续五年不向股东分配利润,而公司该五年连续盈利,并且符合本法规定的分配利润条件的;(二)公司合并、分立、转让主要财产的;(三)公司章程规定的营业期限届满或者章程规定的其他解散事由出现,股东会会议通过决议修改章程使公司存续的。自股东会会议决议通过之日起六十日内,股东与公司不能达成股权收购协议的,股东可以自股东会会议决议通过之日起九十日内向人民法院提起诉讼。

第七十六条　自然人股东死亡后,其合法继承人可以继承股东资格;但是,公司章程另有规定的除外。

第四章　股份有限公司的设立和组织机构

第一节　设　立

第七十七条　设立股份有限公司,应当具备下列条件:(一)发起人符合法定人数;(二)发起人认购和募集的股本达到法定资本最低限额;(三)股份发行、筹办事项符合法律规定;(四)发起人制订公司章程,采用募集方式设立的经创立大会通过;(五)有公司名称,建立符合股份有限公司要求的组织机构;(六)有公司住所。

第七十八条　股份有限公司的设立,可以采取发起设立或者募集设立的方式。发起设立,是指由发起人认购公司应发行的全部股份而设立公司。募集设立,是指由发起人认购公司应发行股份的一部分,其余股份向社会公开募集或者向特定对象募集而设立公司。

第七十九条　设立股份有限公司,应当有二人以上二百人以下为发起人,其中须有半数以上的发起人在中国境内有住所。

第八十条　股份有限公司发起人承担公司筹办事务。发起人应当签订发起人协议,明确各自在公司设立过程中的权利和义务。

第八十一条　股份有限公司采取发起设立方式设立的,注册资本为在公司登记机关登记的全体发起人认购的股本总额。公司全体发起人的首次出资额不得低于注册资本的百分之二十,其余部分由发起人自公司成立之日起两年内缴足;其中,投资公司可以在五年内缴足。在缴足前,不得向他人募集股份。股份有限公司采取募集方式设立的,注册资本为在公司登记机关登记的实收股本总额。股份有限公司注册资本的最低限额为人民币五百万元。法律、行政法规对股份有限公司注册资本的最低限额有较高规定的,从其规定。

第八十二条　股份有限公司章程应当载明下列事项:(一)公司名称和住所;(二)公司经营范围;(三)公司设立方式;(四)公司股份总数、每股金额和注册资本;(五)发起人的姓名或者名称、认购的股份数、出资方式和出资时间;(六)董事会的组成、职权和议事规则;(七)公司法定代表人;(八)监事会的组成、职权和议事规则;(九)公司利润分配办法;(十)公司的解散事由与清算办法;(十一)公司的通知和公告办法;(十二)股东大会会议认为需要规定的其他事项。

第八十三条　发起人的出资方式,适用本法第二十七条的规定。

第八十四条　以发起设立方式设立股份有限公司的,发起人应当书面认足公司章程规定其认购的股份;一次缴纳的,应即缴纳全部出资;分期缴纳的,应即缴纳首期出资。以非货币财产出资的,应当依法办理其财产权的转移手续。发起人不依照前款规定缴纳出资的,应当按照发起人协议承担违约责任。发起人首次缴纳出资后,应当选举董事会和监事会,由董事会向公司登记机关报送公司章程、由依法设定的验资机构出具的验资证明以及法律、行政法规规定的其他文件,申请设立登记。

第八十五条　以募集设立方式设立股份有限公司的,发起人认购的股份不得少于公司股份总数的百分之三十五;但是,法律、行政法规另有规定的,从其规定。

第八十六条　发起人向社会公开募集股份,必须公告招股说明书,并制作认股书。认股书应当载明本法第八十七条所列事项,由认股人填写认购股数、金额、住所,并签名、盖章。认股人按照所认购股数缴纳股款。

第八十七条　招股说明书应当附有发起人制订的公司章程,并载明下列事项:(一)发起人认购的股份数;(二)每股的票面金额和发行价格;(三)无记名股票的发行总数;(四)募集资金的用途;(五)认股人的权利、义务;(六)本次募股的起止期限及逾期未募足时认股人可以撤回所认股份的说明。

第八十八条　发起人向社会公开募集股份,应当由依法设立的证券公司承销,签订承销协议。

第八十九条 发起人向社会公开募集股份,应当同银行签订代收股款协议。代收股款的银行应当按照协议代收和保存股款,向缴纳股款的认股人出具收款单据,并负有向有关部门出具收款证明的义务。

第九十条 发行股份的股款缴足后,必须经依法设立的验资机构验资并出具证明。发起人应当自股款缴足之日起三十日内主持召开公司创立大会。创立大会由发起人、认股人组成。发行的股份超过招股说明书规定的截止期限尚未募足的,或者发行股份的股款缴足后,发起人在三十日内未召开创立大会的,认股人可以按照所缴股款并加算银行同期存款利息,要求发起人返还。

第九十一条 发起人应当在创立大会召开十五日前将会议日期通知各认股人或者予以公告。创立大会应有代表股份总数过半数的发起人、认股人出席,方可举行。创立大会行使下列职权:(一)审议发起人关于公司筹办情况的报告;(二)通过公司章程;(三)选举董事会成员;(四)选举监事会成员;(五)对公司的设立费用进行审核;(六)对发起人用于抵作股款的财产的作价进行审核;(七)发生不可抗力或者经营条件发生重大变化直接影响公司设立的,可以作出不设立公司的决议。创立大会对前款所列事项作出决议,必须经出席会议的认股人所持表决权过半数通过。

第九十二条 发起人、认股人缴纳股款或者交付抵作股款的出资后,除未按期募足股份、发起人未按期召开创立大会或者创立大会决议不设立公司的情形外,不得抽回其股本。

第九十三条 董事会应于创立大会结束后三十日内,向公司登记机关报送下列文件,申请设立登记:(一)公司登记申请书;(二)创立大会的会议记录;(三)公司章程;(四)验资证明;(五)法定代表人、董事、监事的任职文件及其身份证明;(六)发起人的法人资格证明或者自然人身份证明;(七)公司住所证明。以募集方式设立股份有限公司公开发行股票的,还应当向公司登记机关报送国务院证券监督管理机构的核准文件。

第九十四条 股份有限公司成立后,发起人未按照公司章程的规定缴足出资的,应当补缴;其他发起人承担连带责任。股份有限公司成立后,发现作为设立公司出资的非货币财产的实际价额显著低于公司章程所定价额的,应当由交付该出资的发起人补足其差额;其他发起人承担连带责任。

第九十五条 股份有限公司的发起人应当承担下列责任:(一)公司不能成立时,对设立行为所产生的债务和费用负连带责任;(二)公司不能成立时,对认股人已缴纳的股款,负返还股款并加算银行同期存款利息的连带责任;(三)在公司设立过程中,由于发起人的过失致使公司利益受到损害的,应当对公司承担赔偿责任。

第九十六条　有限责任公司变更为股份有限公司时,折合的实收股本总额不得高于公司净资产额。有限责任公司变更为股份有限公司,为增加资本公开发行股份时,应当依法办理。

第九十七条　股份有限公司应当将公司章程、股东名册、公司债券存根、股东大会会议记录、董事会会议记录、监事会会议记录、财务会计报告置备于本公司。

第九十八条　股东有权查阅公司章程、股东名册、公司债券存根、股东大会会议记录、董事会会议决议、监事会会议决议、财务会计报告,对公司的经营提出建议或者质询。

第二节　股东大会

第九十九条　股份有限公司股东大会由全体股东组成。股东大会是公司的权力机构,依照本法行使职权。

第一百条　本法第三十八条第一款关于有限责任公司股东会职权的规定,适用于股份有限公司股东大会。

第一百零一条　股东大会应当每年召开一次年会。有下列情形之一的,应当在两个月内召开临时股东大会:(一)董事人数不足本法规定人数或者公司章程所定人数的三分之二时;(二)公司未弥补的亏损达实收股本总额三分之一时;(三)单独或者合计持有公司百分之十以上股份的股东请求时;(四)董事会认为必要时;(五)监事会提议召开时;(六)公司章程规定的其他情形。

第一百零二条　股东大会会议由董事会召集,董事长主持;董事长不能履行职务或者不履行职务的,由副董事长主持;副董事长不能履行职务或者不履行职务的,由半数以上董事共同推举一名董事主持。董事会不能履行或者不履行召集股东大会会议职责的,监事会应当及时召集和主持;监事会不召集和主持的,连续九十日以上单独或者合计持有公司百分之十以上股份的股东可以自行召集和主持。

第一百零三条　召开股东大会会议,应当将会议召开的时间、地点和审议的事项于会议召开二十日前通知各股东;临时股东大会应当于会议召开十五日前通知各股东;发行无记名股票的,应当于会议召开三十日前公告会议召开的时间、地点和审议事项。单独或者合计持有公司百分之三以上股份的股东,可以在股东大会召开十日前提出临时提案并书面提交董事会;董事会应当在收到提案后二日内通知其他股东,并将该临时提案提交股东大会审议。临时提案的内容应当属于股东大会职权范围,并有明确议题和具体决议事项。股东大会不得对前两款通知中未列明的事项作出决议。无记名股票持有人出席股东大会会议的,应当于会议召开五日前至股东大会闭会时将股票交存于公司。

第一百零四条　股东出席股东大会会议,所持每一股份有一表决权。但是,公司持有的本公司股份没有表决权。股东大会作出决议,必须经出席会议的股东所持表决权过半数通过。但是,股东大会作出修改公司章程、增加或者减少注册资本的决议,以及公司合并、分立、解散或者变更公司形式的决议,必须经出席会议的股东所持表决权的三分之二以上通过。

第一百零五条　本法和公司章程规定公司转让、受让重大资产或者对外提供担保等事项必须经股东大会作出决议的,董事会应当及时召集股东大会会议,由股东大会就上述事项进行表决。

第一百零六条　股东大会选举董事、监事,可以依照公司章程的规定或者股东大会的决议,实行累积投票制。本法所称累积投票制,是指股东大会选举董事或者监事时,每一股份拥有与应选董事或者监事人数相同的表决权,股东拥有的表决权可以集中使用。

第一百零七条　股东可以委托代理人出席股东大会会议,代理人应当向公司提交股东授权委托书,并在授权范围内行使表决权。

第一百零八条　股东大会应当对所议事项的决定作成会议记录,主持人、出席会议的董事应当在会议记录上签名。会议记录应当与出席股东的签名册及代理出席的委托书一并保存。

第三节　董事会、经理

第一百零九条　股份有限公司设董事会,其成员为五人至十九人。董事会成员中可以有公司职工代表。董事会中的职工代表由公司职工通过职工代表大会、职工大会或者其他形式民主选举产生。本法第四十六条关于有限责任公司董事任期的规定,适用于股份有限公司董事。本法第四十七条关于有限责任公司董事会职权的规定,适用于股份有限公司董事会。

第一百一十条　董事会设董事长一人,可以设副董事长。董事长和副董事长由董事会以全体董事的过半数选举产生。董事长召集和主持董事会会议,检查董事会决议的实施情况。副董事长协助董事长工作,董事长不能履行职务或者不履行职务的,由副董事长履行职务;副董事长不能履行职务或者不履行职务的,由半数以上董事共同推举一名董事履行职务。

第一百一十一条　董事会每年度至少召开两次会议,每次会议应当于会议召开十日前通知全体董事和监事。代表十分之一以上表决权的股东、三分之一以上董事或者监事会,可以提议召开董事会临时会议。董事长应当自接到提议后十日内,召集和主持董事会会议。董事会召开临时会议,可以另定召集董事会的通知方式和通知时限。

第一百一十二条 董事会会议应有过半数的董事出席方可举行。董事会作出决议,必须经全体董事的过半数通过。董事会决议的表决,实行一人一票。

第一百一十三条 董事会会议,应由董事本人出席;董事因故不能出席,可以书面委托其他董事代为出席,委托书中应载明授权范围。董事会应当对会议所议事项的决定作成会议记录,出席会议的董事应当在会议记录上签名。董事应当对董事会的决议承担责任。董事会的决议违反法律、行政法规或者公司章程、股东大会决议,致使公司遭受严重损失的,参与决议的董事对公司负赔偿责任。但经证明在表决时曾表明异议并记载于会议记录的,该董事可以免除责任。

第一百一十四条 股份有限公司设经理,由董事会决定聘任或者解聘。本法第五十条关于有限责任公司经理职权的规定,适用于股份有限公司经理。

第一百一十五条 公司董事会可以决定由董事会成员兼任经理。

第一百一十六条 公司不得直接或者通过子公司向董事、监事、高级管理人员提供借款。

第一百一十七条 公司应当定期向股东披露董事、监事、高级管理人员从公司获得报酬的情况。

第四节 监事会

第一百一十八条 股份有限公司设监事会,其成员不得少于三人。监事会应当包括股东代表和适当比例的公司职工代表,其中职工代表的比例不得低于三分之一,具体比例由公司章程规定。监事会中的职工代表由公司职工通过职工代表大会、职工大会或者其他形式民主选举产生。监事会设主席一人,可以设副主席。监事会主席和副主席由全体监事过半数选举产生。监事会主席召集和主持监事会会议;监事会主席不能履行职务或者不履行职务的,由监事会副主席召集和主持监事会会议;监事会副主席不能履行职务或者不履行职务的,由半数以上监事共同推举一名监事召集和主持监事会会议。董事、高级管理人员不得兼任监事。本法第五十三条关于有限责任公司监事任期的规定,适用于股份有限公司监事。

第一百一十九条 本法第五十四条、第五十五条关于有限责任公司监事会职权的规定,适用于股份有限公司监事会。监事会行使职权所必需的费用,由公司承担。

第一百二十条 监事会每六个月至少召开一次会议。监事可以提议召开临时监事会会议。监事会的议事方式和表决程序,除本法有规定的外,由公司章程规定。监事会决议应当经半数以上监事通过。监事会应当对所议事项的决定作成会议记录,出席会议的监事应当在会议记录上签名。

第五节　上市公司组织机构的特别规定

第一百二十一条　本法所称上市公司,是指其股票在证券交易所上市交易的股份有限公司。

第一百二十二条　上市公司在一年内购买、出售重大资产或者担保金额超过公司资产总额百分之三十的,应当由股东大会作出决议,并经出席会议的股东所持表决权的三分之二以上通过。

第一百二十三条　上市公司设立独立董事,具体办法由国务院规定。

第一百二十四条　上市公司设董事会秘书,负责公司股东大会和董事会会议的筹备、文件保管以及公司股东资料的管理,办理信息披露事务等事宜。

第一百二十五条　上市公司董事与董事会会议决议事项所涉及的企业有关联关系的,不得对该项决议行使表决权,也不得代理其他董事行使表决权。该董事会会议由过半数的无关联关系董事出席即可举行,董事会会议所作决议须经无关联关系董事过半数通过。出席董事会的无关联关系董事人数不足三人的,应将该事项提交上市公司股东大会审议。

第五章　股份有限公司的股份发行和转让

第一节　股份发行

第一百二十六条　股份有限公司的资本划分为股份,每一股的金额相等。公司的股份采取股票的形式。股票是公司签发的证明股东所持股份的凭证。

第一百二十七条　股份的发行,实行公平、公正的原则,同种类的每一股份应当具有同等权利。同次发行的同种类股票,每股的发行条件和价格应当相同;任何单位或者个人所认购的股份,每股应当支付相同价额。

第一百二十八条　股票发行价格可以按票面金额,也可以超过票面金额,但不得低于票面金额。

第一百二十九条　股票采用纸面形式或者国务院证券监督管理机构规定的其他形式。股票应当载明下列主要事项:(一)公司名称;(二)公司成立日期;(三)股票种类、票面金额及代表的股份数;(四)股票的编号。股票由法定代表人签名,公司盖章。发起人的股票,应当标明发起人股票字样。

第一百三十条　公司发行的股票,可以为记名股票,也可以为无记名股票。公司向发起人、法人发行的股票,应当为记名股票,并应当记载该发起人、法人的名称或者姓名,不得另立户名或者以代表人姓名记名。

第一百三十一条　公司发行记名股票的,应当置备股东名册,记载下列事项:(一)股东的姓名或者名称及住所;(二)各股东所持股份数;(三)各股东所持股票的编号;(四)各股东取得股份的日期。发行无记名股票的,公司应当记载其股票数量、编号及发行日期。

第一百三十二条　国务院可以对公司发行本法规定以外的其他种类的股份,另行作出规定。

第一百三十三条　股份有限公司成立后,即向股东正式交付股票。公司成立前不得向股东交付股票。

第一百三十四条　公司发行新股,股东大会应当对下列事项作出决议:(一)新股种类及数额;(二)新股发行价格;(三)新股发行的起止日期;(四)向原有股东发行新股的种类及数额。

第一百三十五条　公司经国务院证券监督管理机构核准公开发行新股时,必须公告新股招股说明书和财务会计报告,并制作认股书。本法第八十八条、第八十九条的规定适用于公司公开发行新股。

第一百三十六条　公司发行新股,可以根据公司经营情况和财务状况,确定其作价方案。

第一百三十七条　公司发行新股募足股款后,必须向公司登记机关办理变更登记,并公告。

第二节　股份转让

第一百三十八条　股东持有的股份可以依法转让。

第一百三十九条　股东转让其股份,应当在依法设立的证券交易场所进行或者按照国务院规定的其他方式进行。

第一百四十条　记名股票,由股东以背书方式或者法律、行政法规规定的其他方式转让;转让后由公司将受让人的姓名或者名称及住所记载于股东名册。股东大会召开前二十日内或者公司决定分配股利的基准日前五日内,不得进行前款规定的股东名册的变更登记。但是,法律对上市公司股东名册变更登记另有规定的,从其规定。

第一百四十一条　无记名股票的转让,由股东将该股票交付给受让人后即发生转让的效力。

第一百四十二条　发起人持有的本公司股份,自公司成立之日起一年内不得转让。公司公开发行股份前已发行的股份,自公司股票在证券交易所上市交易之日起一年内不得转让。公司董事、监事、高级管理人员应当向公司申报所持有的本公司的股份及其变动情况,在任职期间每年转让的股份不得超过其所持有本公司股份总数的百分之二十五;所持本公司股份自公司股票上市交易之日起一年内不得转让。上述人员离职后半年内,不得转让其所持有的本公司股份。公司章程可以对公司董事、监事、高级管理人员转让其所持有的本公司股份作出其他限制性规定。

第一百四十三条　公司不得收购本公司股份。但是,有下列情形之一的除外:(一)减少公司注册资本;(二)与持有本公司股份的其他公司合并;(三)将股份奖励给本公司职工;(四)股东因对股东大会作出的公司合并、分立决议持异议,要求公司收购其股份的。公司因前款第(一)项至第(三)项的原因收购本公司股份的,应当经股东大会决议。公司依照前款规定收购本公司股份后,属于第(一)项情形的,应当自收购之日起十日内注销;属于第(二)项、第(四)项情形的,应当在六个月内转让或者注销。公司依照第一款第(三)项规定收购的本公司股份,不得超过本公司已发行股份总额的百分之五;用于收购的资金应当从公司的税后利润中支出;所收购的股份应当在一年内转让给职工。公司不得接受本公司的股票作为质押权的标的。

第一百四十四条　记名股票被盗、遗失或者灭失,股东可以依照《中华人民共和国民事诉讼法》规定的公示催告程序,请求人民法院宣告该股票失效。人民法院宣告该股票失效后,股东可以向公司申请补发股票。

第一百四十五条　上市公司的股票,依照有关法律、行政法规及证券交易所交易规则上市交易。

第一百四十六条　上市公司必须依照法律、行政法规的规定,公开其财务状况、经营情况及重大诉讼,在每会计年度内半年公布一次财务会计报告。

第六章　公司董事、监事、高级管理人员的资格和义务

第一百四十七条　有下列情形之一的,不得担任公司的董事、监事、高级管理人员:(一)无民事行为能力或者限制民事行为能力;(二)因贪污、贿赂、侵占财产、挪用财产或者破坏社会主义市场经济秩序,被判处刑罚,执行期满未逾五年,或者因犯罪被剥夺政治权利,执行期满未逾五年;(三)担任破产清算的公司、企业的董事或者厂长、经理,对该公

司、企业的破产负有个人责任的,自该公司、企业破产清算完结之日起未逾三年;(四)担任因违法被吊销营业执照、责令关闭的公司、企业的法定代表人,并负有个人责任的,自该公司、企业被吊销营业执照之日起未逾三年;(五)个人所负数额较大的债务到期未清偿。公司违反前款规定选举、委派董事、监事或者聘任高级管理人员的,该选举、委派或者聘任无效。董事、监事、高级管理人员在任职期间出现本条第一款所列情形的,公司应当解除其职务。

第一百四十八条 董事、监事、高级管理人员应当遵守法律、行政法规和公司章程,对公司负有忠实义务和勤勉义务。董事、监事、高级管理人员不得利用职权收受贿赂或者其他非法收入,不得侵占公司的财产。

第一百四十九条 董事、高级管理人员不得有下列行为:(一)挪用公司资金;(二)将公司资金以其个人名义或者以其他个人名义开立账户存储;(三)违反公司章程的规定,未经股东会、股东大会或者董事会同意,将公司资金借贷给他人或者以公司财产为他人提供担保;(四)违反公司章程的规定或者未经股东会、股东大会同意,与本公司订立合同或者进行交易;(五)未经股东会或者股东大会同意,利用职务便利为自己或者他人谋取属于公司的商业机会,自营或者为他人经营与所任职公司同类的业务;(六)接受他人与公司交易的佣金归为己有;(七)擅自披露公司秘密;(八)违反对公司忠实义务的其他行为。董事、高级管理人员违反前款规定所得的收入应当归公司所有。

第一百五十条 董事、监事、高级管理人员执行公司职务时违反法律、行政法规或者公司章程的规定,给公司造成损失的,应当承担赔偿责任。

第一百五十一条 股东会或者股东大会要求董事、监事、高级管理人员列席会议的,董事、监事、高级管理人员应当列席并接受股东的质询。董事、高级管理人员应当如实向监事会或者不设监事会的有限责任公司的监事提供有关情况和资料,不得妨碍监事会或者监事行使职权。

第一百五十二条 董事、高级管理人员有本法第一百五十条规定的情形的,有限责任公司的股东、股份有限公司连续一百八十日以上单独或者合计持有公司百分之一以上股份的股东,可以书面请求监事会或者不设监事会的有限责任公司的监事向人民法院提起诉讼;监事有本法第一百五十条规定的情形的,前述股东可以书面请求董事会或者不设董事会的有限责任公司的执行董事向人民法院提起诉讼。监事会、不设监事会的有限责任公司的监事,或者董事会、执行董事收到前款规定的股东书面请求后拒绝提起诉讼,或者自收到请求之日起三十日内未提起诉讼,或者情况紧急、不立即提起诉讼将会使公司利益受到难以弥补的损害的,前款规定的股东有权为了公司的利益以自己的名义直接向人民法院提起诉讼。他人侵犯公司合法权益,给公司造成损失的,本条第一款规定的股东可以依照前两款的规定向人民法院提起诉讼。

第一百五十三条 董事、高级管理人员违反法律、行政法规或者公司章程的规定,损害股东利益的,股东可以向人民法院提起诉讼。

第七章 公司债券

第一百五十四条 本法所称公司债券,是指公司依照法定程序发行、约定在一定期限还本付息的有价证券。公司发行公司债券应当符合《中华人民共和国证券法》规定的发行条件。

第一百五十五条 发行公司债券的申请经国务院授权的部门核准后,应当公告公司债券募集办法。公司债券募集办法中应当载明下列主要事项:(一)公司名称;(二)债券募集资金的用途;(三)债券总额和债券的票面金额;(四)债券利率的确定方式;(五)还本付息的期限和方式;(六)债券担保情况;(七)债券的发行价格、发行的起止日期;(八)公司净资产额;(九)已发行的尚未到期的公司债券总额;(十)公司债券的承销机构。

第一百五十六条 公司以实物券方式发行公司债券的,必须在债券上载明公司名称、债券票面金额、利率、偿还期限等事项,并由法定代表人签名,公司盖章。

第一百五十七条 公司债券,可以为记名债券,也可以为无记名债券。

第一百五十八条 公司发行公司债券应当置备公司债券存根簿。发行记名公司债券的,应当在公司债券存根簿上载明下列事项:(一)债券持有人的姓名或者名称及住所;(二)债券持有人取得债券的日期及债券的编号;(三)债券总额,债券的票面金额、利率、还本付息的期限和方式;(四)债券的发行日期。发行无记名公司债券的,应当在公司债券存根簿上载明债券总额、利率、偿还期限和方式、发行日期及债券的编号。

第一百五十九条 记名公司债券的登记结算机构应当建立债券登记、存管、付息、兑付等相关制度。

第一百六十条 公司债券可以转让,转让价格由转让人与受让人约定。公司债券在证券交易所上市交易的,按照证券交易所的交易规则转让。

第一百六十一条 记名公司债券,由债券持有人以背书方式或者法律、行政法规规定的其他方式转让;转让后由公司将受让人的姓名或者名称及住所记载于公司债券存根簿。无记名公司债券的转让,由债券持有人将该债券交付给受让人后即发生转让的效力。

第一百六十二条　上市公司经股东大会决议可以发行可转换为股票的公司债券,并在公司债券募集办法中规定具体的转换办法。上市公司发行可转换为股票的公司债券,应当报国务院证券监督管理机构核准。发行可转换为股票的公司债券,应当在债券上标明可转换公司债券字样,并在公司债券存根簿上载明可转换公司债券的数额。

第一百六十三条　发行可转换为股票的公司债券的,公司应当按照其转换办法向债券持有人换发股票,但债券持有人对转换股票或者不转换股票有选择权。

第八章　公司财务、会计

第一百六十四条　公司应当依照法律、行政法规和国务院财政部门的规定建立本公司的财务、会计制度。

第一百六十五条　公司应当在每一会计年度终了时编制财务会计报告,并依法经会计师事务所审计。财务会计报告应当依照法律、行政法规和国务院财政部门的规定制作。

第一百六十六条　有限责任公司应当依照公司章程规定的期限将财务会计报告送交各股东。股份有限公司的财务会计报告应当在召开股东大会年会的二十日前置备于本公司,供股东查阅;公开发行股票的股份有限公司必须公告其财务会计报告。

第一百六十七条　公司分配当年税后利润时,应当提取利润的百分之十列入公司法定公积金。公司法定公积金累计额为公司注册资本的百分之五十以上的,可以不再提取。公司的法定公积金不足以弥补以前年度亏损的,在依照前款规定提取法定公积金之前,应当先用当年利润弥补亏损。公司从税后利润中提取法定公积金后,经股东会或者股东大会决议,还可以从税后利润中提取任意公积金。公司弥补亏损和提取公积金后所余税后利润,有限责任公司依照本法第三十五条的规定分配;股份有限公司按照股东持有的股份比例分配,但股份有限公司章程规定不按持股比例分配的除外。股东会、股东大会或者董事会违反前款规定,在公司弥补亏损和提取法定公积金之前向股东分配利润的,股东必须将违反规定分配的利润退还公司。公司持有的本公司股份不得分配利润。

第一百六十八条　股份有限公司以超过股票票面金额的发行价格发行股份所得的溢价款以及国务院财政部门规定列入资本公积金的其他收入,应当列为公司资本公积金。

第一百六十九条　公司的公积金用于弥补公司的亏损、扩大公司生产经营或者转为增加公司资本。但是,资本公积金不得用于弥补公司的亏损。法定公积金转为资本时,所留存的该项公积金不得少于转增前公司注册资本的百分之二十五。

第一百七十条 公司聘用、解聘承办公司审计业务的会计师事务所,依照公司章程的规定,由股东会、股东大会或者董事会决定。公司股东会、股东大会或者董事会就解聘会计师事务所进行表决时,应当允许会计师事务所陈述意见。

第一百七十一条 公司应当向聘用的会计师事务所提供真实、完整的会计凭证、会计账簿、财务会计报告及其他会计资料,不得拒绝、隐匿、谎报。

第一百七十二条 公司除法定的会计账簿外,不得另立会计账簿。对公司资产,不得以任何个人名义开立账户存储。

第九章 公司合并、分立、增资、减资

第一百七十三条 公司合并可以采取吸收合并或者新设合并。一个公司吸收其他公司为吸收合并,被吸收的公司解散。两个以上公司合并设立一个新的公司为新设合并,合并各方解散。

第一百七十四条 公司合并,应当由合并各方签订合并协议,并编制资产负债表及财产清单。公司应当自作出合并决议之日起十日内通知债权人,并于三十日内在报纸上公告。债权人自接到通知书之日起三十日内,未接到通知书的自公告之日起四十五日内,可以要求公司清偿债务或者提供相应的担保。

第一百七十五条 公司合并时,合并各方的债权、债务,应当由合并后存续的公司或者新设的公司承继。

第一百七十六条 公司分立,其财产作相应的分割。公司分立,应当编制资产负债表及财产清单。公司应当自作出分立决议之日起十日内通知债权人,并于三十日内在报纸上公告。

第一百七十七条 公司分立前的债务由分立后的公司承担连带责任。但是,公司在分立前与债权人就债务清偿达成的书面协议另有约定的除外。

第一百七十八条 公司需要减少注册资本时,必须编制资产负债表及财产清单。公司应当自作出减少注册资本决议之日起十日内通知债权人,并于三十日内在报纸上公告。债权人自接到通知书之日起三十日内,未接到通知书的自公告之日起四十五日内,有权要求公司清偿债务或者提供相应的担保。公司减资后的注册资本不得低于法定的最低限额。

第一百七十九条 有限责任公司增加注册资本时,股东认缴新增资本的出资,依照

本法设立有限责任公司缴纳出资的有关规定执行。股份有限公司为增加注册资本发行新股时,股东认购新股,依照本法设立股份有限公司缴纳股款的有关规定执行。

第一百八十条　公司合并或者分立,登记事项发生变更的,应当依法向公司登记机关办理变更登记;公司解散的,应当依法办理公司注销登记;设立新公司的,应当依法办理公司设立登记。公司增加或者减少注册资本,应当依法向公司登记机关办理变更登记。

第十章　公司解散和清算

第一百八十一条　公司因下列原因解散:(一)公司章程规定的营业期限届满或者公司章程规定的其他解散事由出现;(二)股东会或者股东大会决议解散;(三)因公司合并或者分立需要解散;(四)依法被吊销营业执照、责令关闭或者被撤销;(五)人民法院依照本法第一百八十三条的规定予以解散。

第一百八十二条　公司有本法第一百八十一条第(一)项情形的,可以通过修改公司章程而存续。依照前款规定修改公司章程,有限责任公司须经持有三分之二以上表决权的股东通过,股份有限公司须经出席股东大会会议的股东所持表决权的三分之二以上通过。

第一百八十三条　公司经营管理发生严重困难,继续存续会使股东利益受到重大损失,通过其他途径不能解决的,持有公司全部股东表决权百分之十以上的股东,可以请求人民法院解散公司。

第一百八十四条　公司因本法第一百八十一条第(一)项、第(二)项、第(四)项、第(五)项规定而解散的,应当在解散事由出现之日起十五日内成立清算组,开始清算。有限责任公司的清算组由股东组成,股份有限公司的清算组由董事或者股东大会确定的人员组成。逾期不成立清算组进行清算的,债权人可以申请人民法院指定有关人员组成清算组进行清算。人民法院应当受理该申请,并及时组织清算组进行清算。

第一百八十五条　清算组在清算期间行使下列职权:(一)清理公司财产,分别编制资产负债表和财产清单;(二)通知、公告债权人;(三)处理与清算有关的公司未了结的业务;(四)清缴所欠税款以及清算过程中产生的税款;(五)清理债权、债务;(六)处理公司清偿债务后的剩余财产;(七)代表公司参与民事诉讼活动。

第一百八十六条　清算组应当自成立之日起十日内通知债权人,并于六十日内在报纸上公告。债权人应当自接到通知书之日起三十日内,未接到通知书的自公告之日起四十五日内,向清算组申报其债权。债权人申报债权,应当说明债权的有关事项,并提供证明材料。清算组应当对债权进行登记。在申报债权期间,清算组不得对债权人进行清偿。

第一百八十七条　清算组在清理公司财产、编制资产负债表和财产清单后,应当制定清算方案,并报股东会、股东大会或者人民法院确认。公司财产在分别支付清算费用、职工的工资、社会保险费用和法定补偿金,缴纳所欠税款,清偿公司债务后的剩余财产,有限责任公司按照股东的出资比例分配,股份有限公司按照股东持有的股份比例分配。清算期间,公司存续,但不得开展与清算无关的经营活动。公司财产在未依照前款规定清偿前,不得分配给股东。

第一百八十八条　清算组在清理公司财产、编制资产负债表和财产清单后,发现公司财产不足清偿债务的,应当依法向人民法院申请宣告破产。公司经人民法院裁定宣告破产后,清算组应当将清算事务移交给人民法院。

第一百八十九条　公司清算结束后,清算组应当制作清算报告,报股东会、股东大会或者人民法院确认,并报送公司登记机关,申请注销公司登记,公告公司终止。

第一百九十条　清算组成员应当忠于职守,依法履行清算义务。清算组成员不得利用职权收受贿赂或者其他非法收入,不得侵占公司财产。清算组成员因故意或者重大过失给公司或者债权人造成损失的,应当承担赔偿责任。

第一百九十一条　公司被依法宣告破产的,依照有关企业破产的法律实施破产清算。

第十一章　外国公司的分支机构

第一百九十二条　本法所称外国公司是指依照外国法律在中国境外设立的公司。

第一百九十三条　外国公司在中国境内设立分支机构,必须向中国主管机关提出申请,并提交其公司章程、所属国的公司登记证书等有关文件,经批准后,向公司登记机关依法办理登记,领取营业执照。外国公司分支机构的审批办法由国务院另行规定。

第一百九十四条　外国公司在中国境内设立分支机构,必须在中国境内指定负责该分支机构的代表人或者代理人,并向该分支机构拨付与其所从事的经营活动相适应的资金。对外国公司分支机构的经营资金需要规定最低限额的,由国务院另行规定。

第一百九十五条　外国公司的分支机构应当在其名称中标明该外国公司的国籍及责任形式。外国公司的分支机构应当在本机构中置备该外国公司章程。

第一百九十六条　外国公司在中国境内设立的分支机构不具有中国法人资格。外国公司对其分支机构在中国境内进行经营活动承担民事责任。

第一百九十七条　经批准设立的外国公司分支机构,在中国境内从事业务活动,必须遵守中国的法律,不得损害中国的社会公共利益,其合法权益受中国法律保护。

第一百九十八条　外国公司撤销其在中国境内的分支机构时,必须依法清偿债务,依照本法有关公司清算程序的规定进行清算。未清偿债务之前,不得将其分支机构的财产移至中国境外。

第十二章　法律责任

第一百九十九条　违反本法规定,虚报注册资本、提交虚假材料或者采取其他欺诈手段隐瞒重要事实取得公司登记的,由公司登记机关责令改正,对虚报注册资本的公司,处以虚报注册资本金额百分之五以上百分之十五以下的罚款;对提交虚假材料或者采取其他欺诈手段隐瞒重要事实的公司,处以五万元以上五十万元以下的罚款;情节严重的,撤销公司登记或者吊销营业执照。

第二百条　公司的发起人、股东虚假出资,未交付或者未按期交付作为出资的货币或者非货币财产的,由公司登记机关责令改正,处以虚假出资金额百分之五以上百分之十五以下的罚款。

第二百零一条　公司的发起人、股东在公司成立后,抽逃其出资的,由公司登记机关责令改正,处以所抽逃出资金额百分之五以上百分之十五以下的罚款。

第二百零二条　公司违反本法规定,在法定的会计账簿以外另立会计账簿的,由县级以上人民政府财政部门责令改正,处以五万元以上五十万元以下的罚款。

第二百零三条　公司在依法向有关主管部门提供的财务会计报告等材料上作虚假记载或者隐瞒重要事实的,由有关主管部门对直接负责的主管人员和其他直接责任人员处以三万元以上三十万元以下的罚款。

第二百零四条　公司不依照本法规定提取法定公积金的,由县级以上人民政府财政部门责令如数补足应当提取的金额,可以对公司处以二十万元以下的罚款。

第二百零五条　公司在合并、分立、减少注册资本或者进行清算时,不依照本法规定通知或者公告债权人的,由公司登记机关责令改正,对公司处以一万元以上十万元以下的罚款。公司在进行清算时,隐匿财产,对资产负债表或者财产清单作虚假记载或者在未清偿债务前分配公司财产的,由公司登记机关责令改正,对公司处以隐匿财产或者未清偿债务前分配公司财产金额百分之五以上百分之十以下的罚款;对直接负责的主管人员和其他直接责任人员处以一万元以上十万元以下的罚款。

第二百零六条　公司在清算期间开展与清算无关的经营活动的,由公司登记机关予以警告,没收违法所得。

第二百零七条　清算组不依照本法规定向公司登记机关报送清算报告,或者报送清算报告隐瞒重要事实或者有重大遗漏的,由公司登记机关责令改正。清算组成员利用职权徇私舞弊、谋取非法收入或者侵占公司财产的,由公司登记机关责令退还公司财产,没收违法所得,并可以处以违法所得一倍以上五倍以下的罚款。

第二百零八条　承担资产评估、验资或者验证的机构提供虚假材料的,由公司登记机关没收违法所得,处以违法所得一倍以上五倍以下的罚款,并可以由有关主管部门依法责令该机构停业、吊销直接责任人员的资格证书,吊销营业执照。承担资产评估、验资或者验证的机构因过失提供有重大遗漏的报告的,由公司登记机关责令改正,情节较重的,处以所得收入一倍以上五倍以下的罚款,并可以由有关主管部门依法责令该机构停业、吊销直接责任人员的资格证书,吊销营业执照。承担资产评估、验资或者验证的机构因其出具的评估结果、验资或者验证证明不实,给公司债权人造成损失的,除能够证明自己没有过错的外,在其评估或者证明不实的金额范围内承担赔偿责任。

第二百零九条　公司登记机关对不符合本法规定条件的登记申请予以登记,或者对符合本法规定条件的登记申请不予登记的,对直接负责的主管人员和其他直接责任人员,依法给予行政处分。

第二百一十条　公司登记机关的上级部门强令公司登记机关对不符合本法规定条件的登记申请予以登记,或者对符合本法规定条件的登记申请不予登记的,或者对违法登记进行包庇的,对直接负责的主管人员和其他直接责任人员依法给予行政处分。

第二百一十一条　未依法登记为有限责任公司或者股份有限公司,而冒用有限责任公司或者股份有限公司名义的,或者未依法登记为有限责任公司或者股份有限公司的分公司,而冒用有限责任公司或者股份有限公司的分公司名义的,由公司登记机关责令改正或者予以取缔,可以并处十万元以下的罚款。

第二百一十二条　公司成立后无正当理由超过六个月未开业的,或者开业后自行停业连续六个月以上的,可以由公司登记机关吊销营业执照。公司登记事项发生变更时,未依照本法规定办理有关变更登记的,由公司登记机关责令限期登记;逾期不登记的,处以一万元以上十万元以下的罚款。

第二百一十三条　外国公司违反本法规定,擅自在中国境内设立分支机构的,由公司登记机关责令改正或者关闭,可以并处五万元以上二十万元以下的罚款。

第二百一十四条 利用公司名义从事危害国家安全、社会公共利益的严重违法行为的,吊销营业执照。

第二百一十五条 公司违反本法规定,应当承担民事赔偿责任和缴纳罚款、罚金的,其财产不足以支付时,先承担民事赔偿责任。

第二百一十六条 违反本法规定,构成犯罪的,依法追究刑事责任。

第十三章 附则

第二百一十七条 本法下列用语的含义:(一)高级管理人员,是指公司的经理、副经理、财务负责人,上市公司董事会秘书和公司章程规定的其他人员。(二)控股股东,是指其出资额占有限责任公司资本总额百分之五十以上或者其持有的股份占股份有限公司股本总额百分之五十以上的股东;出资额或者持有股份的比例虽然不足百分之五十,但依其出资额或者持有的股份所享有的表决权已足以对股东会、股东大会的决议产生重大影响的股东。(三)实际控制人,是指虽不是公司的股东,但通过投资关系、协议或者其他安排,能够实际支配公司行为的人。(四)关联关系,是指公司控股股东、实际控制人、董事、监事、高级管理人员与其直接或者间接控制的企业之间的关系,以及可能导致公司利益转移的其他关系。但是,国家控股的企业之间不仅因为同受国家控股而具有关联关系。

第二百一十八条 外商投资的有限责任公司和股份有限公司适用本法;有关外商投资的法律另有规定的,适用其规定。

第二百一十九条 本法自2006年1月1日起施行。